A GRANDE PIRÂMIDE
REVELA SEU SEGREDO

A 1ª edição da presente obra foi destinada à construção da Biblioteca do Município de Embu das Artes, SP.

ROSELIS VON SASS

A GRANDE PIRÂMIDE
REVELA SEU SEGREDO

17ª edição

ORDEM DO GRAAL NA TERRA

Editado pela:
ORDEM DO GRAAL NA TERRA
Rua Sete de Setembro, 29.200
06845-000 – Embu das Artes – São Paulo – Brasil
www.graal.org.br

1ª edição: 1972
17ª edição: 2016
(revisada)

Dados Internacionais de Catalogação na Publicação (CIP)
(Câmara Brasileira do Livro, SP, Brasil)

Sass, Roselis von, 1906–1997

S264g   *A Grande Pirâmide revela seu segredo* / Roselis von Sass. – 17ª ed.,
17ª ed.   revisada – Embu das Artes, SP : Ordem do Graal na Terra, 2016.

ISBN 978-85-7279-044-4

1. Enigmas 2. Pirâmides – Curiosidades I. Título

CDD-001.93

73-0791   -001.94

Índices para catálogo sistemático:
1. Enigmas: Conhecimento controvertido e suposto 001.94
2. Mistérios: Conhecimento controvertido e suposto 001.94
3. Pirâmides: Curiosidades 001.93

Copyright © ORDEM DO GRAAL NA TERRA 1972
Direitos autorais: ORDEM DO GRAAL NA TERRA
Registrados sob nº 19.773 na Biblioteca Nacional

Impresso no Brasil
Papel certificado, produzido a partir de fontes responsáveis

*"Tudo está sujeito à lei da transformação!
Tudo se modifica no mundo humano.
Apenas o amor e a fidelidade à Luz
nunca deverão alterar-se!"*

Roselis von Sass

"O SER HUMANO NÃO DEVE ESQUECER-SE DE QUE ELE SE ENCONTRA NA *OBRA* DE DEUS, QUE ELE MESMO É UMA PARTÍCULA DESSA OBRA E QUE POR CONSEGUINTE ESTÁ INCONDICIONALMENTE TAMBÉM SUJEITO ÀS LEIS DESSA OBRA."

Abdruschin

NA LUZ DA VERDADE
O Mistério do Nascimento

INTRODUÇÃO

RADAR, televisão, usinas de energia nuclear, raios laser, viagens à Lua...! Que grandeza alcançou o ser humano. Com razão podemos vangloriar-nos e ficar orgulhosos das conquistas da técnica! Até mesmo o espaço foi dominado pela inteligência humana!

Mas com tais considerações estamos esquecendo, com demasiada facilidade, que há muitos milênios viviam seres humanos que já possuíam conhecimentos astronômicos que a nós somente se tornaram acessíveis com a invenção da luneta e do telescópio. E também as construções gigantescas levantadas pelos seres humanos! Obras que mesmo hoje, com todos os meios técnicos à nossa disposição, dificilmente poderiam ser levantadas.

Basta pensar nas monumentais arquiteturas em pedra dos toltecas e maias, e nas ruínas dos palácios dos incas na região de Tiahuanaco. Os muros desses palácios consistem, em parte, em blocos de pedra que pesam cem toneladas, e que tinham de ser transportados de uma distância de cinco quilômetros. A região de Tiahuanaco situa-se numa altitude de 4.000 metros, a 21 quilômetros ao sul do lago Titicaca. Os arqueólogos ficaram perplexos diante de muros cujos enormes blocos de pedra estavam tão exatamente cortados e ajustados que, mesmo hoje, depois de milênios, não é possível enfiar a ponta de uma faca nas juntas.

Encontrou-se ali também um calendário de pedra com exata divisão do ano em 12 meses, e do mês em 30 dias. A Porta do Sol, magnificamente esculpida, que foi encontrada na região de Tiahuanaco, também faz parte dos enigmas que os pesquisadores têm tentado esclarecer, inutilmente.

Essa porta consiste em um enorme monólito de traquito duro, pesando muitas toneladas. É um tipo de pedra que não se encontra no local, nem mesmo a grande distância em torno. Como foi possível transportar esse imenso bloco de pedra até as altitudes dos Andes? Mesmo hoje, na era da técnica, seria uma operação muito penosa. De tradições antigas se deduz que os "deuses" mandaram levar essa extraordinária pedra até lá em cima, com forças titânicas...

As ruínas do Templo do Sol de Baalbeck, com seus enormes blocos de pedra, igualmente, apresentam aos pesquisadores muitos enigmas. A respeito desse templo lê-se, num velho manuscrito árabe, que ele fora construído por gigantes, ainda antes do grande dilúvio. Segundo uma outra tradição, demônios teriam colaborado nessa obra...

A Pirâmide de Quéops também faz parte dos muitos enigmas não esclarecidos...

Nenhum arqueólogo e nenhum perito pôde descobrir até agora os mistérios dos povos da antiguidade. A maioria dos cientistas é de opinião de que nunca se descobrirá como os arquitetos da antiguidade podiam levantar as gigantescas construções, cuja execução esmerada, mesmo hoje, encontraria grandes dificuldades. Eles não possuíam teodolitos nem sextantes e nem lunetas ou telescópios...

Quem ajudou os seres humanos do tempo pré-histórico? Quem os ensinou? Quem foi que os introduziu na astronomia? Eram "deuses" os seus mestres?... Todas são perguntas, cujas respostas ninguém até hoje conhece...

"Deuses"! Que deuses são esses que todos os povos antigos, sem exceção, veneraram? Todos os achados de tempos passados referem-se a uma veneração de deuses, ainda hoje incompreensível. Cada lugar de culto e cada ruína de templo dá testemunho dessa veneração... Gregos, sumerianos, caldeus, chineses, maias, incas, etc., veneravam deuses, reconhecendo-os também, aparentemente, como seus mestres. Observando mais de perto, facilmente se pode verificar que, no fundo, sempre se tratava dos mesmos "deuses". Diferentes apenas eram os nomes... Automaticamente pergunta-se: de onde vem tal concordância?

Onde se encontram hoje esses "deuses e mestres"? Estão mortos? Se não estão mortos, por que ninguém os vê? Não é de se supor que povos tão altamente desenvolvidos como os sumerianos, gregos, maias e incas houvessem venerado produtos de fantasia, não podendo vê-los, nem podendo comunicar-se com eles...

Perguntas e mais perguntas surgem dentro de nós... Com razão escreve Willy Bischoff no livro "Wir und das Weltall":
"Sempre novos reconhecimentos, mas também novos enigmas, novos milagres e novos mistérios a respeito de deuses, gênios... surgem..."

É perfeitamente compreensível que escritores da atualidade suponham que outrora tenham vindo criaturas de outros planetas, isto é, astronautas, para a Terra, a fim de levantar aqui construções que milênios mais tarde ainda causariam assombro à posteridade!

Tal suposição é interessante, sem dúvida, porém, com isso os enigmas não são decifrados... Por que deveria um planeta tão perfeito como a Terra necessitar auxílios de fora? Desde tempos imemoráveis vivem e desenvolvem-se aqui seres humanos... Um desenvolvimento humano, contudo, apenas é possível num planeta que é perfeito em sua espécie, contendo também tudo de que necessitam as criaturas que nele vivem. Além disso, a matéria da qual os planetas se compõem é a mesma por toda a parte. Os cientistas haviam descoberto esse fato já há algum tempo. A matéria lunar trouxe-lhes apenas a confirmação...

Sendo a matéria igual por toda a parte, os seres humanos e os animais que se desenvolvem em outros planetas, a isso destinados, não podem ser muito diferentes do que aqui na Terra...

A solução dos muitos enigmas do tempo pré-histórico temos de encontrar aqui. Em nossa Terra. Temos de seguir os rastros dos antigos deuses e perscrutar a sua origem... Platão, o sábio grego, escreveu, há cerca de 2.400 anos, que os deuses estavam perto dos seres humanos.

Encontrar esses antigos deuses não é tão difícil, pois continuam no mesmo lugar como outrora! São os entes da natureza, com os quais todos os povos da antiguidade estavam em estreita ligação, e os quais, em parte, foram por eles venerados como deuses. Gigantes e anões, os soberanos dos astros e a protetora de nossa Terra... Todos eles ainda existem! Também Apolo, o "deus do Sol", tão querido por todos os povos, continua no mesmo lugar.

Os entes da natureza! Esses servos de Deus, eternamente fiéis, eram outrora os mestres dos seres humanos... e eles também os ajudavam em suas construções gigantescas!

O motivo de o ser humano terreno não mais poder ver os entes da natureza, de espécie diferente, é muito simples. Devido à sua tendência, persistente há milênios, de se apegar exclusivamente às coisas materiais, seus órgãos de percepção embruteceram-se tanto, e sua capacidade de compreensão estreitou-se de tal forma, que ele não é mais capaz de assimilar vibrações mais finas. Por essa razão, ele se encontra alheio, de modo incrédulo e zombador, diante de tudo o que vai além de sua estreitada capacidade de compreensão.

Pode-se descrever tal acontecimento também de outro modo. A "onda de irradiação", que outrora possibilitava aos seres humanos ver seus preceptores e auxiliadores, alterou-se de tal forma, que uma sintonização não mais é possível. Poder-se-ia denominar essa onda de irradiação de o perdido "sexto sentido"…

O presente livro trata da assim chamada "Pirâmide de Quéops", quem a construiu e quais os segredos que ela encerra! Ao mesmo tempo este livro tem por finalidade despertar nos seres humanos a saudade de uma época em que ainda predominavam o amor puro, a sabedoria e a alegria! E na qual ainda colaboravam harmoniosamente com os entes da natureza!

Exatamente hoje, no "século do Juízo", em que os alicerces da existência humana estão sendo cada vez mais abalados, seria bom se os seres humanos reencontrassem os antigos deuses, os prestimosos entes da natureza!… Encontrá-los em seus corações! Então talvez a existência humana, atualmente tão pobre em amor, sabedoria e alegria, recebesse novamente um brilho que afastasse todos os temores da vida!

SURGEM IMAGENS DO PASSADO, E RECORDAÇÕES TORNAM-SE VIVAS, COMO ECO DE UMA ERA EM QUE O SER HUMANO AINDA ESTAVA LIGADO COM TODOS OS ENTES DA NATUREZA, EM RADIANTE ALEGRIA... COM OS ENTES QUE ELE HOJE, EM SUA MEGALOMANIA, NÃO MAIS É CAPAZ DE RECONHECER, NÃO PRESSENTINDO SEQUER O QUE COM ISSO PERDEU...

NUM dos terraços sobre a casa de cura em Mênfis estava Sunrid, o egípcio. Com sua elevada estatura, vestindo um burnus branco, ele olhava, como se estivesse em grande expectativa, para a luz do sol poente. Há muito que o sol, ao se deitar, não apresentava um vermelho tão cor de sangue. Sunrid, contudo, pouco percebia do esquisito brilho vermelho que também o envolvia. Seu espírito estava escutando um chamado... O sacerdote-rei, Sargon, da Caldeia, estava chamando seus iniciados, de perto e de longe! Ele os convocava para uma reunião extraordinária.

Sunrid acenava com a cabeça, afirmando. Sim, ele iria. Pois também ele, o egípcio, considerava a aldeia dos sábios, situada às margens do riacho Ereth, na Caldeia, como sendo sua pátria espiritual na Terra. Virou-se suspirando e começou a andar meditativamente de um lado para o outro, no terraço.

Uma reunião extraordinária? O que significava isso? Apenas uma única vez, segundo sua memória, realizara-se uma reunião extraordinária em Ereth. Naquele tempo tratara-se da despudorada mulher, que durante uma solenidade postara-se nua no degrau mais alto do templo, anunciando um "novo deus", que passaria a reinar sobre a Terra e sobre o senhor do Sol, até o final...

Com preocupação no coração, Sunrid lembrava-se dessa ocorrência. Parecia-lhe que a Terra e o Sol haviam perdido muito do seu resplendor desde aquele dia, pois o incompreensível havia ocorrido. Um grande grupo de sábios abandonou as aldeias de Ereth, seguindo a despudorada mulher, que se dizia sacerdotisa...

Sunrid olhava para as estrelas, como se ali em cima encontrasse a solução do enigma de tantas pessoas estarem colaborando com tanto afinco para sua própria destruição... Logo depois, porém, libertou-se de todos os pensamentos de preocupação, e quando tudo nele se acalmara, elevou os braços em direção ao céu, numa silenciosa oração de agradecimento: "Aqui estou, Senhor de toda a vida!..."

Depois dessa oração, ele desceu para o andar inferior, atravessando com passos rápidos um amplo salão, onde no fundo estavam seus aposentos.

Sunrid afastou a cortina e entrou. Na antessala, ao lado da entrada de seu dormitório, estava seu servo Horis, esperando. Sunrid tirou seu burnus e pegou a taça de ouro que o servo lhe oferecia. Vagarosamente bebeu o refrescante suco de frutas. Ao devolver a taça vazia a Horis, fez-lhe um sinal com a mão, e entrou a seguir em seu dormitório, deitando-se no leito duro.

Horis compreendera o sinal de seu amo. Depois de ter limpado a taça, saiu para o salão grande, acomodando-se ao lado da cortina que fechava a antessala. Agora era ele o guardião do corpo terreno de Sunrid, enquanto seu espírito, conscientemente, empreendia uma peregrinação. A confiança que o amo depositava nele, o homem ignorante de pele escura, dava-lhe coragem e segurança.

Sunrid sentia-se atraído com toda a força para a Caldeia. Ele mal se havia deitado no leito, e seu espírito já se separava do corpo terreno, encontrando-se poucos instantes após no alvo de seus desejos.

A aldeia dos sábios, situada às margens do riacho Ereth, era constituída de muitas edificações baixas, de diferentes dimensões, agrupadas em forma de círculo ao redor do "Templo da Sagrada Trindade". Uma das edificações baixas, que às vezes eram redondas, chamava-se casa das revelações. Grossas vigas de madeira entalhada, placas de cerâmica vitrificada e junco constituíam o material de construção de todas as casas nas diversas aldeias dos sábios…

A maioria dos iniciados tinha seu campo de ação em outros países. Espiritualmente, contudo, estavam sempre ligados ao sacerdote-rei da Caldeia. Naquele tempo, quando a presente história se desenrolava, esse país ainda não era denominado Caldeia. Contudo, continuamos a usar esse nome, uma vez que tal designação permaneceu relacionada com os sábios até o dia de hoje. Outrora os sábios se denominavam iniciados.

Todos os iniciados possuíam categoria sacerdotal. Mas cada um exercia alguma profissão. Considerando as designações atuais, pode-se dizer que havia entre eles geofísicos, astrofísicos, biólogos, químicos, astrônomos, naturalistas e grandes médicos. Justamente a "astrologia", com a qual os sábios da Caldeia são relacionados até hoje, ainda não existia naquele tempo. Os que se ocupavam com a ciência dos astros sabiam, naturalmente, que cada ser humano se acha sob a influência de determinados astros, contudo, nunca teriam elaborado "horóscopos" para alguém. Cada ser humano tinha de deixar "falar a sua própria intuição"! Apenas a intuição e a respectiva condução espiritual deviam ser os indicadores de caminho na Terra!

Somente os sacerdotes de Baal, que de toda a maneira imaginável queriam conservar também a influência que exerciam sobre os seres humanos, chegaram à ideia de utilizar a ciência dos astros como "meio de pescar seres humanos". E com isso acertaram em cheio. Quando começaram a fazer horóscopos, foram procurados também por aquelas pessoas que até então não se haviam interessado pelo culto de Baal. Havia muitos que nada mais empreendiam, sem antes consultar os sacerdotes e seus horóscopos. E assim os seres humanos, já em si indolentes espiritualmente, tornaram-se mais indolentes ainda. Não se prestava mais nenhuma atenção à voz interior, à voz do espírito...

Enquanto os iniciados ainda não visavam a poderes e influências terrenas, estando portanto firmemente ligados à Luz, eles possuíam também o segredo do preparo do "elixir da vida". Sempre havia um entre eles que sabia preparar esse precioso líquido. Não se tratava aí de um elixir que prolongasse a vida. Os iniciados daquela época não desejavam um tal elixir. Sabiam, pois, que uma vida terrena artificialmente prolongada acarretaria uma estagnação espiritual. Além disso, já tinham uma vida muito mais longa do que os seres humanos de hoje.

A composição do elixir fora recebida do próprio "Asklepios", por um dos sacerdotes-reis, há muito tempo. Em seu estado líquido parecia-se com sangue, tendo o gosto de uma fruta azeda. Algumas gotas, diariamente, substituíam a alimentação para os iniciados, mantendo todos em pleno vigor, quando frequentemente tinham de peregrinar durante semanas. Também não se apresentavam manifestações de cansaço.

Esse elixir aumentava ainda mais o prestígio dos iniciados da Caldeia. O fato de os irmãos poderem ficar "sem alimentação" durante dias e semanas era para o povo mais uma prova de seus poderes sobrenaturais.

Durante longo tempo os irmãos iniciados foram verdadeiros guias, mestres e consultores do povo. Eles não se preocupavam com riquezas, poder ou honrarias. Sua vida era consagrada ao eterno Criador e à pesquisa dos segredos que Ele havia colocado em Sua Criação.

Uma vez por ano, na época do ponto culminante espiritual, os iniciados reuniam-se em Ereth. Todos se empenhavam para estar lá nessa época.

Como ponto culminante espiritual designavam os dias nos quais nova força, proveniente do "coração do Criador", fluía através de todos os mundos e de todas as criaturas... O Santo Graal, eles denominavam de o "coração do Criador". Sabiam que a subsistência da Criação dependia da renovação anual de forças. O ponto culminante espiritual, no entanto, já havia passado há tempo, quando Sargon chamou.

E assim todos os iniciados, de perto e de longe, foram avisados de que uma reunião extraordinária se realizaria. Os que cumpriam suas missões em outros países recebiam a notícia por intermédio de mensageiros enteais. Também Sunrid a recebeu dessa maneira.

Numa construção ampla e baixa, chamada casa das revelações, estavam presentes, em seus corpos terrenos, cerca de duzentos iniciados, quando o espírito de Sunrid se juntou a eles. Ainda havia paz e harmonia entre eles. Além do sacerdote-rei, apenas poucos sabiam que já existiam alguns infiéis. Infiéis no coração. Contudo, já se podia prever que esses, mais cedo ou mais tarde, se converteriam abertamente à idolatria... A sombra de Lúcifer já se fazia notar aqui e acolá.

Os iniciados estavam sentados sobre banquinhos baixos e olhavam para uma forma, feita de cerâmica, de um metro de altura, que se achava num amplo pedestal, no meio do grande salão. Oito candeeiros de ouro, colocados na larga plataforma do pedestal, estavam dispostos de tal modo, que a forma de cerâmica branca vitrificada recebia luz de todos os lados. Quanto mais demoradamente contemplavam a forma de cerâmica, tanto mais se sentiam oprimidos. Dor, pavor e a sensação da perda de algo irrecuperável envolveu suas almas, como um pesadelo. A pequena forma de cerâmica no pedestal fez com que se lembrassem do grande modelo... e das grandes aves com rostos humanos e de seu canto apavorantemente lastimoso...

Esse grande modelo, que tinham avistado havia pouco tempo, encontrava-se numa região do mundo de matéria fina. Tratava-se de uma edificação gigantesca para onde seus espíritos tinham sido levados, enquanto os corpos terrenos dormiam.

Várias batidas de gongo avisaram a chegada de outros iniciados. Os recém-chegados tinham tomado banho no riacho, num lugar onde ele corria através de um pequeno bosque de velhas árvores de incenso e mirra. Depois do banho trocaram suas roupas de viagem por vestes brancas de linho, entregues a eles pelos servos. Pouco depois, também esses retardatários entravam na casa das revelações, para ouvir o que o sacerdote-rei lhes tinha a dizer.

Todos respiraram como que aliviados, quando Sargon entrou. Como único entre todos os presentes, ele portava sobre o peito uma placa quadrada de ouro, com pedras preciosas vermelhas. As pedras preciosas, dispostas em forma de cálice, identificavam-no como discípulo de Asklepios. A coroa pertencente ao seu ofício, ele apenas portava durante as solenidades do templo. Sargon também era um médico extraordinário; um médico da alma e do corpo.

Sargon ficou de pé, calado, ao lado do pedestal. Um profundo silêncio reinava no grande salão. Apenas se escutava o murmúrio do vento agitando a fina tecedura de fibras, estendida num dos lados abertos da parede, a fim de impedir a entrada de morcegos, besouros e outros insetos. E de longe ainda se escutavam, fracamente, os sons de algumas flautas de pastores.

Sargon, finalmente, levantou os braços para o alto, suplicando a bênção da Luz. Depois baixou os braços e cumprimentou os presentes, enquanto seu espírito, ao mesmo tempo, saudava todos aqueles que, fora da matéria, tinham atendido ao seu chamado. A seguir olhou sorrindo em redor, acenando também para as enormes figuras que em muito superavam a casa das revelações. Eram os gigantes, aos quais ele também havia pedido que viessem.

Durante um momento Sargon olhou a forma branca de cerâmica, depois começou a falar:

— Estamos hoje aqui reunidos a fim de executar na Terra a última ordem do nosso eterno Criador. Essa incumbência nos foi transmitida por um de Seus quatro primeiros servos.

A última incumbência! Compreendeis o que essas palavras encerram? Um peso opressor abateu-se sobre meu peito, quando finalmente compreendi o significado dessas palavras. A respiração tornou-se difícil para mim, e eu senti que o chão estremecia.

— Achas que depois dessa última incumbência, o Eterno nos privará, nós, iniciados, de Sua confiança? interrompeu um dos presentes a alocução de Sargon.

Sargon acenou afirmativamente, continuando a seguir:

— Quando entrei, percebi que a construção em miniatura, feita em cerâmica branca, que aqui vedes, vos lembrou da colossal construção na matéria fina, que há pouco nos foi permitido ver. "O sepulcro da fênix moribunda" é a denominação que os construtores deram a essa edificação. Quando fomos conduzidos para dentro, abriu-se diante de nossos olhos um mundo de maravilhas! Tudo era feito de cristal, maravilhosamente brilhante. Os salões, os corredores, escadarias e mesmo os ornamentos de flores eram de cristal.

Por último, fomos conduzidos até um salão, o qual era diferente. Quando entramos, envolveu-nos o cheiro da morte. Vimos paredes escuras e úmidas, e no meio do salão um grande esquife aberto... Dentro do esquife estava um ser humano petrificado. Mesmo a roupa que o cobria estava petrificada... Estais lembrados, meus irmãos?

Sargon calou-se um pouco. Seus olhos anuviaram-se de tristeza, e ele sentiu o pavor e o medo inconsciente dos irmãos sábios.

— O morto corporifica o gênero humano, recomeçou Sargon. A previsão espiritual, realizada por vontade do onipotente Criador, resultou em que, já agora, mais da metade da raça humana está entregue, inapelavelmente, ao anjo caído. E da previsão espiritual pôde-se deduzir também que a maioria dos seres humanos, que embora no momento ainda não estejam de todo submissos ao antagonista, o estarão até o final dos tempos.

Vistes, num dos mundos de matéria fina, o túmulo da humanidade. O ser humano sinistramente petrificado corporifica os bilhões de criaturas que abandonaram o puro e luminoso mundo a elas dado pelo onipotente Criador, para seguir o inimigo, o anjo caído.

O esquife com o morto petrificado, que vistes com pavor no coração, significa que quase toda a humanidade já estará espiritualmente enrijecida e morta, quando o período de desenvolvimento previsto para ela tiver terminado. O ser humano, a vislumbrante fênix, que depois de cada vida terrena deveria esforçar-se cada vez mais para o alto, em direção à Luz, escolheu a morte e a queda nos abismos do desespero.

Sargon calou-se, respirando fundo; depois levantou novamente os braços e de novo implorou forças.

— Quem de nós terá abandonado o puro mundo de cristal, quando o tempo do julgamento se aproximar? perguntou baixinho o iniciado de Sabá.

Já desde semanas ele se achava em Ereth e havia percebido que alguma coisa não mais estava de acordo com o mundo da Luz.

Sargon ouviu essa angustiada pergunta do iniciado de Sabá. Contudo, também ele não conhecia a resposta para isso. Cada um, sozinho, era responsável pelo seu destino.

— Vedes essa pequena forma de cerâmica branca. Vamos denominá-la de "pirâmide", disse Sargon olhando em redor. Ela é uma cópia exata da construção de cristal que encerra na matéria fina o "túmulo do fênix moribundo". Fênix moribundo, em verdade, não é mais a expressão certa a esse respeito, uma vez que o ser humano petrificado, dentro do sarcófago, já está morto.

A pirâmide de cristal, que vimos na matéria fina, tem um gigantesco original que se encontra em alturas elevadíssimas. Mais explicitamente, num reino de Luz que permanecerá eternamente inacessível ao ser humano. Esse original não encerra a morte, pelo contrário, a chama viva da vida eterna!

A pirâmide desse mundo de Luz, infinitamente longínquo, é de uma beleza inenarrável e irradia como um diamante em que o vermelho da chama eterna se refrata milhões de vezes.

Nos quatro cantos dessa construção indescritivelmente maravilhosa encontram-se, em quatro pedestais igualmente gigantescos, quatro animais alados. São animais cuja existência há longo tempo nos foi revelada. O carneiro, o leão, a águia e o touro. Desses quatro animais, por nós denominados "gênios", conhecemos também o significado, pelo menos até o ponto em que este pode ser compreendido por seres humanos. Sabemos que eles vivem nos quatro cantos dos degraus do trono do onipotente Criador, e são os primeiros que recebem de cima, isto é, do ápice, a força da vida e a retransmitem.

Sargon fechou os olhos por um momento, a fim de formular em palavras o que seu olho espiritual divisava.

— Apenas posso dizer, começou hesitantemente, que essa pirâmide no reino do nosso onipotente Criador se assemelha, de longe, a um gigantesco bloco de diamante, rubro-flamejante! Não encontro outras palavras para descrever essa maravilhosa magnificência, muito além de qualquer compreensão humana. Também, ela se encontra tão distante! Essa pirâmide, que encerra a chama da vida.

As últimas palavras de Sargon quase ninguém entendeu, de tão baixinho que as pronunciou, como que para si mesmo...

— De modo diferente é em relação à pirâmide que encerra o sarcófago com o ser humano petrificado. Essa pirâmide é igualmente bela e suas paredes reluzem como cristal. Ela também não se acha tão afastada de nós, como o original de diamante. O horror e o medo que muitos de nós experimentamos, ao ver o ser humano morto, devem servir de alerta para que não nos tornemos também, até o fim dos tempos, seres humanos petrificados.

Na Terra deverá surgir agora uma construção idêntica, uma pirâmide de pedra! Executar essa obra é a última incumbência que recebemos da Luz.

O significado da palavra "pirâmide" é "cristal no qual arde o fogo da eternidade"! Só que... na pirâmide terrena não arderá nenhum fogo da vida eterna. Pelo contrário! Também nela se encontrará a indicação da decadência e morte do gênero humano.

Sargon silenciou e olhou para os gigantes, que ficaram inquietos com suas palavras. Os iniciados também olhavam para cima. Todos eles podiam ver e também se comunicar com os gigantes, os gnomos e as ondinas, pois se encontram perto da Terra de matéria grosseira. E havia muitas outras pessoas ainda que também podiam ver os entes da natureza.

— Somente poderemos cumprir a última incumbência da Luz, se os gigantes nos ajudarem, recomeçou Sargon. As medidas que já estão determinadas para o construtor são gigantescas. Uma construção tão enorme somente poderá ser levantada com a força deles.

Enak, o guia do grupo de gigantes, acenou afirmativamente. Do mesmo modo acenaram os outros gigantes.

Sargon agradeceu-lhes a disposição para ajudar; depois elevou as mãos, abençoando e saudando. Logo após, as figuras gigantescas desapareceram.

Um dos iniciados levantou-se e acendeu todas as lamparinas colocadas sobre altos pedestais em torno das paredes. Quando as lamparinas estavam acesas, Sargon começou novamente a falar. Ao lado dele estavam agora alguns espíritos de iniciados que terrenamente não podiam assistir à reunião. Entre esses espíritos se encontrava também Sunrid.

— Até a época do Juízo da humanidade, ainda nos separa um espaço de tempo de aproximadamente 6.500 anos! É apenas uma fração do período quase imensurável de desenvolvimento concedido outrora aos seres humanos. Esses 6.500 anos constituem o último espaço de tempo em que cada ser humano terá de ter alcançado o seu alvo. Através da previsão espiritual sabemos, contudo, que esse alvo será atingido por pouquíssimos. A chama eterna dos espíritos humanos está em vias de se extinguir. Seres humanos enrijecidos povoarão a Terra, bem como os reinos das almas. O juiz dos mundos chegará a um mundo onde vegetarão quase que exclusivamente mortos.

Depois das palavras de Sargon, a atmosfera do salão pareceu tornar-se densa. Medo, um medo inexplicável tomou novamente conta das almas dos iniciados reunidos. Apenas poucos estavam livres desse medo.

O astrônomo Horam, que até então estivera calado ao lado de Sargon, começou a falar.

— A pirâmide será uma profecia em pedra. Nela serão marcados o início e o fim do Juízo, bem como as datas de todos os acontecimentos importantes prestes a acontecer através do destino dos seres humanos. Além disso, as medidas e relações da gigantesca construção darão elucidações sobre muita coisa. Por exemplo: poderão ser deduzidas a distância de nosso planeta ao Sol, bem como a duração de um ano estelar e também o peso e a densidade da Terra...

A gigantesca obra estará exatamente no centro da Terra! A linha que passa pelo centro da pirâmide divide mar e terra em duas partes iguais...

— A construção, então, não será erguida em nosso país? perguntou um dos presentes.

Horam meneou a cabeça negativamente.

— Aqui, não estaria no centro. Além disso, já sabemos que no decorrer dos 6.500 anos nosso país será abalado várias vezes por fenômenos naturais.

Horam olhou para o indagador. Notando que ele o havia entendido, acrescentou:

— A pirâmide será construída no Egito. Tão logo o construtor chegar, os luminosos guias que nos transmitiram essa incumbência mostrarão a ele o lugar exato.

Por um aceno de Sargon, um grupo de iniciados se aproximou, colocando-se em volta da pequena obra de cerâmica.

Horam começou de novo a falar, enquanto Sargon afastava as finas paredes laterais da pequena pirâmide, de modo que o interior ficasse à vista.

Ouviram-se exclamações de pasmo. Os iniciados viam corredores, câmaras e salas de tamanhos e alturas variadas... Para eles foi uma visão desconcertante. Sargon indicou sorrindo para um ou outro lugar das paredes internas, depois lhes esclareceu como havia surgido tal disposição.

— Alguns geógrafos e matemáticos, previamente escolhidos para isso, receberam dos mestres construtores da natureza as medidas para a divisão do interior da pirâmide. E os nossos astrônomos calcularam, com a ajuda dos "senhores dos astros", as datas dos acontecimentos que ainda serão de importância para o destino dos seres humanos.

Horam indicou um corredor comprido e ascendente, em cujas paredes se viam várias pequenas alterações na estrutura.

— Cada modificação mostra a data de um acontecimento que chegará a realizar-se.

O botânico desse grupo que circundava a pequena obra descobriu o comprido esquife vermelho, que estava no meio de uma sala.

— O esquife está na sala do Juízo, disse Sargon. O significado dele é muito simples. O Senhor de todos os mundos encontrará, quando vier para o Juízo, quase que exclusivamente mortos espiritualmente, aos quais o esquife aberto já estará esperando.

Em grupos vieram, pouco a pouco, todos os iniciados, aglomerando-se em volta da pirâmide de cerâmica aberta. Pensativamente olhavam para a desconcertante distribuição e para as diversas proporções que se apresentavam aos seus olhos.

Sakur, o ourives, que estava ao lado de Sargon, tirou uma joia de um invólucro e a colocou na ponta aplainada da pequena obra de cerâmica. Era o sinal do Criador de todos os mundos. Duas traves de igual comprimento, cruzadas. Todos eles conheciam esse sinal, e, ao vê-lo, elevavam agora os braços em adoração, exprimindo em palavras o que emocionara seus espíritos:

> *"Senhor da chama eterna, Tu és onipotente! Nossos espíritos se elevam para Ti, para que Tua Luz os ilumine! Somos Tuas criaturas e queremos permanecer assim, até o dia do julgamento!"*

Depois dessa oração, todos, exceto Sargon e Horam, voltaram para seus lugares, acomodando-se. Sargon dirigiu-se a todos, convidando-os a formular perguntas.

— Meus irmãos, percebo que alguma coisa, no que se refere à construção da pirâmide, ainda não ficou bem clara para vós; portanto, perguntai à vontade.

— Não poderia a pirâmide ser construída numa época posterior; quero dizer, mais perto do final? perguntou o iniciado de Acad.

— É o que não sabemos, disse Sargon depois de hesitar um pouco.

— Mais tarde não mais teríamos o auxílio dos gigantes, observou Horam. Somente com força humana, uma obra de tais dimensões nunca poderia ser levantada.

O iniciado de Acad meneou a cabeça afirmativamente. Essa resposta era convincente. Eles todos sabiam que os seres humanos no futuro não mais poderiam contar com a solicitude dos entes da natureza. A crescente idolatria ampliava, dia a dia, o abismo que já há muito se abrira entre os seres humanos e os entes da natureza, que vibram integralmente na vontade do Criador.

De repente fez-se notar uma forte vibração no ar, e todos viram a gigantesca figura de Enak. Sargon e também os outros aguardavam calados o que Enak tinha a dizer.

"Sabei, esta é a última vez que nós, os gigantes, colaboraremos com os seres humanos", ecoou, como que de bem distante, a poderosa voz do gigante.

"No fim de vosso tempo, vós, criaturas humanas, estareis diante de nossas construções, e não podereis explicar de que maneira elas surgiram. Vossos corações nada mais saberão de nós, os gigantes, pois esses corações pulsarão somente para o inimigo da Luz!"

O chão tremia, e os seres humanos que acabavam de ouvir as palavras do gigante, na casa das revelações, sentiam intuitivamente medo daquilo que vibrara conjuntamente com as palavras dele. Também lhes parecia impossível que viesse uma época em que nada mais saberiam dos gigantes... Cada construção gigantesca e cada gigantesca ruína os lembraria, pois, dos mestres construtores, os gigantes! Quem mais, senão os gigantes, poderia ter amontoado pedras do tamanho de uma casa? Não, Enak devia estar enganado. Nunca seus corações pulsariam para o inimigo da Luz...

Quando o silêncio no grande salão já começava a se tornar opressivo, um dos iniciados perguntou como os seres humanos de épocas posteriores decifrariam as datas e os sinais indicados na pirâmide.

— Pelo número sagrado que será usado na pirâmide. Pode-se dizer também pela medida sagrada. Os posteriores pesquisadores começarão a medir e transformar em anos as medidas encontradas.

Depois dessas palavras, Sargon dirigiu-se a Horam, indicando algumas varinhas que estavam ao lado da pequena pirâmide. Horam tomou uma delas e mediu um dos corredores nela construídos. Depois mediu novamente o mesmo corredor, contudo somente até onde se notava uma pequena modificação na estrutura das pedras.

Nesse lugar ele fez uma marca na varinha e, a seguir, assinalou pequenos riscos em determinados intervalos, até o lugar marcado. Cada intervalo significava um número de anos. Somando esses anos, obtinha-se a data em que se realizaria um dos acontecimentos predeterminados.

Horam tirou do pedestal um cordão de medição de ouro e mediu o comprimento da varinha até o lugar marcado. Depois ele dirigiu-se para a pequena pirâmide e indicou o lugar do corredor que apresentava uma ligeira modificação.

— A medida da distância até esse lugar, transformada em anos, indica um acontecimento que se realizará 1.500 anos mais tarde.

— Sei que todos os acontecimentos se realizarão nas datas indicadas na pirâmide, exclamou Guil, o sacerdote iniciado da Média. Portanto, eu vos pergunto: que proveito trará tal saber aos seres humanos que viverem na Terra, na época do juiz do Universo? Eles pesquisarão, medirão e encontrarão as datas, e depois comprovarão que, nas datas indicadas na pirâmide, realmente ocorreram importantes acontecimentos! De acordo com a previsão, no entanto, a maioria dos seres humanos de qualquer forma já estará morta nessa época longínqua. O que poderá lhes adiantar, então, um saber que não terá mais nenhuma utilidade?

Guil quase havia gritado as últimas palavras. Todo seu corpo tremia, e gotas de suor escorriam de sua testa. Os iniciados, sentados ao lado dele, desviaram horrorizados seus olhares. Quem perdia o autocontrole, facilmente poderia ser arrastado por correntes de poderes trevosos.

Horam e Sargon olhavam atentamente para o sacerdote, que havia cinco anos vivia nas aldeias dos sábios, e que, rico em saber, deveria em breve voltar para a Média.

— Guil, ouve: o segredo da pirâmide será descoberto ainda antes do desencadeamento do Juízo universal. Com pasmo os perscrutadores e cientistas constatarão que acontecimentos de vital importância realmente ocorreram nas datas marcadas nas pedras. Através de suas medições, descobrirão também os anos indicando o início e o fim do Juízo universal!

A exatidão das datas indicadas na pirâmide deverá ser uma prova para os investigadores que as datas referentes ao início e ao término do grande Juízo também terão de estar certas. A mensagem espiritual contida na estrutura da pirâmide chegará em tempo certo ao conhecimento geral, pois alguns de nós estarão então na Terra, e para estes será fácil encontrar a chave que decifrará a linguagem das pedras.

Os esclarecimentos de Horam não convenceram Guil. Contudo, antes que ele pudesse prosseguir com suas dúvidas, levantou-se Pasur, o botânico, e dirigiu-se a Sargon, perguntando:

— Será que nessa época longínqua ainda existirão seres humanos capazes de compreender uma mensagem espiritual? Com essa pergunta, penso na previsão espiritual que nos anuncia que a Terra e o Além estarão povoados quase que exclusivamente por mortos, quando vier o Senhor da pirâmide, o Senhor da chama eterna, para julgar a humanidade!

Sargon baixou pensativamente a cabeça. Com tristeza olhava para o pequeno modelo de cerâmica. Este, de repente, lhe parecia um túmulo onde fora enterrado algo preciosíssimo...

— Quase todos, dizia aquela previsão, observou Horam. Os poucos que ainda não pertencerem aos mortos serão ajudados! Antes do fim, ainda virá um "Salvador", proveniente das alturas máximas, para os seres humanos terrenos, a fim de ajudar esses poucos que ainda olham em direção à Luz. Sem esse Salvador, existiriam apenas mortos na época do juiz do Universo! Conforme a divisão do tempo, ainda passarão 4.500 anos até a vinda desse sublime Salvador. Nossos astrônomos também indicaram essa data na pirâmide.

Por causa desses poucos viria um Salvador das alturas máximas? Isso parecia inapreensível a todos.

— Não poderíamos, simplesmente, colocar na pirâmide placas com as datas dos acontecimentos, em vez de penosamente estruturar as alterações na dura pedra? perguntou Pasur.

— Placas podem ser levadas e destruídas. Não obstante, também colocaremos placas na pirâmide concluída.

Horam olhou para a pequena pirâmide, depois retirou cuidadosamente uma pequena pedra quadrada que formava o canto de um corredor.

— Aqui, meus irmãos, vedes essa pedra! A pirâmide do Egito será composta de tais pedras. Cada pedra terá um peso que apenas os gigantes poderão mover e levantar!

Horam mal havia terminado, quando Pasur exclamou alegremente:

— Cada mensagem espiritual, expressa numa estruturação tão colossal de pedras, perdurará por milênios. Nem reis renegados nem sacerdotes idólatras poderão alterar ou destruir algo nisso.

Sargon acenou com a cabeça, concordando, e acrescentou que a data que indica o final do Juízo também indicava o fim do antagonista da Luz. Então a morte seria dominada pela Luz!

Horam fez um sinal indicando que nada mais havia a dizer, e que os irmãos poderiam ir repousar. Então, a maioria dos iniciados deixou a casa das revelações. Alguns ainda ficaram diante do modelo da pirâmide, e um deles disse que também se poderia denominar a pirâmide de "a edificação das pedras que falam".

Sihor, o vidente, que estava ao lado de Sargon, exclamou de repente:

— Eu vejo o local da obra! Está coberto de rocha, mas no meio das rochas encontra-se uma grota escura. Muitas ossadas jazem nessa grota. Um grande rio também não se encontra distante do local. Um rio com junco alto e fechado. Pássaros e animais, grandes e pequenos, têm o seu hábitat ali, contudo, nenhum caminho conduz para lá. Os seres humanos evitam o lugar, as rochas e a grota...

— Estás vendo o local da obra, Sihor? E estás dizendo que é evitado pelas pessoas?

Sihor meneou a cabeça afirmativamente.

— Hoje, esse lugar está sendo evitado, mas não foi sempre assim.

Horam e Sargon também tentavam imaginar o local visto por Sihor.

— Essa edificação ficará muito distante daqui, disse ainda Sihor, depois, também ele deixou a casa das revelações.

Sunrid, o egípcio, que ainda continuava em espírito ao lado do modelo da pirâmide, também havia visto o local da obra, quando o vidente o descrevera. Parecia-lhe conhecer esse lugar. Aquela grota! Somente podia tratar-se do despenhadeiro, onde, havia muito tempo, nômades jogavam seus mortos. Pois bem, ele iria procurá-lo...

NO MESMO momento em que resolvia procurar esse local, Sunrid voltava ao seu corpo terreno. Estava novamente na casa de cura, em Mênfis. Levantou-se de seu leito e bateu várias vezes no gongo pendurado numa coluna. Imediatamente Horis abriu a cortina e entrou.

— Três dias antes da próxima lua cheia iremos, tu e eu, até a grota dos mortos. A caminhada até lá é longa e penosa, e seria bom que afiasses o teu facão, para cortar o matagal quando for necessário.

Horis olhou com alegria para seu amo. Caminhar? Ele podia caminhar meses a fio, sem se cansar. O sangue nômade de seus antepassados ainda circulava em suas veias.

Pouco antes de adormecer novamente, Sunrid lembrou-se de que as proximidades dessa grota já havia muito tempo estavam sendo evitadas pelos nômades, não obstante a nascente de água que ali brotava. Dizia-se que os mortos, que outrora haviam sido jogados nessa grota, estariam vagando por ali... Sunrid sorriu. Podia imaginar por que os nômades foram expulsos de lá. Os gigantes provavelmente os haviam espantado.

Ao nascer do sol, Sunrid levantou-se de seu leito, dirigindo-se à casa de banhos que se encontrava no meio de um dos jardins. Um pequeno córrego tivera seu curso modificado, de modo que corria diretamente para a grande e funda bacia da casa de banhos. Sunrid mergulhou na água pura e fria, aspirando profundamente o refrescante ar matutino. Pouco depois saiu da água e pegou a túnica branca de linho que Horis havia trazido nesse ínterim. Enquanto se vestia, comia alguns figos e tâmaras que se encontravam numa cesta, sobre uma mesa de cerâmica. Quando estava pronto, dirigiu-se novamente ao grande terraço da casa, onde havia estado no anoitecer do dia anterior.

Os primeiros raios do sol derramavam sua luz avermelhada sobre as folhagens das tamareiras e sobre as árvores *samar* com suas flores amarelas, cujos galhos chegavam até o terraço. Sunrid, em adoração, elevou agradecido seus braços em direção à luz.

"Tu és o Senhor do Universo, o Senhor da perfeição! Eu sou e permaneço Tua criatura"... assim cantava e vibrava em sua alma. "Eternamente deverá arder a chama dentro de mim"...

Absorto em adoração, Sunrid acolhia em si a beleza do ambiente. A fragrância dos cálamos, dos narcisos e das mirras elevava-se das lagoas e jardins, envolvendo-o. Os olhos claros no belo rosto bronzeado refletiam a luz avermelhada do sol. Sunrid parecia jovem, apesar de ser idoso em relação aos anos terrenos. Seu espírito vivo, pleno de beleza juvenil, traspassava com sua irradiação o invólucro de matéria grosseira tão fortemente, que, mesmo com idade avançada, ele dava a impressão de jovem.

No peito de Sunrid brilhava a mesma joia que Sargon usava. Pois Sunrid era sacerdote e também discípulo de Asklepios.

Os médicos e os assistentes dele já estavam em plena atividade, quando Sunrid entrou nos compartimentos inferiores e nos pátios. A casa de cura em Mênfis dedicava-se, em primeira linha, à arte de curar. De longe vinham doentes para aí encontrar cura. Os médicos curavam com água, barro terapêutico, ervas, cogumelos, seivas de árvores, etc. Mas também não receavam extirpar algum tumor com suas facas de cristal ou extrair um dente.

Passou-se um longo tempo até que os médicos conseguissem que os doentes tomassem os necessários banhos de limpeza. A maioria temia até o contato com a água. Caso se tratasse de óleo, imediatamente teriam concordado – mas água? Isso não!

Contudo, pouco a pouco, os médicos conquistaram a confiança dos doentes, pois esses médicos todos eram também grandes conhecedores dos seres humanos. Em muitas doenças bastavam repetidos e substanciais banhos de limpeza para expulsar "o espírito da doença". Uma vez por outra surgiam também surtos epidêmicos. Essas epidemias ocorriam geralmente por ocasião da baixa do grande rio. Os sintomas eram febre alta com grande aumento do fígado e do baço.

Certo dia foi descoberto o causador dessa doença. Descoberto, aliás, por Horis. Estava na época em que pouca água corria no grande rio. Horis, visitando seus parentes na margem oposta do rio, via como as crianças e os adultos catavam afoitamente os caramujos que subiam nos pés de junco, na beira do rio. Também ficou com vontade de pegar alguns, pois esses caramujos eram nutritivos. Quando, porém, se abaixou para pegar um deles, recuou apavorado.

Entre os juncos e semienterrados na lama, estavam inúmeros sapos de cor vermelha, muito venenosos, da espécie que apresentava uma protuberância nas costas. Todos evitavam amedrontados esses sapos, uma vez que um leve contato com o líquido que saía de suas protuberâncias causava doenças epidérmicas de longa duração. Enquanto Horis olhava para esses sapos vermelhos, no lodo, viu caramujos passarem por cima dessas protuberâncias venenosas, em seu caminho para os pés de junco. Eram os mesmos caramujos que apanhavam para comer. Antigamente ele também havia recolhido esses caramujos, comendo-os crus, depois de socados num pilão e bem temperados. Mas caramujos vindos de sapos venenosos... Ele voltou rapidamente à casa de cura e contou a Sunrid o que havia visto no rio.

Sunrid e os outros médicos logo concordaram que o veneno dos sapos aderia aos caramujos, provocando aquelas dolorosas afecções de pele. A partir desse dia esses caramujos foram declarados venenosos. Contudo, tal declaração não surtiu o efeito desejado. O povo continuava a comer os caramujos, e a doença prosseguia fazendo vítimas. Somente quando um médico mandou divulgar que o demônio vermelho do veneno dos sapos havia entrado nos caramujos, ninguém mais tocou nesses bichos.

Pouco a pouco as pessoas chegavam, com todas as suas preocupações, à casa de cura. Ninguém vinha inutilmente. A cada um que transpunha o grande portão era prestado auxílio, com conselhos e ações. Aqueles que procuravam ajuda traziam como retribuição frutas, peixes, pães de cereais, e também suco de frutas e vinho de tâmaras. As mulheres trançavam cestas e esteiras, ou confeccionavam sandálias e cintos com fibras coloridas. Mesmo o mais pobre trazia algo ou se tornava útil de alguma maneira.

Uma grande parte do povo ainda estava ligada à Luz e, consequentemente, seguia as leis. Uma delas dizia:

"Quem quer receber algo, terá de dar também algo em troca! Pois um ser humano que apenas quer receber, sem dar nada, torna-se um mendigo! Atentai para que os pratos da balança sempre estejam em equilíbrio."

Ninguém transgredia essa lei, pois ninguém queria tornar-se um mendigo, ainda mais que cada um sabia que mendigos eram considerados fora da lei...

Sunrid entrava no pátio de banho exatamente no momento em que uma família, constituída de um homem, duas mulheres e quatro crianças, além de três cabras e vários cestos, ingressava no pátio. Depois de curta indecisão, o homem acomodou-se no chão, enquanto ambas as mulheres, uma idosa e outra jovem, aguardavam de pé, ao lado das crianças e das cabras.

Sunrid observava o médico-assistente, que se havia dirigido aos recém-chegados e naquele momento falava com as mulheres, indicando para as crianças. Essas crianças apresentavam grandes olhos febris. Sunrid viu os pequenos rostos lambuzados de barro e os corpos infantis, magros e doentes, que as mulheres, agora amedrontadas, apertavam contra si. Com um sorriso divertido, ele olhava para o assistente, ainda muito jovem, que estava indeciso. Antes de tudo as crianças deviam ser lavadas... mas as mulheres tinham medo de que a água pudesse prejudicar as crianças. O assistente olhou para as mulheres e para o homem sentado no chão. Depois, rindo, pegou uma das cabras, levando-a até a bacia de banho, que ocupava uma grande parte do pátio. Essa bacia também tinha água corrente. Com cuidado desceu os poucos degraus, colocando o animal surpreso na água.

As mulheres, e mesmo o homem, aproximaram-se da borda da bacia e observavam saudosamente a cabra. Para eles o animal estava perdido, pois não acreditavam que voltasse com vida da água.

O assistente enfiou as mãos numa espécie de luvas feitas de um grosso trançado de fibras e começou a esfregar vigorosamente o animal, que ficava calmamente parado. Passados alguns minutos, retirou-o da água. A cabra deu alguns pulos engraçados para sacudir a água do pelo, e a seguir começou a beliscar as folhas de um arbusto.

As mulheres soltaram as crianças que ainda mantinham agarradas a si, empurrando-as em direção ao médico assistente. A cabra havia voltado viva da água; portanto, esta também não faria mal às crianças. Enquanto as crianças eram tratadas e curadas na casa de cura, os pais podiam montar sua tenda no local para isso determinado. Antes de deixar o pátio, o homem aproximou-se de Sunrid, colocando no chão, à sua frente, como retribuição, uma cesta. Nela havia um cabritinho novo.

Ao deixar o pátio, Sunrid pensava com gratidão nas tantas pessoas que no decorrer do tempo vieram à casa de cura. A todas fora dado auxílio. Espiritual e corporalmente. Como tinham sido ricos e preenchidos os seus anos de vida pelo servir ao próximo...

Cada dia, na hora do pôr do sol, todos os médicos e alunos reuniam-se na sala do saber espiritual. Ao entrar na sala, cada qual se inclinava, com os braços cruzados sobre o peito, diante de um alto pedestal, onde estava acesa a chama eterna; depois, acomodavam-se sobre as esteiras que cobriam o chão.

Nessa sala Sunrid ministrava seus ensinamentos aos alunos. Suas aulas eram mais de natureza espiritual. Ele somente mantinha alunos que também se esforçavam em perscrutar as causas mais profundas de uma doença; aqueles, pois, que compreendiam que o querer e o atuar errados, bem como a idolatria, eram os piores causadores de doenças. Nas reuniões, ao anoitecer, falava-se também de problemas que se haviam apresentado no decorrer do dia. Nessa noite, porém, Siptha, o supremo sacerdote do templo principal da cidade, estava presente. Ele, tal como Sunrid, era um iniciado. Com ele tinham vindo mais três outros sacerdotes. Sunrid havia solicitado a presença deles, uma vez que tinha algo importante a comunicar.

Quando todos estavam presentes, Sunrid começou a falar. Falou da derradeira incumbência que os iniciados tinham recebido da Luz, da construção da pirâmide.

—Todas as datas importantes do destino humano, até o Juízo, terão de ser expressas em pedra, disse ele. Também as datas do início e do fim do Juízo poderão ser lidas nas pedras. Pouco tempo antes da vinda do Senhor do Juízo, pesquisadores, entre os quais haverá alguns de nós, descobrirão as mensagens nas pedras da pirâmide e as decifrarão. Os seres humanos que então ainda não estiverem espiritualmente mortos terão notícia disso e saberão que chegou o tempo do julgamento. Essa edificação terá de ser construída de tal maneira, que possa persistir, sem sofrer danos, durante os milênios que ainda restam até o Juízo.

Aos dirigentes espirituais importa que os seres humanos, pouco antes da vinda do Senhor da pirâmide, do Senhor da chama eterna, sejam sacudidos. Certamente todos ouvirão falar disso, pois a notícia do "mistério da pirâmide" dará a volta pela Terra.

— A última incumbência, murmurava Siptha, o supremo sacerdote e iniciado. Com razão o Senhor da vida retira de nós a sua confiança. Por toda a parte os seres humanos se desligam de seu Criador, procurando ídolos e sacerdotes renegados.

— Estás dizendo certo, Siptha, respondeu Sunrid. Temos de nos esforçar duplamente, para que também nós não façamos parte dos mortos, quando a humanidade for julgada.

Os presentes olhavam incrédulos para Sunrid. Como ele podia temer que um deles pudesse pertencer aos mortos? Nada conseguiria fazê-los desligar-se do seu Criador...

Sunrid e Siptha sorriam melancolicamente. Eles sentiam o que se passava nos outros.

— Quem será o construtor? E onde será erigida essa obra? perguntou um dos médicos.

Além dos dois iniciados, ninguém podia imaginar uma construção que perdurasse, sem danos, até o tempo do Juízo. Qual a construção que depois de 6.500 anos não se tornaria uma ruína?...

— A pirâmide será situada em nosso país, disse Sunrid. A palavra "pirâmide" significa "cristal no qual arde o fogo da eternidade".

— Em nosso país?

Sunrid meneou a cabeça afirmativamente.

— Não conhecemos ainda o construtor.

Sunrid não quis, por enquanto, deixar surgir mais nenhuma outra pergunta, e por isso indagou, por sua vez, se havia entre eles alguém que conhecesse a grota dos mortos. Não, ninguém conhecia essa grota, embora todos tivessem ouvido falar dela, bem como dos mortos que ali perambulavam.

— Mortos jogando pedras, acrescentou um dos sacerdotes.

— Será que a pirâmide vai ser construída junto a essa grota mal-afamada? perguntou perplexo um outro sacerdote.

— De acordo com a descrição que ouvi, somente pode tratar-se daquele local, disse Sunrid pensativamente.

Siptha levantou-se. Ele sentia que Sunrid, seu irmão em espírito, não queria responder mais nenhuma pergunta. Quando deixou o salão, os outros, embora hesitantes, seguiram-no.

TRÊS dias antes da lua cheia, Horis e Sunrid deixavam a casa de cura, ao raiar do dia. Sunrid vestia por cima de sua túnica um manto leve de lã, com capuz, pois a manhã era fresca. Horis, porém, além de sua tanga, não usava mais nada. Seu corpo preto reluzia devido ao óleo com que se havia untado abundantemente. Em volta de sua cabeça, aliás, havia passado um pano vermelho. Ambos usavam resistentes sandálias de couro, com as quais podiam caminhar rapidamente.

Horis, já andando, pendurou em seu pescoço uma flauta, a qual antes estava presa em sua tanga através de um fio de fibra. O comprido facão ele também pendurou no pescoço, mas de modo que pendesse nas costas. Sunrid, além de sua caneca para beber e o pequeno frasco com o elixir da vida, nada carregava consigo.

Depois de pouco tempo, haviam atravessado os campos de cultura e um riacho; a seguir passaram por um pântano, e de lá o caminho levava floresta adentro. Bandos de pássaros levantavam voo por toda a parte; seu cantar e o zunir de incontáveis insetos enchiam os ares. Horis, pela simples alegria de caminhar, soltou um forte grito; pegou depois a flauta, imitando os pássaros.

Após andarem durante horas através de diversas florestas e desertos arenosos, chegaram a um caminho pedregoso e bastante transitado, que cruzava o seu. Horis parou, sentindo o cheiro do ar. Qual lado seria o certo?... Sunrid não se deteve. Continuou a andar pelo caminho pedregoso que conduzia em direção ao sul. Um fauno, pulando diante dele, havia-lhe indicado o rumo.

Mais tarde um matagal cheio de ramos e cactos espinhosos obstruía-lhes o caminho. Durante muito tempo Horis teve de fazer uso de seu facão, até que pudessem passar. O solo tornava-se cada vez mais pedregoso, e de vegetação apenas pouco ainda se via.

O Sol já estava baixo no horizonte, quando eles chegaram a um bosque de tamareiras, onde estavam dispersos grandes blocos de rocha.

— Aqui podemos passar a noite, disse Sunrid, enquanto olhava encantado em redor.

A maioria dos pedaços de rocha estava coberta por trepadeiras floridas, e algumas delas haviam subido até as palmeiras. Horis largou seu facão e foi procurar água. Pouco depois voltou com uma grande folha cheia de frutinhas. Não havia água nas proximidades, mas as frutinhas tinham muito suco e saciariam a sede.

A escuridão da noite sobreveio rapidamente. Sunrid e Horis logo encontraram, entre as rochas, lugares apropriados para dormir. Pouco depois ambos dormiam tão profundamente, que mesmo com o estrondo do cair de rochas não acordaram. A noite toda, às vezes perto e às vezes longe, ouvia-se o ruído do cair e rebentar de rochas.

Como sempre, Sunrid já antes do começo do dia estava acordado e pronto para iniciar sua tarefa diária. A alegria de viver e trabalhar, que sentia cada manhã, elevava-se igual a uma oração de agradecimento para as alturas luminosas.

Horis tinha subido na única árvore alta que se encontrava entre as palmeiras, e olhava curioso em redor. Ele queria saber de onde vinha o ruído do cair e rebentar de pedras que estava escutando desde que acordara. Sunrid também estava escutando. Os ruídos que ele ouvia não poderiam estar sendo executados por mão humana. De repente soube que próximo dali estava o local onde a pirâmide deveria ser construída... e que os gigantes já estavam trabalhando. Ele chamou Horis, e ambos caminharam celeremente na direção de onde vinham aqueles ruídos de trabalho.

Por volta do meio-dia chegaram ao local procurado. Uma montanha de blocos de rocha obstruía-lhes o caminho. Os mesmos ruídos que já haviam escutado de longe ouviam aqui também. Mas aqui chegavam aos seus ouvidos apenas de modo abafado.

Horis olhou meio inquieto para seu amo.

— Bem perto deve encontrar-se a grota dos mortos, disse ele baixinho. Os ruídos que eles fazem, já desde muito, têm afastado pastores nômades. Aqui deve estar também a nascente...

Sunrid sorria.

— Os gigantes estão trabalhando, alegra-te! Eles são os construtores da natureza!

Depois desse esclarecimento, Horis criou coragem e saiu para procurar água. Enquanto circundava as massas de rocha amontoadas, sentia-se constantemente observado. Não via ninguém, embora continuamente olhasse em redor. Sunrid permanecia aguardando. Logo, porém, percebeu uma forte movimentação de ar, causada sempre pelos gigantes quando se encontravam próximos.

A seguir viu também seus rostos. Eles inclinaram-se por cima da montanha, olhando em expectativa para ele, embaixo. Sunrid acenou para eles, agradecendo-lhes, sem proferir palavras, pelo seu eficiente trabalho.

"Vós e eu somos servos do Criador, do onipotente Senhor do Universo! Servimos a Ele, louvando-O com nosso trabalho!"

Sunrid parecia um mosquito em comparação com os gigantes. Mas sentiu que eles tinham assimilado acertadamente o que lhes havia transmitido através de sua expressão intuitiva. Acenaram para ele alegremente, e desapareceram de sua vista.

Admirando, Sunrid contemplava os blocos de rocha exatamente cortados, preparados pelos gigantes; depois saiu à procura de Horis. Deixou os amontoados de blocos de pedras atrás de si, dirigindo-se a um caminho que seguia entre cactos gigantes, arbustos espinhosos e uma espécie de palmeira baixa. Enquanto andava, via muitos lagartos com asas, grandes besouros e serpentes amarelas, e constantemente tinha de prestar atenção para não pisar num desses bichos. Quando havia caminhado cerca de uma hora, ele parou. Até aí havia seguido as pegadas de Horis, nitidamente visíveis no caminho arenoso. Mas agora o chão estava tornando-se pedregoso. Enquanto olhava em redor, procurando, sentiu que alguém estava puxando sua roupa.

Um pequeno gnomo da terra, envolto numa capinha amarela com capuz, acenava todo agitado com ambas as mãos, enveredando para a direita e desaparecendo entre arbustos floridos. Quando Sunrid dobrou para o lado os galhos dos arbustos, viu que o caminho continuava ali, pois as pegadas de Horis eram de novo nitidamente visíveis.

O gnomo pulava, acenando à frente. Parecia estar com pressa. Sunrid seguiu-o, em expectativa, tão rapidamente quanto lhe era possível. Despercebidamente a paisagem ia mudando, e o andar tornava-se mais fácil. Velhos carvalhos, ciprestes, árvores de frutas semelhantes a melão e tamareiras formavam um oásis inesperadamente belo, no meio da pedregosa região. Bandos de grous e gansos voavam guinchando, e, por toda a parte, nas árvores, arrulhavam os grandes pombos pretos. Parecia haver aqui também muitíssimos porcos-espinhos pois alguns estavam revolvendo o solo, e por toda a parte escutava-se seu grunhir. O ar cheirava a ciprestes e flores. Tudo indicava que a água estava perto.

O flautear de Horis ouvia-se claramente. Ele, porém, parecia estar sentado numa árvore, pois os sons vinham de cima. De repente, Sunrid parou. Sob a árvore de onde vinham os sons de flauta estavam três guepardos de pernas compridas, farejando, enquanto alguns filhotes brincavam na areia. Um dos animais fixou o olhar no homem, aproximando-se a seguir lentamente.

Sunrid, divertido, sorria e olhava para cima da árvore. O guepardo ficou parado diante de Sunrid, rosnando e farejando. Sunrid, contudo, emitiu alguns sons, livrando o animal do medo que tinha de seres humanos. A seguir, foram juntos até a árvore, onde o animal se sentou como um cachorro.

Os dois outros animais fixaram seus olhares em Horis, que descia da árvore. Estavam rosnando, irritados, mas Sunrid acalmou-os logo. Horis, andando de costas, deixou o local o mais depressa possível, lugar onde os animais o haviam retido horas seguidas. Sunrid elogiou o pequeno gnomo por sua atenção e ajuda, retirando-se também a seguir.

Pouco depois avistaram a nascente que brotava entre as rochas. O pequeno riacho corria através de um rego no solo pedregoso até um lago raso, nas proximidades do oásis, parecendo desaparecer aí.

Depois que Sunrid e Horis haviam saciado sua sede, acomodaram-se à beira do lago, banhando os pés.

— Senhor, por que tenho medo dos animais, e tu não? perguntou Horis, ainda envergonhado.

Sunrid primeiramente ficou calado, olhando pensativamente para a feia cicatriz na perna de Horis.

— Certamente maltrataste animais numa de tuas vidas terrenas, ou os caçaste sem precisar de sua carne para a alimentação, disse Sunrid. Quando ainda havia paz entre os seres humanos e os entes da natureza, entendendo aqueles a língua dos animais, das plantas e das pedras, o "medo" era desconhecido.

Hoje quase não existe mais uma ligação entre o ser humano e a natureza; é por isso que ocorrem tantos mal-entendidos em ambos os lados, acrescentou Sunrid, sorrindo.

Após um curto descanso, ambos saíram à procura da grota dos mortos. Horis estremecia cada vez que o estrondoso fragor de pedras caindo ecoava no ar. Agora estava convencido de que não eram "mortos" que provocavam o ruído; mesmo assim achou tudo isso lúgubre.

Não precisaram caminhar muito, e já divisaram a grota dos mortos. Era uma grota larga e funda, para onde descia uma trilha estreita. A rocha da grota era úmida. Igualmente as muitas ossadas humanas e de animais, amontoadas no fundo, umas em cima das outras, estavam úmidas. Na borda da grota, entre os cactos, havia também esqueletos humanos esbranquiçados, e viam-se, além disso, diversas caveiras dispersas.

— Só caveiras de mulheres e crianças, disse Horis perplexo. Tanto na grota como aqui.

Sunrid meneou a cabeça afirmativamente. Ele também havia feito tal observação.

— Há tempos passados vivia aqui uma tribo, cujas mulheres se denominavam "as livres". Elas iam caçar, executando todos os serviços dos homens, ao passo que os homens tinham que criar os filhos, fazendo todos os serviços que normalmente cabiam às mulheres... Agora me recordo... uma peste liquidou essas mulheres antinaturais.

Enquanto falava, Sunrid levantava uma caveira, na qual um besouro se havia alojado.

— Senhor, vem comigo buscar frutas. Os "pernas compridas" talvez já tenham esquecido que eu sou teu amigo...

Sorrindo, Sunrid calçou novamente suas resistentes sandálias de viagem, seguindo então Horis, que descobrira, não muito distante da nascente, uma grande árvore onde pendiam pesadamente as compridas e gostosas vagens de nozes.

— Mas deve ter sido gente boa que plantou as árvores frutíferas neste oásis... Será que foram "as livres"?

Sunrid negou tal suposição.

—Além das ossadas, essa tribo humana antinatural nada deixou.

— Onde vamos pernoitar? perguntou Horis.

— Lá onde pernoitamos ontem. Vamos sair já, pois o caminho até lá é longo.

Horis alegrou-se em poder deixar esse lugar temível. Marchava rapidamente à frente. Sempre que o matagal era demasiadamente espesso, ele abria com o facão o caminho para Sunrid. Quando as sombras do anoitecer já escureciam o crepúsculo, eles chegaram ao bosque das tamareiras. Logo acharam seus lugares de dormir e deitaram-se.

Mal Sunrid se havia esticado entre os blocos de rocha, seu espírito já se deslocava. Estava procurando Sargon.

Sargon já vinha ao seu encontro, pois sabia que Sunrid havia achado o local onde seria erigido o monumento do Senhor da pirâmide, do Senhor do Universo. Agora ele próprio vinha para ver, enquanto seu corpo terreno repousava.

Quando os espíritos de ambos os iniciados se aproximaram do local de trabalho, Enak, o gigante, também já estava presente. Com o rosto risonho, ele tomou ambos nos braços e colocou-os cuidadosamente no ponto mais alto das rochas. Dali se via bem todo o amplo local de trabalho. Tal como Sunrid, Sargon estava totalmente impressionado com o trabalho dos gigantes, embora conhecesse as dimensões. Aí, pois, estava uma montanha de blocos de rocha uniformemente cortados!

Ambos os sábios, no ponto mais alto das rochas, estavam agora frente a frente com os rostos dos gigantes. Com amor no coração, olhavam para os incansáveis construtores. Eles sentiam a forte movimentação no ar causada pelos gigantes e viam a aura opalescente que envolvia suas grandes figuras. A inesgotável alegria de viver, que perpassa todos os enteais, irradiava também dos gigantes.

"Honramos o Criador do Universo com o nosso trabalho!" fez-se ouvir a voz de Enak. "Podemos denominar-nos servos Dele, pois Ele é nosso Criador também."

Os dois sábios acenavam com a cabeça afirmativamente, e uma profunda oração de gratidão elevou-se de seus espíritos. Eles também podiam denominar-se servos do Senhor dos mundos! Também eram uma partícula desse maravilhoso mundo!

De repente, sentiram-se novamente carregados e já estavam num outro rochedo mais baixo. Quando caminhavam nesse rochedo, que se estendia para longe, viram, com pasmo, a grota dos mortos onde Sunrid estivera durante o dia. Com movimento rápido, Enak levantou ambos os sábios, colocando-os no chão, ao lado da grota, depois indicou para o rochedo que acabavam de deixar.

"Esse rochedo se parece com um leão adormecido", disse Sargon pensativamente. Sunrid também viu a forma de um animal em pedra. Durante o dia não havia visto essa formação singular do rochedo... Queria perguntar a Enak, mas o gigante desaparecera.

Sunrid, como sempre, acordava na hora da alvorada. Não podia lembrar-se de quando sua alma havia voltado para o corpo terreno. Contudo, o vivenciado da noite vibrava nele tão vivamente, que lhe parecia estar ainda junto dos gigantes...

Pela primeira vez, ele havia visto os gigantes trabalhando em seu próprio mundo... e esse mundo mais fino envolvia a Terra tão estreitamente, que Sunrid tinha a impressão de estar na própria

Terra. A matéria desse mundo, contudo, era menos densa, não obstante ser ainda da mesma espécie que a matéria terrena.

Horis levantou-se ainda meio sonolento e escutava, amedrontado, o lascar das pedras. Olhou para seu amo, que estava encostado numa rocha, aparentemente observando os pássaros que cantavam sua canção matutina, nos galhos acima dele.

Os grandes olhos escuros de Horis olhavam melancolicamente para seu amo, quando dele se aproximou com uma folha cheia de frutinhas.

— Senhor, por que posso ouvir os gigantes trabalharem e, não obstante, não posso vê-los? perguntou quase que repreensivamente.

Sunrid pensou um pouco, antes de responder.

— Não os estás vendo porque não queres. Tens medo do desconhecido que poderias ver... O medo turva a visão, disse Sunrid vagarosamente.

Horis confirmou. Sempre teve medo do "ver". O "ouvir" era, comparado a isso, apenas um "medo pequeno".

— Os gigantes, bem como todos os outros entes, mostram-se apenas àquelas pessoas que encaram sua espécie com amor e confiança... e que são livres de culpas.

Horis ainda não estava contente.

— Posso ver os mortos, disse ele tão baixinho, que Sunrid mal entendia as palavras. Vi meu irmão. Ele era um grande caçador. Morreu vítima de um veneno que queimava sua pele. Quando o vi, seu segundo "eu" estava ao lado do seu corpo terreno morto.

Horis calou-se. Achou ter dito o suficiente. Mas Sunrid perguntou com interesse:

— Como é que se apresentava o segundo "eu" de teu irmão morto?

— Senhor, não me pergunte. Vamos andando.

Depois dessas palavras, Horis deixou o local. Somente muito mais tarde, quando já haviam caminhado durante algumas horas e estavam descansando à beira de um riacho, respondeu a pergunta de Sunrid.

— O outro corpo mais leve do meu irmão tinha um aspecto pavoroso. Tumores cobriam seu corpo.

Horis cobriu seu rosto com as mãos trêmulas e calou-se.

O caminho de volta pareceu a ambos muito mais curto. Ainda antes do pôr do sol alcançaram a casa de cura. Sunrid ficou parado a alguma distância, olhando preocupadamente para a grande aglomeração de pessoas que se concentrava diante do portão e no grande pátio.

Neria, o médico-chefe, que sempre assumia o lugar de Sunrid, quando este se afastava da casa de cura, estava no terraço e perscrutava as distâncias. Ele sabia que Sunrid estaria de volta ao anoitecer. Tão logo o avistou, deixou o terraço e atravessou os jardins, ao seu encontro.

— Essa aglomeração de gente que estás vendo deseja esclarecimentos. Aliás, de ti mesmo, meu irmão, disse Neria, sem fôlego. Quase toda a população viu, por volta do meio-dia, dois gigantes caminhando na beira do rio. Os gigantes superavam as árvores mais altas, e algumas pessoas afirmaram que suas cabeças tinham alcançado o céu.

— Gigantes? perguntou Sunrid alegremente. Os gigantes querem, então, que os seres humanos sejam informados de sua presença e de seu trabalho. Caso contrário, esses incansáveis servos certamente não se deixariam ver.

— A construção, pois, exige a cooperação de seres humanos também, observou Neria.

— Dize a todos que se reúnam no grande templo; lá lhes darei esclarecimentos sobre os gigantes, pediu Sunrid, enquanto se aproximavam da porta que ligava os jardins à casa de cura.

Pouco tempo depois, Sunrid, acompanhado de quase todos os moradores da casa, estava a caminho do grande templo. Era o templo principal do país, que tinha sido construído em honra do Senhor da vida, do onipotente Criador. Siptha, o iniciado, nesse ínterim, abrira os grandes portais do templo, de modo que as pessoas que afluíam pudessem reunir-se em seu interior.

O aviso que Sunrid iria falar às pessoas no templo, Siptha recebera do próprio Sunrid. Os iniciados daquela época podiam comunicar-se entre si; as distâncias não representavam nenhum obstáculo. Eles "ouviam" as mensagens que enviavam mutuamente. Sua forte vontade intuitiva tocava diretamente o "centro auditivo" do cérebro, tal como irradiações eletromagnéticas. Aquele que recebia uma mensagem não a acolhia pelo ouvido, mas diretamente pelo centro auditivo cerebral. Tratava-se de um "ouvir interno", o qual era sempre tão alto e nítido, que não podiam surgir erros.

Mais tarde também isso se modificou, pois transmissões dessa espécie, sem interferência, de pessoa para pessoa, são apenas possíveis quando a aura, tanto do "transmissor" como do "receptor", for pura e sem turvação.

Sabemos que a aura atua como um ímã que atrai a igual espécie. Uma aura turva atrai tantas coisas perturbadoras, que uma transmissão de mensagem se torna impossível. Com uma aura límpida e sem turvação ocorre exatamente o contrário. Ela facilita toda a transmissão.

Sunrid entrou no templo em companhia de Neria. Subiu os degraus que conduziam à base do altar onde estava a chama eterna. Os raios do sol poente entravam por uma das aberturas da parede do templo e refletiam uma luz rosada no pedestal de alabastro, sobre o qual se encontrava a chama eterna. Também o aro de ouro, que prendia o pano branco na cabeça de Sunrid, vislumbrava numa cor avermelhada, quando, depois de breve oração, ele se dirigiu à multidão.

— Vistes os gigantes, começou Sunrid. Esses grandes servos do onipotente Criador deixaram-se ver por vós, para vos comunicar que desta vez levantarão uma obra em nosso país, que haverá de perdurar até o julgamento final da humanidade.

— São os mesmos gigantes que em Sair construíram o grande Templo da Rainha do Céu? perguntou um dos homens que estava bem à frente dos degraus.

— São os mesmos gigantes, respondeu Sunrid. E, como podeis imaginar, os gigantes também precisam, para execução dessa obra, da ajuda de seres humanos.

Após essas palavras, surgiu uma grande gritaria, pois todos queriam ajudar os gigantes em seu trabalho. Sunrid acenou concordando, e o silêncio voltou novamente. Nesse silêncio ecoou repentinamente a risada provocante e desagradável de uma mulher que conseguira chegar, aos empurrões, até a fileira da frente.

Siptha olhou com pavor para a jovem e bonita mulher, que o saudou com um aceno. Antes, porém, que ele pudesse dizer algo, ela subiu um degrau e exclamou:

— Sábio Sunrid, não existem gigantes! Eu não os vi, embora estivesse na beira do rio. A sacerdotisa Namua, que estava ao meu lado, também nada viu!

Sunrid estremeceu de susto, quando ouviu a voz da mulher... e essa mulher subiu mais um degrau ainda, rindo sarcasticamente para Sunrid. Contudo, antes que pudesse subir mais, Horis agarrou-a pelos cabelos compridos e arrastou-a para trás.

A multidão estava indignada. Como podia essa mulher dizer que os gigantes não existiam? Todos os que ali estavam reunidos haviam visto aquelas duas figuras. A mulher, nesse ínterim, soltara-se, desaparecendo tão depressa quanto lhe foi possível, abrindo caminho, aos empurrões, através da multidão. Logo depois se afastava em companhia de um homem que a esperara fora do portal do templo. O sol, nesse meio tempo, declinara, e rapidamente escurecia. Sunrid pronunciou uma breve oração, e depois pediu aos presentes que deixassem o templo.

— Quem quiser obter mais informações sobre a obra poderá voltar amanhã. Siptha responderá então a todas as perguntas.

O templo esvaziou-se rapidamente. Apenas Sunrid, Neria e Siptha permaneceram no local.

— Conheces a mulher, meu irmão? perguntou Sunrid seriamente.

— Por duas vezes eu a vi, juntamente com seu companheiro. São naturais do Egito, disse Siptha ainda completamente atônito. Ambos procuraram-me certo dia e perguntaram se poderiam assistir às solenidades do templo, embora fossem de outra crença.

— Que crença essas pessoas possuem, negando os construtores da natureza? perguntou Neria.

O incidente o deixara oprimido.

— Só pode tratar-se de uma crença errada. Pessoas assim são perigosas, disse Sunrid com energia.

— A moça dava uma impressão inocente e modesta, quando me pediu para ser aceita em nosso templo. Parecia-me que ambos queriam aprender conosco...

Sunrid interrompeu Siptha e disse:

— O pecado e a tentação raramente se apresentam pelo seu lado feio.

— A mulher falava de Namua; só pode tratar-se da sacerdotisa do Templo da Pureza. O que essa sacerdotisa tem a ver com os estranhos?

— Sim, Neria tem razão. O que Namua tem a ver com essa estranha? perguntou Sunrid, enquanto deixava o templo seguido de ambos.

Admirava-se de que ainda não tivesse ouvido nada a respeito dessa jovem mulher e de seu acompanhante. Com ele passava-se o mesmo que com Neria. Sentia-se oprimido. Além disso, preocupava-se com Siptha. Esse sábio ainda não havia compreendido que uma grande parte da humanidade já estava adorando deuses falsos, melhor dito, ídolos. Mesmo nas aldeias dos sábios o "inimigo" já havia tentado penetrar. O Egito e os países ligados à Caldeia até agora haviam sido poupados...

Neria despediu-se, saindo rapidamente. Sunrid ainda ficou parado, hesitante, depois disse a Siptha:

— Que tua noite seja abençoada.

Após isso, ele também deixou o jardim do templo.

Siptha ficou. Uma vez que ainda não tinha esposa, habitava uma pequena casa que pertencia ao templo. Interiormente estava desesperado por não conseguir reunir forças para recusar pessoas que chegassem a ele com pedidos. O seu espírito havia-se manifestado contra aquelas pessoas... Isso ele tinha intuído nitidamente... Não obstante, não lhe fora possível dizer "não", quando a mulher pediu... Que motivo teria para recusar esses estranhos?

"Apenas o motivo de a presença deles no templo ser uma ofensa ao onipotente Criador!" Siptha assustou-se, ao ouvir a voz que tão bem conhecia. "Não tens dado atenção às advertências de teu espírito", continuava a ecoar em seu íntimo. "Acautela-te com aqueles que seguem as trilhas da morte!"

Quando a voz não mais se fez ouvir, Siptha dirigiu-se pensativamente à sua casa. "Quero permanecer nos caminhos que conduzem à vida eterna", disse baixinho para si mesmo. "Somente quem ouve a voz de seu espírito permanece nesse caminho"...

Sunrid e Neria mal tinham chegado à casa de cura, quando Horis veio correndo e relatou:

— Os estranhos, um homem e duas mulheres jovens, vieram com uma caravana que seguiu mais para o sul. Eles moram com a irmã de Namua. O homem chama-se Junu, "o grande vidente". As duas mulheres são suas filhas. Ambas são muito cobiçadas. A mulher que vimos no templo chama-se Bennu. Falam que sua irmã, Harpo, está sendo pretendida como esposa pelo filho do rei. Já estão construindo uma casa na fronteira norte da cidade, pois precisam de terra para suas cabras.

— Cabras? perguntou Neria surpreendido.

— O grande vidente trouxe um bode, por isso mantém cabras para ele, respondeu Horis.

Sunrid assustou-se, ao ouvir que o forasteiro havia trazido um bode. O bode era o signo do culto do diabo, que dia a dia ganhava maior número de adeptos... Neria pensava a mesma coisa. "O bode e a mulher... a mulher nua." Esse culto glorificava o amor terreno. Só nisso tinha sua força de atração.

— Sabemos agora que esses estranhos são adeptos do culto do diabo, denominado também "culto da deusa nua", disse Sunrid, quando com Horis dirigiu-se para seus aposentos.

Sua preocupação, no entanto, relacionava-se com Siptha. Pois a mulher voltaria...

E a mulher voltou realmente. Siptha recebeu-a no jardim do templo. A fisionomia dele estava severa e fechada.

— Um demônio tinha-se apossado de mim e gritava através de mim! disse ela, depois de pedir a Siptha que a perdoasse. Demônios não gostam de gigantes! Eu, porém, sei que os gigantes existem! Perdoa-me, sábio, e permite-me entrar no templo. Quero fazer minha oração.

Siptha olhou para os seus grandes olhos verdes, admirando-se de os haver considerado inocentes no dia anterior.

Bennu, a mulher, esperava.

— O portal do templo permanece fechado para ti, e eu te peço que não voltes mais, disse Siptha finalmente.

— Foi Sunrid quem ordenou isso. Já ouvi falar dele. Ele é duro e severo. Ele despreza as alegrias da vida! Mas tu, Siptha, eu sei, se dependesse de ti, abririas todos os portais para mim!

Horrorizado, Siptha olhava para a mulher, que se afastava correndo, como que perseguida. O ódio dela atingiria Sunrid... Como poderia ele, o culpado, proteger Sunrid disso? Ainda no mesmo dia, foi até a casa de cura. Sunrid escutou, calado, quando Siptha o informou daquela ocorrência.

— O ódio dela não poderá atingir-me, disse Sunrid tranquilizadoramente. Pensa naqueles que se deleitam apenas com a beleza dela, e com isso não enxergam a rede em que se prendem.

Siptha acenou afirmativamente. Mas sabia que havia contraído uma culpa que poderia ter evitado. Contudo, não era a primeira vez que não escutava a voz do espírito, a qual lhe indicava o certo...

— Penso no construtor, disse Sunrid. Vou procurá-lo hoje à noite, enquanto meu corpo terreno repousa. Ele encontra-se a caminho de Ereth...

Siptha já havia deixado a casa de cura, quando se lembrou de que mercadores provenientes da cidade Per Mont haviam falado de sacerdotes idólatras, que foram expulsos de lá... Per Mont pertencia ao Egito. Não havia dúvida nenhuma de que os forasteiros tinham vindo de lá...

Sunrid não pôde realizar seu plano de procurar o construtor, visto que todos os médicos, os assistentes, bem como os doentes, lhe pediram que falasse mais pormenorizadamente sobre os gigantes.

Sunrid contou tudo o que ele mesmo sabia, finalizando com as palavras:

— A construção será erigida por ordem do onipotente Senhor dos mundos. Ela perdurará através do tempo e ainda estará de pé quando o Senhor enviar Seu filho para os seres humanos, a fim de desencadear o Juízo.

A pirâmide será construída de tal modo, que suas pedras falarão, dando testemunho do vindouro juiz do Universo. Além disso, muitas outras coisas irão tornar-se visíveis nesse "livro de pedra"... Os gigantes trabalharão com um construtor terreno... Será alguém de quem eles gostam e em quem confiam...

Sunrid foi interrompido muitas vezes. Cada qual queria saber algo diferente. Por fim, pediu aos ouvintes que se contentassem com aquilo que haviam escutado dele.

— Somente o construtor poderá dizer mais sobre isso, acrescentou finalizando.

Então todos se deram por satisfeitos. No entanto, o que os preocupava ainda muito era o local onde essa construção seria erigida. Todos tinham ouvido falar algo desse oásis mal-afamado, no meio das montanhas, onde "os mortos" continuavam a viver. Além de Sunrid e Horis, nenhum dos presentes estivera lá. Alguns se lembravam de que há muito tempo pessoas da Líbia tinham vivido naquele local. Dizia-se que se tratava de seres humanos esquisitos. As mulheres viviam como homens e os homens, como mulheres...

Sunrid não se deixou envolver em mais nenhuma discussão. Levantou-se, deixando o salão com uma bênção.

Os dias passavam, e o entusiasmo do povo crescia ininterruptamente. Todos queriam ver os gigantes mais uma vez. Constantemente uma grande multidão acocorava-se nas margens do grande

rio, esperando. Os mais corajosos faziam a longa caminhada até o oásis Mari. Mari é a denominação que o povo deu, de início, à pirâmide. A palavra "Mari" soava como "Mali", em virtude de os egípcios pronunciarem o "r" como "l".
Muitos que para lá peregrinavam viam e ouviam os gigantes. Contudo, os gigantes raramente se deixavam ver. No decorrer do tempo, frequentemente haviam adquirido experiências más com a raça humana.

ENQUANTO o povo, no Egito, esperava o construtor da pirâmide, este se achava muito distante, sentado à beira de um rio, no sul da Arábia. Ira e tristeza transpareciam do seu belo rosto jovem. Suas mãos, fechadas em forma de punhos, estavam em seu colo. Ele, Pyramon, o filho do rei de Kataban, havia sido expulso. Com desespero, já há algum tempo olhava à sua frente, comprimindo a seguir seus punhos com firmeza contra os olhos, enquanto seu corpo tremia, literalmente, em virtude da dor muda.
Será que havia errado conscientemente? Não! Não! Nunca... Os prestimosos amigos invisíveis deviam ter-se afastado dele, só assim podia ter acontecido o incompreensível... Nos próximos dias teria de abandonar Kataban, sua pátria...

HÁ CERCA de 6.500 anos, Kataban era um reino próspero, ao sul da Arábia. Sua capital, Timna,[*] era uma das maiores cidades naquela época. Cientistas constataram que a cidade de Timna, situada na estrada meridional de caravanas, fora destruída no ano 50 a.C., por agressores desconhecidos. Mais tarde encontraram numa camada mais profunda os restos de um grande templo. As descobertas dos cientistas, contudo, são de uma Timna de época mais antiga. A primeira e original cidade foi destruída parcialmente por um terremoto. Foi reconstruída, transformando-se

---

[*] Nota da Editora: Timna, também conhecida como Tamna, Temna, ou Thomna. Nos museus históricos do Instituto Smithsoniano vigora a terminologia Timna.

novamente num importante centro de comércio e de cultura. Sua riqueza, porém, despertava a inveja de muitos. Certo dia, a cidade foi assaltada e saqueada por bandos de guerreiros, ficando quase totalmente destruída.

Mais uma vez reconstruíram essa cidade. Não mais tão grandiosa como antes. Contudo, ela tornou-se novamente um importante centro de comércio, mas então os habitantes foram atingidos por uma nova desgraça. As águas escasseavam. Alguns rios desapareceram completamente. Também o nível da água nos poços caía de modo inexplicável. A isso ainda se juntaram as tempestades de areia...

Aproximadamente cem anos antes de Cristo, a cidade foi assaltada pela última vez e destruída. Não mais foi reconstruída, e pouco a pouco suas ruínas afundaram na areia.

No presente livro referimo-nos à primeira e original cidade de Timna, cujo Templo de Astarte, com suas colunas de alabastro, era famoso a grande distância. Famosos e muito visitados eram também os quatro sagrados animais alados de alabastro, aos quais os artistas de Kataban haviam dado formas especialmente belas. Todos os povos da antiguidade conheciam e adoravam os quatro sagrados "gênios" que vivem nos degraus do trono do Criador do Universo, anunciando de lá a vontade Dele.

O francês Layard, realizando escavações na Assíria, encontrou uma gigantesca cabeça de alabastro, pertencente a um leão alado. Profundamente impressionado, contemplou demoradamente a bem conservada obra de arte, cuja expressão era serena, mas ao mesmo tempo majestosa. Ele chegou à conclusão de que esses animais alados não podiam ser obras de arte sem um profundo significado, pois foram venerados por gerações que viveram há muitos milênios...

Os cientistas que se dedicaram às escavações encontraram um nome para esses quatro animais alados: "Os deuses astrais dos quatro cantos do Universo."

A cidade de Timna daquela longínqua época era famosa por causa de seus trabalhos de ourivesaria e por suas "tintas". Não menos famosos eram os pombos ali criados. Os "pombos de Kataban", como eram chamados, eram cinzentos, mas tinham as cabecinhas de cor vermelho-púrpura e as pontas das asas também eram de um vermelho brilhante. Os ovos desses pombos eram considerados especialmente nutritivos, e dizia-se que conservavam sadios os ossos e os dentes…

A pátria do filho do rei de Kataban era rica e bela, mas ele mesmo sentia-se pobre e abandonado.

"Vive de tal modo que ninguém sofra por tua causa! Mantém-te livre de pensamentos errados! Pensamentos são como sementes que colocas no solo!"… haviam os sábios lhe ensinado… Também das últimas palavras de Pegulthai, Pyramon lembrava-se: "Acautela-te com a vaidade! A vaidade suga o sangue de teu corpo, tornando-te um fracalhão!"

As lágrimas corriam pelas faces de Pyramon, ao lembrar-se de Pegulthai. Ao mesmo tempo assustou-se com suas próprias lágrimas. Não podia recordar-se de ter chorado uma vez. "Será que já era um fracalhão?"

A culpa de Pyramon começou com um carro que ele mesmo construíra penosamente. Era baixo e pesado, um monstro de madeira e couro, que tinha duas rodas, embora não totalmente redondas. Pessoa alguma havia visto até então um tal veículo. Contudo, certa vez, mercadores de Cheta haviam contado que em sua terra existia um carro com rodas que, no entanto, nunca era usado.

"Não é usado porque um demônio tomou posse dele", acrescentara um dos mercadores. Os ouvintes logo perderam o interesse. Tudo o que tinha alguma relação com demônios, era mau…

Pyramon fora o único capaz de imaginar esse estranho veículo. Quando ainda muito moço havia visto, várias vezes antes de adormecer, o senhor do Sol correndo através de seu chamejante país, num carro puxado por leões.

Mas não foi o veículo do senhor do Sol que havia despertado nele o desejo de possuir um igual. Somente quando viu o veículo do senhor da estrela Sothis, começou a ocupar-se com a construção de um carro assim. No veículo de Sothis ele havia visto lateralmente rodas de ouro que giravam. Não seria demasiadamente difícil construir tal veículo. Ele poderia emparelhar jumentos, pois leões certamente não poderiam ser utilizados para isso. E os dragões alados que puxavam o carro de Sothis não mais existiam na Terra.

Pyramon e seu amigo e servo Pemu estavam trabalhando no carro há cerca de um ano. Quando finalmente ficou pronto, Pyramon examinou criticamente sua obra. O carro era largo, baixo e pesado. Apenas a parte da frente era alta, onde o condutor devia ficar em pé. Agora estavam faltando apenas os jumentos que puxariam o carro. Foi muito difícil conseguir que quatro jumentos puxassem obedientemente o veículo. Toptekmun, o tratador de animais, compreendendo a língua deles, finalmente conseguiu que eles se deixassem emparelhar. De início teve de caminhar e também correr ao lado deles, para que aprendessem a puxar o carro. Enfim estava tudo pronto. Pyramon fazia muitas corridas de experiência, fora da cidade. Os grandes e fortes animais corriam muitas vezes de tal modo, que ele quase era impedido de respirar.

O povo aguardava com impaciente curiosidade a apresentação do carro. Pyramon deveria atravessar a cidade com ele! Todos queriam ver a coragem incrível do filho do rei em utilizar um veículo idêntico ao do senhor do Sol.

Então veio finalmente o dia determinado por Pyramon. A cidade estava cheia de visitantes e mercadores que igualmente esperavam ver o príncipe no "carro do Sol".

No coração de Pyramon não havia alegria ao chegar o momento. Com preocupação pensava na corrida através da cidade. Mas teve de prosseguir, visto que ele mesmo tinha determinado o dia. Era como se fosse uma promessa, que haveria de ser resgatada...

À noite, não conseguira conciliar o sono, pois sempre que ia adormecer, escutava vozes. Vozes que o aconselhavam a nunca mais subir no carro. Assustado, levantara-se de seu leito.

"Por quê? Por que me dais esse conselho? Quem sois?"

De repente, Pegulthai estava à sua frente. Pyramon acalmou-se. Já muitas vezes o sábio o havia buscado para passeios, enquanto seus corpos terrenos repousavam dormindo.

"Em breve deixarei a Terra", disse Pegulthai. "Nós nos veremos novamente, Pyramon, pois nossos destinos estão ligados entre si. Que o sofrimento, cujas sombras já se aproximam, te prepare para tua missão..."

Pyramon ficou arrasado. Havia compreendido direito o sentido das palavras? "Não, Pegulthai, não me abandones!" É o que gritava de seu íntimo. Contudo, Pegulthai já tinha desaparecido... Pyramon levantou-se, dirigindo-se atordoado ao pátio onde se encontrava sua oficina. Caminhava entre os blocos de pedra, ali espalhados, de todos os tamanhos e de todas as cores. Depois ficou parado diante de um leão. Esse leão, ele mesmo havia esculpido em uma pedra. Também o falcão ao lado era uma obra de arte dele... Como que ausente, olhava para seus trabalhos. Hoje não lhe despertavam nenhuma alegria. Sentia-se distante e solitário, e estranhamente desligado de tudo o que o cercava.

Ao raiar do dia, Pyramon deixou sua oficina. Seus irmãos e vários servos já estavam esperando no palácio. Todos se assustaram quando o viram. De algum modo o jovem lhes parecia mudado. Sua figura esbelta e grande, com a bela cabeça erguida, parecia superar a todos, mais ainda do que habitualmente. A mudança, contudo, estava em seus olhos. Esses olhos, que geralmente brilhavam em constante alegria, estavam sérios, sim, apagados.

Quando Pyramon viu diante de si os rostos confusos e quase assustados dos seus, sorriu... Ele tinha de se controlar; ninguém deveria ficar preocupado com as suas vivências noturnas...

No entanto, Pegulthai, seu amigo e instrutor espiritual, não lhe saía da cabeça. Enquanto os pensamentos de Pyramon se ocupavam com o sábio, este se encontrava em seu pátio, gravando os últimos hieróglifos numa placa de barro.

Além de Pegulthai, um outro iniciado ainda vivia em Timna. Era Magog, que criava obras de arte em metal. Os iniciados não somente eram ativos do ponto de vista espiritual. Eles também trabalhavam fisicamente, para que o equilíbrio entre a alma e o corpo fosse mantido. Perturbado esse equilíbrio, doenças poderiam alojar-se no corpo terreno.

Contente, Pegulthai contemplava seu trabalho. Os sinais eram grandes e nítidos, e poderiam ser feitos facilmente em metal. Logo os levaria para Magog. Quando, porém, já ia deixar a casa, ouviu alguém chamar pelo seu nome. Olhou para trás, mas não viu ninguém. Também o pomar, atrás da casa, estava vazio.

Ele ficou parado, pensativamente, depois sorriu feliz. Seu tempo terreno estava terminado. Ele sabia. A voz do mundo das almas o havia lembrado. Ainda poderia levar a placa até Magog e despedir-se, na Terra, do irmão em espírito.

Magog morava nas proximidades do grande templo. Frequentemente, porém, ficava dias a fio no palácio real. O rei e a rainha eram os seus alunos mais assíduos.

Quando Pegulthai entrou na casa de Magog, viu primeiramente Thisbe, a neta dele. Ela mostrou-lhe dois pombinhos novos, aos quais estava dando comida nesse momento, e perguntou-lhe se novamente estava trazendo "sabedoria na placa". Quando ele acenou afirmativamente, ela lhe disse que mais tarde também divulgaria sabedoria...

— Estou a caminho do palácio, disse Magog, que entrara nesse instante. O rei deve estar preocupado, uma vez que mandou chamar-me a esta hora, fora do costume.

Pegulthai acenou com a cabeça. Deu a placa a Magog, sentando-se a seguir num banco baixo, ao lado de Thisbe. Kilta, que ouvira a voz do sábio, entrou rapidamente no aposento com uma caneca de vinho. Pegulthai olhou pensativamente para a mulher que há onze anos preenchia o lugar de mãe para Thisbe.

A mãe de Thisbe fora casada com um cananeu e vivia no país dele. Quando sua filhinha tinha um ano de idade, ela veio visitar seu pai, Magog, em Timna. Viera com Kilta, que cuidava da criança. Quando o dia da partida se aproximava, a pequena Thisbe foi acometida por uma forte febre. Não se podia cogitar numa viagem. Mas o pai da criança estava com pressa de partir. Ele achava que a pequena poderia ser tratada durante a viagem do mesmo modo que em casa...

Magog, sentindo a aflição de sua filha, propôs que deixassem a criança e Kilta em sua casa. "Por ocasião de vossa próxima visita, podereis recebê-la sã e salva", disse ele confiantemente.

Os pais da menina aceitaram, agradecendo a proposta de Magog. Desde então a criança e Kilta viviam com ele. Os pais de Thisbe nunca mais voltaram. Ambos morreram, acometidos por uma febre pestífera.

Kilta vivia de bom grado com Magog. Muito havia aprendido com esse sábio sobre o poder curativo das diversas plantas. Ele havia-lhe ensinado também o preparo do pão de frutas, tão apreciado na região. Magog dava muita importância à alimentação. "Comida errada perturba o ritmo de vida do corpo! O sangue torna-se impuro e corre preguiçosamente." Assim Magog não somente ensinava Kilta, mas também Thisbe, que se estava desenvolvendo.

Pegulthai, que geralmente gostava de se ocupar com a criança, hoje não prestava atenção em sua conversa. Nem bebeu o vinho de Kilta, o qual costumava aceitar de bom grado. Sentia-se cansado, e repousou um pouco ainda, antes de sair. Thisbe ficou bem quieta quando percebeu que seu sábio amigo dormitava.

Quando Pegulthai acordou, a primeira parte da manhã já havia passado. Com votos de bênçãos para Kilta e Thisbe, deixou então a casa. Como tantas vezes, Thisbe seguia-o com sua cestinha de pombos. Mas Pegulthai caminhava tão depressa, que ela mal podia segui-lo.

As beiradas das ruas estavam por toda a parte apinhadas de pessoas, e Thisbe julgou nunca ter visto tanta gente. De repente se lembrou de que aquele era o dia em que Pyramon correria com seu "carro do Sol" através da cidade. Ela também ficou parada, olhando em expectativa para a rua.

E já vinha o carro em estrondosa corrida. Os espectadores, com a respiração retida, olhavam para o excitante espetáculo. Ninguém percebia que toda a força de Pyramon não bastava para manter o veículo no meio da rua. Gritos de dor encheram de repente o ar, e os ofegantes e embravecidos jumentos já haviam passado. Silenciaram então as vibrantes e entusiasmadas exclamações. Apenas o troar do carro ainda se ouvia, o qual desapareceu numa nuvem de areia e pó atrás do templo.

Na beira da rua, corpos ensanguentados estavam estendidos. Os acidentados, em seu entusiasmo, tinham-se adiantado tanto na rua, que os eixos do carro, muito salientes, haviam-nos jogado no chão.

O que aconteceu? O que significava essa sinistra calmaria e os gritos de dor? Thisbe, tomada de súbito medo corria pela rua, passando através da multidão que rodeava os feridos.

A preocupação de todos relacionava-se em primeiro lugar com Pegulthai, o sábio da Caldeia, que jazia estendido no chão, afastado da beira da rua. Um sábio tinha sido morto por Pyramon... Podia haver algo mais terrível para um ser humano?

Thisbe, com o rosto pálido de susto, ajoelhou-se ao lado do sábio, olhando-o nos olhos, em silêncio indagador. Não podia compreender que seu sábio amigo estivesse morto. Em sua roupa branca não se via sangue.

Alguns homens levantaram Pegulthai e carregaram-no para sua casa. Kilta, que viera igualmente, pegou a assustada criança pela mão, querendo levá-la embora. Nesse momento chegou Pyramon, olhando, desconcertado, em direção aos homens que estavam carregando o sábio. Com a ajuda de Toptekmun, que o esperava atrás do templo, conseguira fazer os animais pararem. Depois voltara, pois havia escutado gritos de dor quando passara correndo por determinado lugar.

Vozes confusas, misturadas com o choro de mulheres amedrontadas, arrancaram-no de seu torpor. Alguns metros adiante viu os feridos deitados no chão. Eram três. Mais tarde soube que um morrera instantaneamente, enquanto os outros dois sobreviveriam, pois seus ferimentos não eram muito graves.

Thisbe, bem como Kilta, olhavam para o tão alterado Pyramon. Parecia-lhes como se o seu rosto fosse um molde de pedra branca, tão duro e tão fechado estava. Mas Thisbe também via o desespero em seus olhos. Ela queria dizer-lhe que ele não havia matado Pegulthai, porém não conseguiu proferir palavra alguma.

Pegulthai morrera em virtude de sua idade. Ela tinha certeza disso...

Pyramon tirou a faixa de sua fronte que estava molhada de suor, afastando-se a seguir lentamente. As pessoas olhavam-no tristemente. Não se ouvia nenhuma palavra acusadora. A desgraça que o atingira já era bastante amarga. Não queriam agravar ainda mais o seu fardo...

O morto foi conduzido para a sua casa, e ambos os feridos foram levados para um médico que morava nas proximidades. Um dos feridos era Taltor, o escultor de alabastro. Era amigo de Pyramon. Quando recuperou a consciência, lamentou-se de sua própria imprudência, que provocara sofrimento ao amigo.

Nesse ínterim, Magog chegara à casa de Pegulthai, acompanhado do rei e do guardião da ordem. A morte de Pegulthai não havia surpreendido Magog. Ele sabia que o tempo terreno dele havia terminado. Contudo, o que não podia compreender era a forma da morte sofrida pelo seu irmão em espírito... O carro de Pyramon teria derrubado Pegulthai ao solo? Como isso podia ser possível?...

Pegulthai estava estendido em seu duro leito, quando o rei, quase petrificado de susto, se abaixou sobre o corpo, procurando o ferimento. O sábio estava morto. Em sua túnica branca e comprida, porém, não se via nenhuma gota de sangue. O rei olhou indagadoramente para Magog.

Magog estava parado serenamente aos pés do leito, observando como a alma de Pegulthai se desligava do corpo terreno. Pouco depois estava ao lado do corpo velho e morto a imagem dele jovem. Com olhos brilhantes, a alma jovem de Pegulthai dirigiu-se a Magog. E Magog compreendeu as palavras que lhe eram dirigidas:

"Expulsa Pyramon de sua pátria, para que ele possa encontrar sua verdadeira pátria espiritual. Ele é poderoso... e tu, meu irmão, fica junto dele e acompanha-o em todos os seus caminhos..."

Magog ouviu as palavras e as retransmitiu ao rei. Quando o rei compreendeu o sentido delas, sua alma ficou amargurada. Pyramon era o filho de seu coração. Ele era diferente de todos os seres humanos que conhecera. Mal tinha formulado esses pensamentos, e já constatou ter sido o egoísmo que o impelira a pensar assim. Lembrou-se dos ensinamentos de Magog e, envergonhado, baixou sua cabeça. Depois olhou para Pegulthai e falou com voz firme:

— Seja assim como nos aconselhaste! Sempre foste para nós um pai e amigo, e nós te amávamos.

Após essas palavras, deixou a casa e foi sentar-se num banco do jardim, debaixo de um sicômoro, o lugar predileto do falecido.

O guardião da ordem, nesse ínterim, descobrira que Pyramon não tivera culpa na morte do sábio. Pegulthai estava atrás dos espectadores que se empurravam para a beira da rua.

— Só o susto poderia tê-lo matado, acrescentou pensativamente.

Mais tarde Magog confirmou essas palavras.

Pegulthai teve uma morte natural. Ele sabia que sua hora havia chegado, e por isso apressara-se em voltar para casa. Se as muitas pessoas não o tivessem retido constantemente, ele ainda teria chegado a tempo.

Esse saber aliviou um pouco o fardo que pesava sobre o rei. Nesse ínterim chegaram mais dois sábios. Vieram ao mesmo tempo, uma vez que ambos haviam recebido na mesma hora a notícia do recente falecimento de Pegulthai. Todos os sábios eram notificados quando um deles falecia. Aliás, pelo próprio sábio, que estava prestes a deixar a Terra. Ambos os sábios estavam nas proximidades, e por isso ainda chegaram a tempo de velar o corpo do irmão falecido. Os corpos tinham de ser velados até que a alma se desligasse, podendo assim se afastar.

Os três sábios estavam sentados, com os olhos fechados, ao lado do falecido. Nenhum som se escutava, não obstante uma grande multidão de pessoas estar reunida no pátio e diante da casa. Todos sabiam que a alma em vias de se desprender não deveria ser perturbada. Nem com palavras em voz alta nem com outros ruídos.

E os três sábios, que enxergavam com os olhos da alma, observavam os dedinhos que trabalhavam com afinco para desligar os fios quase invisíveis que formavam a "fita de prata", que unia o corpo terreno ao corpo astral. Os dedinhos pertenciam aos enteais *manens*, que desligavam a fita de prata que outrora haviam tecido e firmado.

Existem grandes e pequenos *manens*. Ambas as espécies vestem compridas túnicas de cor verde-clara e toucas brancas, que, como nas crianças, são amarradas embaixo do queixo.

Os pequenos *manens*, cuja atribuição é lidar com as fitas de ligação, têm apenas meio metro de altura.

Os outros *manens* são muito maiores. Estes também estão presentes quando ocorre a morte terrena de um ser humano. Do mesmo modo como os pequenos *manens* desligam a fita de prata entre o corpo terreno e o corpo astral, assim os grandes *manens* desligam o cordão de ligação entre o corpo astral e a alma.

Nada se liga e desliga por si só. Por toda a parte, e no momento exato, mãos diligentes estão presentes, executando o trabalho...

Os sábios e o rei ficaram um dia e uma noite na casa de Pegulthai, guardando o corpo. Depois a alma estava livre. Não existia mais nenhuma ligação entre o jovem alto, vestido de amarelo-claro, e o velho corpo terreno que ele acabara de deixar. Ele levantou a mão, saudando, e afastou-se. No mundo de matéria fina, uma nova missão já estava esperando por ele.

Muitos votos de bênçãos acompanhavam o falecido. Pegulthai, o iniciado, que vivera e trabalhara em Kataban, havia cumprido na Terra as leis do Senhor dos mundos. Sempre estivera alerta, de modo que nada podia perturbar a harmonia entre ele e o mundo celeste. Para as pessoas que o procuravam, ele sempre fora um justo e prestimoso mestre e amigo...

O corpo de Pegulthai foi enrolado firmemente num tecido grosso e depois num trançado de fibras, e assim foi colocado na cova que já havia meses estava pronta, esperando por ele. Nessa sepultura, situada fora da cidade, Magog plantou um pequeno coqueiro.

Naquela época longínqua, em todos os lugares onde sábios ensinavam plantavam-se árvores sobre os túmulos. Mais tarde isso também mudou...

Pyramon, depois daquele infortúnio, dirigira-se à sua oficina. Com um olhar desesperado, ele andava de um lado para outro, entre os blocos de pedra. Ainda não conseguira compreender o que havia visto. Pegulthai carregado sem vida do lugar, enquanto outras pessoas estavam feridas, estiradas no chão... Tinha de ser uma ilusão, trazida e levada pelas nuvens, é o que tentava persuadir a si próprio. De repente escutou vozes e passos que se aproximavam. Alguém o estava procurando... Rapidamente deixou o galpão pelos fundos. Tinha de encontrar clareza, antes de poder enfrentar alguém... De que maneira havia errado, para que agora se sentisse como um expulso?... Foi até o cercado dos animais, onde viviam alguns leões velhos.

Pyramon sentou-se ao lado dos animais, fechando os olhos. O cansaço quase o dominou, quando se encostou no muro. Percebeu como a velha leoa, arfando, se deitou ao seu lado. Depois despertou sobressaltado: a mão de uma criança havia-se introduzido entre as suas. Pyramon sorriu melancolicamente ao ver Thisbe, com sua cesta de pombos, sentada a seu lado.

— Eu te procurei para dizer que teu carro não matou Pegulthai. Ele caiu por si, antes de chegares, é o que pai Magog disse. Pegulthai queria morrer em casa, pois sua hora havia chegado. Mas as muitas pessoas detiveram-no no caminho. Mataste somente o oleiro. Os outros dois continuarão a viver!

Pyramon sentiu-se mais aliviado. Carinhosamente olhou para a criança que muitas vezes ficara horas a fio em sua oficina, enquanto Magog estava ocupado no palácio.

Thisbe abriu a tampa da cesta, soltando os pombos. Os dois bichinhos logo saíram voando, à procura de alimento no grande viveiro.

— Vem, Pyramon, levanta. Tua roupa, teu rosto e tuas mãos estão cheios de pó, disse a criança, puxando-o ao mesmo tempo. Lágrimas corriam dos olhos de tua mãe. Ela mandou-me para cá, quando eu te procurava.

— Minha mãe!

Pyramon levantou-se. Devia saber que não podia esconder-se de sua mãe.

Tanahura, a mãe de Pyramon, também não compreendia o infortúnio. Ele sempre fora diferente dos seus irmãos. Quando pequeno, conversava com animais, pedras e plantas. Mas nunca havia feito o menor mal a alguém... Ela estremecia ao pensar no erro do filho.

"Tudo o que um ser humano faz a outrem, criatura humana ou animal, seja para o bem ou para o mal, ele o faz a si próprio!"

Graças a essas palavras decisivas dos sábios, o povo de Kataban evitava o pecado e a injustiça. Pyramon havia feito mal a si próprio. O que aconteceria a ele? A harmonia com o mundo do céu fora perturbada...

— Mãe, perdoa-me.

Tanahura estava tão entregue a seus pensamentos tristes, que não havia percebido a chegada do filho.

— Pyramon, meu filho!

Como um grito soaram essas poucas palavras. Lágrimas rolavam em suas faces, ao notar o desespero nos olhos de Pyramon. Que consolo ela lhe poderia dar? Haveria, aliás, um consolo para os tormentos da alma dele? Com os dedos delicados ela acariciou-lhe a testa.

— O sofrimento desperta o coração! E as lágrimas do arrependimento lavam o erro!

Quem falara essas palavras? Surpresos, Pyramon e a mãe olhavam para Thisbe que, ao lado deles, proferira essas palavras, certamente sem que ela mesma as compreendesse. Ao ver a surpresa nos rostos, a criança logo acrescentou que Pegulthai sempre falara assim...

— Tuas palavras vieram em tempo certo, disse Tanahura, enquanto abraçava a criança. De agora em diante viverás comigo no palácio, e serás uma filha para mim e para o rei. Magog e Pyramon deixarão nosso país para trabalhar na terra dos sábios.

Quando Pyramon ouviu as palavras da mãe, algo semelhante a alegria penetrou em seu coração. De bom grado iria para o país dos sábios. Ficaria lá também.

— Meu irmão deverá ser rei depois de meu pai, disse ele rapidamente. A ideia de um dia me tornar rei de Kataban sempre constituiu um fardo para mim.

Tanahura baixou a cabeça. As palavras do filho entristeciam-na. Ela sabia que a sucessão nunca o atraíra. Não obstante, teria gostado de vê-lo como rei...

— Não posso ficar contigo e ser tua filha, disse Thisbe com firmeza. Meu lugar é ao lado de Pyramon e de Magog. Não posso deixá-los.

Pyramon riu, ao ver o rostinho sério da menina. Sua mãe também esquecera por momentos a dor da separação, abraçando afetuosamente a criança.

59

O rei voltou ao palácio somente no dia seguinte. Já estava escurecendo quando subiu as escadarias da entrada. Aos seus, que já o estavam esperando ansiosamente, ele parecia desconsolado e estranhamente envelhecido. Apesar disso, seu olhar era sério e sereno quando se dirigiu a Pyramon.

— Vejo que já conheces teu caminho, meu filho. O infortúnio que te atingiu terá de trazer conhecimento e sabedoria ao teu espírito.

— Seguirei com Pyramon, Kosbi interrompeu o pai.

Antes que alguém pudesse responder, Thisbe puxou o menino de cerca de dez anos para o seu lado.

— Terás de ficar, Kosbi! Deves ser a alegria de teu pai, de tua mãe e de teus irmãos. És ainda muito pequeno.

— Tu também não és maior, respondeu o menino irritadamente. Junto de meu irmão grande, também posso ser a alegria de meus pais. Será, pois, uma alegria a distância.

Não, dessa vez Kosbi não podia obedecer àquela que era sua companheira de brinquedos havia anos.

—Também és pequena ainda e podes viajar junto, disse ele emburrado, enquanto as lágrimas lhe corriam pelas faces.

— Pyramon e Magog necessitam de mim; só por isso é que viajo junto, disse Thisbe, igualmente prestes a chorar, colocando seu braço, como que protegendo, sobre o ombro do menino. Ainda não sei para que os adultos precisam de mim, acrescentou um pouco insegura. Mas Pegulthai falou assim.

Nesse ínterim, Pyramon e seus pais haviam conversado sobre tudo o que era necessário para sua partida.

— Magog determinará o dia da partida. Kilta e Thisbe também seguirão para o país dos sábios.

— Por que Thisbe? perguntou Tanahura. Gostamos da criança. Ela deve ficar conosco.

O rei meneou a cabeça negativamente.

— Agimos conforme o conselho dos sábios. E esse conselho sempre foi bom. Vamos para o templo queimar incenso! Vamos agradecer ao Criador do Universo, e pedir-Lhe, também, que nos permita continuar vivendo sob Sua graça.

Quando a família real chegou ao templo, viu com surpresa que muitas pessoas se aglomeravam no seu interior. O povo viera para ouvir Magog, que deixaria Kataban para sempre. Magog disse-lhes que seu tempo havia terminado e que um outro iniciado já estava a caminho para eles. O povo compreendia que o sábio tinha de atender o chamado da Caldeia. Contudo, eles não queriam que também Pyramon, seu futuro rei, deixasse o país.

O próprio rei convenceu depois o povo de que seu filho, Pyramon, teria de aprender muito para se tornar um bom rei. Além disso, tinha sido desejo de Pegulthai que Pyramon viajasse junto com Magog para a terra dos sábios. Quando o rei terminou sua breve alocução, todos estavam contentes. O filho de seu rei voltaria.

Pyramon visitou os dois feridos, pedindo-lhes o seu perdão; depois dirigiu-se à casa onde havia morado o oleiro morto, e falou com a mãe dele. Pyramon ficou sentado um longo tempo ao lado da velha mulher. Ele sabia que não poderia substituir o filho dela. Contudo, ela devia perceber que ele não estava sofrendo menos do que ela.

— Meu filho te amava, príncipe, disse a velha mulher com voz baixa. Tu também estás dentro do meu coração... podes seguir em paz.

Com o coração pesado, Pyramon deixou depois de algum tempo a casa. As palavras da mulher eram como um bálsamo em sua ferida. Voltando ao palácio, pediu a sua mãe que ajudasse essa velha mulher durante toda a sua vida. E assim aconteceu. Tanahura proporcionava à mulher tudo o que ela precisava. Kosbi visitava-a muitas vezes. Ambos falavam de Pyramon, que, decerto, voltaria para eles como iniciado...

De repente chegara o dia da partida. Montando três dos melhores camelos do rei, os quatro peregrinos deixaram Kataban. Thisbe e Kilta iam juntas num camelo. Elas estavam sentadas em duas cestas bem equilibradas, fixadas com muitas correias e cordas nas costas e no peito do animal. Acima das cestas estava estendido um pano vermelho, de modo que ambas iam sentadas como que sob um baldaquino. Na cesta de Thisbe havia um odre de couro com chá de romã e uma cestinha com pão de frutas, seco e nutritivo, que Kilta sabia preparar muito bem.

Magog cavalgava à frente. Sua vida em Kataban havia passado. Cumprira ali sua missão, vivendo agora integralmente o presente. Com grata alegria desfrutava tudo o que esse presente lhe ofertava.

Pyramon ia montado no seu animal, num estado esquisito. Ele não estava acordado nem dormindo. Sua vida de até agora parecia estar apagada...

Thisbe dormia a maior parte do tempo em sua cesta acolchoada com peles. Quando acordada, deixava voar os pombos, ou tocava uma pequena flauta que Kosbi, chorando, tinha-lhe dado ao despedir-se. Kilta também adormecia frequentemente no primeiro dia de viagem.

Os camelos trotavam horas a fio em sua marcha balançante através de uma paisagem pedregosa, onde se viam ciprestes, zimbros, antiquíssimas acácias e não menos velhas figueiras tortuosas. Entre as pedras vicejavam as plantas das grandes frutinhas azuis, com as quais se preparava vinho em Kataban.

O último brilho do sol ainda estava sobre as copas das árvores, quando eles chegaram a uma colônia de pastores. Pyramon conhecia os pastores que ali habitavam, pois eles cuidavam dos rebanhos de seu pai. Muitas vezes estivera com eles durante semanas seguidas, e sempre havia aprendido muito com essas criaturas ligadas à natureza.

Ao lado de uma amoreira, Magog fez seu camelo parar, o qual emitiu um satisfeito arfar e grunhir. Um homem moço, de pele escura, vestido apenas com uma tanga e com uma pele sobre o peito e as costas, veio correndo ao encontro dos hóspedes. Quando viu Magog, parou como que estarrecido, depois prostrou-se ao chão e baixou a cabeça.

— O onipotente Criador de todo o Universo é nosso Senhor. Nós somos servos Dele. Que a paz nunca te abandone, nem aos teus.

Depois que Magog pronunciou essas palavras de bênção, o pastor de nome Kis levantou-se e ajudou o sábio a descer do camelo. Magog, abençoando, colocou sua mão sobre a cabeça do pastor, antes que ele se afastasse. Pyramon, nesse ínterim, havia feito o camelo de Kilta e Thisbe ajoelhar-se, com uma expressão que soava como *"ik-ik"*. Ajudou ambas a sair de suas cestas, e depois colocou o braço no ombro de Kis, que se aproximara radiante de alegria para os cumprimentos.

— Nossas pernas ficaram um pouco enrijecidas com a longa cavalgada, disse Kilta, enquanto andava de um lado a outro, para que o sangue novamente pudesse circular direito...

Kis conduziu seus hóspedes até uma casa baixa com dois compartimentos, nos quais havia cobertores e peles. Era a casa em que

Pyramon e os seus pernoitavam quando vinham a essa colônia de pastores. Também Kilta e Thisbe haviam pernoitado nesse alojamento na época da colheita das frutinhas.

Após os viajantes se terem refrescado no riacho que corria no meio de limoeiros e palmeiras, eles foram jantar numa outra casa, destinada a isso. Essa edificação era aberta de um lado, de modo que ainda entrava claridade suficiente para não necessitarem de tochas ou lamparinas. A comprida e baixa mesa, diante da qual se sentaram sobre peles, havia sido confeccionada tempos atrás por Pyramon.

Magog chegou por último ao refeitório, seguido da velha mãe do pastor. A mulher havia-se ajoelhado diante do sábio e tocado com seus lábios a bainha da roupa dele. Quando ele a abençoou, lágrimas de alegria correram pelo rosto dela. Agradecida, ela se levantara. Doravante a bênção do iniciado iluminaria a sua vida.

Pouco depois, Kis e a mãe vieram com duas bandejas, as quais continham diversas vasilhas de madeira e de cerâmica. Todos estavam com fome, aguardando alegremente o jantar. Havia mingau de milho, queijo, carne seca, leite, mel, tâmaras e limões doces. Por fim, a velha mulher trouxe chá, preparado com as folhas e os botões purpúreos de uma planta carnívora. Em toda Kataban, depois de cada refeição principal, bebia-se esse chá terapêutico que favorecia a digestão.

Enquanto os hóspedes comiam, Kis tratava dos camelos. Primeiramente limpou os olhos e as narinas com um pano úmido, depois pendurou um saco por baixo de suas cabeças, de modo que pudessem comer comodamente. Os camelos acompanharam os preparativos com um alegre rosnar e grunhir. Agora estavam mastigando, contentes, os grãos do seu jantar – uma espécie de feijão.

Ao raiar do novo dia a viagem prosseguiu. Cavalgavam por um antigo caminho de caravanas, porém pouco usado. Pernoitavam em duas tendas. Cada dia, ao anoitecer, Magog agradecia ao Senhor do Universo pelo dia que lhes fora presenteado por Ele. A alegria, que diariamente e a cada hora sentiam, era o agradecimento mais puro que podiam ofertar à Luz.

No quarto dia de viagem, Magog deixou o caminho das caravanas, e continuaram a cavalgar numa trilha não bem definida que conduzia a uma região maravilhosa, com muita água. Além de Magog, ninguém conhecia essa região. O caminho levava através de florestas onde havia árvores gigantescas que despertavam sua admiração.

Prazerosamente eles aspiravam o puro e aromático ar da floresta. Milhares de passarinhos cantavam e movimentavam-se nas copas das árvores, mas havia também muitos pássaros esgravatando o chão à procura de alimentos. Viam também filhotes de cervos e outros animais que observavam os viajantes com curiosidade e sem medo.

À beira de um pequeno lago, Magog parou, ordenando ao seu animal de montaria que se ajoelhasse.

— Vamos ficar um dia aqui para nos alegrarmos com esse maravilhoso ambiente, disse Magog para Pyramon.

Thisbe, tão logo estava no solo, com um grito de júbilo, correu até o lago, mergulhando seus pés na água fria. Ambos os pombos desapareceram nas copas das árvores. Pyramon olhava pensativamente à sua volta. Existiria algo mais maravilhoso do que essa floresta e os animais sem medo? Ele conhecia belas paisagens, mas aqui... aqui até o ar parecia ser diferente.

Magog, que observava o moço e sabia o que ele estava pensando, aproximou-se dele silenciosamente e disse:

— Tua intuição e teu modo de ver estão certos, Pyramon! Aqui tudo é diferente, mais belo e mais puro. Aqui ainda vibra, sem turvação, a alegria dos entes da natureza e dos animais! Aqui ainda não existem rastros humanos...

— Não existem rastros humanos? perguntou Pyramon.

Depois lembrou-se de que Pegulthai havia dito, durante uma aula, que os invisíveis povos da natureza temiam os rastros dos seres humanos... Pensativamente dirigiu-se ao lago. Thisbe estava na outra margem, tentando atrair para si um filhote de cervo. Cada vez que ela pensava já ter apanhado o animal, este dava um pulo e... ria. Não somente ria, mas convidava Thisbe novamente para essa brincadeira desconhecida.

— O animalzinho ri de mim; é o que vi bem nitidamente, gritou Thisbe, ao ver Pyramon na outra margem do lago.

Pyramon dirigia agora sua atenção à mocinha. Ela parecia-lhe como uma fada da floresta, com seu vestido verde, os cabelos compridos castanho-claros e o ramo florido que havia colocado em volta da cabeça como um diadema. Às vezes parecia-lhe incompreensível estar viajando junto com um sábio e uma criança.

A atenção de Kilta estava dirigida mais para o solo. Magog mostrava-lhe plantas e musgos, e explicava como e para que podiam ser utilizados. Kilta achava também frutas. Frutinhas pequenas e doces, que todos comiam com muito prazer.

Esse dia foi de importância decisiva para Pyramon e para Thisbe. Pyramon entrou pela primeira vez em contato com os gigantes, os grandes servos enteais do Onipotente. E para Thisbe também abriu--se o mundo dos entes da natureza.

Magog pernoitou numa gruta que conhecia e ficava na encosta de um morro. Pyramon tinha a tenda somente para si, pois geralmente ambos nela pernoitavam. Depois que Kilta e Thisbe se retiraram para sua tenda, ele também foi se deitar. Uma espécie de cansaço paralisante apoderou-se dele, não obstante durante muito tempo não conseguir adormecer. Quando então finalmente adormeceu, sua tenda foi sacudida de um lado para outro, por fortes ventos. Ele queria levantar-se para fixar melhor a tenda, mas concomitantemente percebia, apavorado, que não podia mover nenhum membro. No mesmo momento, porém, praticamente desapareceu seu pavor, ao se recordar que Pegulthai lhe havia esclarecido uma vez sobre tal estado. "Às vezes, o corpo mais fino desliga-se antes de o corpo terreno adormecer", dissera o sábio. "Contudo, isso acontece raramente; trata-se então de um estado de exceção. Geralmente, e é o natural, o corpo mais fino somente deixa o pesado corpo carnal quando este está dormindo."

Esse estado de exceção estava acontecendo agora. Pyramon tornou-se consciente de que ele, isto é, seu espírito, envolto por um corpo mais fino, estava ao lado de seu corpo terreno. Mal se tornou consciente disso, sentiu que alguém, que estava atrás dele, o pegava sob os braços e o erguia, levando-o embora. E isso com tão grande velocidade, que perdeu a consciência.

O retinir de milhares de martelos de pedra tirou-o do estado de inconsciência. Abrindo os olhos, percebeu com surpresa, mas ao mesmo tempo com grande alegria, que se encontrava na plataforma de uma construção alta. Virando-se, viu um grande rio. Enquanto contemplava o rio, um golpe de vento colheu-o de tal maneira, que quase o derrubou de seu lugar elevado.

Ao mesmo tempo, Pyramon viu o rosto risonho de um gigante que ultrapassava a plataforma em que ele se encontrava.

"Olha essa edificação", disse o gigante. Novamente Pyramon sentiu que alguém o erguia por trás e o colocava num morro em frente à obra.

E Pyramon, encontrando-se no mundo astral, viu o modelo da pirâmide que deveria ser erigida na Terra. Uma forte emoção abalou-o, ao ver a forma em pedra. Onde havia visto algo similar? Quatro lados que terminavam numa ponta? Como um relâmpago, perpassou-lhe o reconhecimento de que a construção em pedra tinha a mesma forma que o sagrado Templo de Cristal, onde brilha a eterna chama da vida. Fora-lhe permitido ver, uma vez, o santuário nas longínquas alturas da Luz.

Não foi mais adiante em suas reflexões, pois os gigantes o cercavam de todos os lados. Todos eles estavam no solo, contudo eram tão grandes, que seus rostos ainda superavam a plataforma. De repente Pyramon reconheceu os gigantes. Eram seus amigos desde os tempos primordiais. Com um grito de júbilo, deu um pulo para cima, pegando na profusa cabeleira curta e encaracolada de um dos gigantes.

Pyramon compreendera que deveria erigir na Terra, com a ajuda dos gigantes, a mesma obra que estava vendo diante de si. Não seria a primeira vez que iria trabalhar junto com os gigantes. Diante de seus olhos levantaram-se de repente muros ciclópicos que penetravam profundamente na terra… Mãos de gigantes estavam erguendo colossais blocos de pedra… e ele, Pyramon, trabalhava em meio aos grandes servos do Onipotente. Os gigantes, que observavam atentamente as suas reações, olharam-no sombriamente quando mencionou "Atlântida".

"Conheces apenas o início, quando nós, trabalhando em comum, erguemos a obra destinada aos reis. Não conheces o fim. A própria vaidade fê-los sucumbir todos…"

Pyramon sentiu, repentinamente, como se uma onda de desgosto passasse por ele. Desgosto que se dirigia contra a sua própria espécie humana. Pouco tempo teve, porém, para entregar-se a reflexões, pois já era erguido novamente e colocado num monte comprido, com o feitio de um leão. Durante muito tempo – assim pelo menos lhe parecia – contemplou a forma de animal em pedra.

"Agora vamos levar-te de volta ao teu corpo terreno", disse um dos gigantes, que parecia maior ainda do que os demais e se denominava Enak. "Tua vida terrena está ligada a esta obra. Com força te sentirás atraído para este lugar de trabalho. Não precisaremos mais buscar-te, pois de agora em diante tu mesmo sempre virás."

E assim, pois, aconteceu. Com toda a força, Pyramon sentia-se atraído de volta. Cada noite, tão logo seu corpo terreno dormia, ele corria até o local da obra. Ao raiar do dia, ainda todo agitado, ele contou a Magog sua vivência. O sábio acenou com a cabeça de modo compreensivo, e de sua parte relatou tanto quanto julgou necessário sobre a reunião dos iniciados e a última ordem do onipotente Criador.

— E tu, Pyramon, és o esperado construtor, concluiu.

Pyramon ouvira com crescente pasmo. Depois de um longo silêncio, perguntou se o sacerdote-rei havia previsto o infortúnio que iria conduzi-lo à Caldeia.

— O acidente com o carro nada tem a ver com a tua missão, disse Magog seriamente. Também sem esse infortúnio terias caminhado até a Caldeia, de livre e espontânea vontade. Quando ainda eras um menino, sabias que estavas na Terra para cumprir uma missão. Por esse motivo, nunca quiseste ser rei.

Pyramon lembrou-se. A construção do carro fizera-o esquecer muita coisa.

— A vaidade de poder construir algo e possuí-lo cegava-te. Apenas os senhores dos astros se utilizam de tais veículos. Na Terra, és o único a ter algo semelhante.

Magog calou-se, observando o jovem. Como não viesse nenhuma resposta, continuou:

— Sabias que os animais eram difíceis de ser controlados. Não obstante, guiaste o carro pela rua estreita. O que te incentivou a isso, Pyramon?

— Eu me orgulhava do carro. Eu queria mostrar ao povo...

Pyramon não concluiu a frase. Magog o fez em seu lugar.

— Querias mostrar ao povo quão bom condutor de carro eras!

Pyramon acenou com a cabeça afirmativamente. Era vaidade. É o que ele sabia bem demais. Com isso esquecera-se de seus semelhantes, expondo-os ao perigo.

— Estavas livre de culpa quando nasceste na Terra, recomeçou o sábio. Agora fios de culpa te ligam ao morto e a ambos os feridos! Não só isso. Os fios de culpa abrangem todos os que de uma ou de outra forma foram afetados pelo acidente... Pensa na velha mãe...

— Ela, bem como os outros, perdoaram-me! E eu me arrependi profundamente de minha atuação! disse Pyramon, quase desesperado.

— Não há dúvida, tu te arrependeste! Contudo, essa espécie de fios de culpa somente poderá ser desatada em tua próxima encarnação na Terra... Provavelmente nascerás num ambiente de condições semelhantes às de todos aqueles que hoje foram prejudicados por ti. Pode ser que essas pessoas pertençam à tua família terrena...

— Volto de bom grado à Terra para remir. Não desejo palácios, respondeu Pyramon rapidamente.

O sábio calou-se. Podia ter dito ainda ao moço que o perigo de se emaranhar em outros fios de culpa era muito maior, quando existisse culpa de uma vida terrena anterior para remir. Mas não queria pôr, inutilmente, um peso no coração de Pyramon.

— Vive de tal maneira que ninguém sofra por tua culpa! E vive de tal forma que ninguém peque por tua causa!

Thisbe havia pronunciado essas palavras.

Silenciosamente Thisbe viera por trás, e abraçara Pyramon, que estava sentado cabisbaixo num tronco. Magog e Pyramon riram quando ouviram da boca de Thisbe um dos mandamentos dos iniciados. A memória da criança era admirável. Magog, sempre de novo, surpreendia-se quando ouvia a criança proferir sentenças de profunda significação que havia ensinado aos seus alunos adultos.

Pyramon ergueu Thisbe, colocando-a num dos grossos galhos; depois saiu para ver os camelos. Mal ele saíra, Thisbe pulou do galho, puxando Magog para seu lado. No lado direito da lagoa havia uma árvore especialmente bela, no meio de uma clareira. Diante dessa árvore ela parou e perguntou:

— O que estás vendo no tronco, meu pai?

Magog olhou sorrindo para o elfo da árvore que alegremente deslizava pelo grosso tronco, para baixo e para cima.

— Percebo, meu pai, que estás vendo o "senhor da árvore", gritou Thisbe de modo peralta.

Depois dirigiu-se ao elfo da árvore, e disse meio cantando:

— Tu tens uma grande habitação, e a muitos pássaros dás alimento, pequena cabeça redonda... dá a nós, também, algumas de tuas frutas! Tua roupinha é verde, e eu sou tua irmã.

Mal Thisbe havia cantado essas palavras, e já o elfo sacudia tão fortemente sua árvore, que folhas, pequenos galhos e muitas das pequenas frutas quase que choviam. Magog ergueu a mão, agradecendo, e comeu algumas frutas; a seguir caminhou à beira da lagoa, observando, com alegria no coração, os cervos novos que pastavam nas proximidades. Em sua alma havia um cantar e um soar, e hinos de louvor, sem serem formulados em palavras, elevavam-se para a Luz.

"Como é maravilhoso o Teu mundo, onipotente Criador! Teu amor vive em Tuas obras... Tu és o Senhor da perfeição..."

Thisbe andava atrás do sábio e pegou na sua mão.

— O que estás vendo aí à frente, ao lado da mãe dos cervos? perguntou ela, em expectativa.

— Vejo um centauro carregando nas costas algumas "meninas-luras", disse o sábio sorrindo. E acolá estão algumas pequenas "capinhas-vermelhas" cuidando dos prados...

Agora foi a vez de Magog perguntar:

— O que estás vendo ali, ao lado do velho tronco de carvalho?

De início Thisbe nada via. Mas o que se encontrava ali?...

— Duas pernas gigantescas, disse ela quase sem fôlego. Duas pernas de gigante, com largas tiras de sandálias amarradas por baixo do joelho. Os olhos dela seguiam para cima. Uma túnica avermelhada... um largo cinto de metal...

De repente viu um grande e amável rosto, olhando para baixo, para ela, por cima da copa da árvore.

— Um gigante! Um gigante! gritava ela toda alvoroçada. Gigante, leva-me para as nuvens, amigo gigante...

Com essas palavras, ela correu para o velho carvalho. Porém não mais se via o gigante.

Magog tomou pela mão a menina trêmula de agitação, voltando com ela até a tenda. Tinham de partir. Havia uma longa caminhada ainda à sua frente.

Pyramon já se estava ocupando com os animais de montaria. Com mãos firmes e seguras arranjava os largos cintos que prendiam os cestos de transporte. Magog observava-o e admirava sua habilidade.

— Podia-se pensar que durante toda a tua vida carregaste e descarregaste camelos, disse elogiando.

Com seus olhos brilhantes, Pyramon olhou agradecido para o sábio. Mas não disse nada. Nunca esqueceria esse oásis. Contudo, sentia-se impelido a partir. Algo o estava apressando. Seriam os gigantes? Onde e em que país seria levantada a construção?...

Thisbe, com lágrimas nos olhos, olhava de cima de seu assento. Teria gostado de ficar. Pois aqui havia elfos das árvores, capinhas-vermelhas, animais e muitos pássaros... Por que não havia visto os habitantes da natureza antes? Os pombos também pareciam voar daí contra a vontade. Demorou até que seguissem seu chamado... Kilta estava contente. De bom grado prosseguia a viagem. Ela havia encontrado plantas e nozes desconhecidas. Os sábios da Caldeia, que exerciam a arte terapêutica, certamente se alegrariam com isso.

Magog lançou um último olhar em volta, despedindo-se dos entes da natureza, sem pronunciar palavra alguma; a seguir, novamente já cavalgava à frente, indicando a direção. Ele sempre estava completamente em equilíbrio consigo mesmo. A vida consistia em mutações. O conceito "sempre" não existia no mundo material...

O caminho da pequena caravana ainda seguiu, durante dois dias, através de uma maravilhosa região florestal com muitos riachos. Depois a paisagem mudou sem que percebessem. O solo tornou-se mais arenoso, e os rios e riachos conduziam menos água. Por toda a parte avistavam-se palmeiras, enormes cactos carregados de frutas, capim baixo e rebanhos de ovelhas pastando.

Certo dia os viajantes encontraram nômades de uma tribo dos *kedar*. Uma vez que Magog conhecia muitos dessa tribo, intercalou um dia de descanso. Os nômades, com o xeque Mahmud à frente, ajoelharam-se diante do iniciado, pedindo sua bênção. Kilta e Thisbe foram conduzidas imediatamente para a tenda das mulheres, sendo regiamente hospedadas e servidas.

Para Magog, levantaram uma tenda especial, e Pyramon foi conduzido para a tenda do xeque. Quando todos haviam comido e descansado, o xeque pediu um conselho do sábio.

— Os celestes conduziram-te até aqui, grande sábio, disse ele oprimido. Nós temos um preso.

Pyramon, que chegara em companhia dos filhos do xeque, escutou com interesse quando Magog perguntou de que maneira haviam ficado com o preso. Ao mesmo tempo constatou a grande semelhança entre o xeque e o sábio. Ambos eram grandes e fortes, de belo porte. E ambos tinham belos e sérios rostos, dos quais olhavam os mesmos olhos castanho-claros. Mahmud parecia algo cansado, isso porque rugas profundas se haviam formado em seu rosto.

Magog sorriu ao ver o olhar admirado de Pyramon.

— Tivemos os mesmos pais e, aqui na Terra, somos irmãos, disse ele sucintamente, dirigindo-se depois novamente ao xeque:

— Por que te sobrecarregas com um preso?

— Esse preso é um pouco diferente. Meus filhos o encontraram no bosque de cedros, atrás dos campos de pastagem. Não estava sozinho. Várias mulheres e homens estavam sentados no chão.

— No entanto, vimos apenas ele, o malfeitor! disse apressadamente Wahab, um dos filhos do xeque. Ele estava diante de uma pedra, segurando em uma das mãos um coração sangrento e em outra, um punhal ensanguentado. Na pedra estava um cordeiro semivivo, pois o assassino, maldito seja, havia arrancado o coração do animal ainda com vida!

Pyramon estremeceu de ira, perguntando contrafeito:

— E esse assassino ainda vive?

— Queríamos arrancar-lhe o coração do corpo! Vivo! gritou um dos filhos... Os protetores dos rebanhos esperam que matemos esse homem! A presença dele conspurca a Terra!

Magog levantou a mão e olhou Mahmud de modo indagador.

— Só quem estiver livre de culpa poderá julgar com justiça, disse este seriamente.

Magog acenou com a cabeça, concordando.

— Apenas hesitei por causa da maneira da morte. Contrariava-me...

— Contrariava-te arrancar-lhe o coração do corpo, disse Magog serenamente. Quero ver o preso.

O xeque acenou afirmativamente, dirigindo-se logo, seguido pelos outros, a uma tenda afastada. Ali ordenou aos pastores, que vigiavam o preso, que o trouxessem para fora.

Logo depois um homem magro, envolto por uma túnica suja e com o rosto machucado, estava diante deles.

Magog olhou o homem durante alguns instantes e disse a seguir:

— És um dos servos do senhor do inferno! Tu te tornaste um sanguinário! Teu coração irá enrijecer-se, um dia, nas sinistras profundezas que te esperam no fim do curso de tua existência! Podemos libertar a Terra de tua presença repugnante, mas tua alma envenenada sempre de novo causará males, até a hora do Juízo!

— Sou um sacerdote! Sirvo ao senhor da Terra e dos seres humanos! Tu, sábio, serves a uma sombra, que denominas Senhor do céu! disse o "sacerdote", soltando uma gargalhada sarcástica.

Antes que os outros percebessem o que estava acontecendo, Wahab enterrou um punhal pontiagudo no coração do malfeitor.

— Aqui tens, assassino! Nunca mais arrancarás o coração de inocentes animais!... exclamou com voz rouca, enquanto as lágrimas lhe corriam pela face.

Depois de algum tempo, Magog afastou-se enojado do morto. Calados, os outros seguiram-no.

— A sentença foi justa. Foi uma morte rápida. Eu teria deixado o malfeitor optar pelo tipo de morte. Mas assim foi melhor, disse ele ao xeque.

Não tendo compreendido as palavras sarcásticas do malfeitor, Pyramon quis saber o que elas significavam.

— Senhor da Terra e dos seres humanos? O que ele queria dizer com isso?

Magog tardou a responder. Como deveria explicar com poucas palavras o horrendo culto que se manifestava por toda a parte na Terra?

— O senhor do inferno denomina-se agora senhor da Terra e dos seres humanos, pois espera arrastar para si, para o abismo, todo o gênero humano, disse Magog com o coração entristecido. Seus "sacerdotes e sacerdotisas" praticam um culto em sua honra que macula o sangue e mata o amor. O morto pertencia a esses causadores de desgraça... disse ele, finalizando.

Ao anoitecer, quando o vislumbre róseo do sol poente banhava aquela parte da Terra, todos os presentes no acampamento dos pastores pediram que Magog lhes falasse. Quando então o sábio concordou, as mulheres, rapidamente, trouxeram peles e esteiras das tendas, preparando-lhe um assento cômodo debaixo das palmeiras. Todos os demais sentaram-se no gramado baixo que crescia sob as palmeiras. Magog, no entanto, não falava. Ele convidou os que estavam sentados à sua frente para que perguntassem. Por toda a parte em que chegava, havia muitas perguntas a responder.

A primeira mulher do xeque levantou a mão, indicando que queria perguntar algo.

— Sábio pai, meu irmão Enak viu gigantes nas nuvens. Eu também vi as nuvens, contudo não vi os gigantes. Por quê?

Antes que Magog pudesse responder, um pastor exclamou com um riso que "era natural Enak poder ver os gigantes, visto que sua mãe lhe havia dado, ao nascer, o nome de Enak. E cada um sabia que Enak é o nome de um gigante".

Após cessar o riso geral que essas palavras desencadearam, o sábio disse:

— Os seres humanos veem e ouvem cada vez menos os *dschedjins** grandes e pequenos. Eu também não sei a causa exata. Um dos motivos eu conheço. As criaturas humanas pensam em demasia. Os muitos pensamentos turvam a visão, pois são como as densas névoas cinzentas que se levantam dos rios...

— Assim deve ser, disse a mulher.

Ela estava satisfeita com a resposta. Certamente estava envolta por névoas cinzentas. Pois pensava sem parar. Nos rebanhos, no pão, no tear, nos mantos a serem costurados, e também na terceira mulher de Mahmud, a qual ninguém sabia onde havia nascido...

Um dos pastores ergueu a mão e disse que homens de Middin, que pernoitaram uma vez junto deles, haviam mastigado folhas.

— Nós também mastigamos as folhas que os estranhos nos ofereceram... As folhas deixaram-me sonolento, e então vi uma porção de moças dançando...

Magog escutava preocupado. Só se podia tratar das folhas do arbusto *chat*. A essência delas era utilizada nas casas de cura como anestésico. Desde algum tempo, porém, começaram a empregar a seiva dessas folhas, misturada com vinho ou chá, para provocar estados de embriaguez. Ninguém sabia quem havia começado isso.

Os presentes olhavam atentamente para Magog. Que responderia ele? Seria permitido mastigar essas folhas?

— Essas folhas são utilizadas na casa de cura, em Ereth, como lenitivo de fortes dores, disse o sábio. São empregadas pelos médicos, exclusivamente para essa finalidade. Quem as mastiga, como fazem os homens de Middin, atrai para si a ira de todos os *dschedjins*... Além disso, elas tornam os seres humanos maus, deixando-os doentes.

O xeque Mahmud agradeceu ao sábio do fundo do coração por essa resposta. As mulheres também respiravam aliviadas. Os pastores que haviam mastigado essas folhas ficaram deitados, preguiçosamente, dias a fio; além do mais, tinham perseguido as meninas com olhares atrevidos...

---

* Seres da natureza.

Outra pergunta foi então dirigida a Magog.

— Minha mãe já é muito idosa, disse uma das mulheres dos pastores, pensativamente. Sabe que em breve morrerá. Ela até gostaria de morrer, no entanto, o que ela teme é o túmulo sob a terra... Devemos deixá-la depois da morte para as aves pretas?

— O que tua mãe teme no túmulo? perguntou o sábio.

Não era a primeira vez que ouvia falar dessa espécie de medo.

— Ela teme que seu corpo mais fino possa asfixiar-se no túmulo, disse a mulher timidamente.

E outra vez todos aguardavam atentamente a resposta do sábio. Apenas Thisbe riu ruidosamente, olhando toda divertida ao redor. Ela estava sentada entre Wahab e Rahman, os dois filhos do xeque, e nem percebia que algumas mulheres a olhavam assustadas.

Magog gostaria de deixar Thisbe responder a essa pergunta. Mas ele não queria decepcionar a mulher, pois ela gostaria de ouvir a resposta da boca do próprio sábio. Assim ele explicou, com palavras compreensíveis a ela, o processo da morte terrena.

— O corpo mais fino não pode ser enterrado, como tampouco seria possível enterrar uma nuvem...

Observando seus ouvintes, Magog percebeu que ainda havia alguns entre eles que não tinham compreendido totalmente os seus esclarecimentos. Teria de descrever com outras palavras ainda o processo em si tão simples. E assim continuou:

— Quando o corpo mais fino deixa para sempre o pesado corpo carnal, o ser humano na Terra morre. A morte do corpo carnal somente pode ocorrer quando o corpo mais fino já o tiver deixado. O corpo mais fino já deve estar antes ao lado do corpo morto. Não pode ser enterrado junto com ele e asfixiar-se, por já se encontrar fora dele...

Agora a mulher compreendera. Estando ao lado do corpo morto, o corpo mais fino não poderia ser enterrado e nem poderia asfixiar-se. Ela podia levar esse consolo à mãe... Agradecida, ela olhou para Magog. Os sábios sempre proporcionavam auxílio e consolo...

Escurecera nesse meio tempo. Mas a luz de inúmeras estrelas era tão intensa que traspassava a escuridão da noite. Magog ainda respondeu a algumas perguntas referentes a doenças; depois louvou a onipotência e o amor do todo-poderoso Criador com uma oração de agradecimento. Por fim elevou as mãos, abençoando, e deixou o lugar sob as palmeiras, seguido do xeque e do pessoal dele.

Chegando à tenda de Magog, o xeque pediu-lhe que levasse junto seu filho Wahab para a Caldeia. Já havia muito, era esse o seu desejo... Magog olhou para o moço, cujos olhos dirigiam-se a ele suplicantemente. Depois de hesitar um pouco, o sábio acenou afirmativamente.

— De bom grado levo-te comigo, Wahab. Mais do que nunca necessitamos de seres humanos que se apropriem de um saber inapagável das coisas eternas... e que depois possam ajudar outras pessoas...

Com uma exclamação de agradecimento, Wahab deixou rapidamente o local. Tinha de buscar ainda seu animal de montaria no pasto... Mal tinha saído, Thisbe veio pedir para levar Naema junto.

— Ela não tem mais a mãe, e o pai está sempre em viagem. Ele é guia de caravanas...

Magog observou a criança que tinha aproximadamente a mesma idade de Thisbe; depois olhou interrogativamente para o xeque e sua mulher. A decisão era deles. Ele mesmo gostaria de levar Naema... Ambos concordaram alegremente. O que de melhor poderia acontecer à criança? O pai dela ficaria feliz quando soubesse que a filha poderia viver e aprender na aldeia dos sábios... Thisbe afastou-se correndo junto com Naema. Queria procurar Kilta para dizer-lhe que de agora em diante teria de cuidar de uma segunda filha também...

Logo depois Magog retirou-se para sua tenda. Pensativamente sentou-se na cama. Como já tantas vezes havia acontecido, pensava na condução maravilhosa de cada um. Ele havia visto os brilhantes fios do destino que interligavam quatro pessoas. Fios do destino tecidos numa vida terrena anterior, ou no mundo mais fino, e que agora novamente reuniam Thisbe e Pyramon com Wahab e Naema.

O xeque ainda falou de alguma coisa com Thisbe, Naema e Kilta, dando depois a cada uma um pequeno saquinho de couro cheio de grãos de ouro. Ele conhecia um riacho que secara, em cujo amontoado de pedregulhos havia muitos desses grãos. Wahab até recebeu um pequeno odre de couro repleto desse metal. Os sábios da Caldeia poderiam confeccionar com isso objetos para seus templos e joias...

Magog foi ainda uma vez até a tenda do xeque para se despedir.

— Nesta vida não mais nos veremos, disse ele amavelmente. Nós nos encontraremos, porém, várias vezes ainda, em outras vidas terrenas. Laços de amor unem nossos destinos, e serão ligações de amor que numa época remota novamente nos unirão.

Depois dessas palavras, Magog tocou com as mãos os ombros do xeque, deixando a seguir a tenda.

Mahmud ficou atrás, perplexo. Será que o sábio deixaria a Terra já tão cedo?... Sentir-se-ia muito só, sem ele. Algo mais do que as ligações de parentesco o unia a Magog. Aliás, ligações de parentesco já havia muito não mais existiam entre eles. "Nós nos veremos novamente!" Como eram consoladoras tais palavras...

A inquietação que Pyramon sentia agora constantemente fez com que saísse da tenda já antes do raiar do dia. Os camelos ainda mantinham seus pescoços compridos bem firmemente apertados contra o solo e dormiam. Somente quando Pyramon os chamou, eles levantaram-se blaterando. Logo depois chegou Wahab com seu animal de montaria. Alegrava-se de que o seu camelo fosse um animal tão veloz quanto os outros três, originários da criação real de Kataban. Assim ele poderia acompanhar o passo dos outros.

Naema foi para a cesta de Thisbe. Ambas juntas tinham exatamente o peso de Kilta. Dessa maneira não se prejudicava o equilíbrio da carga.

A tribo toda estava na praça, despedindo-se, quando a pequena caravana saiu, ainda antes do nascer do sol. Magog novamente cavalgava à frente. Ele orientava-se por seu guia que, desde Kataban, andava à sua frente. O guia, envolto por uma capa verde, estava sentado num grande camelo cinza-claro, dirigindo o animal com um bastão comprido e reluzente. Às vezes brilhava a fita de ouro que prendia o seu pano branco na cabeça. Nada se via de seu rosto.

O grande animal cinza-claro seguia seu caminho como uma sombra. Magog pensava com gratidão nos *dschedjins* que, a seu pedido, haviam-lhe dado o indicador do caminho. Se ele estivesse viajando sozinho, teria tomado qualquer uma das muitas estradas que levavam a Ereth. Mas com a criança e Kilta... Havia ultimamente bandos de salteadores que tornavam inseguros os caminhos...

A caminhada seguia de novo através de uma paisagem maravilhosa. Magog olhava com alegria ao redor. Mesmo ele não conhecia esse caminho. De caminho, aliás, não se podia falar. Pois o guia há muito se desviara dele, conduzindo-os através dessa maravilhosa paisagem "sem caminho".

Certa vez cavalgaram entre altas rochas de granito preto. No chão, coberto de areia amarela, deslizavam lagartos da cor vermelho-viva, enquanto borboletas de várias cores e tamanhos esvoaçavam por toda a parte.

Depois o "caminho" seguia novamente através de florestas, onde brotavam nascentes. Às vezes enxergavam nos extensos prados, em cujas beiras iam cavalgando, manadas de búfalos selvagens que pastavam. Havia também muitos antílopes, cervos e jumentos selvagens. Entre as manadas encontravam-se, muitas vezes, avestruzes, pavões e outras aves de pernas compridas. Magog nunca ouvira algo dessa região de tão variado aspecto.

Devido aos inúmeros pássaros, não havia moscas nem mosquitos, de modo que podiam ficar sentados diante de suas tendas ao anoitecer. Viam então as corujas gigantes e os morcegos gigantes, que muitas vezes passavam perigosamente perto das tendas.

Thisbe e Naema se alegraram com os igualmente enormes vaga-lumes, cujos rastros lampejavam como traços e grinaldas na escuridão da noite. Magog, Pyramon e Wahab frequentemente ficavam sentados mais tempo em frente de suas tendas, escutando as vozes da noite, e observavam os vários animais que, do mesmo modo que as raposas e hienas, se aproximavam farejando...

Certo dia, quando a caravana chegara a uma região que Magog conhecia bem, o guia do caminho desapareceu. De bom grado o sábio lhe teria agradecido pela cuidadosa condução. Logo depois, porém, disse a si mesmo que o guia, que permanecera invisível aos outros, certamente havia sentido como ele, Magog, estava agradecido...

— Que perfume agradável, exclamou Thisbe, toda maravilhada, aspirando profundamente a admirável fragrância.

— São os lírios de Ereth. Em breve os verás. Crescem em todas as cores, nas beiras das águas. E na Caldeia existe muita água.

De toda a parte escutavam-se as cornetas e as flautas dos pastores. Wahab observava com curiosidade os pastores com suas compridas tangas de couro. Certa manhã encontraram pequenas caravanas, mas também muitos peregrinos que andavam a pé.

— Estamos perto da pátria... o sacerdote-rei já está nos aguardando, disse Thisbe.

Ela teria preferido apear e prosseguir a caminhada a pé. Ficou decepcionada quando ainda uma vez tiveram de pernoitar na tenda.

— Quando, amanhã, o sol estiver exatamente sobre nós, chegaremos a Ereth, disse Magog consolando.

A longa viagem não tinha sido fácil para uma criança tão delicada como Thisbe. Contudo, ela a suportara melhor do que ele havia esperado.

— Tens razão, Thisbe, o sacerdote-rei já sabe que amanhã por volta do meio-dia teremos alcançado nosso alvo...

A inquietação de Pyramon desapareceu no ar ameno, perfumado por lírios, que o envolvia também. Seus pensamentos se dirigiam uma vez mais à sua pátria. Uma leve nostalgia brotava nele, ao pensar nos seus. Todavia a recordação logo desaparecia, quando se lembrava da missão que o esperava. Tinha consagrado sua vida ao Criador, a Quem, aliás, essa vida pertencia... Serenamente, mas ao mesmo tempo com alegre expectativa, cavalgava sobre o tapete de relva da floresta de tamareiras que se estendia até as primeiras casas da aldeia. Batidas de gongo, que pareciam vir de todas as direções, avisavam que a pequena caravana chegara.

A ALDEIA de Ereth situava-se numa região especialmente rica em água. Nas beiras dos lagos e riachos floresciam quase o ano inteiro as várias espécies de lírios de forte aroma. Nos pântanos, algo mais afastados, vicejavam cálamos. Este junco também tinha um perfume aromático.

As pequenas e baixas casas de madeira, com seus telhados de junco, situavam-se sob árvores de copas amplas. Nas casas limpas, cuidadosamente construídas, moravam os sábios com suas famílias. As mulheres dos sábios e iniciados, sem exceção, eram muito evoluídas. Tal como os homens, elas também almejavam um saber espiritual superior. Todas possuíam grau sacerdotal.

Devia-se às mulheres o fato de naquele tempo, nas aldeias dos sábios, ainda existir o verdadeiro "saber de Deus", e de muitos segredos da natureza poderem ser revelados a eles. Essas mulheres, ligadas à pureza e ao amor, abriam para os homens os portais da Luz.

Mais tarde, quando as mulheres sucumbiram aos engodos de Lúcifer, ligando-se a toda espécie de doutrinas falsas e idolatrias, esses portais se fecharam também para os homens.

Havia poucas crianças nas aldeias dos sábios. Raramente os casais tinham mais de dois filhos. Dois filhos podiam ser educados com todo o cuidado, sem que as mulheres tivessem de largar suas demais ocupações. No caso de mais de dois filhos, as mulheres eram obrigadas a serem exclusivamente mães, durante muitos anos. Era essa a resposta, quando alguém perguntava por que havia tão poucas crianças.

Naquela época, na aldeia onde residia o sacerdote-rei da Caldeia, existia um templo em honra de Deus-Pai e de Seus dois Filhos. Esse era o templo principal, denominado "Templo da Grande Trindade" ou também "Templo dos Três".

Além desse existia ainda um segundo: o templo em honra da Rainha do céu. Esse templo existia também nas outras aldeias.

No Templo da Grande Trindade havia sete degraus em forma de pirâmide. No sétimo degrau se encontrava um largo e baixo pedestal sobre o qual estava colocado um grande prato de ouro com um incensório.

Os pedestais eram feitos geralmente de basalto preto ou verde; às vezes, também de alabastro. Nos quatro cantos do primeiro degrau se encontravam os quatro animais alados, geralmente denominados "deuses". Frequentemente esses "deuses" eram esculpidos artisticamente em madeira e revestidos de ouro. As cabeças e as seis asas às vezes eram de alabastro. Contudo, empregavam-se também outros materiais para isso. O piso do templo era coberto com grossas esteiras de junco. As pessoas em devoção se sentavam em volta da pirâmide de degraus, erigida no meio. No templo havia lugar para aproximadamente 1.500 pessoas.

Os templos, naquela época, eram construídos igualmente de madeira. Os troncos utilizados para a construção eram sempre entalhados e decorados com ornamentos de ouro ou bronze.

O segundo templo, semelhante ao primeiro em sua construção, erguia-se em honra da Rainha do céu, de cujo coração provinha o amor. Os iniciados denominavam a Rainha do céu de Maat ou Tiamat.

No meio desse templo, que dava lugar para aproximadamente 500 pessoas, também se encontravam degraus e um pedestal com um incensório. Os degraus, porém, eram muito mais estreitos e menos altos do que no Templo dos Três.

Além do sacerdote-rei, atuavam no Templo da Rainha do Céu somente sacerdotisas. Elas tocavam harpas e entoavam canções compostas por elas mesmas, circundando então, com passos rítmicos, o centro do templo.

No templo de Tiamat celebrava-se uma vez por ano uma solenidade da qual somente mulheres podiam participar. Essa solenidade, em honra da Rainha do céu, denominava-se "a solenidade da chuva celeste". Pois o amor proveniente do coração da Rainha do céu descia para tudo quanto era criado, como uma chuva celeste.

No templo das mulheres o piso era coberto com tapetes de bonitas cores, por elas tecidos. Nas paredes também estavam pendurados tapetes, entretecidos com desenhos de flores e folhas e ainda outros, traspassados com fios de ouro.

Além da solenidade anual, as mulheres reuniam-se uma vez por mês no templo para horas de ensino. Nesses dias, sábios vindos de fora podiam entrar. Eles então descreviam a vida de outros povos, seus costumes e modo de viver, trazendo às vezes também trabalhos manuais e joias, que geralmente suscitavam novas ideias nas mulheres, pois todas elas tinham um pronunciado senso artístico.

Ao Templo dos Três, homens e mulheres tinham acesso. Nele celebravam-se quatro grandes solenidades:

A primeira solenidade era em honra do onipotente Criador, de cujo coração flui a força para que tudo o que Ele criou possa continuar a viver... Essa solenidade constituía o ponto culminante espiritual do ano.

A segunda solenidade era dedicada ao "sublime primeiro Filho de Deus", o regente do Universo em nome do Pai. Somente poucos conheciam seu nome, e esses poucos o guardavam profundamente nos corações.

A terceira solenidade era celebrada em honra do segundo Filho de Deus, cujo coração encerra o mistério do amor, que liga as criaturas entre si. O nome dele era um segredo para todos os nascidos na Terra.

A quarta solenidade era uma solenidade de agradecimento, celebrada anualmente no começo do ano. Era dedicada aos quatro "deuses" responsáveis pela ordem do Universo e pelo seu equilíbrio.

Em ambos os templos somente era permitido entrar descalço. As sandálias, usadas por todos, tinham de ser retiradas antes da entrada.

No espaço de tempo compreendido entre as grandes solenidades nos templos havia determinados dias em que eram homenageados a senhora da Terra e o senhor do Sol. Plantavam-se flores e árvores, e acendiam-se fogueiras. Um outro dia, também solenemente festejado, era dedicado aos *dschedjins* ligados à Terra. E havia ainda um em que os regentes de todos os astros, que tinham influência sobre a Terra, eram venerados. Em todos esses dias lembravam-se, com gratidão, dos enteais, que ininterruptamente trabalham nos mundos da natureza.

Os dias festivos em honra dos *dschedjins* eram celebrados ao ar livre.

Naqueles templos simples, construídos de madeira e junco, havia um ambiente solene, que nenhuma das pomposas construções posteriores possuía mais. Sentia-se a dedicação com que esses templos foram construídos e ornamentados. Em parte alguma aderiam negativas formas de pensamentos e de desejos, pois os seres humanos que viviam nas aldeias dos sábios, e que visitavam os templos, estavam livres disso.

QUANDO a pequena caravana entrou no parque, em frente à casa das revelações, alguns pastores já estavam prontos para receber os animais e deles cuidar. Ao mesmo tempo os viajantes foram cumprimentados por um iniciado, em nome de Sargon, e conduzidos às casas nas quais, já havia dias, tudo estava preparado para sua chegada.

Kilta e as duas crianças foram levadas a uma casa baixa, totalmente coberta pelos galhos de uma árvore de folhas largas. Diante da porta estava uma jovem e bela mulher, num vestido de linho, verde-claro, fitando-as com olhos brilhantes e alegres, que as conduziu para dentro da casa. Kilta e as crianças olhavam entusiasmadas para a casa que lhes era destinada para moradia. Consistia em dois dormitórios e uma sala de estar. Ao lado havia um anexo que servia de cozinha.

Os pisos dos dois dormitórios estavam cobertos por esteiras recém-tecidas e aromáticas. Tapetes coloridos ornavam as paredes. Nas camas baixas estavam estendidos cobertores brancos de pele de ovelha. Apesar do calor que fazia durante o dia, as noites eram bastante frias, de modo que todas as mulheres e crianças se utilizavam de tais cobertores. Em frente às camas encontravam-se baús que serviam de guarda-roupa.

Pyramon e Wahab foram alojados na casa de Magog, constituída igualmente de três compartimentos. O piso também era coberto de esteiras, mas nas paredes pendiam placas de madeira, bem polidas e tingidas, cobertas de sinais de escrita, entalhados em alto-relevo. Nas camas estavam estendidos cobertores de lã. Em frente às camas, igualmente, encontravam-se baús.

Pyramon andava pela casa, quase pequena para a sua altura. Sua inquietação havia desaparecido. Sentia-se livre e leve. Magog indicou para as roupas de grosso linho branco estendidas sobre suas camas.

— Logo que tivermos tomado banho e vestido roupa limpa, Sargon, o sacerdote-rei, nos receberá na casa das revelações. Vinde, que mostrarei o lugar de banho.

Cada um pegou uma roupa limpa, e a seguir se dirigiram a um riacho que corria entre os arbustos e as árvores.

Quando voltaram, refrescados pelo banho, encontraram num dos dormitórios, sobre um largo pedestal, feito de placas de cerâmica vitrificada, um jarro com leite, pães achatados de grãos inteiros, queijos e frutas.

Magog logo encheu de leite três copos metálicos, colocados ao lado, deu um copo a cada um dos dois, oferecendo-lhes depois os pães.

— É o primeiro alimento que tomais nesta abençoada comunidade, disse ele seriamente. Vossos espíritos necessitam de vigorosos e sadios corpos terrenos, se quiserem atuar assim como o Onipotente deseja! Alimentai-vos sempre bem, mas nunca comais em demasia.

Pyramon e Wahab acenaram afirmativamente. Com silencioso agradecimento, receberam o pão e o leite das mãos de Magog, e disseram-lhe que sempre seguiriam os seus conselhos.

— Por enquanto nós três vamos morar nesta casa, disse Magog, olhando ao redor.

Já fazia muito tempo que ele vivera ali…

— Onde está tua família? perguntou Pyramon.

— A mulher que esteve unida comigo durante alguns anos já há muito deixou a Terra. Ela descobriu muitas plantas terapêuticas, que depois foram preparadas sob a forma de essências, pós e unguentos. Muitos doentes foram ajudados com isso…

Magog olhou pensativamente à sua frente. Estava agradecido do mais fundo do coração pelos anos felizes que pudera passar ao lado dela. Seu falecimento não desencadeara nenhuma tristeza nele. Pois iria vê-la novamente...

— Sim, tive também três filhas, disse Magog rapidamente, ao perceber que Pyramon e Wahab o olhavam interrogativamente. Elas casaram-se com estrangeiros, saindo daqui. Além da mãe de Thisbe, que morreu, nunca mais as vi. Mas sei que elas se esforçam em ensinar aos outros tudo aquilo que elas aprenderam aqui.

Depois dessas palavras, Magog convidou seus hóspedes a segui-lo.

Mal entraram na casa das revelações, e Sargon já veio ao encontro deles com as mãos erguidas. Pyramon e Wahab logo se prostraram de joelhos, baixando as cabeças. Sargon abençoou ambos por sua chegada, e cumprimentou Magog com um olhar caloroso.

Pyramon levantou-se como que em sonho. A voz de Sargon despertava nele recordações que não podia formular em palavras. Sentiu intuitivamente que estava revendo um ser humano querido, que havia tempos tinha conhecido. Logo depois sentiu uma dor indizível, que encheu seus olhos de lágrimas.

— Em nome do Senhor da perfeição, do Senhor da chama eterna, dou-vos as boas-vindas! disse Sargon, quando Wahab também se havia levantado. Sois ricamente abençoados! Pois muito trabalho vos espera. Pelo trabalho é que o ser humano honra o Altíssimo!

Agora aproximaram-se também dois iniciados, Horam e Sihor, que igualmente estavam presentes. Deram as boas-vindas aos dois, tocando a seguir de leve suas testas com a mão.

Sargon olhou perscrutadoramente para Pyramon. Ele viu a brilhante e harmoniosa aura que circundava o moço, proporcionando-lhe algo magneticamente atraente... Ao mesmo tempo pensava na ferida da perna que vira no corpo mais fino de Pyramon. Também o rasgo da bainha de sua roupa não podia ter ficado despercebido... Certa noite, quando Sargon havia deixado seu corpo terreno dormindo, ele procurara e tinha encontrado Pyramon. Ele o encontrara junto aos pastores de Mahmud. O jovem, com inquietação no coração, estava junto dos camelos, enquanto seu invólucro terreno dormia numa das tendas...

Sargon virou-se. Agora não era hora de pensar sobre isso. Acenou a ambos os moços para que o seguissem, ao mesmo tempo refletia que a Pyramon, cujo coração era puro, seria permitido remir... não importando qual tinha sido a causa que provocara a ferida na perna e o rasgo na bainha.

Ao ver a pequena pirâmide, Pyramon emocionou-se de tanta alegria. Sargon o havia conduzido até o pedestal onde ela se encontrava, dizendo:

— Tu és o esperado construtor! Já nos foste anunciado! Os gigantes mostraram-te o modelo dessa obra, que terás de erigir na Terra com o auxílio deles. Deverás ficar aqui durante algum tempo; podem passar anos mesmo, até que chegues a conhecer de tal forma a estrutura e o significado dessa obra, que não mais existam quaisquer perguntas que possam perturbar-te.

— De agora em diante estás a serviço do regente do Universo, que reina sobre os mundos em nome de seu onipotente Pai, disse Horam com seriedade, quando Sargon se calou.

Ao mesmo tempo contemplava o jovem príncipe que a todos superava em altura.

— O Senhor do Universo manda erigir um marco na Terra por teu intermédio, o qual deverá perdurar até o fim do último exame da humanidade! Ele mesmo virá então como juiz, e a irradiação dele separará os vivos dos mortos, continuou Sargon novamente.

"Pedras? Onde há aqui tantas pedras?" Eram apenas pensamentos, ou havia Pyramon perguntado em voz alta? De qualquer forma, ninguém escutara a pergunta que Horam agora respondia.

— Essa construção não será em nosso país. Aqui temos somente poucas pedras. Tão logo a hora para tanto soar, serás conduzido para o local da obra. Por hoje, viste o suficiente. Amanhã começam tuas aulas.

Sargon e Magog deixaram a casa das revelações depois dessas palavras.

Pyramon e Wahab ainda permaneceram, como que fascinados, ao lado da pequena pirâmide. A forma externa não lhes representava problemas. Era a assimétrica disposição interna que os fazia pensar.

Horam, que também ficara, contemplava o rosto delgado e bronzeado de Wahab. Os expressivos olhos do jovem, que pareciam olhar para distâncias longínquas, logo haviam despertado sua atenção.

Wahab afastou-se da pirâmide e olhou com timidez, mas ao mesmo tempo perscrutadoramente, para Horam, que era uma cabeça mais alto do que ele.

— Sábio pai, quero conhecer o mundo dos astros. Aceita-me como teu aluno.

Depois dessas palavras, o moço calou-se assustado. De onde tirara a coragem para formular esse pedido?

— És meu aluno de hoje em diante, disse Horam bondosamente. Mataste o malfeitor e torturador de animais, que já havia muito causava males em nosso país. Os grandes e pequenos *dschedjins* te querem bem e anunciam teu feito por todo o país. Até em canções louvam os atos do corajoso ser humano... finalizou Horam sorrindo.

Wahab ouvira constrangido. Hoje não mais sabia de onde tinha tirado a coragem... Horam recolocou ainda alguns cubos de cerâmica que eles haviam mudado de lugar na pirâmide; depois deixou a casa das revelações, seguido por Sihor e os dois moços.

Enquanto Sihor ficava para trás, Horam prosseguia com os dois, respondendo às perguntas de Pyramon.

— Estou estranhando o silêncio aqui reinante. Onde se encontram os muitos peregrinos que sempre visitam as aldeias dos sábios? Magog me falou muito a respeito.

— Aqui estás vendo apenas as moradias dos sábios que vivem sozinhos ou com suas famílias, disse Horam esclarecendo, enquanto prosseguia a caminhada. As edificações compridas, ali, são oficinas, onde confeccionamos tudo de que necessitamos para a nossa vida. As mulheres têm suas oficinas próprias, onde trabalham separadas dos homens.

Horam tomava agora um caminho pela floresta, o qual conduzia até um riacho. Numa ponte de troncos de árvore, ele parou. Pyramon e Wahab aspiravam profundamente o ar. Sentiam cheiro de água, de lírios e de fumaça.

— Está cheirando a camelos, disse Wahab, examinando minuciosamente os odores do ar.

— Está cheirando a caravanas. Atrás do palmeiral cruzam-se duas antiquíssimas estradas de caravanas, disse Horam, ao mesmo tempo que transpunha a ponte e prosseguia no caminho através do palmeiral.

Na beira do vasto bosque encontravam-se outra vez várias edificações baixas.

— São as casas da arte de curar, disse Horam, indicando ao mesmo tempo para os vários grupos de pessoas que estavam diante delas, esperando acocoradas no chão.

Wahab, que olhava em outra direção, logo descobriu as inúmeras tendas, montadas algo mais afastadas, entre as tamareiras. No meio das tendas subia fumaça, e por toda a parte reinava um movimento animado.

— Aqui trabalham homens e mulheres conhecedores da arte de curar, disse Horam a Pyramon. Os enfermos adultos, não importando se homem ou mulher, são tratados por homens. Apenas as crianças são entregues às mulheres. As mulheres preparam também a maioria dos extratos de plantas, assim como os perfumes aromáticos muito usados por nós.

Após essas palavras, Horam tomou o caminho de volta, seguido pelos jovens. Para o primeiro dia, os dois haviam visto o suficiente.

— Amanhã, na hora do nascer do sol, eu te aguardo, disse Horam a Wahab, quando novamente chegaram à praça, em frente à casa das revelações. Dependerá de ti, o quanto te poderei ensinar.

Antes que Wahab pudesse fazer seu agradecimento, Horam já tinha desaparecido na casa.

Pyramon já estava sendo ansiosamente esperado por Thisbe, quando este chegou para vê-la.

— Os pombos!... Onde devem morar? perguntou ela, dando a cesta a Pyramon.

Pyramon colocou a cesta no telhado baixo da casa, entre os galhos; a seguir ergueu Thisbe, para que ela pudesse ver. Os pombos vieram logo depois, arrulhando e dando voltas em frente à cesta. Thisbe agora estava sossegada.

Nesse ínterim chegou Kilta, atravessando a praça seguida de algumas meninas. Thisbe esperou até que chegassem bem perto, depois tomou a mão de Pyramon e disse para as meninas:

— Este é meu irmão, Pyramon! Ele é um filho de rei, mas ao mesmo tempo é meu irmão! Os gigantes gostam dele!

Com seriedade, porém com visível orgulho, Thisbe pronunciara essas palavras. Ela estava também muito alegre ao perceber a admiração que ele causara nas outras. Sua altura, seu cabelo claro e seus olhos claros...

— Ele parece um "senhor dos astros", disse uma moça alta e bela que igualmente tinha cabelos claros. Falta apenas o carro, acrescentou sorrindo.

Pyramon sentiu um choque. Magog, contudo, que viera de um atalho, disse rapidamente:

— Esta é Aka, ela veio do Egito para aprender aqui, disse Magog, dirigindo-se a Kilta, Pyramon e Thisbe. Tereis de aprender a língua egípcia. Um sábio vos ensinará.

Magog viera buscar Thisbe. Sargon, o sacerdote-rei, queria vê-la. Kilta levou a criança rapidamente para casa, vestiu-a com trajes novos e prendeu seus exuberantes cabelos com uma fita de linho, na altura da nuca. Logo a seguir, Magog a levou à casa do sacerdote-rei.

A casa do sacerdote-rei tinha um aposento a mais. Quanto ao resto, não se diferenciava em nada das demais. Ao ver Thisbe, seus olhos brilharam. Foi como se uma luz se acendesse dentro dele. Thisbe ficou parada na entrada, olhando em silêncio, para cima, em sua direção. De repente ela correu para ele e encostou a cabecinha em seu peito, começando a chorar. Sargon passou a mão sobre a cabeça da criança, acalmando-a, enquanto sombras de tristeza turvavam o brilho de seus olhos.

Tão rapidamente como Thisbe tinha começado a chorar, também parou. Sua cabeça havia tocado a placa de ouro com o signo de Asklepios. Agora ela passava os dedos sobre a placa e olhava para Sargon, pedindo. Sargon dirigiu-se ao aposento ao lado, retornando em seguida com uma joia. Era uma placa quadrada, de ouro, tendo no centro uma pedra redonda lapidada. A joia estava na palma da mão dele.

— Olha-a com atenção, Thisbe. Os dois traços nela esculpidos profundamente cruzam-se no meio e formam um todo que denominamos "eixo do mundo". A pedra no meio é uma pedra do sol. Os sóis do Universo refletem o amor do nosso onipotente Criador. Os sinais de escrita, que estás vendo nas quatro divisões, irei explicar-te em outra ocasião.

Thisbe tomou a joia da mão de Sargon, enquanto lágrimas de alegria corriam por suas faces. Contemplava-a de todos os lados, examinando o cordão trançado de crina de jumento, no qual pendia;

depois pediu a Sargon que a colocasse nela. Ao pendurá-la em seu pescoço, ele lhe disse:

— Sempre que quiseres, poderás vir até mim, Thisbe! Tua presença em Ereth é para mim uma verdadeira alegria!

Depois dessas palavras, ele a acompanhou até a porta. Thisbe acenou com a cabeça, tomou a mão dele e, agradecendo, levou-a até a sua testa. Inconscientemente, sentia que Sargon, Pyramon e também ela vinham do mesmo mundo e tinham-se reencontrado na Terra...

Enquanto Thisbe corria para junto de Pyramon e Kilta, a fim de mostrar-lhes a preciosidade, Sargon falava com Magog.

— Thisbe é muito fraca para sua idade. De hoje em diante ela precisa receber uma alimentação adicional. Dá a ela este frasquinho e dize-lhe quantas gotas terá de tomar diariamente.

Magog tomou o pequeno frasco de ouro das mãos de Sargon, escondendo-o nas dobras de sua roupa.

— Ela terá de ficar afastada das oficinas e passar seus dias ao ar livre, acrescentou Sargon pensativamente. Reffat poderá, de início, ajudar Kilta no preparo dos alimentos.

Quando Magog, mais tarde, procurou Kilta, Thisbe já estava dormindo. Ela e Kilta estavam sozinhas. Por ordem do sacerdote-rei, Naema ficara alojada em casa de Reffat. O marido de Reffat, um iniciado, já havia anos vivia num país vizinho, onde ensinava e trabalhava. A única filha seguira com ele, a fim de cuidar das inúmeras crianças doentes que lá havia. Agora Reffat tinha novamente uma criança junto de si, e logo sentiu uma grande afeição por ela.

Magog contou a Kilta sobre a conversa que tivera com Sargon.

— Ele acha Thisbe demasiadamente delicada para sua idade... e parece estar preocupado a esse respeito. Ele me deu gotas da vida. Amanhã mostrarei a ela como deve tomá-las.

Magog entregou o pequeno frasco de ouro a Kilta. Deveria guardá-lo para ele.

Kilta olhou pensativamente à sua frente. A alimentação aqui era diferente da de Kataban. Tomava-se muito leite: doce, acidificado ou temperado. Havia além disso diversas espécies de amendoim e cereais, e ela também já havia visto feijão. Parecia haver também grandes quantidades de ovos de patas selvagens. E as inúmeras frutas. A maioria ela nem conhecia...

— Também carne se come aqui, disse Magog, que captara os pensamentos de Kilta. Carne de cordeiro e peixe! Todos, cujos trabalhos são pesados, como por exemplo os trabalhadores rurais, os lenhadores, os oleiros que preparam as chapas vitrificadas e também os pastores, comem carne e peixe...

— Thisbe não come carne nem peixe. Ela logo pensa nos animais vivos... Se a obrigam a tanto, ela adoece e durante dias não come nada, disse Kilta com pesar, pois ela mesma gostava de comer peixe...

— A criança ainda não está suficientemente madura para entender que o próprio Criador onipotente permitiu a nós, Suas criaturas, matar tantos animais quantos precisássemos para nossa alimentação, disse Magog, bondosamente, antes de ir embora.

Em Ereth trabalhava-se de sol a sol, com poucas pausas. À noite, quando os corpos terrenos repousavam, as almas saíam para ajudar ou também aprender.

Quando Pyramon, na manhã seguinte, chegou à casa das revelações, ainda não era dia. Um dos irmãos, que chegara antes dele, havia suspendido a parede de esteiras, de modo que havia suficiente claridade para Pyramon poder ver nitidamente a pequena pirâmide. E ele estava tão absorto na contemplação, que até se assustou quando lhe dirigiram a palavra.

Virando-se, viu o sacerdote-rei Sargon, Horam e alguns outros que não conhecia. Horam sorriu ao perceber a surpresa do moço.

— Entramos pela porta, disse. Não nos ouviste porque teu espírito estava ausente.

Sargon, o sacerdote-rei, postou-se ao lado da pequena pirâmide, dirigindo-se a seguir a Pyramon.

— Estás pronto para realizar a última incumbência que recebemos da Luz?

Pyramon colocou ambas as mãos sobre o peito, inclinando a cabeça. Toda a sua vida seria consagrada a essa missão... Contudo, estava demasiadamente aturdido para poder formular em palavras o que sentia intuitivamente. Sargon, porém, estava satisfeito com a resposta silenciosa, pois já pronunciava a pergunta seguinte:

— Estás pronto para, como arquiteto do Senhor do Universo, viver aqui na Terra sempre de tal maneira, que jamais o equilíbrio entre teu espírito e o teu corpo seja perturbado?

Novamente Pyramon colocou as mãos sobre o peito, inclinando a cabeça. Ao mesmo tempo, fizeram-se notar fortes movimentos no ar, anunciando o aparecimento dos gigantes.

Os iniciados e também Pyramon levantaram a cabeça e viram os rostos gigantescos, inclinando-se para eles benevolentemente. Sargon ergueu a mão, saudando, e disse ao gigante Enak que conhecia sua constante disposição em servir ao Senhor do Universo. Depois agradeceu a ele e aos outros gigantes por terem vindo.

— Para vós e para nós, esta é uma importante hora de nossa existência! Sentistes em vossos corações o juramento prestado agora pelo construtor ao Senhor do Universo. Ele, tal como vós, está pronto para servir ao onipotente Criador durante a sua vida.

Os gigantes acenaram com as grandes cabeças, enquanto seus rostos brilhavam de alegria. Depois eles também levantaram as mãos, saudando, e desapareceram. Os iniciados esperaram até que o forte movimento de ar, sempre causado pelos gigantes, se acalmasse e depois olharam todos para Pyramon que, rindo, esfregava a nuca.

— Enak colocou a mão em tua nuca, disse Horam, sorrindo agora por sua vez. Ele queria lembrar-te de que ele e os seus estão esperando pelo construtor que deverá realizar a obra na Terra.

— Pyramon, recomeçou Sargon, conhecemos tua humildade e a tua disposição em cumprir a missão para a qual foste encarnado na Terra. Vê, nosso irmão Gum-Kobe irá ajudar-te, enquanto necessitares dele.

Pyramon assustou-se quando o iniciado Gum-Kobe o fitou. Os olhos desse iniciado pareciam traspassar distâncias longínquas. Parecia não existir para eles a densidade terrena...

— Gum-Kobe vê o futuro do destino humano! disse Horam ao ver o olhar assustado de Pyramon. Ele enxerga as sombras lúgubres oriundas do falso querer e atuar dos seres humanos. Essas sombras já há muito adquiriram formas no mundo mais fino.

Pyramon não sabia se havia entendido direito. Até agora todos os seres humanos que ele conhecera pareciam-lhe luminosos e puros. Sombras escuras estavam unicamente sobre ele mesmo...

— Sabe, Pyramon, que muito antes de nós, povos inteiros tiveram de ser aniquilados terrenamente por causa de seus pecados.

Todos esses seres humanos, contudo, têm voltado sempre de novo à Terra... até que o juiz do Universo pronuncie sua sentença por ocasião do último exame da humanidade...

Pyramon não pôde meditar muito tempo sobre essas palavras, pois Gum-Kobe deu-lhe um punhado de delgadas varinhas, indicando a seguir para as placas de madeira encostadas no pedestal onde estava a pequena pirâmide. Pyramon pegou as varinhas, olhando de modo indeciso para a pirâmide. Demoraria muito até que compreendesse a distribuição irregular do espaço interno da pirâmide, para que pudesse dar início calmamente à grande obra.

— Constrói tu mesmo, com tuas próprias mãos, o mesmo modelo que estás vendo aqui. Saberás então como há de ficar cada pedra. Depois da construção do pequeno modelo, poderás então iniciar, calma e seguramente, a construção da grande pirâmide.

Agradecido, Pyramon olhou para Gum-Kobe que lhe dera esse conselho. Esse iniciado tinha razão. Num modelo feito por ele mesmo é que aprenderia como teria de começar e concluir a grande obra da pirâmide. Não queria perder mais nenhuma hora! Os gigantes estavam esperando.

Pyramon pegou as placas de madeira e olhou em expectativa para Sargon.

— Que o teu trabalho torne teus dias cheios de alegria, disse este, indicando a seguir para Gum-Kobe, que já estava deixando a casa das revelações.

Pyramon correu rapidamente atrás dele. Tinha de perguntar-lhe onde poderia trabalhar.

Gum-Kobe havia tomado a direção das oficinas, mas lá se desviou, e tomou o caminho que seguia novamente entre casas também sombreadas por grandes árvores. Pyramon estava surpreso com a grande extensão da aldeia. De repente ecoavam risadas de crianças, e Pyramon viu o pequeno lago e a balsa onde meninos e meninas brincavam. Com uma exclamação de alegria, observou os inúmeros pequenos patos no lago e a grande balsa. Grandes bandos também levantavam voo. Certamente procurariam os pântanos onde havia farta alimentação.

Pyramon, no entanto, teve de prosseguir. Mal viu ainda Gum-Kobe entrar numa das construções maiores, não muito distante do lago.

— Aqui encontrarás tudo o que vais precisar para a construção de teu modelo, disse o iniciado, indicando para pilhas de cubos de cerâmica, brancos e vermelhos. Nesses cântaros encontra-se um pó especial, com o qual poderás colar os pequenos blocos. O pó precisa ser molhado, senão ele não adere.

Pyramon tomou alguns dos cubos na mão. Eram de tamanhos diferentes, exatamente assim como ele precisava.

— Podes trabalhar aqui, ou na casa de Magog, onde estás morando, disse Gum-Kobe.

Pyramon decidiu rapidamente. Trabalharia na casa de Magog. Ali o espaçoso compartimento destinado à cozinha não estava sendo utilizado, visto Kilta cuidar da alimentação deles.

Gum-Kobe estava de acordo.

— As crianças virão com alegria, se lhes pedires que te ajudem a carregar os bloquinhos, disse o iniciado.

Depois ele deixou a casa que servia de depósito para toda a sorte de coisas. Pyramon olhou para os muitos cântaros colocados um ao lado do outro. Viu como estavam cheios de grãos de ouro e de pó de alabastro. Ao lado havia alguns com argila tingida de verde. Outros vasilhames, por sua vez, pareciam armazenar tintas líquidas...

Pyramon pegou um cântaro com o pó especial. Queria preparar tudo na casa de Magog para depois começar a transportar os bloquinhos. No entanto, quando quis sair, as crianças vieram correndo para ajudá-lo. O "grande pai Gum-Kobe" as havia chamado...

Cada uma das crianças, eram cerca de dez, pegou alguns cubos e seguiu o gigantesco estrangeiro. Desse modo, Pyramon tinha juntado todo o material de construção de que necessitava, no mais curto espaço de tempo. O que ainda faltasse, ele mesmo poderia buscar.

Thisbe, que nesse momento se achava a caminho do riacho, juntamente com Kilta, a fim de tomar seu banho matutino, viu as crianças alegres com os cubos de cerâmica nas mãos, que desapareciam na casa de pai Magog. Ela voltou correndo. Também queria carregar cubos. Pyramon esclareceu-lhe o motivo de ele amontoar os cubos de cerâmica no compartimento da cozinha, mas não a deixou carregá-los.

— Quando estiveres tão forte como essas crianças aqui, poderás ajudar-me. Depende de ti. Estou gostando dessas crianças belas e fortes!

Thisbe virou-se e tomou a mão de Kilta. Pyramon não deveria ver suas lágrimas. De agora em diante ela comeria, mesmo que não tivesse vontade para isso. Aí Pyramon a chamaria de bela e forte também...

Para Pyramon começou uma época rica em ensinamentos e trabalho. A cozinha da casa de Magog tornou-se uma oficina. No meio do compartimento, ele construíra um largo pedestal, porém de apenas meio metro de altura. Sobre esse pedestal, que tinha um rebaixamento no centro, viam-se, depois de alguns dias, os alicerces da pirâmide.

Quando o começo estava feito, Gum-Kobe diariamente levava Pyramon consigo à casa das revelações. Diante da pequena pirâmide, ele então lhe explicava o sentido das aparentemente confusas proporções dos corredores, câmaras e galerias, que deveriam confundir cada contemplador superficial.

A seguir, Pyramon se aprofundou nas anotações dos acontecimentos importantes da humanidade, que estavam gravadas com exatidão nas placas de madeira que tinha consigo. As datas dos acontecimentos estavam expressas pela "medida estelar". Um iniciado, perito em matemática, havia descoberto essa medida, denominando-a "medida estelar".

Os pesquisadores da época atual descobriram que os construtores da Grande Pirâmide expressavam o tempo em medidas. Descobriram também uma medida, denominando-a "piramidale" ou também "côvado real"*. O "côvado real", por sua vez, dividiram em "polegadas piramidais". O que os iniciados daquelas eras remotas denominaram de "medida estelar" não é exatamente igual ao "côvado real" dos atuais pesquisadores de pirâmides.

Os iniciados calcularam os importantes acontecimentos vindouros da humanidade, partindo do dia em que receberam a ordem de construir a pirâmide. A partir desse dia, começou também o irrefreável sono letal do espírito, no qual os seres humanos pouco a pouco afundaram.

Pyramon não ouvia nem via mais nada do que se passava ao redor, de tão aprofundado que estava em seu trabalho. Muitas vezes teve de recomeçar a obra, quando verificava que as medidas que estabelecera com as diversas varinhas não estavam de todo corretas.

---

* Número sagrado.

Às vezes os cubos também não se ajustavam da maneira como deveria ser. Mas nunca perdia a paciência. Quando realmente não podia prosseguir, Gum-Kobe sempre estava presente, pronto para ajudá-lo.

Certo dia, quando Magog também estava presente, Gum-Kobe falou do Egito, e assim Pyramon soube que a Grande Pirâmide seria construída lá. Por intermédio dos gigantes, Pyramon conhecia o lugar da obra... contudo não sabia onde ficava.

— Por que tão longe daqui? perguntou ele com surpresa.

— Por quê? O lugar já foi determinado há muito tempo pela senhora da Terra, "Thaui", e pelo senhor do Sol, "Ea", disse Magog. Como os grandes *dschedjins* mais tarde, nos informaram, o lugar determinado se encontra exatamente no ponto central da Terra.

— Nessas medidas, chegam à expressão também conhecimentos matemáticos e astronômicos que adquirimos com a ajuda dos *dschedjins*. Podes verificar, por exemplo, que o comprimento de um dos lados da base corresponde a 366 medidas sagradas, correspondendo ao número de dias de um ano, disse Gum-Kobe dirigindo-se a Pyramon.

Pyramon olhou meditativamente para sua obra iniciada, concluindo que teria de aprender ainda muito... A cada dia vivenciava algo novo. O saber dos iniciados ultrapassava muitas vezes sua capacidade de compreensão.

— Estás no melhor caminho para adquirir um saber que vai muito além de todo o saber humano comum, disse Magog bondosamente. Em breve teus órgãos sensoriais também terão alcançado seu estado normal, de modo que poderás ver e também ouvir as diversas espécies de *dschedjins*. Teu sentido do olfato e tua audição, igualmente, reagirão às vibrações mais finas. Tudo o que sabemos dos processos da natureza devemos aos grandes e pequenos *dschedjins*, com os quais podemos nos comunicar!

— Constatamos que os órgãos sensoriais das inúmeras pessoas que nos procuram em busca de auxílio e também dos alunos que querem aprender conosco não mais funcionam como deveriam. Qual o motivo disso nós não sabemos, disse Gum-Kobe...

— Aceitamos apenas alunos nos quais existe a possibilidade de novamente captarem vibrações mais finas com os seus órgãos sensoriais, acrescentou Magog explicativamente.

— Assim é, confirmou Gum-Kobe, saindo a seguir.

Um outro aluno já estava esperando por ele na casa das revelações.

In-Hail, o sábio que dava aulas de língua egípcia a Pyramon, entrou rapidamente na oficina para informar a seu aluno que de agora em diante um outro o ensinaria.

— Em breve deixarei nossa aldeia. Permanece sempre em harmonia com o mundo celeste, Pyramon! Após essas palavras, In-Hail levantou a mão para a saudação de despedida e deixou o recinto.

Pyramon sentiu muito perder esse compreensivo mestre.

— Para onde ele vai?

— Ele deixa a Terra. Terminou o tempo concedido a ele.

Pyramon olhou para Magog, profundamente impressionado. Ele sabia que os iniciados eram avisados quando sua vida terrena findava. No entanto...

— In-Hail parece ainda tão jovem e forte. Certamente poderia viver mais tempo ainda.

— Estás enganado, Pyramon. In-Hail é idoso. Dele irradia a força de seu jovem espírito ligado à Luz, e tão fortemente, que seu corpo terreno conserva o brilho juvenil até o fim. Por mais jovem que uma pessoa pareça, quando soar a hora do desenlace, o espírito abandona o corpo terreno... Apenas seres humanos com espíritos mortos ou adormecidos, ou aqueles que carregam consigo um carma pesado, são atormentados por doenças no fim da vida, parecendo velhos e senis...

Pyramon havia compreendido. Pegulthai tivera uma aparência juvenil até o fim. Lembrou-se de Gum-Kobe.

— E o iniciado Gum-Kobe? Qual é a sua idade?

Magog sorriu silenciosamente. Depois de algum tempo, olhou para Pyramon e disse:

— Gum-Kobe, juntamente com alguns outros, fundou a aldeia aqui. Vieram de um povo que se denominava "filhos do sol"[*]. Numa de suas caminhadas, descobriram esta maravilhosa região. E Gum-Kobe, de tua idade naquele tempo, resolveu fixar-se aqui. Desde criança tinha vontade de perscrutar os segredos da natureza. Isto aqui lhe parecia o lugar apropriado para pôr em prática sua intenção.

Durante anos viveram aqui somente homens. Certa ocasião, porém, passou por aqui a caravana de um rico comerciante de Sabá.

---

[*] Sumerianos.

Esse comerciante viajava com toda a sua família. Uma vez que dois de seus filhos adoeceram, ele resolveu acampar durante alguns dias nesta bela região. Gum-Kobe ofereceu-lhe a casa, que nesse meio tempo havia construído... E também curou as crianças febris, enrolando-as repetidas vezes em musgo molhado e cobrindo-as com pano de linho. O comerciante e a família gostaram tanto da região que ficaram muito mais tempo do que tinham previsto. Quando finalmente prosseguiram em sua viagem, uma jovem da família permaneceu aqui. Ela tornou-se esposa de Gum-Kobe. Com essa mulher, entrou alegria e beleza na comunidade dos homens. Muitos anos mais tarde, o comerciante voltava. Pois também ele queria dedicar sua vida à pesquisa de assuntos espirituais.

Magog calou-se. Pyramon nunca tinha ouvido de nenhum iniciado uma narração tão longa. Agora ele bem podia imaginar como cada vez mais pessoas haviam chegado, tornando-se as aldeias aquilo que hoje eram.

— Na época em que Gum-Kobe fundou esta colônia, a aldeia Kaim, onde vivia um de teus antepassados, afundou inexplicavelmente na areia.

— A aldeia Kaim? perguntou Pyramon surpreso. Meu pai ainda não havia nascido quando isso aconteceu.

— Eu sei, naquele tempo ainda vivia o primeiro rei de Kataban. Agora poderás formar uma ideia da idade de Gum-Kobe!

Para Pyramon foi difícil regredir tão longe na memória. Ele tinha ouvido falar certa vez do infortúnio que havia atingido seus antepassados. Contudo, nenhuma pessoa em Kataban recordava-se mais disso. Já se havia passado tanto tempo!

— Gum-Kobe é muito idoso. Deve fazer cerca de duzentos anos que se estabeleceu aqui.

Magog levantou-se e, antes de deixar a oficina, disse que, para aquele dia, Pyramon havia aprendido o suficiente. Pyramon olhou novamente para sua pequena construção, e, de repente, soube como deveria colocar as pedras, de forma que os dois desvios no corredor ascendente estivessem certos. A colocação das pedras era fácil. As medidas, no entanto, deviam ser exatas, para que, transformadas em anos, resultassem exatamente no período de tempo previsto. Magog e Gum-Kobe tinham estado com ele hoje mais tempo do que habitualmente. A presença deles deveria ter-lhe ajudado de alguma forma. As dificuldades que tivera até agora com as medidas pareciam estar superadas. Com gratidão lembrou-se da bondosa condução deles, cheia de amor...

O tempo passava. Nas aldeias dos sábios não se contavam os anos, tampouco no Egito. Eram sempre acontecimentos extraordinários que de certo modo constituíam marcos para a indicação de datas.

Wahab esteve muitas vezes junto de Horam e de outros astrônomos em suas casas compridas, cujas paredes eram totalmente cobertas de traços coloridos, pontos, sóis, cometas e astros. Wahab sempre fora muito ligado à natureza. Sempre gostara mais de plantas e animais do que de seres humanos. Assim, não podia deixar de acontecer que, em pouco tempo, pudesse ver e entender os *dschedjins,* que eram mestres para os astrônomos. Wahab, porém, logo compreendeu também que a alimentação dos habitantes da aldeia refinava os corpos terrenos, deixando-os mais receptivos. Ele sentia-se mais leve, mais liberto, desde que começara a alimentar-se exclusivamente de fungos, nozes, queijo ácido, frutas, mingau de cereais, bebendo também chá de raízes e leite. Carne, que era secada ao sol, ele apenas comia quando trabalhava junto com os pastores ou nos campos.

Naema ajudava as mulheres que se ocupavam com ervas terapêuticas. Aí sempre havia muito o que fazer. Uma grande quantidade de ervas tinha de ser triturada até se transformar em pó. Esse pó era muito utilizado, visto que as feridas abertas, tratadas com ele, rapidamente saravam, sem infeccionar. Também o preparo das diversas essências era demorado. Além disso, uma espécie de mel cozido com frutas e brotos amargos de cardos dava muito trabalho. Thisbe, certa vez, também foi junto. Queria ajudar. Mas faltava-lhe a necessária paciência, indispensável para isso. Ela preferia ir às casas de cura para ver os feridos e doentes. Os médicos alegravam-se em vê-la. Para as mulheres que cuidavam das crianças ela também era bem-vinda. Sua presença parecia acalmar as crianças. Os adultos, mesmo os apáticos, animavam-se quando ela vinha. Os sábios médicos diziam que Thisbe despertava a alegria pela vida nos doentes. Dessa maneira, eles saravam mais rapidamente, dando lugar para outros.

Cada vez mais enfermos dirigiam-se às aldeias dos sábios. Às vezes vinham de tão longe, que os médicos se admiravam de como haviam suportado a penosa viagem. Muitos dos que procuravam auxílio padeciam de doenças até então desconhecidas que cobriam o corpo de feridas.

Os iniciados viam com preocupação o aumento do número de doentes e feridos. Esses doentes constituíam para eles uma prova de que o pecado se estava alastrando, e de que o "dragão"* estava ganhando cada vez maior número de adeptos. Doenças originam-se de perturbações no equilíbrio entre o espírito e o cérebro terreno. Sargon dizia a seus alunos: "Doenças surgem quando o espírito e o cérebro do corpo terreno não colaboram um com o outro, mas sim agem um contra o outro."

Thisbe aprendia muito nesse meio tempo. Tornara-se maior e mais forte, transformando-se numa bonita moça. Ela não mais precisava esforçar-se para comer, para que Pyramon a julgasse tão bela e forte quanto as outras crianças. Ela comia porque tinha fome.

Frequentemente ia com Sargon até as casas de cura, e sempre o iniciado a fazia ver que feridas e doenças tinham causas mais profundas:

— Somente numa pessoa desleixada, que peca contra a lei celeste, podem formar-se tais doenças repugnantes, como estás vendo aqui. Todo o mal surge quando a fé pura se turva!

Thisbe sabia que Sargon tinha razão. Ela ficara parada ao lado do iniciado Taffar, que nesse momento tratava de uma mulher que apresentava uma pele escamosa e repugnante. Tornou-se imediatamente claro para Thisbe que um ser humano que estivesse na graça do mundo da Luz jamais poderia contrair uma doença assim impura.

Contudo, nem todos os doentes eram curados pelos iniciados aptos a curar. Sargon ficara parado ao lado de uma mulher jovem, sentada num dos bancos baixos, colocados junto às paredes externas das casas de cura. Quando Thisbe se aproximou, notou que ele aspirava o ar como se quisesse descobrir algo. Por que ele fazia isso? Ela também aspirou o ar mais profundamente, e pareceu-lhe como se uma fruta nas proximidades estivesse apodrecendo. Ela olhou para o chão, depois mais minuciosamente para a ferida que a mulher trazia na testa. Essa ferida já estava semicicatrizada; aí, portanto, nada mais se via. Apenas a cor azulada do rosto da mulher, que de resto dava a impressão de ser robusta, parecia indicar uma doença oculta.

---

* Lúcifer.

Sargon saiu, levando Thisbe consigo.

— Agora conheces o cheiro da morte. Essa mulher não mais verá o nascer do sol muitas vezes. As partículas importantes*, de que se compõe o corpo, já estão começando a se desintegrar.

— Achas que ela morrerá, pai Sargon?

— Ela morrerá, confirmou Sargon. Já está espalhando o cheiro da morte à sua volta. Tudo tem seu cheiro característico. Cada doença, e, naturalmente, a morte também. A desintegração já começa antes de a morte terrena ocorrer.

Thisbe refletia sobre aquilo que acabara de ouvir. Depois perguntou se todos os seres humanos tinham o dom de cheirar as doenças e a morte.

— Não existem mais muitas pessoas na Terra cujo olfato ainda funcione normalmente, respondeu Sargon. Mas os iniciados que se ocupam com a arte de curar têm, todos eles, um olfato normal. Muitos exames demorados nos são poupados dessa maneira. Pois cada doença se reconhece pelo seu cheiro específico.

— És muito sábio, pai Sargon. Quero saber tudo o que sabes, disse Thisbe impetuosamente.

— Sabes tudo o que eu sei. Pouco a pouco te recordarás disso, disse Sargon, olhando sorridente para Thisbe.

— E meu grande irmão Pyramon? Ele também se lembrará de tudo o que sabe?

— Também ele se recordará, pois do contrário não poderia realizar sua obra.

Depois dessas palavras, Sargon passou a mão carinhosamente sobre a cabeça de Thisbe e dirigiu-se às oficinas.

Thisbe ainda permaneceu um pouco na ponte, olhando para os peixes que, brincando, nadavam de lá para cá no riacho; depois foi até a oficina de Pyramon.

A pequena pirâmide estava pronta no pedestal. Pyramon não mais sabia quantas vezes a tinha desmontado e montado novamente. Mas agora chegara ao ponto em que os corredores, as câmaras e os salões, aparentemente dispostos de modo confuso, não mais encerravam nenhum segredo para ele. Podia com calma e segurança iniciar a construção da Grande Pirâmide.

---

* Células.

Thisbe sentara-se no banco baixo ao lado de Pyramon, olhando pensativamente o modelo acabado. Às vezes lhe parecia incompreensível como os sábios haviam determinado as datas dos acontecimentos através de medidas. Ela estava pensando no juiz do Universo e no julgamento da humanidade. Não podia formar nenhuma ideia do Juízo. Pyramon também pensava no juiz do Universo e no Juízo. Ele estava contente que a data do início do Juízo, bem como a do seu fim pudessem ser medidas exatamente. Assim, esse acontecimento não viria de surpresa para os seres humanos que então habitariam a Terra.

Pyramon ergueu-se de repente e levantou ambos os braços como que implorando por forças:

"Tu és o Senhor da chama eterna, o Senhor da vida eterna! Tu és o Senhor da pirâmide! Deixa-me estar junto de ti quando vieres à Terra para o Juízo!"

Thisbe igualmente se levantara, brotando o mesmo rogo de seu coração. Lágrimas de alegria corriam-lhe pelas faces. O juiz do Universo era ao mesmo tempo o regente do Universo, a quem pertencia a Criação inteira e tudo o que nela existia.

"É-nos permitido viver neste mundo... que pertence ao regente do Universo...", balbuciava Thisbe emocionada. Só agora se tornara consciente de que eram criaturas do regente do Universo, pertencendo a ele...

Sargon, o sacerdote-rei, havia determinado que depois da solenidade do ponto culminante espiritual, que seria celebrada dentro de um mês, no Templo da Sagrada Trindade, Pyramon teria de viajar para a terra dos egípcios. Nesse dia fluiria a força do coração do Criador. E essa força encerra a vida eterna para tudo o que foi criado. Pyramon deveria, cheio dessa força, iniciar seu novo caminho de vida.

— Será a última solenidade que ele assistirá em nosso meio, pois então não mais deixará o Egito. O trabalho que executará em nome da Luz, na Terra, requer o tempo de uma vida inteira.

Os iniciados, aos quais essas palavras eram dirigidas, baixaram a cabeça, concordando. Sabiam que assim era. Apenas poucos deles tornariam a ver Pyramon nessa vida.

Pouco depois que Sargon noticiara a partida em breve de Pyramon, Thisbe, toda agitada e com olhos assustados, veio à sua casa.

— Vi algo horrível na Aldeia das Rosas Aquáticas! Sacerdotes estão adorando lá uma mulher nua. Em sua honra queimam incenso, dançando em volta dela... Um dos sacerdotes também estava nu... Na mão erguida, segurava uma faca.

Alarmado, Sargon olhou para Thisbe.

— Quando foi, minha filha? perguntou calmamente.

— Agora, pouco antes de eu chegar. Eu estava deitada no bosque dos *dschedjins,* pois fiquei cansada de colher frutas... Mal havia deitado na grama, quando senti que alguém me pegou pela mão, arrastando-me embora. Foi tão rápido, que nem vi quem me levava... de repente, vi o lago com as rosas aquáticas... e logo depois me encontrava num templo lúgubre. Reconheci a mulher nua e um dos sacerdotes!...

Sargon conduziu Thisbe para um banco, e trouxe a seguir, do quarto ao lado, um copo de leite temperado. A moça estava tão agitada que suas mãos, trêmulas, mal podiam segurar o copo. Paulatinamente ela se acalmou. Sargon enxugou-lhe o suor do rosto, trazendo também uma vasilha com água fria para que ela pudesse refrescar as mãos.

— Corri tão rapidamente; é por isso que estou suando tanto, disse Thisbe, enquanto as lágrimas, que agora corriam pelas suas faces, misturavam-se com o suor.

Sargon percebeu que a moça não compreendia as ocorrências mostradas a ela na Aldeia das Rosas Aquáticas... e estas, portanto, amedrontavam-na... Ele teria de esclarecê-la sobre o perigo que estava ameaçando todos os seres humanos.

Quando Thisbe havia-se acalmado, ele começou a falar sobre o culto que em épocas anteriores apenas ameaçara povos isolados, e que agora, no entanto, estava-se manifestando por toda a parte na Terra.

— Vê, Thisbe, honramos o onipotente Criador com o nosso trabalho, com toda a nossa vida. Honramo-Lo em nossos templos e recebemos com profunda gratidão a força que Ele nos envia. Sagrado é para nós o Seu amor, que nos concedeu a vida... e sagrado também é o amor que une os seres humanos entre si.

Ao perceber que Thisbe ouvia atentamente, Sargon continuou a falar:

— Magog contou-te a respeito do servo caído do onipotente Criador. Esse servo caído era um grande anjo enviado pelo nosso

Criador como mestre para os seres humanos. Antes de sua queda, o "anjo do mal" – é assim que o chamamos – pôde ver frequentemente a Rainha do céu Tiamat. Ele inflamou-se de amor por essa eternamente inatingível figura celestial e perseguia-a com esse amor. Tiamat recusou-o severamente, desaparecendo da esfera dele. O anjo transgressor jurou vingança. Cumpriria sua missão. Guiaria os seres humanos e os tornaria sábios. Mas ao mesmo tempo ele os separaria do amor que ligava todas as criaturas à Rainha do céu. Amor, muito amor deveriam as criaturas humanas conhecer! Contudo, seria uma espécie de amor que haveria de destruir e apagar a raça humana...

Sargon calou-se. Pensava com preocupação nas notícias que tinham vindo de Sair, Middin e Hazor... O iniciado que mandara essas notícias falava de sacerdotes renegados, de orgias sangrentas e de mulheres nuas... Os malfeitores geralmente eram mortos. Numa localidade, a própria população os apedrejou... Os corpos terrenos podiam ser destruídos, mas o mal em si continuava a atuar, visto o germe venenoso já ter encontrado solo fértil...

— Estás triste, pai Sargon. Continua a falar. Compartilha tua tristeza comigo! disse Thisbe. Compreendi que agora vivem na Terra seres humanos que não mais honram o onipotente Criador, e que não mais vivem assim como Ele deseja! O amor e o agradecimento dessas pessoas não mais visam a Ele... mas sim ao anjo do mal.

Confusa e apavorada com o conteúdo de suas próprias palavras, Thisbe olhou para Sargon, perguntando:

— Podem os seres humanos realmente se afastar de seu próprio Criador? Pegulthai ensinava que nenhuma criatura pode separar-se da corrente da vida, visto que essa corrente da vida provém do coração do Criador!

— Da própria corrente da vida, de fato, nenhuma criatura pode separar-se, disse Sargon. Uma criatura, contudo, pode nadar contra a correnteza enquanto perdurarem suas forças. Quando não mais dispuser de forças, ela se afogará. Todos os seres humanos que se entregam ao anjo do mal nadam contra a correnteza. Nela sucumbirão.

Thisbe tinha compreendido. Entendia de repente, também, por que tinha de vir um juiz do Universo. Logo depois ela perguntou se o anjo do mal desejava que as mulheres dançassem nuas.

— Nossas dançarinas vestidas de branco, com as pequenas lanterninhas de alabastro nas mãos, são muito mais belas!

— Certamente são mais belas, disse Sargon. Mulheres nuas dançando é uma abominação! Mas o anjo do mal mandou dizer à mulher terrena, por intermédio de seu servo, "Nebo", que seu corpo nu igualava-se aos "deuses". Sim, que seria até digno de adoração. Deveriam ser realizados festejos em honra do corpo feminino nu. Os homens deveriam ver como a mulher terrena é bela... e reconhecer que eles, até então, muito pouca atenção lhe haviam dado. Os homens deveriam procurar, na Terra, o amor junto às deusas nuas, pois outro tipo de amor não existia!... O novo "deus" da Terra deseja que as mulheres não mais escondam timidamente seus corpos... Esses corpos são sagrados, e sagrado é também o amor que desencadeia nos homens... E os homens?... Os homens devem oferecer sacrifícios de sangue. E com o sangue fortalecer seus próprios corpos! A força erótica foi-lhes dada pelo próprio onipotente Criador, e por isso devem fazer tudo para conservá-la e intensificá-la...

Sargon olhou assustado para Thisbe. Havia-se esquecido totalmente que ela era uma mocinha, não podendo compreender esse horrendo culto novo. Thisbe, porém, havia assimilado exatamente o que ouvira. Cada palavra. Se fosse necessário, iria recordar-se disso. No momento, ela pensava indignada no fato de o "anjo do mal" denominar-se "o novo deus da Terra", e de esse "intruso" desejar ver as mulheres terrenas como "deusas" despidas.

— Ainda de outra forma Nebo, o servo do mal, exerce sua influência na Terra, disse Sargon, indignado. Por exemplo, já existem pessoas em Edom, e à frente de todos, sacerdotes, afirmando que os gigantes não são servos do onipotente Criador. Seriam demônios, e todos os outros *dschedjins* também! Aqueles que ainda possuem órgãos sensoriais normais, podendo ver os *dschedjins,* falam naturalmente o contrário. Mas já estou vendo o tempo em que a Terra estará dominada por falsos sacerdotes, que cativarão os indolentes seres humanos com as ardilosas palavras da mentira...

A narração de Sargon fora interrompida por Wahab.

— Mandaste chamar-me, senhor?

Sargon ficou visivelmente alegre ao ver Wahab.

— Atingiste então o ponto! Ouviste meu chamado! De agora em diante tu poderás, tal como os outros iniciados, emitir e receber mensagens. Mas acautela-te de retransmitir algo sem importância!

Wahab, igualmente, sentira uma profunda alegria ao ouvir a voz do sacerdote-rei em sua "cabeça". Ele sabia que não deveria levianamente estabelecer ligações com outros sábios.

— Vamos até a Aldeia das Rosas Aquáticas. Por isso te chamei. Manda os pastores trazerem sete animais de montaria. Dois pastores devem vir junto para cuidar dos animais. Avisa Pyramon, Aka, Magog e Taffar. Eu e Thisbe também iremos junto, e tu, Wahab, deves igualmente estar conosco.

Sem dizer palavra alguma, Wahab deixou a casa de Sargon, para executar a ordem. Thisbe também saiu para buscar uma capa de lã. Estava curiosa a respeito da mulher. Ela ainda estaria nua?

Ao todo havia três aldeias, como em geral eram denominadas: a Aldeia das Rosas Aquáticas, a Aldeia das Amendoeiras e a Aldeia do Templo. Para que a primeira aldeia não se expandisse em demasia, quando isso se tornou necessário, Gum-Kobe fundou, pouco a pouco, mais duas. Ao mesmo tempo ele queria evitar que um número muito grande de pessoas morassem umas ao lado das outras. Instalar mais outra aldeia, até agora, não se tornara necessário, visto que um determinado número de sábios vivia constantemente entre outros povos, lá ensinando seus alunos. Esses sábios sempre ficavam somente pouco tempo quando, vez por outra, retornavam.

A aldeia onde morava Sargon, o sacerdote-rei, era denominada Aldeia do Templo, visto que somente nessa aldeia existia um Templo da Sagrada Trindade. Uma vez ao ano, todos os habitantes das três aldeias reuniam-se nesse templo para, em oração conjunta, receber a força do coração de Deus.

Sargon era o líder espiritual e terrenal de toda a Caldeia. As três aldeias, em que ele alternadamente se detinha, formavam o centro espiritual do país.

A vida nesses três núcleos espirituais era por toda a parte a mesma. Homens e mulheres trabalhavam desde a madrugada até o anoitecer, e todos almejavam reconhecimentos mais elevados. E agora se insinuava um vírus mortífero nessa abençoada, harmoniosa e atuante comunidade, ameaçando todas as três aldeias.

Não era em vão que Sargon e também os outros iniciados ficaram profundamente alarmados quando souberam do deprimente acontecimento na Aldeia das Rosas Aquáticas. Ninguém duvidava das palavras de Thisbe. Cada um censurava a si próprio por não ter sido mais alerta. Até agora tinha sido possível manter as três aldeias livres de influências más, apesar dos muitos forasteiros que vinham constantemente...

Sargon e os outros já estavam aguardando, quando Wahab, juntamente com dois pastores, trouxe os animais de montaria. Dessa forma, a pequena caravana podia partir sem perda de tempo. Depois de meia hora, já avistaram o grande lago, cuja superfície estava quase que inteiramente coberta de flores azuis e cor-de-rosa. Thisbe e Aka logo descobriram a ondina Lau, que lhes acenava alegremente. As duas moças teriam gostado de juntar-se a ela e nadar entre as flores.

Três iniciados já estavam esperando em frente da casa das revelações. Quando Sargon se aproximou deles, logo percebeu, através dos rostos assustados e desnorteados, que seus maiores receios se confirmavam. Sem perder uma palavra, ele, seguido pelos outros, entrou na casa das revelações. Atrás de Thisbe e Aka entrou Inhapi, a mulher do iniciado Kelatha.

Kelatha começou logo o seu relato. À jovem Beeris, filha de Medas e Mara, teria aparecido, há algum tempo, um rei maravilhoso, o qual lhe contara que de agora em diante um poderoso deus, de quem ele era servo, reinaria sobre a Terra. E esse deus gostava, antes de tudo, das mulheres. Ao aparecer pela segunda vez, esse rei disse a Beeris que ela poderia levar a vida de uma rainha, e que muitos homens a amariam. Quando ela perguntou o que teria de fazer para conseguir isso, ele desapareceu.

A terceira aparição, que a moça teve, foi a de uma "mulher maravilhosa". A mulher admirava a beleza da moça, perguntando se ela, Beeris, não preferiria servir a um deus que amava as mulheres do que a um que vivia tão longe, que nem ao menos sabia que existem mulheres na Terra. O poderoso e novo deus dava poder a cada mulher, poder e beleza. Depois, a suposta mulher maravilhosa perguntou a Beeris se não queria experimentar esse poder. A moça concordou. Tinha ficado curiosa. Além disso, já havia muito estava com vontade de ter uma vida mais movimentada.

Ao ver a disposição da moça, a "mulher maravilhosa" descobriu os próprios seios, mandando Beeris fazer o mesmo:

"O poder está em nossos corpos! Experimenta-o... Mostra-te ao sacerdote Beor e irás vê-lo a teus pés."

Kelatha havia falado de modo pausado e com longos intervalos.

— Beeris experimentou seu poder, continuou ele. E viu confirmadas as palavras da "mulher maravilhosa".

Kelatha enxugou a testa e baixou a cabeça. Ainda não compreendia como o mal pudera imiscuir-se na aldeia.

Com um sinal de Sargon, Inhapi continuou a narrar.

— Beeris encontrou duas moças da mesma índole, e Beor entrou em contato com dois moços em quem ele confiava, alunos ainda...

De acordo com o desejo de Beeris, os seis encontraram-se certa noite no bosque dos *dschedjins*. As moças despiram-se e dançaram, enquanto um dos alunos tocava flauta. Beor tinha uma faca na mão. Ele lembrara-se de que um forasteiro havia falado, certa vez, de um novo culto em honra de um poderoso deus. "O novo culto exigia homens fortes", havia dito o forasteiro repetidamente. "Eles deviam ser fortes como touros. E um homem somente se torna forte como um touro com sangue. Sangue humano ou animal... O culto exigia sangue!..."

Tendo-se refeito nesse ínterim, Kelatha continuou agora a contar:

— Os seis, no bosque dos *dschedjins,* não podiam saber que um pastor era testemunha do seu abominável atuar. Quando o pastor viu Beor erguer a faca, ele pulou do galho em que estava deitado e arrancou-a da mão do sacerdote.

Antes que os seis se dessem conta do que havia acontecido, o pastor desapareceu... Aqui está a faca. O pastor me entregou no dia seguinte. E aí me contou como a tinha achado...

Thisbe e Aka, deprimidas, haviam escutado. Ambas sabiam que Sargon as havia levado propositadamente. Deveriam saber tanto desse horrível culto, que em caso de necessidade pudessem combatê-lo.

Sargon olhou para a faca a seus pés. Era uma faca comum, de bronze, como em geral se usava.

— Beor está esperando pelo juiz em sua casa, disse Kelatha tristemente. Ele confirmou tudo o que o pastor contou. As moças desapareceram. Elas correram até uma caravana em vias de partir. Mas os dois alunos ficaram e esperam o julgamento.

Taffar levantou-se. Também Sargon, Magog, Pyramon e Wahab haviam-se levantado, seguindo agora Kelatha, que os guiou à casa de Beor.

Beor olhou-os com a fisionomia imóvel, quando entraram em sua moradia. Era culpado; é o que sabia. Contudo, mesmo nesse momento crítico, lembrou-se das três moças nuas.

O olhar de Sargon traspassava a matéria pesada. Ele viu as repugnantes manchas de pus na alma de Beor, sabendo que era tarde demais. O veneno já havia penetrado demasiadamente fundo. Esse homem tinha de sair da Terra... ele não devia deixar a aldeia... Como sábio da Caldeia, exerceria uma influência dominadora por toda a parte em que chegasse... e favoreceria esse ignominioso culto.

Sargon estremeceu de horror ao imaginar as consequências disso.

— Conheces o mandamento, disse ele, rompendo o silêncio opressor. Um iniciado que se torna infiel perante o onipotente Criador tem de deixar a Terra. Tu te mostraste indigno da grande graça de poder servi-Lo! Malbarataste teu tempo terreno, manchando tua alma.

Beor acenou com indiferença. Não esperava outra coisa. Ele mesmo não mais se compreendia. Por que não havia fugido? Tinha tido suficiente tempo para isso... O que o tornara tão sem energia?

— Teus semelhantes devem ser poupados de um sábio renegado. Por isso não pudeste fugir! disse Sargon, com uma voz que fez estremecer todos os presentes. Vai ao jardim oculto. Conheces o lugar.

De repente Beor reanimou-se. Cerrou os punhos e gritou:

— O deus do amor, que eu adoro, é maior e mais forte do que o vosso Deus. Ele me ajudará.

E com um pulo já estava na saída. Não havia contado, porém, com os dois alunos que esperavam lá fora, e tudo haviam escutado. Com movimentos rápidos, seguraram-no. Beor olhou furiosamente ao redor. Mas logo depois esmoreceu, desesperado.

— Quero fazer uma exceção, Beor, disse Sargon serenamente. És livre. Vai para onde quiseres!

Magog e Taffar olharam apavorados para Sargon. Livre? Beor livre? Como utilizaria o poder que ele, um iniciado, possuía?

Beor, contudo, meneou a cabeça, recusando.

— Agora eu reconheço minha culpa. Só existe um Deus. Nosso onipotente Criador. Não obstante... sinto que já estou preso numa rede imunda... A liberdade ainda aumentaria minha culpa. Perdoa-me por ter trazido sombras à tua vida... Deixa Taffar fazer a sua parte...

Taffar esperou o assentimento de Sargon e a seguir saiu com Beor para o pequeno jardim, abrindo-lhe, com uma bem afiada faquinha de bronze, duas veias acima dos calcanhares. Beor agradeceu e pediu desculpas também a Taffar.*

— Ambos os alunos devem deixar ainda hoje a aldeia, ordenou Sargon. Depois saiu da casa, onde um homem tivera de abandonar a Terra prematuramente por causa de uma mulher infiel. Se Sargon não tivesse mandado executar a sentença, o próprio Beor se teria suicidado e com isso se sobrecarregado com mais uma grave culpa.

Silenciosamente todos deixaram a casa. Pyramon seguia os outros, profundamente abalado. A morte de Beor não o atingira. Mas aquilo que havia provocado essa morte enchia-o de um horror como nunca havia sentido. Mesmo o acidente com seu carro, nem de longe o abalara tão profundamente. Wahab era o menos impressionado. Ainda alegrou-se por ter matado, anos atrás, aquele torturador de animais…

Sargon ficou na aldeia para normalizar algumas coisas com Kelatha e Inhapi, mas os outros, ele mandou de volta ainda no mesmo dia.

---

* Aqui devem ser mencionados alguns esclarecimentos sobre as sentenças de morte executadas pelos próprios sábios, ou por ordem deles.

Naquele tempo não havia nem jurisdição nem prisões. Ninguém teria tido a ideia de encarcerar um criminoso durante anos, cuidando do seu sustento.

Eram consideradas criminosas aquelas pessoas que divulgavam doutrinas falsas, criando cultos de ídolos. Portanto, pessoas que atuavam contra as leis de Deus, pecando com isso contra o espírito… contra o espírito da Verdade!… Suas doutrinas e afirmações mentirosas tinham, pois, apenas a finalidade de separar eternamente os seres humanos da Verdade e de sua pátria espiritual.

Tais criaturas também não foram condenadas por sua própria causa. Mas sim apenas para preservar os outros de uma "contaminação". Contaminação, pois as almas de todos aqueles que pecam contra o espírito da Verdade ficam maculadas por uma doença contagiosa e incurável.

Na época da presente história os julgamentos sempre eram justos, pois estavam em harmonia com as leis da Criação.

Os fundadores das religiões e seitas de hoje teriam sido considerados naquele tempo pessoas que pecam contra o espírito da Verdade, por conduzirem seu próximo a caminhos falsos, uma vez que as regras de fé por elas estabelecidas baseiam-se na maior parte em mentiras… Naquele tempo teriam sido eliminadas.

Delitos que oneravam apenas os respectivos indivíduos, não eram punidos. Por exemplo: quando alguém assassinava uma outra pessoa por motivos pessoais, esse ato não era punido. Tal delito, pois, somente se relacionava com o autor e a sua vítima, sem prejudicar espiritualmente a coletividade.

Os sábios daquela época haviam reconhecido claramente que a perda da verdadeira e pura fé em Deus era a causa de todos os sofrimentos, anímicos e terrenos, dos seres humanos. Por isso eles empenhavam todas as suas forças para impedir a atuação dos instrumentos humanos do anjo caído.

Quando Thisbe montou seu animal, viu seus dois pombos sentados no baldaquino de sua tenda de montaria. Nem os filhotes nem a ventania os impediam de acompanhar sua senhora.

No dia seguinte, Magog, Pyramon e Wahab seguiram para a Aldeia das Amendoeiras. Thisbe e Aka, porém, não foram junto. A solenidade do ponto culminante espiritual estava-se aproximando. Todas as mulheres e moças tinham de ajudar na limpeza e ornamentação do grande templo.

Do Egito chegara a caravana de um grande dignitário. Ele trouxera seu filho doente. Junto com a caravana vieram também alguns jovens que queriam ampliar seus conhecimentos nas escolas dos sábios, na Caldeia. Entre eles encontrava-se Playa, uma irmã de Siptha.

Desde o primeiro momento, Playa sentiu-se atraída por Thisbe. Thisbe também logo gostou dela. Kilta achou que a jovem egípcia, com seus olhos verdes, se assemelhava à ondina Lau. Playa, que temporariamente deveria morar na casa de Thisbe, era muito bonita. Mais tarde verificou-se que possuía também uma belíssima voz. Suas canções, em honra ao senhor do Sol, entusiasmavam todos os moradores das aldeias. Seus vestidos igualmente provocavam viva admiração nas mulheres. Geralmente trajava uma túnica longa de linho branco, não muito larga, enfeitada com fios de ouro na bainha, nas mangas e na gola. Tal como todas as mulheres e crianças das aldeias, ela prendia seus cabelos na nuca. Para isso ela não se utilizava de uma fita ou de um cordão, mas sim de uma fivela de ouro.

Quando Pyramon e Playa se encontraram pela primeira vez, olharam-se prolongadamente. Era como um breve e inconsciente reconhecer que, no entanto, desapareceu no mesmo momento. Mais tarde ele apenas se lembrava das flores de açafrão, de cor azul-clara, com as quais ela enfeitava os cabelos. Naquele tempo, nem Playa nem Pyramon, que se viam pela primeira vez, pressentiam que a ligação anímica existente entre eles também poderia reuni-los mais tarde, terrenamente, quando o tempo para isso tivesse chegado.

Sargon permaneceu ausente cerca de duas semanas, visto haver muito a regulamentar em relação aos negócios de Estado. De várias partes do país vinham os administradores, por ele mesmo empossados, queixando-se, todos eles, de perturbações em seus distritos. Sargon ouvia suas queixas. Quanto mais ouvia, tanto mais preocupado ficava.

— No meu distrito surgiram três adivinhos: duas mulheres e um homem, profetizando o nascimento de muitos monstros, começou o administrador do norte do país. Tais nascimentos proviriam de *dschedjins* maus que rodeavam os seres humanos. Somente por meio de ofertas de sangue poderiam ser acalmados os maus demônios. Sangue humano seria o mais eficaz, contudo também o sangue de animais poderia afastar muita coisa má, é o que diziam os adivinhos ao povo... E agora, realmente, nasceu uma criança com os lábios fendidos... Desde então a matança de animais não acaba mais... ovelhas, cabras, mas também outros animais, como antílopes, veados e até cervos, são sacrificados. Conforme as instruções dos adivinhos, eles tiram os corações dos animais, depositando-os depois nos bosques dos *dschedjins*...

Sargon escutava como que estarrecido. Ele conhecia os seres humanos, e sabia como logo acreditavam em doutrinas e interpretações erradas.

— Eu te mandarei um dos irmãos sábios. Os adivinhos então logo desaparecerão. Sabem muito bem que suas mentiras não se podem manter diante da verdade, disse ele serenamente, enquanto olhava confiantemente para o homem do norte.

Agora outro administrador começou a contar sua história.

— No meu distrito desapareceram até agora quatro moças. Eram quase crianças ainda. Junto de nós acampam sempre caravanas. São geralmente mercadores, todos nossos conhecidos. A última menina desaparecida foi encontrada num campo de lentilhas. Tinha um pé fraturado e estava inconsciente... Ao recuperar os sentidos, ela contou sobre uma mulher velha e dois homens que a haviam prendido. Mas ela escapara deles... na corrida, porém, não havia visto um buraco na terra, tombando... sabemos, agora, que as moças foram raptadas... e que estão sendo roubadas para servir a um poderoso deus, foi isso que a velha mulher afirmou à moça antes de ela escapar. Eu queria trazê-la, pois seu pé fraturado sarou bem. Contudo, um dia antes de seguir viagem, ela começou a ter febre, queixando-se de dor de cabeça e de ouvido. O sábio que cura disse-me, então, que ela morreria...

Quando o homem terminou, Sargon prometeu mandar um irmão sábio para o seu distrito. Depois lhe deu o conselho de não mais deixar as moças irem sozinhas para os campos e pomares...

Os outros dois administradores falaram de um pregador que passara pelos seus distritos.

— Esse pregador anunciava um novo e poderoso deus. Um deus que convida os seres humanos a amarem mais e gerarem mais filhos. Além disso, esse deus aconselha os homens a terem mais mulheres... Esse pregador só tem criado discórdias entre nós! disse um dos homens, indignado.

Também a esses dois, Sargon prometeu mandar irmãos sábios para os seus distritos, tão logo fosse possível. Depois preveniu os quatro de que o anjo do mal estava fazendo agora tudo para conseguir o domínio completo sobre os seres humanos.

— Ele tem servos poderosos, através dos quais atua. A arma deles é a mentira! Eles anunciam o amor, um amor que encerra o pecado! A mulher está mais exposta ao perigo, pois eles lisonjeiam a sua vaidade... Os sábios irmãos que enviarei vos esclarecerão sobre a atuação nefasta do suposto novo "deus poderoso". Somente o conhecendo, podemos combater o mal...

Refortalecidos e com esperança no coração, os quatro administradores montaram em seus camelos, no dia seguinte, para voltar às suas localidades. Sempre vinham irmãos sábios para seus distritos. Contudo, sempre ficavam apenas pouco tempo. "Dessa vez será diferente", havia-lhes prometido o sacerdote-rei. Viriam irmãos sábios e sábias mulheres que já há muito atuavam a serviço do onipotente Criador. De agora em diante, eles morariam definitivamente nos diversos distritos, voltando às aldeias apenas para as grandes solenidades nos templos...

Sargon escolheu quatro iniciados casados e esclareceu-os minuciosamente sobre os perigos que estavam espreitando por toda a parte, aconselhando-os, então, que viajassem para seus novos domicílios, o quanto antes.

Finalmente estava tudo arranjado, e Sargon voltou para sua aldeia. Beeris e as duas outras moças tinham ido para o norte com um mercador de camelos que ali acampara. Elas haviam pago sua viagem com fitas de ouro.

O mercador mandara dizer a Sargon, por intermédio de um pastor, que somente tinha levado consigo as moças porque estavam firmemente decididas a não mais voltar à aldeia dos sábios. Um novo e poderoso deus as teria chamado. E a esse chamado queriam seguir.

Sargon lembrou-se de Beeris apenas com asco. Mulheres da espécie dela despertavam desejos nefastos no íntimo do homem. Elas tornavam-se uma maldição na Terra.

Somente durante a cavalgada para casa, Sargon reencontrou o equilíbrio de sua alma. Delgados véus de neblina cobriam o céu, e a atmosfera prenunciava chuva. As exalações das árvores eram tão concentradas, que pareciam delicadas nuvens. No riacho em cuja beirada cavalgava vagarosamente, ele viu grous pescando. Certamente estavam de passagem, parando aí somente para um breve descanso. De repente, escutou acima de si um forte arrulhar. Ao olhar para cima viu, num dos galhos, os dois pombos que sempre acompanhavam Thisbe. Ele apeou, continuando a andar a pé. A menina não podia estar longe... e já a viu sentada na beira do riacho. Ela brincava com filhotes de patos, que a cercavam de todos os lados.

Thisbe igualmente o havia avistado, levantando-se imediatamente de um salto.

— Eu sabia que virias hoje, por isso esperei aqui. Ficaste ausente muito tempo, disse ela repreensivamente. Chegaram alunos do Egito. Entre esses encontra-se uma moça.

— Fui informado a esse respeito, disse Sargon sorrindo. A moça é Playa, a irmã de Siptha. Ela mora contigo, com minha permissão.

— Playa é alta, e Kilta diz que sua beleza é digna de admiração, disse Thisbe com um olhar ausente.

Sargon permaneceu calado, em expectativa.

— Pai Sargon, eu gostaria que Playa viajasse com Pyramon para o Egito. Como sua esposa!... Pois não podemos deixar que ele saia daqui sozinho... disse ela com as mãos erguidas, em forma de súplica.

— Playa é a mulher certa para Pyramon. Mas o tempo determinado em que essas duas pessoas poderão unir-se ainda não chegou!

— Quando será? Kilta diz que a diferença de idade entre ambos está certa. Não menos de cinco e não mais de dez anos deve ser essa diferença.

— Há muitos anos, um guia espiritual esclareceu à esposa do primeiro sacerdote-rei as diversas fases da vida humana. Entre outras coisas, ele também disse que um homem devia unir-se a uma mulher somente na idade de trinta e cinco anos. Para as moças, ele estabelecera a idade mínima de vinte e cinco anos.*

Thisbe refletia demoradamente sobre as palavras de Sargon. Era difícil para ela calcular os anos. Por fim perguntou se tais números podiam ser alterados um pouco, em caso de exceção. Sargon respondeu negando.

— Todos os conselhos que nos foram transmitidos outrora pelo guia espiritual comprovaram-se como certos no decorrer do tempo. Não seria inteligente de minha parte modificar algo nisso.

— Deixa que eu e Kilta viajemos com ele! pediu Thisbe, enquanto andava ao lado de Sargon.

— És ainda demasiadamente jovem. Quando a hora certa chegar, também viajarás para o Egito. Pyramon não ficará sozinho. Sunrid e Siptha estarão ao seu lado. Ambos são iniciados, cujos conhecimentos espirituais alcançam muito além de todo o saber humano. Magog também ficará com ele, de tempo em tempo. E, de mais a mais, os gigantes estão aí. Pyramon necessita de trabalho.

Nesse ínterim, chegaram à aldeia. Sargon entregou o animal de montaria a um dos jardineiros, entrando a seguir rapidamente na casa das revelações, onde alguns irmãos sábios de fora já estavam esperando por ele.

Thisbe foi para casa, onde encontrou somente Kilta. Playa tinha ido com as outras moças colher frutinhas. Um pouco mais tarde veio Pyramon, contando que a última tábua estava pronta.

— Todas as profecias e ditos estão aí marcados. No Egito faremos marcações em placas de pedra, disse ele, andando inquieto de um lado para o outro.

De repente percebeu que Thisbe estava chorando. Vendo-a assim, sombras de tristeza também o envolveram. Sabia o que se passava com ela. Também para ele a separação seria difícil. Estava grato de todo o coração por lhe ser permitido executar essa incumbência

---

* Estas indicações talvez sejam incompreensíveis ao leitor. Contudo, ele deve tomar em consideração que os seres humanos daquele tempo viviam muito mais, e que o ritmo de vida também era mais lento em comparação com a época de hoje. Trinta e cinco anos de outrora são como vinte e cinco anos de hoje. Também a diferença mínima de cinco anos entre homem e mulher é justificada, pois uma mulher de fina intuição está sempre mais adiantada do que o homem. Além disso, a mulher desenvolve-se mais rapidamente do que o homem.

da Luz. E alegrava-se na expectativa do trabalho com os gigantes. Não obstante, pesava-lhe no coração deixar Thisbe para trás. Kilta também estava oprimida. Subitamente uma rajada de vento fez a casa estremecer, e começou a chover forte. Pyramon saiu correndo. Ele havia deixado uma das tábuas de madeira acabadas no pátio, porque os caracteres coloridos de escrita ainda não estavam totalmente secos. Teria de levá-la rapidamente para um abrigo seguro.

Thisbe também deixou a casa debaixo de forte chuva. Ela foi até Magog. Pai Magog poderia esclarecer-lhe por que seu coração doía ao pensar no Egito e em Pyramon.

— Todos nós estamos sob a proteção de espíritos poderosos, que nos guiam e nos acompanham em nossos caminhos, disse Magog serenamente. Quem parte por ordem do Senhor do Universo para realizar uma missão encontra-se sob dupla proteção da Luz! Os gigantes também são poderosos. Eles gostam de Pyramon. Lembra-te, Thisbe, de que tu também vieste à Terra para uma determinada finalidade. Tu também em breve servirás conscientemente ao Senhor do Universo!

— Eu? perguntou Thisbe surpresa.

Ela esqueceu sua tristeza, querendo saber qual seria a sua missão. Magog encaminhou-a para Sargon.

— Quando a hora para isso tiver chegado, ele te comunicará o que for necessário. Mas eu penso que em breve tu mesma reconhecerás para que finalidade estás na Terra, disse Magog hesitantemente.

Thisbe gostaria de ter perguntado mais ainda. Porém chegou Wahab, de modo que ela não pôde ficar mais.

Magog acompanhou-a carinhosamente com o olhar quando ela seguiu para casa, passando através da ventania e da chuva. Sabia que ela agora estava consolada, olhando novamente com esperança para o futuro. Com uma oração de agradecimento no coração, ele entrou em casa, fechando a porta atrás de si.

O DIA do ponto culminante espiritual havia chegado. Os moradores das três aldeias, aproximadamente 1.500 pessoas, haviam-se reunido no grande templo, por volta do meio-dia, para receber a força proveniente do coração de Deus.

Moças e mulheres espalhavam incenso sobre as brasas nos incensórios, de modo que logo todo o templo estava perpassado pela fragrância aromática. No sétimo degrau do altar, sobre o pedestal, encontrava-se um recipiente de alabastro, no qual ardia uma pequena chama. Por ordem de Sargon, foi permitido a Thisbe acender a chama nele.

Sargon, de pé, com uma vestimenta branca e com a coroa na cabeça, estava ao lado do pedestal do altar, olhando para o grande interior do templo, onde mulheres e homens estavam sentados sobre grossas e macias esteiras, aguardando.

Como sempre, muitos iniciados encontravam-se presentes espiritualmente. Tratava-se daqueles que terrenamente não podiam assistir à solenidade. Os gigantes também compareciam. Mal se havia acalmado o forte movimento de ar que eles sempre causavam, Sargon, o sacerdote-rei, ergueu os braços, implorando. Ao mesmo tempo, todos os outros no templo cruzavam em devoção as mãos sobre o peito. Seus espíritos estavam livres. Estavam dirigidos ao mundo da Luz, para que a força proveniente do coração do onipotente Criador pudesse perpassá-los desimpedidamente, agraciando-os com nova vida.

Sargon pronunciou depois a oração dos iniciados:

"Criador, onipotente. Tu és o Senhor de tudo o que foi criado e de tudo o que ainda não foi criado! Tua Luz ilumina os Universos! Tua força é a vida! Tu és o Todo-Poderoso. Imutável e eterno! Teu nome ainda permanece em segredo! Nesse Teu nome realiza-se continuamente o mistério da morte e do renascimento! Eterno, sem começo e sem fim, és Tu! E nós somos Tuas criaturas!"

Depois dessa oração, que encontrou eco no coração de todos, Sargon baixou os braços e começou a falar.

Falou sobre a pirâmide que teria de ser construída, de seu sentido e da sua finalidade. Falou também sobre o juiz do Universo e sobre o Juízo.

— O juiz do Universo será ao mesmo tempo Deus e ser humano. O tempo de sua vinda já está determinado.

Após essas palavras, Sargon fez um gesto, e as mulheres levantaram-se, espalhando novo incenso nas brasas dos incensórios.

Novamente perpassou uma fragrância aromática no templo, subindo a fumaça como delicada névoa. Após pequena pausa, Sargon recomeçou:

— A pirâmide, cujo modelo está no supremo céu, será construída no Egito. Já em tempos remotos, o local onde deverá ficar tinha sido determinado pela senhora da Terra, Thaui, e por Ea, o senhor do Sol. A pirâmide no reino da Luz é uma obra na qual está expressa a firme e indestrutível construção da suprema Criação. Nela arde, desde tempos eternos, a chama da vida eterna. E ela continuará a arder por toda a eternidade!

Enquanto o sacerdote-rei pronunciava essas palavras, parecia a todos como se o seu elevado núcleo interior, igual a uma chama, apagasse nele tudo quanto é humano. Uma luz ofuscante encheu subitamente o templo, uma luz que fez estremecer todas as almas. A irradiação do amor, proveniente do coração do onipotente Criador, vibrou através dos mundos materiais, doando novamente a força da vida a todas as criaturas.

A irradiação da luz que inundou ofuscantemente o templo, como um raio, desapareceu. Os seres humanos, reunidos em devoção, olhavam ao seu redor com os olhos transfigurados de felicidade. Todos eles tiveram a mesma vivência, pois a todos unia o mesmo amor à Luz.

Sargon recomeçou a falar. Atentamente todos olhavam para ele.

— O grande espírito, que nos transmitiu a incumbência de construir a pirâmide, forneceu ao mesmo tempo as medidas da obra. Ele mandou que os entendidos em estrelas perscrutassem todos os acontecimentos de importância para os seres humanos terrenos e, depois, determinassem as datas para isso. Então essas datas deverão ser expressas na estrutura da construção em pedra.

Quando perguntei ao grande espírito até que época os acontecimentos da humanidade deveriam ser perscrutados, ele respondeu: "Até o Juízo Final". A data do início do Juízo, ele mesmo indicou. Também me comunicou o seu término.

E o grande espírito anunciou ainda o que o Senhor do Universo falou: *"Eu sou o juiz e o salvador! Irei para os seres humanos a fim de julgá-los! Irei quando o relógio do Universo indicar a hora para isso! E as criaturas humanas devem saber quando for chegada essa hora."*

Aproximadamente 6.500 anos ainda nos separam do início do último Juízo da humanidade. Um longo tempo! Mas cada um de nós sabe como nossos dias cheios de trabalho passam rapidamente, e como tão rapidamente esses dias se transformam em anos. Até a época do Juízo, sempre haverá pessoas na Terra anunciando o juiz do Universo e o Juízo. Transmitirão suas profecias mediante sinais de escrita à posteridade.

Essas profecias, porém, passarão por muitas mãos no decorrer do tempo. Sofrerão alterações e serão interpretadas erroneamente, ou nem mais existirão até então. As profecias e as datas expressas pela construção no interior da pirâmide, porém, serão indestrutíveis.

Sargon silenciou, tocando a testa com as mãos postas. Logo depois, desceu três degraus, sentando-se na cadeira colocada no largo quarto degrau.

As mulheres jogaram novamente incenso nos incensórios, e, quando a fina fumaça aromática se elevou, Gum-Kobe levantou-se, subindo os três degraus para o altar. O assento dele estava igualmente no quarto degrau. Aliás, no lado esquerdo, enquanto que o de Sargon se encontrava no lado direito. Gum-Kobe olhou para baixo, para as pessoas, e começou a falar:

— A pirâmide que agora será construída no país dos egípcios não está destinada a guardar a viva chama da vida, foi o que o grande espírito nos explicou. Nela, como já sabeis, será colocado o sinal da morte. É um grande sarcófago de granito vermelho, e esse sarcófago não terá tampa, pois nele nunca será colocado um defunto. Deverá ser colocado em um recinto que se chamará sala do Juízo!

O significado do sarcófago aberto permaneceu durante muito tempo um enigma para nós. Até que o grande espírito de novo apareceu, esclarecendo-nos esse significado.

Ele disse: "A Terra estará povoada por mortos, quando o juiz do Universo, o Senhor da pirâmide, vier. O sarcófago é o símbolo da morte na Terra. Ele está na sala do Juízo. Quando chegar a hora do grande julgamento, a maioria dos seres humanos se terá afastado tanto da Luz e da vida, que apenas a morte inevitável os aguardará."

Quando o grande espírito havia terminado, surgiram dúvidas em mim. Julguei que pessoas já mortas espiritualmente não prestariam atenção nem à pirâmide nem àquilo que ela encerrasse. O grande espírito parecia ter ouvido minhas dúvidas silenciosas, pois logo ele disse: "Por causa dos poucos que ainda puderem ser salvos, será feito muito. Durante o espaço de tempo até o Juízo, espíritos elevados serão enviados para todos os países e para todos os povos, a fim de anunciar a verdade. Esses espíritos se esforçarão para libertar os seres humanos de seus ídolos e dos falsos conceitos de fé, que encerram a mentira e o pecado. A mentira, contudo, triunfará sempre de novo.

Para que todas as criaturas humanas não sejam arrastadas para o abismo, pela mentira e o pecado, ainda muito antes do Juízo o onipotente Criador enviará um que está perto do Seu coração. Esse um virá para esta Terra, dominada pelo anjo do mal, e indicará aos seres humanos o perdido caminho para o céu."

A data desse extraordinário acontecimento também foi descoberta por nossos entendidos em astros, e se encontrará igualmente na pirâmide.

Gum-Kobe fez uma pausa. Enquanto falava daquele um, surgiram imagens diante do seu espírito, que o fizeram estremecer de medo. Energicamente afastou esses quadros. As pessoas estavam esperando. Ele tinha de continuar a falar. E assim recomeçou:

— Minhas dúvidas desapareceram quando o grande espírito me deu esses esclarecimentos. Ao mesmo tempo lembrei-me do homem de Gebal. Esse homem trouxe seu filho gravemente doente para nós, embora ele mesmo soubesse existirem poucas esperanças de salvá-lo. Ele não temeu a penosa viagem de meses de duração, pois não queria omitir nada que pudesse ajudar a criança.

Minhas dúvidas muito me entristeceram, ao me lembrar do homem de Gebal. Esse homem, um ser humano comum, nada omitiu para ajudar seu filho enfermo. Quanto mais ainda não seria feito pela Luz para ajudar a humanidade, prevenindo-a do inevitável Juízo!

A pirâmide no Egito não passará despercebida. Já seu tamanho e sua estrutura interna serão únicos. Cada um de nós conhece o modelo que se encontra na casa das revelações. Além disso, uma esfinge estará em sua proximidade. A esfinge indica que a pirâmide encerra um enigma a ser decifrado pelos seres humanos, o qual também será decifrado!

Estamos vivendo a última fase de desenvolvimento da humanidade! Sabemos que o anjo do mal convocou todos os seus auxiliares. São espíritos maus, que se apoderam das almas humanas, influenciando-as conforme o conceito deles. O futuro foi mostrado aos nossos videntes pelos guias espirituais e pelos grandes *dschedjins*. O que eles viram ultrapassa nossa capacidade de imaginação... pois viram quase tão só criaturas que esqueceram sua dignidade humana.

Cada um de nós tem rogado para que lhe seja permitido servir ao juiz do Universo, ao Senhor da chama eterna, quando ele vier para o último exame! Até lá voltaremos ainda diversas vezes à Terra. O perigo de cair sob a influência das trevas persiste, portanto, para nós também. Cada pensamento falso, cada dúvida, pode nos empurrar para a direção errada! Acautelemo-nos disso! Hoje e sempre! Queremos permanecer criaturas do onipotente Criador e viver para Sua alegria, nos mundos que Ele nos abriu!

Gum-Kobe terminara. Juntou as mãos, tocando com elas a testa; desceu então os degraus e ficou parado ao lado de sua cadeira.

Todos os presentes no grande templo levantaram-se, quando Sargon, o sacerdote-rei, subiu os degraus do altar, levantando as mãos para uma oração final:

"Senhor da chama eterna! Com a Luz de Tua onipotência iluminas nossos espíritos, e com a luz de Teu Sol aqueces nossos corpos. Recebemos da rubra corrente da vida que flui de Teu coração e que nos mantém vivos. Vivemos através de Ti e para Ti, todo-poderoso Senhor do Universo!... E esperamos por Ti!"

Com os olhos fechados e as mãos postas, apertadas contra a testa, os seres humanos presentes no templo assimilaram a oração, intuindo-a simultaneamente.

Sargon desceu os degraus, permanecendo no degrau mais baixo. A alguma distância dele colocaram-se Gum-Kobe, Horam e Sakur, o artífice em trabalhos de ouro. Depois Sargon chamou em voz alta Pyramon, o filho do rei de Kataban.

— Tu és o escolhido construtor da pirâmide! A pirâmide deverá estar na Terra como um marco de advertência que perdurará através dos tempos, até o fim do Juízo. Nosso trabalho está terminado, e o teu começa. Junto com os gigantes começarás e terminarás a obra que não tem igual na Terra. Sempre que precisares de auxílio poderás procurar ligação com os grandes espíritos, dos quais recebemos a missão.

Os gigantes, os incansáveis arquitetos, ajudaram, tempos atrás, na construção de uma pirâmide num outro país. Na ampla plataforma daquela pirâmide foi construído um templo. Os seres humanos tinham de subir muitos degraus para chegar até esse templo. O acesso difícil deveria lembrá-los, todos, dos degraus ascendentes do desenvolvimento que cada um precisa viver e vivenciar, se quiser alcançar um ponto máximo espiritual. Essa pirâmide-templo, porém, não pode ser comparada com aquela que Pyramon construirá no Egito, finalizou Sargon.

Pyramon, de frente para Sargon, tinha ouvido atentamente e inclinou a cabeça em sinal de que havia entendido tudo. A seguir estendeu a mão e pegou um pequeno frasco de ouro, que Sargon lhe entregou com as seguintes palavras:

— Aqui neste frasco encontra-se o sumo da vida, de que precisarás em tua longa viagem! Que ele te fortaleça, alimente, e sempre te lembre da bondade do Criador, que nos proporciona todas as dádivas!

Aceitando o frasco, Pyramon mais uma vez inclinou a cabeça.

A seguir colocou-se à frente de Horam, que igualmente tinha um presente para ele.

— Os dois triângulos de ouro, colocados um sobre o outro, formam uma estrela, começou Horam. A pedra oval lapidada, no centro, é uma "pedra do sol". Esta pedra forma-se na Terra, mas reflete também todas as cores solares. Dessa maneira reúne em si as irradiações da Terra e as do Sol, constituindo-se na pedra mais maravilhosa que existe na Terra.

O ser humano que usa essa pedra está sob a proteção da senhora da Terra, Thaui, e do senhor do Sol, Ea. Às vezes poderá ver ambas as grandes figuras maravilhosas, alegrando-se com o sorriso delas... contudo, somente desfrutará da benevolência desses poderosos entes enquanto estiver livre de pecado!

Horam olhou pensativamente para a joia em sua mão. A seguir a entregou a Pyramon, acrescentando ainda que em ambos os triângulos sobrepostos se expressava todo o poder do céu.

Pyramon, profundamente comovido, recebeu a joia. Olhou para Horam e depois para Sargon. Ambos os iniciados leram em seus olhos gratidão e alegria, mas também o compromisso de sempre ser digno da benevolência da senhora da Terra e do senhor do Sol.

Pyramon recebeu um terceiro presente ainda. Sakur havia confeccionado dois escudos de ouro para a proteção do dorso das mãos. Em ambos os escudos havia gravado artísticas imagens de leões. Pyramon aceitou também esse presente com alegria e gratidão. Até agora somente havia usado escudos protetores de bronze. Mas esses de ouro eram excepcionalmente belos e bem trabalhados.

— O leão é o signo de tua estirpe, disse Sakur. O leão é a corporificação do mais nobre heroísmo. Os leões nos escudos devem lembrar-te também do "leão alado", que se encontra nos degraus do trono do Criador, sendo um dos quatro serafins que recebem a força do Criador e a retransmitem. Uma cópia do leão-serafim vê-se também num canto da pirâmide que paira em alturas inimagináveis, guardando a eterna chama da vida.

Enquanto Sakur falava, Pyramon viu em espírito uma pirâmide de cristal, uma pirâmide de uma luminosidade tão intensa, que a mais clara luz do sol parecia fosca e pálida. Era como se as palavras do iniciado tivessem aberto um portal para ele, libertando ao olhar um inimaginado mundo maravilhoso. A visão desaparecera, e Pyramon ouvia as palavras com que Sakur se despedia dele.

— Tua vida terrena começou com aspectos favoráveis, e poderás terminá-la em paz também, se sempre ouvires a voz do espírito. Somente pelo espírito poderás ficar preservado do mal que agora está ameaçando a humanidade!

Sakur acabara de falar. Ele desceu o degrau e deixou o templo por uma porta lateral.

Em seguida, Gum-Kobe pronunciou palavras de despedida:

— Se encontrares a deusa nua, lembra-te de que ela é propriedade do anjo do mal!

Pyramon assustou-se profundamente ao ouvir essas palavras. O que significavam? Ele quis perguntar... Olhando em redor, viu a cortina de esteira fechando novamente a porta por onde Gum-Kobe já saíra. Não restou tempo para Pyramon pensar sobre essas enigmáticas palavras, pois Sargon já estava diante dele, dizendo-lhe:

— Que o sol de graças do amor celeste sempre ilumine tua vida, pois ele é o centro de toda a magnificência e força!

A seguir Sargon inclinou levemente a cabeça, deixando também o templo. Pyramon ficou parado, indeciso. Olhou para cima, para o recipiente de alabastro sobre a superfície de ouro do pedestal. A luz dentro dele tremulava.

Uma melancolia desconhecida e uma tristeza encheram seu coração, ao olhar para o altar. Ele sabia que estava ali pela última vez, e que sua vida futura não mais se desenrolaria tão protegidamente como até então. De agora em diante estaria sozinho. Tinha de mostrar que era digno da confiança nele depositada pelos elevados espíritos, quando o incumbiram da construção da pirâmide.

Pyramon ainda teria permanecido por longo tempo pensativamente diante do altar, se Magog não tivesse tocado em seu braço, fazendo-o ver que era hora de deixar o templo. Pyramon, seguindo Magog, viu que o local já estava quase vazio. Sempre de novo se surpreendia pela maneira silenciosa com que as muitas pessoas entravam e saíam do templo. Mesmo quando calçavam as sandálias no grande terraço que circundava o templo, não se escutava nada. Ele também calçou suas sandálias e depois seguiu Magog. Atravessando a praça, viu um gigante que alegremente lhe acenou. Ao lado do gigante estava um grande camelo branco, sobre o qual estava sentado um cavaleiro pronto para a viagem.

O cavaleiro usava um burnus de cor vermelha, que envolvia toda sua figura, e um pano branco na cabeça que cobria a metade das costas. Num movimento do estranho cavaleiro, Pyramon viu que um aro de ouro em volta da testa prendia o pano na cabeça.

Enquanto ele ainda contemplava a extraordinária figura no camelo, chegou Wahab, dizendo que o "acompanhante" já estava esperando. Com isso indicou para o cavaleiro. Agora Pyramon compreendia. Teriam um guia que poderia levá-los ao destino através dos caminhos melhores e mais curtos. De repente, via o animal e o cavaleiro apenas como uma sombra nebulosa, da qual somente o vermelho da capa se distinguia nitidamente.

— Teu camelo também já está esperando, bem como o de Magog! disse Wahab, fazendo um gesto com a mão.

Pyramon seguiu na direção indicada e já ouviu o blaterar de seu camelo. Era um grunhir alegre que o animal sempre soltava para atrair a atenção do amo. Pyramon era menino, quando ganhou esse animal ainda novo. Agora ele o carregaria para o Egito! De bom grado teria permanecido ainda alguns dias, mas Sargon havia ordenado que ele e Magog partissem nesse mesmo dia ainda.

E assim também aconteceu. Pyramon entrou em casa, onde encontrou Magog já pronto para a viagem. Lá, tirou a estrela com a pedra solar de um bolso interno da roupa e passou um fino cordão trançado através de dois orifícios, que se encontravam nas pontas da estrela. Depois Magog fez um nó firme com as duas pontas do cordão, pendurando a preciosa joia no pescoço de Pyramon. Antes de guardar a estrela sob a roupa, ele perguntou o significado dos caracteres de escrita gravados nas placas triangulares de ouro.

— Um dia tu mesmo poderás decifrar o sentido deles, disse Magog já deixando a casa.

Magog queria sair o mais rapidamente possível, antes, contudo, queria ver mais uma vez Thisbe, pois ela se sentira tão fraca depois da solenidade, que mal pudera chegar em casa. Logo depois sua temperatura subia assustadoramente. Quando Magog foi vê-la, Kilta já vinha ao seu encontro para chamá-lo. Thisbe estava deitada na cama, em estado semiconsciente. O rosto dela estava vermelho, e a pele, quente. Logo depois dele chegaram Reffat e Naema, tomando imediatamente as providências para enfaixar Thisbe em musgo úmido.

Kilta, depois de informar Magog e Reffat, correu até Sargon, pois sabia quanto o sacerdote-rei se interessava pela moça. Sargon mandou dizer a Magog, por intermédio dela, que partisse com Pyramon o quanto antes. E mais, ordenara que nada fosse mencionado a Pyramon sobre a doença repentina de Thisbe.

Magog entendera. Pyramon iria recusar-se a deixar a aldeia enquanto Thisbe não melhorasse. E isso devia ser evitado, pois chegara a hora do início da obra. Não podia haver mais nenhum retardamento.

Quando Pyramon, acompanhado por Wahab, chegou junto de seu camelo, viu que Magog já estava montado, seguindo o caminho à beira do rio. Pyramon havia-se despedido de Thisbe e Kilta no dia anterior, no entanto gostaria de ver a moça mais uma vez. Custou-lhe muito partir sem uma última saudação dela.

— O guia do caminho com a capa vermelha já está à frente. Não podes deixá-lo esperar, disse Wahab advertindo. Magog também já está longe daqui.

Pyramon ainda uma vez olhou para trás. Pressentia que nunca mais voltaria a se sentir tão feliz como ali, no meio de todos aqueles sábios seres humanos. Agora partia. Sem despedida. Os iniciados e sábios nunca se despediam. Saíam e chegavam... Um empurrão de seu camelo tirou-o de sua reflexão. Pyramon riu ao ouvir o rosnar e blaterar aborrecido do animal, que também estava mostrando que queria partir, finalmente.

— Tu também estás com pressa, disse Pyramon ainda rindo, enquanto montava no animal.

O camelo, porém, não quis saber de mais nada. Mal Pyramon havia sentado, ele se levantou e deu um salto para frente, saindo numa disparada tal, que quase derrubou seu amo. A divertida risada de Wahab ainda ecoava atrás dele quando já estavam no caminho à beira do rio, por onde o camelo seguia celeremente em seu passo balançante.

A viagem para o Egito havia começado.

PYRAMON alcançou Magog no desvio de um caminho de caravanas. Magog, porém, apenas ergueu a mão, indicando para a frente. A Pyramon pareceu, de repente, como se estivessem fugindo. Mesmo ambos os camelos de corrida comportavam-se como se não pudessem chegar suficientemente rápido ao destino.

Pouco antes do pôr do sol, chegaram a uma colônia de pastores, bastante afastada do usual caminho de caravanas. Mal apearam, e as mulheres, as crianças e também alguns homens vieram correndo. Reconhecendo Magog, prosternaram-se, tocando o solo com suas testas. Magog estendeu as mãos sobre eles, abençoando-os, e disse:

— Que a paz esteja sempre em vossos corações.

Eram as palavras usuais de saudação, que Magog havia proferido. Contudo, elas tocaram tão profundamente o coração de Pyramon, que ele também teria gostado de se ajoelhar. À força dominadora que emanava de um iniciado ninguém podia fechar-se.

Depois das palavras de bênção, todos se ergueram. Circundavam agora Magog e admiravam-se do tamanho de Pyramon. As mulheres esperavam que os ilustres visitantes ali pernoitassem. Magog, contudo, recusou. Pediu apenas um saco de lentilhas para os animais. Um dos homens saiu e logo depois voltou com um grande odre de couro. Nesse ínterim, Magog e Pyramon bebiam a água fresca de uma nascente e comiam tâmaras oferecidas pelas mulheres, bem como um pouco de queijo. Quando haviam acabado, Magog tirou do bolso interno de sua roupa um saquinho de linho cheio de pó de ervas, dando-o a uma das mulheres.

— É pó para feridas, que eu vos trouxe. Vós o conheceis. Depois dessas palavras, Magog caminhou até um cercado, observando os camelos novinhos que alguns pastores mostravam orgulhosamente; elogiou o aspecto robusto e forte dos animais, e a seguir voltou para junto das mulheres e crianças, dizendo que tinham de prosseguir viagem.

Pyramon, nesse meio tempo, colocara o odre com as lentilhas no seu camelo. Somente a forragem do camelo e as pecinhas do modelo da pirâmide constituíam a carga que os grandes e fortes animais tinham de carregar, além de seus cavaleiros. Pyramon havia feito mais um modelo da pirâmide para a viagem, aliás, de madeira. Era muito menor do que o modelo anterior, de cubos de cerâmica. Alguns sábios, entendidos em talhar madeira, haviam-no ajudado na confecção das pecinhas. Quando estavam prontas, ele as marcou com sinais, de modo que, no Egito, rapidamente poderia recompor o modelo.

Pyramon de bom grado teria deixado seu camelo pastar mais um pouco ainda, mas Magog já estava montado em seu animal, levantando a mão em despedida. Pyramon riu, pois também essa colônia de pastores eles deixavam quase como que em fuga. Pois bem, quanto mais depressa chegassem ao destino, tanto mais cedo ele poderia começar seu trabalho.

Haviam cavalgado cerca de três horas, quando Magog parou debaixo de altas árvores, dizendo que ali poderiam dormir algumas horas. Pyramon gostou do lugar. Ficou ainda um pouco junto dos animais, dando-lhes uma ração de feijão; a seguir se enrolou firmemente em seu largo manto de lã, deitando-se tal como Magog, debaixo de uma árvore. Pouco tempo depois adormeceu.

Seus corpos terrenos adormecidos estavam sendo bem guardados. Magog sempre pedia aos *dschedjins* que afastassem os animais de seu corpo quando pernoitava ao relento. Hoje também ele convocara seus amigos para a guarda, antes de adormecer. Fadas da terra, anões, faunos e também dois centauros circundavam os adormecidos, cuidando para que nenhum animal se aproximasse demasiadamente.

Naqueles tempos, nas regiões onde os sábios das três aldeias exerciam sua influência, existiam grandes manadas de animais selvagens. Havia também animais que há muito tempo já foram exterminados devido à sede sanguinária dos seres humanos. As criaturas humanas daquela época respeitavam e amavam os animais como sendo seres criados pelo mesmo Criador. Mas também sabiam que o próprio Criador lhes havia permitido matar somente tantos animais quanto necessitassem para seu sustento.

Pouco antes do raiar do dia, Magog foi até um riacho próximo, tirou as roupas e entrou na água cristalina. Quando novamente vestido, acordou Pyramon, que também prazerosamente mergulhou na água fresca.

Os camelos ainda estavam deitados no chão, mas já tinham levantado a cabeça. Ruminando, olhavam para Magog quando este se aproximou deles, intimando-os a se levantarem.

Quando Pyramon voltou do riacho, Magog tirou do bolso da roupa o frasco de ouro com o elixir da vida e tomou cuidadosamente algumas gotas. Pyramon fez o mesmo com o seu. Depois segurou o frasco com o precioso conteúdo durante algum tempo na mão, antes de guardá-lo novamente na roupa. Pensava como fora engenhosamente confeccionada essa pequena obra de arte. A abertura do frasco era tão pequena, que o líquido só saía de gota em gota. E como era fácil fechar essa abertura com uma lasca de madeira!

Depois de cerca de uma hora, prosseguiram cavalgando, refortalecidos. O calado guia do caminho conduziu-os dessa vez também através de belas e refrescantes regiões. Era visível que evitava todos os caminhos de caravanas. Pyramon também o via frequentemente. Parecia uma sombra viajando à sua frente. Apenas o extraordinário vermelho de sua capa brilhava às vezes mais fortemente.

A viagem já durava várias semanas e até então não havia ocorrido nenhum incidente desagradável. Às vezes ficavam um ou dois dias num lugar especialmente bonito, mas em geral prosseguiam cavalgando constantemente. Também durante a noite. O céu estrelado era tão claro, que avançavam rapidamente, sem qualquer dificuldade. Dormiam geralmente quatro horas. Não necessitavam de mais sono.

Certo dia aproximaram-se de um povoado. Eles passaram por pomares e campos cultivados. Viam-se também pequenos lagos. Encontraram alguns homens cujas barbas cobriam quase totalmente seus rostos. Também algumas mulheres estavam trabalhando nos campos.

Pyramon olhou com aversão para os rostos barbudos dos homens. Os iniciados consideravam indigno um homem com rosto barbudo. E tinham razão! Também em Kataban ninguém usava barba. Todos possuíam um líquido que exterminava as raízes dos pelos da face. Esse líquido era extraído da raiz de uma árvore, sendo preparado nas aldeias dos sábios. As caras dos animais podiam estar cobertas de pelos, mas nunca os rostos de seres humanos.

Magog fez seu camelo parar e olhou em redor. O guia do caminho desaparecera. Sem hesitar muito, tomou o caminho que conduzia para dentro do povoado. Lá não encontraram ninguém. A localidade parecia despovoada. Além de cabras e patos, nada se via.

— Talvez estejam todos nos campos, disse Pyramon, que também se admirara com a ausência de gente.

Magog olhou durante algum tempo pensativamente para as baixas casas de barro, e a seguir continuou cavalgando por um caminho que visivelmente levava para fora do povoado. Viam agora novamente campos de cultura, pomares e também tamareiras. Mais adiante viam-se colinas, e ao sul erguiam-se montanhas.

Pyramon, indicando uma aglomeração de pessoas que se via num descampado próximo, soltou uma exclamação de pasmo. O caminho que eles seguiam conduzia diretamente para lá. Podiam ter voltado, contudo Magog quis verificar por que os habitantes do povoado se haviam reunido ali.

— O dia é para trabalhar, disse Pyramon em voz alta.

Magog não deu nenhuma resposta. Ele pediu a Pyramon que ficasse junto dos animais, pois queria aproximar-se sozinho daquele grupo de pessoas.

Magog viu logo um homem sentado no tronco de uma árvore seca, falando para os ouvintes com muitas gesticulações:

— Eu vos digo que deverá ser erguida uma obra que superará todas as outras construções na Terra, e isso com o auxílio dos gigantes, e, como sabeis, os gigantes pertencem ao mundo dos demônios, disse o homem, exatamente no momento em que Magog se aproximava despercebidamente.

Venho do país dos sábios, e o que agora vos digo vem de lá. Os seres com rabo de peixe, os que pulam e todos os que saem da terra, nada mais são do que demônios, que nem existem! Não mais chameis por eles, pois somente vos prejudicarão!

Mal o homem pronunciara essas palavras mentirosas, e soprou um vento que fez com que todos se levantassem de um salto, assustados. Magog viu com alegria dois gigantes e alguns grandes *dschedjins* dos ventos, provocando um turbilhão que quase arrancava as roupas dos corpos das pessoas. O orador deitara-se no chão, agarrando-se firmemente no tronco da árvore. Quando percebeu que alguém, que ele não enxergava, queria puxá-lo pelos cabelos para cima, levantou-se de um salto. Tinha de sair antes que os demônios, ou talvez não fossem mesmo demônios, o destruíssem.

Os ouvintes todos haviam-se prostrado ao solo, aguardando o que lhes iria acontecer. Não deviam ter dado ouvidos ao estranho. Pois todos sabiam que os habitantes da natureza não eram demônios. Quantas vezes tinham recebido auxílio desses entes ágeis, que não gostavam de se deixar ver.

Pyramon havia levado os animais para um bosque de palmeiras próximo e, em expectativa, encostou-se num tronco de árvore. De repente sentiu como o ar se modificava, formando-se turbilhões que envolviam o grande agrupamento de pessoas. No meio do turbilhão mais forte, ele viu o rosto irado de um gigante. Viu também como o gigante puxava um homem para cima, e como este, em seguida, qual um quadrúpede, rastejava por cima das pessoas deitadas no chão, assustadas, e depois corria, tropeçando, em direção ao bosque de palmeiras, onde Pyramon se encontrava.

Quando ele chegou mais perto, Pyramon colocou-se em seu caminho. Queria ver que criatura era essa, que corria assim fora de si.

O homem só parou quando Pyramon gritou: "Para!" Esbaforido e com o corpo todo tremendo, ele olhou para Pyramon. Ao ver o homem alto de olhos claros, novamente um medo desesperador apoderou-se dele. Antes, porém, que pudesse fugir, Pyramon já o havia agarrado.

— De que tens medo, ó homem cabeludo? perguntou Pyramon calmamente, enquanto olhava com aversão para o peludo fracalhão.

A barba do homem alcançava a barriga. Seus cabelos, do mesmo comprimento, pretos e oleosos, desalinhados pelo vento, pendiam diante do rosto. Quando o homem viu que não podia prosseguir fugindo, tirou, com a mão trêmula, um amuleto guardado debaixo de seu cafetã marrom.

— Eis aqui o signo! Venho do país dos sábios! Solta-me!

Magog havia chegado despercebidamente, olhando igualmente com repugnância para o desconhecido.

— És um malfeitor, e no país de onde vens reina o anjo do mal! disse Magog serenamente. És repugnante! A terra se contorce de asco sob teus passos! Vai! Estás livre! Não mais te será permitido viver por muito tempo neste mundo maravilhoso. Neste mundo criado pelos entes da natureza que estás negando.

Pyramon seguiu com o olhar o homem que se afastava com passos hesitantes; a seguir, dirigiu-se a Magog:

— Teus olhos, pai Magog! Brilhavam tão perigosamente, que pensei que o homem cairia morto!

— De fato, cairá morto logo, disse Magog seriamente, enquanto observava os assustados habitantes da aldeia, que se dirigiam calados para suas casas.

— Eu lhes mandarei um sábio, para que a sinistra sementeira do malfeitor não chegue a brotar. Nós dois, porém, temos de ir adiante!

Não estavam ainda longe do povoado, quando enxergaram o guia do caminho. Nesse momento ele deixou o caminho largo, entrando numa estreita trilha que conduzia em direção à cordilheira visível no horizonte.

A viagem prosseguia agora sem outros incidentes. Magog, repetidas vezes, entrou em ligação com Sunrid e Siptha. Pois ele sabia que esses dois iniciados acompanhavam, do Egito, sua viagem minuciosamente.

Pyramon, em pensamentos, ocupava-se tanto com o seu trabalho e com os gigantes, que nem percebia como a paisagem, por onde eles passavam cavalgando, pouco a pouco se modificava. Estavam no Egito, o país onde ele doravante deveria passar o resto de sua vida terrena.

Certa manhã, quando o sol nascente iluminava as copas das árvores, eles se aproximaram da casa de cura em Mênfis. Já a distância, Magog viu duas figuras que estavam no terraço do teto da casa, observando a sua chegada.

— Chegamos ao nosso destino, Pyramon, disse Magog ao atravessar o jardim das árvores de incenso. Ambos os iniciados, Sunrid e Siptha, já estão nos esperando.

Magog mal havia falado, e logo dois tratadores de animais vieram receber os camelos. Um médico, que estava a sua espera, conduziu-os pelo portão do jardim até o interior da casa e, mais adiante, à sala grande, onde Sunrid, Siptha e Neria dariam as boas-vindas aos hóspedes.

Após breves cumprimentos, Sunrid disse sorrindo para Pyramon:

— O povo todo está esperando por ti, ó mestre construtor! Todos querem colaborar contigo e com os gigantes na construção da obra. Nesse ínterim mandamos construir uma grande casa de madeira e pedra no local da obra, para que logo possas morar lá, quando o trabalho começar. Também o caminho até lá é agora largo e bom.

Depois acrescentou ainda que o povo denominava agora o local de "o oásis dos gigantes". Antes usavam a denominação "oásis Mari", quando dele falavam.

Pyramon acenou com a cabeça alegremente. Ele olhou para Sunrid e Siptha, que tinham quase o seu tamanho. Ambos possuíam rostos bem-proporcionados, bronzeados, e radiantes olhos que inspiravam confiança. Seus cabelos, que mantinham curtos como de todos os iniciados, eram bem pretos. Neria era um pouco mais baixo e mais troncudo. Bom humor e alegria brilhavam de seus olhos, como um cálido raio de sol.

Pyramon olhou confiantemente um por um. Nada sentia de estranho. Sentia o mesmo que na Aldeia do Templo na Caldeia. Aqui, como lá, ele estava em casa. Em casa, entre seres humanos da mesma índole.

Horis, o servo de Sunrid, juntamente com dois outros servos, estava esperando numa das saídas. Esses dois servos vestiam-se tal como Horis: apenas com um curto saiote vermelho, e tinham igualmente a pele escura.

Neria indicou com a mão para os servos e disse que eles estavam esperando para conduzir os hóspedes ao banho.

— Eles levarão para lá frutas e leite. E naturalmente roupa limpa também.

Depois do banho, Magog teve uma prolongada conversa com Sunrid. Esse colóquio realizou-se no aposento que havia meses tinha sido preparado para Magog. Sunrid tinha as mesmas preocupações que também inquietavam os iniciados da Caldeia.

— Viajantes de Per Mont, adeptos do culto do diabo, domiciliaram-se nesta cidade, começou Sunrid. Primeiramente, veio um homem com duas supostas filhas suas. O homem denomina-se Junu, o grande vidente, e uma das filhas tem o nome de Bennu. Há pouco vieram mais duas moças. A moça Bennu é muito bonita. Ela possui o olhar de uma cobra que atrai os homens para o seu domínio. Além disso, é muito astuta. Ela conquistou a confiança de Namua. Namua é agora a suprema sacerdotisa do Templo da Pureza. Por intermédio dessa sacerdotisa, Bennu conseguiu ser aceita como aluna.

Magog compreendia mais do que bem as preocupações de Sunrid. Ele lembrou-se de Beeris e do sacerdote Beor.

— Por que não estás fazendo nada contra esses malfeitores? perguntou ele, depois de um prolongado silêncio.

— Eles ainda são muito cautelosos, disse Sunrid pensativamente. Não obstante, eu sei que eles já estão festejando sangrentas orgias em honra de Nebo, o anjo do mal. Bennu é a deusa nua. E também já encontrou adeptos clandestinos. Inclusive o jovem filho do rei já está sob o domínio dessa "sacerdotisa do diabo".

— Em todas as regiões surgem doutrinas falsas. Os divulgadores dessas doutrinas fazem tudo para deturpar o saber puro a respeito do Criador, disse Magog entristecido.

Logo depois perguntou:

— Podes dizer-me, irmão, por que os divulgadores do mal conquistam tão facilmente os seres humanos?

Sunrid não tinha resposta para isso. Para ele era incompreensível. Sabia que os seres humanos contraíam doenças, miséria e muitos outros males, tão logo se entregavam a doutrinas falsas.

Magog contou ainda alguma coisa da vida de Pyramon, a seguir foi com Sunrid até os pátios, onde os necessitados eram atendidos.

Pyramon, depois do banho, seguiu o servo, Salum, para o quarto a ele destinado. Vendo a confortável cama, que ocupava a metade do quarto, deitou-se. Queria apenas descansar um pouco, contudo, adormeceu. E ele dormiu até o anoitecer do dia seguinte.

Ao acordar, não compreendia como uma pessoa pudesse dormir tanto tempo. Mas Sunrid acalmou-o, dizendo:

— Durante teu longo sono, tudo o que havia antes ficou para trás. Agora estás com todo o teu ser no Egito. Enquanto teu corpo dormia, caminhaste em espírito através do nosso país e chegaste a conhecer o povo. Eu sei que agora queres começar teu trabalho. Assim também será. Antes, porém, Siptha te conduzirá ao palácio do rei, pois ele também deseja conhecer o grande construtor.

Siptha, sabendo do grande anseio de Pyramon em iniciar seu trabalho, já veio no dia seguinte, aliás bem cedo, como de costume, conduzindo-o até o palácio.

Esse palácio era uma construção grande e simples, em parte de pedra e em parte de madeira. Nas colunas e paredes havia ornamentos de bronze. Na sala para onde Pyramon foi levado havia tapetes e esteiras coloridas, penduradas nas paredes e estendidas no chão. Em redor, junto às paredes, estavam colocados candeeiros de ouro sobre altos pedestais. Esses candeeiros davam um pouco de vida a essa grande sala, um tanto sombria.

Quando Pyramon e Siptha entraram, um homem alto e magro levantou-se de uma larga cadeira, indo ao encontro de ambos com as mãos estendidas.

— Abençoada seja tua vinda, Pyramon. Não és mais nenhum estranho para mim.

Pyramon inclinou-se profundamente, colocando as mãos juntas na testa, como saudação; depois aprumou-se e olhou para os olhos bondosos do idoso rei, Miebis. Logo depois, um tapete de parede abriu-se, entrando na sala o jovem filho do rei, seguido de sua irmã Samia.

Depois dos cumprimentos, Samia encheu dois cálices com vinho de tâmaras, oferecendo-os aos visitantes. Os irmãos também cumprimentaram Pyramon com bênçãos. Logo depois o jovem Miebis perguntou se ele também poderia ajudar na obra. Acrescentou que trabalhos em pedra o alegravam desde pequeno.

— Sim, meu irmão é um autêntico pedreiro, disse Samia sorrindo. Ele será bastante útil.

O rei havia-se acomodado novamente em sua cadeira, envolvendo-se, como se sentisse frio, mais estreitamente no manto de lã vermelha, que quase o encobria totalmente. Pyramon ainda respondeu a algumas perguntas que ele lhe dirigiu; a seguir os irmãos convidaram-no para ver os jardins. Siptha ficara com o velho rei.

Os jardins que circundavam o palácio simples eram realmente dignos de serem vistos. Pyramon ficou parado diante de arbustos, flores e árvores, admirando-os. Nunca havia visto tal maravilha de flores.

— Samia fiscaliza os jardineiros, e ela mesma também trabalha junto. Os jardins são obra dela! disse o jovem Miebis, com visível orgulho da irmã.

Pyramon logo se sentiu atraído por ambos os jovens. Tinham dentro de si algo que inspirava confiança, o que lhe fazia bem. O jovem Miebis, igualmente muito alto, tinha um rosto fino e expressivo. Não usava barba. Tal como os iniciados da Caldeia, ele também usava cabelos curtos. A influência da Caldeia notava-se também em tudo o que os irmãos falavam.

Samia fazia Pyramon lembrar-se de Thisbe. Era uma moça bonita, de cabelos castanho-claros e olhos azul-cinzentos, e tal como Thisbe amava sobremaneira os grandes e pequenos *dschedjins,* os quais às vezes podia ver.

— O pai escolheu para o construtor os jumentos mais fortes que possuímos. Deveriam ser um presente para ti, disse Samia. Mas és grande demais para poder montar neles, concluiu lamentando.

— Em vez disso, mobiliamos e decoramos a casa dele, interrompeu Miebis. Certa vez eu vi lá fora um gigante, e desde então não penso em outra coisa.

— Eu gostaria mesmo que pensasses exclusivamente nos gigantes, disse Samia, de modo tão sério, que Pyramon escutou com surpresa.

Nas palavras da moça havia vibrações de medo...

— Siptha está chegando! exclamou Miebis, contente pela interrupção.

Siptha estava com pressa. Despediu-se logo dos irmãos e levou Pyramon consigo, apesar dos rogos deles. Os irmãos gostaram do grande construtor, e de bom grado teriam ficado com ele o dia todo.

Antes de voltar para a casa de cura, Siptha conduziu Pyramon ao grande templo. O Templo da Sagrada Trindade.

— Nós o construímos de acordo com o modelo da Caldeia. Como estás vendo, a disposição piramidal do altar é idêntica. O povo geralmente chama este templo de "Templo do Três Vezes Grande".

Os outros dois templos foram igualmente construídos e instalados de acordo com modelos que existem na Caldeia.

Não apenas os templos, mas toda a disposição da cidade parecia-se com as aldeias dos sábios. Por toda a parte havia grandes árvores, de copa larga, cujos galhos sombreavam as baixas casas de moradia. Akeru, é como se chamava Mênfis naqueles tempos. Era uma cidade-jardim, que abrigava um povo trabalhador. A fé desse povo no onipotente Criador ainda era pura e sem turvação. Todos, com poucas exceções, esforçavam-se em viver de maneira a não proporcionar tristeza ao seu Criador.

Akeru lembrava Pyramon de sua cidade natal, Kataban. Pois, assim como lá, escutava-se aqui o tinir e o martelar dos ferreiros de bronze. Todo o ar parecia tomado pelos ruídos dos diversos trabalhadores de metais. Às vezes ouvia-se também o bater de grandes teares e o martelar dos artífices de pedra.

Quando voltaram à casa de cura, Salum já estava esperando na entrada. Pyramon era esperado por Sunrid para o almoço. Nessa ocasião Pyramon chegou a conhecer Sidika, a mulher de Sunrid. Sidika podia ser considerada o coração da casa de cura. Ela zelava para que em toda a parte reinassem ordem e limpeza, e que sempre houvesse o suficiente em medicamentos, bem como víveres para os muitos que procuravam ajuda. De agora em diante cuidaria também de Pyramon, para que nada lhe faltasse em sua nova casa, a "casa do oásis".

No mesmo dia chegou também à casa de cura Timagens, o escultor, para viver e trabalhar com Pyramon no oásis. Timagens já havia meses tinha-se dirigido a Sunrid, contando que um gigante o havia conduzido em espírito ao oásis. Ali lhe mostrou uma rocha comprida que parecia uma base. Sobre essa base estava uma segunda rocha menor, com a forma de um corpo de leão em repouso. A cabeça desse leão em repouso estava bem erguida e o seu semblante tinha uma aparência humana.

— Enquanto eu estava contemplando o rosto, que me parecia sublime e ao mesmo tempo misterioso, o gigante comunicou-me que essa figura chamava-se "esfinge", relatou Timagens.

"Olha bem a figura e o rosto", dissera o gigante. "Grava tudo o que estás vendo, pois na Terra terás de esculpir a figura e o rosto na pedra que já há muito tempo está destinada à esfinge. Espera, porém, até que o construtor da pirâmide chegue!"

— O construtor chegou! disse Timagens, rindo alegremente. Eu sou a mão que manobra o cinzel! Onde quer que ele precisar de mim, eu estarei à disposição!...

Pyramon olhou com alegria para seu novo auxiliar. Timagens era ainda jovem e tinha um olhar franco e amável, dando a impressão de ser forte e corajoso. Além disso, Timagens pertencia àquelas pessoas que não somente conhecia os entes da natureza, mas também os amava. E da mesma forma amava também os animais.

Pyramon logo percebeu que, tal como ele próprio, Timagens estava esperando impacientemente poder começar o trabalho. Também não precisava esperar muito mais, pois Sunrid havia ordenado tudo de tal maneira, que no dia seguinte, pouco antes do nascer do sol, eles se encontravam a caminho do oásis.

Pyramon estava aliviado porque finalmente chegara o dia em que veria o oásis também terrenamente. A pequena caravana seguia o caminho do oásis. Pyramon, Magog, Sunrid e Siptha montavam camelos, enquanto Timagens, Salum e Miebis, o filho do rei, montavam grandes jumentos fortes.

Ao se aproximarem do oásis, cujo caminho subia lentamente, uma forte ventania envolveu-os de repente, quase os derrubando de seus animais. Através dos uivos da tempestade, escutavam-se nitidamente sons de trombetas, e Sunrid gritou, tão alto quanto lhe foi possível, que os gigantes estavam festejando a chegada de seu construtor com os sons de trombetas.

No bosque de palmeiras eles apearam, deixando os animais aos cuidados de dois tratadores que Sunrid já havia mandado para lá no dia anterior. Pyramon viu logo alguns gigantes acenando para ele. Mas não viu somente os gigantes. Ao olhar para o chão, percebeu que todo o solo pedregoso se achava de algum modo em movimento. Logo depois distinguia as inúmeras figuras pequenas e robustas, movimentando-se na rocha e atravessando-a. Para os *dschedjins*, que se ocupam em toda a Terra com a formação das pedras, a atmosfera das pedras é tão indispensável à vida deles como é o ar para os seres humanos.

Timagens, que já estivera ali muitas vezes, fez Pyramon prestar atenção aos muitos rastros de grandes animais, nitidamente visíveis no chão arenoso. Pyramon viu todos os rastros, também os inúmeros pássaros e lagartos, voadores e rastejantes, bem como os besouros, mas toda sua atenção estava voltada para os uniformes blocos de rocha amontoados a certa distância.

Enquanto ele ainda olhava para lá, surgiram reluzentes e claras nuvens de neblina, cobrindo os amontoados de pedras. Logo depois viu, com os olhos de seu corpo mais fino, a obra acabada diante de si. E as pedras com que foi feita a gigantesca construção começavam a viver. Como vivos pontos de luz, brilhavam as marcações que havia feito no pequeno modelo. Também algumas salas brilhavam luminosas e claras, enquanto outros locais, por sua vez, davam uma impressão deprimente e lúgubre. Quanto mais Pyramon contemplava a construção, tanto mais nitidamente se conscientizava dos altos e baixos do destino humano. Dois pontos destacavam-se pela intensidade do seu brilho. Ele sabia que esses pontos indicavam o início e o fim do Juízo. Na sala do Juízo parecia concentrar-se de repente uma grande aglomeração de pessoas, as quais quase não tinham mais semelhança humana. Apavorado, Pyramon olhou para essas figuras que pareciam sem vida. Ele pensou no juiz do Universo, o qual, quando soasse a hora, teria de chegar até essas criaturas.

Contemplando ainda o quadro macabro, ele se sentiu erguido, e repentinamente se encontrava no alto, em cima da plataforma da pirâmide. Quando estava lá no alto, ele mesmo se sentia grande como um gigante e, como eles, forte e invencível. Ele abriu os braços em direção ao sol, cujos raios inundavam simultaneamente todas as paredes da obra numa luz avermelhada. A seguir soltou um brado, até aí desconhecido dele, fazendo com que todos os *dschedjins* escutassem alegremente, pois com esse brado ele convocava todos para o trabalho a serviço do Criador.

Os olhos de Pyramon brilhavam como duas estrelas ao se dirigir novamente aos companheiros. Ele sentia-se uno com todas as criaturas do mundo, e sabia que todos em conjunto não eram mais do que uma minúscula pedrinha na inimaginavelmente grande Criação. Mas para ele bastava o que era. Um grãozinho no grande conjunto dos universos.

Ao se aproximarem do local da obra, propriamente dito, Sunrid viu um grande grupo de homens que aparentemente esperavam por eles.

— Ali estás vendo os homens que querem ajudar-te, disse Sunrid para Pyramon. Examina-os e escolhe depois os melhores entre eles.

Pyramon olhou para os homens que se inclinavam profundamente ante sua aproximação. Permaneceram com a cabeça inclinada até que Sunrid lhes dirigiu a palavra, dizendo-lhes que fossem até a casa onde se encontrava o construtor e esperassem próximo dela. Pyramon não os deixou esperar muito. Entrou na grande edificação baixa, e por intermédio de Salum mandou chamar um após outro. Queria conhecer cada um separadamente. Quando o primeiro estava à sua frente, ele não sabia exatamente como deveria começar. Intimamente perguntou a si próprio qual seria a melhor maneira de examinar uma pessoa.

Enquanto olhava pensativamente para o homem à sua frente, na testa dele surgiu um ponto luminoso. Era como o lampejar de uma pequena estrela azul-clara. Observando com pasmo e alegria esse breve lampejo, Pyramon sabia agora que não havia mais muito a testar. Admitiria todos aqueles em cujas testas visse pontos de luz, pois então poderia estar seguro de que tinham aptidão para colaborar com os gigantes. Com profunda gratidão pela inesperada ajuda, ele mandou vir então um por um. Não precisava fazer nada mais do que observar se esse sinal se apresentava em suas testas.

Assim Pyramon fez sua escolha no mais curto espaço de tempo. Timagens e Salum mal podiam esconder sua perplexidade, ao perceberem que Pyramon apenas olhava para os homens conduzidos a ele, um por um, e já sabia quem estava apto.

— O construtor reconhece com um olhar o estado de nossas almas, disse Salum, admirado, para Timagens.

Este lhe deu razão, pois estava pensando o mesmo.

Eram setenta homens, em cujas testas Pyramon havia visto o sinal luminoso. Esses, ele aceitaria. Ao todo haviam-se apresentado noventa e quatro homens para o trabalho. Os vinte e quatro que não tinham o sinal na testa, Pyramon recusara.

Entre os vinte e quatro havia alguns que já se haviam decidido a favor do novo culto da deusa nua. Clandestinamente, é lógico. Ao serem recusados, desapareceram o mais rápido possível do oásis. Estavam com medo de que o construtor, que viera da Caldeia, visse os efeitos do novo culto em suas almas. Podia ser também que ele tivesse percebido o seu anseio pelo estado de embriaguez, que fazia parte da prática do novo culto.

Outros perguntaram a Salum, de modo arrogante, pela causa da recusa. Salum olhou para os indagadores pensativamente durante algum tempo e depois disse:

— Eu acho que o grande construtor da pirâmide, que faz parte dos sábios da Caldeia, viu uma mancha em vossas almas. Só assim posso explicar a sua recusa.

— Uma mancha? perguntou um deles incredulamente. Que mancha? Quero saber!

Uma vez que Salum não respondesse, o homem olhou ao redor para procurar ajuda. Seus companheiros deveriam apoiá-lo... mas, onde estavam? Ele se encontrava sozinho diante de Salum e não havia notado que os outros se haviam evadido sorrateiramente. De repente foi tomado por um medo inexplicável. Virou-se e correu em direção aos outros, que já estavam desamarrando seus jumentos. Queriam deixar esse sinistro lugar o mais depressa possível. Um deles ainda escutara a resposta de Salum, comunicando-a aos demais. Ninguém queria trabalhar com um sábio da Caldeia que enxergava suas manchas ocultas.

Assim, pois, Pyramon viu-se logo livre daquelas criaturas indesejáveis. Timagens e Salum cuidavam dos trabalhadores admitidos. A cerca de meia hora de distância do local da obra, foi-lhes indicada uma área onde podiam montar suas cabanas. Havia ali árvores frutíferas em abundância, e também água não faltaria. Em vários lugares brotava a umidade do chão. Podiam cavar buracos ali, armazenando assim a água, para que esta nunca lhes faltasse.

Os futuros trabalhadores da pirâmide, muito contentes com o lugar a eles determinado, começaram imediatamente a pôr mãos à obra. Em pouquíssimo tempo levantaram seus alojamentos. De início eram primitivas cabanas de junco. Mas no decorrer do tempo construíram sólidas casas de madeira e pedra para si, utilizando o junco apenas nos telhados. A aldeia, que pouco a pouco surgia, denominaram Aldeia dos Melões, devido às muitas árvores que davam praticamente o ano todo pequenas e doces frutas, semelhantes a melões.

Pyramon estava no local da obra e olhava para os muitos esqueletos esbranquiçados que podiam ser vistos no fundo da grota. Enquanto ele caminhava de lá para cá na grande área da base, formava-se o plano de trabalho em sua cabeça. Os gigantes já haviam colocado as quatro pedras dos cantos, de modo que não precisava fazer ainda medições da área.

A construção devia ser iniciada com o erguimento das três paredes externas da pirâmide. Uma das paredes deveria ficar aberta, para que os muitos corredores e salas pudessem ser construídos. Algumas paredes internas deveriam ser levantadas simultaneamente com as três paredes externas.

Pyramon reconheceu que os pesados blocos de pedra nem sempre poderiam ser unidos de modo idêntico, como as pedrinhas de cerâmica ou madeira de seus modelos. Como primeira providência, teria de montar o modelo da pirâmide com as pecinhas de madeira que trouxera. Durante o trabalho de montagem verificaria exatamente quantas das paredes internas deveriam ser levantadas inicialmente, e quantas somente no final da obra. Pyramon estava tão absorto em seu plano de montagem, que apenas deu conta de Miebis quando este lhe dirigiu a palavra.

— Não queres ver agora tua casa, que minha irmã e eu decoramos com belos tapetes?

Pyramon acenou concordando, e a seguir caminhou com passos largos à frente. Ele havia esquecido totalmente que Sunrid, Magog e Siptha queriam retornar ainda hoje.

— Vejo, Pyramon, que já te encontras totalmente aprofundado em teu trabalho, disse Sunrid, contemplando satisfeito o jovem arquiteto que em sua espécie também era um gigante.

— Queremos que olhes teu novo lar, antes de irmos embora. Talvez falte algo nele que possamos mandar-te, disse Siptha, esperando já dentro da casa.

Pyramon andou pela grande casa dividida em três compartimentos. Num dos compartimentos encontrava-se um largo bloco quadrado de pedra. No segundo havia três camas, nas quais estavam estendidos tapetes coloridos de lã. Havia também dois baús que podiam ser utilizados para guardar roupas. Miebis indicou orgulhosamente para uma placa de ouro, pendurada no meio de um belo tapete de parede.

— Isso é um espelho! Samia acha que cada pessoa necessita de um espelho; por isso pendurou-o aqui, para ti. Também os candeeiros de ouro, foi ela quem deu.

Pyramon olhou quase constrangido para o esplendor das paredes que lhe lembravam o palácio de sua terra natal, em Kataban. Ele não sabia como agradecer a Samia e Miebis por tudo isso. Não tinha nada com que lhes pudesse proporcionar uma alegria. Só nesse momento tornou-se consciente de que não possuía nada, além daquilo que trazia sobre o corpo.

Magog, que sempre sabia o que se passava no íntimo de Pyramon, lembrou-o do odre com ouro em grão que seu pai lhe havia dado para a viagem.

— Existem em Akeru ourives extraordinários. Podes mandar fazer joias para os irmãos.

Pyramon não se lembrara do ouro. Além disso, tinha deixado o ouro na Caldeia. Não havia levado nada para Akeru.

— Para que precisais de ouro? Temos aqui o suficiente, disse Sunrid ao vir do aposento ao lado. Tudo o que possuímos pertence a ti também, Pyramon! Pede o que quiseres. Teus trabalhadores também serão recompensados. Eu mesmo escolherei os presentes para Samia e Miebis, os quais então poderás ofertar.

Pyramon ficara atrás, como que atordoado, quando Magog e Sunrid deixaram o aposento. Sempre de novo ficava perplexo ao ver como os iniciados sabiam com tanta exatidão o que se passava no íntimo de outras pessoas. Ele mesmo nunca conseguira isso, embora tivesse aprendido muito na aldeia dos sábios.

Miebis quis ficar com Pyramon, quando chegou a hora de retornar à cidade. Siptha, contudo, desaconselhou:

— Deixemos Pyramon sozinho. Ele deve preparar seu plano de trabalho com calma. Além disso, Timagens e Salum estão com ele.

Sunrid deu razão a Siptha. Pronunciou palavras de bênção para Pyramon e deixou depois rapidamente a casa. Também Magog e Siptha se despediram com palavras de bênção. Miebis seguiu por último. Teria preferido ficar. Aqui fora sentia-se forte e protegido das coisas más que procuravam envolvê-lo. Lenta e relutantemente caminhou até o seu jumento que veio ao seu encontro com pulos travessos.

Quando estava montado em seu animal para sair cavalgando, ele olhou procurando ao redor. O *dschedjin* que tocava flauta e que havia soltado seu jumento não podia estar longe. Contudo, não se via nenhum *dschedjin*. Miebis partiu. O tocador de flauta[*], que estava sentado numa árvore exatamente acima de Miebis, acenava para o cavaleiro, afastando-se depois, aos saltos, de modo travesso. O homem que pertencia ao gênero humano devia estar cego e surdo, para que não o avistasse e nem o ouvisse!

Timagens morava provisoriamente na casa de Pyramon. Ele havia colocado sua cama no compartimento lateral, de modo que um não era perturbado pela presença do outro. Salum havia-se alojado na casa destinada à cozinha que, tal como a casa de banhos, encontrava-se algo afastada.

Pyramon dormiu um sono profundo na primeira noite em sua casa. Quando acordou, um pouco antes do nascer do sol, pareceu-lhe ter voltado de uma longa viagem. Levantou-se e foi até o largo

---

[*] Fauno.

pedestal de pedra onde estavam as pecinhas de madeira. Os fundamentos do modelo da pirâmide, ainda conseguira montar no dia anterior. E já aí tinha constatado que muito mais paredes internas, tanto verticais como horizontais, poderiam ser erguidas, simultaneamente com as paredes externas, do que inicialmente havia pensado. Quando ainda estava refletindo sobre esse problema, alguém o puxou pela roupa. Diante dele estava um gnomo que mal alcançava seu joelho. O gnomo deu-lhe a entender que os gigantes haviam-no mandado buscar o grande homem humano.

"Os 'quatro vezes grandes' já estão esperando por ti!" disse o pequeno. E aí fez uma cara tão importante e engraçada, que Pyramon riu alto.

"Eu te agradeço, pequeno *dschedjin!* Certamente é muito raro os 'quatro vezes grandes' empregarem um mensageiro tão minúsculo como tu."

O gnomo confirmou seriamente. Era a primeira vez que recebia uma incumbência tão honrosa. Por isso ele queria que Pyramon caminhasse logo para o local da obra, para que os gigantes não precisassem esperar mais tempo. Uma vez que Pyramon não seguisse imediatamente, o gnomo puxou-o mais uma vez impetuosamente pela roupa, de tal modo como se quisesse arrastar o grande homem. Depois desapareceu repentinamente.

Pyramon foi primeiramente à casa de banho para ainda tomar rapidamente um banho refrescante. Tirou a roupa e desceu na larga cavidade revestida de pedras, mergulhando na água límpida. O estreito córrego que nascia nas proximidades fora desviado de um modo que corria diretamente para a ampla bacia de banhos. A água transbordante continuava a correr depois, novamente num estreito córrego, até as velhas árvores frutíferas que cresciam qual um oásis no meio do ambiente de pedras.

Quando Pyramon saiu do banho, Salum já estava aguardando em frente da cozinha. Ele havia preparado a primeira refeição do dia, e queria que Pyramon comesse antes de sair. Enquanto Pyramon bebia uma taça de chá aromático com pão de tâmaras e queijo, Salum contou que Timagens tinha ido até os trabalhadores antes do nascer do sol.

— Timagens quer começar logo com a montagem dos fornos de fundição, para que os trabalhadores possam iniciar a fabricação de utensílios e ferramentas. Pedra vermelha* existe em grande quantidade. Para isso o velho rei tomou as providências. Entre os homens admitidos há vários que já trabalharam nisso.

Pyramon estava agradecido por Timagens silenciosamente lhe tirar todos os trabalhos preliminares. Assim ele podia concentrar-se integralmente na obra. E Timagens tinha razão. Ferramentas para o trabalho constituíam por enquanto o mais importante.

Salum teria gostado de contar outras novidades, ainda, mas Pyramon deu-lhe a entender que estava com pressa. Os gigantes estavam esperando.

Chegando ao local da obra, Pyramon olhou surpreso para o enorme quadrado de blocos de pedras. Ontem se viam apenas as pedras dos cantos e hoje já estavam levantadas as quatro paredes da base. Ele aproximou-se mais, para ver de que maneira os blocos estavam colocados um ao lado do outro, pois a parede parecia feita de uma só pedra. Somente observando muito bem, podia-se verificar onde ficava a junção entre as pedras. E isso só lhe era possível porque conhecia as medidas exatas dos blocos.

Pyramon viu como era insuperável o trabalho dos gigantes. Olhou em redor, procurando-os, pois queria mostrar-lhes quanto estava apreciando e admirando o trabalho deles. Os gigantes observavam-no de alguma distância e estavam visivelmente satisfeitos ao perceberem o que se passava nele. Esse homem do gênero humano ainda era assim como uma criatura dessa espécie devia ser.

Não vendo os gigantes, Pyramon caminhou ao lado de uma das paredes laterais, prosseguindo até o lugar onde os blocos de pedra prontos estavam empilhados. Esses blocos de pedra constituíam para ele um enigma. Pareciam ser cortados por uma faca e não com uma ferramenta de quebrar pedras. Como era possível? Enquanto ainda estava pensando sobre isso, veio um dos gigantes – era Enak – e cortou um pedaço de um dos blocos de pedra mais próximos. A ferramenta por ele usada assemelhava-se realmente a uma comprida faca, bem afiada.

O gigante colocou de lado o pedaço cortado da pedra, convidando Pyramon a tocar no lugar do corte. Pyramon assim fez, mas, surpreso, logo retirou a mão. Sentiu a superfície do corte como sendo

---

* Cobre.

lisa e oleosa. Mas o que maior perplexidade lhe causava era que a pedra não possuía a dureza costumeira. Sentia-a de algum modo mais mole e mais flexível. E Pyramon raciocinou que uma massa nesse estado podia, naturalmente, ser cortada com exatidão absoluta. O enigma estava resolvido.

Mas ele queria ter absoluta certeza de que não estava errado; por isso bateu fortemente com as duas mãos cerradas contra o bloco de pedra. Triunfantemente olhou para Enak, mostrando-lhe os punhos sem qualquer machucadura. A pedra devia ser, portanto, de constituição diferente, pois do contrário ele se teria machucado...

Enak, o gigante, acenou contente com sua grande cabeça. O homem-construtor havia recebido o primeiro ensinamento sobre a matéria pedra. Segundo a maneira humana, esse ensinamento ainda daria muito o que pensar ao construtor. Enak foi embora, mas Pyramon ainda não podia afastar-se do bloco de pedra. Contemplava os inúmeros blocos amontoados tal qual uma montanha. Quanto mais observava as pedras, tanto mais tornava-se consciente de não ter visto algo ou então de não ter compreendido direito. Alguma coisa que era de importância. Estava refletindo sobre isso, contudo parecia que sua cabeça não queria cooperar.

Antes de sair, ele ainda uma vez bateu com os dois punhos na pedra. Logo a seguir pulou para trás, soltando um grito de dor. Havia batido na pedra dura, machucando as articulações de tal forma, que o sangue lhe corria por ambas as mãos. Pyramon, estarrecido, ficou parado diante da pedra. Era possível? Havia-se enganado anteriormente? Não, pois as articulações de suas mãos não se feriram. Ele não sabia o que havia acontecido, nem o que deveria pensar...

De repente ecoou pelos ares, de todos os lados, uma risada que mais se fazia ouvir como um trovejar. Pyramon levantou rapidamente a cabeça. E já os enxergava. Os gigantes rindo, que já há algum tempo o observavam divertidamente. Ele ergueu as mãos ensanguentadas para mostrar-lhes que na realidade não havia nada de que rir. Contudo, eles nem levaram em consideração as mãos dele. Ao contrário. Pareciam ainda alegrar-se com isso.

Mas não somente os gigantes se divertiam às suas custas. De repente viu que gnomos da terra e das pedras, bem como alguns tocadores de flauta, pulavam rindo ao seu redor. Até os *dschedjins* dos ventos pareciam rir-se desse tolo homem do gênero humano.

Puxavam-no de tal modo pela roupa, que ele, rindo, se esgueirou entre dois blocos de pedra, para escapar deles. Quando depois de algum tempo o deixaram, ele foi embora, ameaçando-os, de brincadeira, com os punhos.

Ficou parado junto ao muro, procurando os gigantes. Não os via em parte alguma. Também não se ouviam mais as trovejantes risadas deles. Os peraltas e alegres pequenos *dschedjins* também pareciam ter desaparecido. Havia silêncio em sua volta. Um silêncio tão grande, que ele se assustou quando um bando de falcões voou por cima dele, crocitando. Pulou em cima do muro e começou a refletir sobre o enigma das pedras.

Sabia que os gigantes queriam chamar a sua atenção para as diferentes densidades da matéria. Caso contrário, nunca o teriam deixado machucar as mãos.

Pyramon havia visto como Enak levantara um pesado bloco de pedra, carregando-o para outro lugar. Como podia acontecer isso? Enak não possuía a mesma densidade da pedra. Os blocos de pedra, preparados pelos gigantes para a construção da pirâmide, eram de material mais mole. Isso ele havia constatado com as próprias mãos. Ao mesmo tempo, eram duros como pedra. Isso também havia percebido com os "próprios punhos". Pyramon olhou para o dorso de suas mãos. O sangue já havia secado... logo não se veria mais nada.

Os gigantes desejavam que ele compreendesse exatamente o seu modo de trabalhar, continuou ele a raciocinar. Como construtor, ele tinha de colaborar com eles de modo "consciente". O trabalho deles não devia ser nenhum segredo para ele. Contudo, por mais que refletisse sobre isso, não conseguia encontrar a solução do enigma. Talvez a solução viesse, como já havia acontecido tantas vezes, durante o sono.

Timagens veio até o local da obra e ficou parado diante da parede, tão surpreendido quanto Pyramon, ao vê-la de madrugada.

— Precisaríamos de muitos anos para fazer o que os gigantes começam e terminam numa noite, disse ele pensativamente. Não posso compreender como eles cortaram os blocos de pedra de modo tão liso, uniforme e reto. Pois não se trata de apenas algumas poucas pedras, mas de uma montanha inteira delas. Muitas vezes eu fiquei aqui fora, parado diante disso. Às vezes ouvia um estrondear e tinir, de modo que sabia que os "quatro vezes grandes" estavam trabalhando. No entanto, como procediam, não pude descobrir.

Timagens calou-se, olhando indagadoramente para Pyramon.

— Tu, Pyramon, devias, aliás, conhecer esse segredo!

— Eu me esforço para encontrar a solução, sem que até agora tenha conseguido. Contudo, há pouco recebi a primeira lição. Talvez a solução venha em breve.

Quando Timagens perguntou onde ele machucara as mãos, ele apenas disse sorridentemente que a solução do enigma tinha relação com isso.

Pyramon havia estabelecido o plano de trabalho de tal modo, que podia começar com a obra. Mediante as pecinhas de madeira, podia mostrar quais as formas que as diferentes pedras da construção interna da pirâmide deviam ter. As medidas em tamanho natural ele mesmo indicaria, controlando constantemente o trabalho. Pois as medidas eram da maior importância! Contudo, tinha de saber com quantos trabalhadores podia contar para o início. Por isso ele perguntou a Timagens se já ficara sabendo quais eram os homens capazes de ver os gigantes.

— Quero empregar nessa obra apenas trabalhadores que já conheçam os "grandes", com os quais terão de colaborar. Esses, então, poderão apresentar-se no local da obra amanhã, ao nascer do sol.

— Somente pouco mais da metade dos homens se ofereceram para esse trabalho, por terem visto os gigantes, respondeu Timagens. Junto com outra carga amanhã também chegarão cordões de medição. Logo necessitarás deles!

Pyramon já havia visto esses cordões de medição no armazém da casa de cura, tendo examinado sua resistência. Eram feitos de fibras de uma determinada espécie de cacto, trazidos por um *mukarib,* de muito longe, por ordem de Sunrid.

— Arranjar o pó para o reboco levará mais tempo, opinou Timagens. Já faz algum tempo que Sunrid incumbiu o jovem Miebis de cuidar disso. A caravana por ele enviada chegará em breve com o primeiro carregamento. Conhecemos apenas uma região onde se encontra tal pó. É muito distante daqui. Há longo tempo existiram vulcões naquela região. Mas vamos, Pyramon! Salum preparou um prato de peixe para nós. Eu quase esqueci que vim exclusivamente para te buscar. Os peixes não provêm do rio, mas sim de um lago. O pescador que os trouxe disse que o lago se encontra ao sul daqui. E a água dele seria tão límpida, que de vez em quando se via uma ondina na água clara.

— Pescador? perguntou Pyramon divertido. Então nossa chegada já deve ser conhecida longe daqui!

Quando estavam a meio caminho, Salum veio ao encontro deles. Ele havia preparado a comida e agora queria explorar a região até o pôr do sol. Talvez encontrasse raízes comestíveis e folhas, ou qualquer outra coisa para a sua cozinha. Cozinhava de bom grado e estava grato por Sunrid tê-lo escolhido para isso.

Pyramon e Timagens logo se sentaram junto à maciça mesa de cozinha. Estavam com fome e sede. Os peixes assados e os pães achatados, colocados em dois pratos de cobre, cheiravam convidativamente. Salum também havia colocado ali uma cesta com frutas e um jarro cheio de um líquido quente de ervas e frutinhas. Duas vasilhas com água também não faltavam para lavar os dedos.

Em Akeru tomava-se apenas uma refeição quente por dia, por volta das três horas da tarde. Fora desse horário ninguém cozinhava. Havia, porém, inúmeros alimentos muito fortes e sadios que não precisavam ser cozidos. Durante o ano inteiro havia vários tipos de queijo, leite, cocos e algumas variedades de nozes; também uma espécie de castanha nunca faltava. As diversas nozes eram socadas juntamente com grãos de trigo cru, formando um mingau que era saboreado por todos, velhos e moços. Muitas frutas eram secadas, sendo usadas para o preparo dos pães de frutas, que se conservavam durante o ano todo. Comia-se também muito mel...

Enquanto Timagens comia, pensava no armazém que logo deveria ser construído, a fim de que pudessem guardar as provisões. Cozinheiros ele já tinha. Três dos homens haviam-se oferecido para assumir a cozinha dos trabalhadores. Por enquanto não podia exigir muito deles, pois faltavam os fornos apropriados de tijolo, e toda a casa de cozinha consistia apenas em um telhado de junco...

Tão logo terminaram a refeição, Pyramon e Timagens deixaram a cozinha. Timagens foi mais uma vez até a aldeia dos trabalhadores, enquanto Pyramon tomou a direção do rio. Depois de pouco tempo já estava de volta. O enigma das pedras não o deixava em paz. Entrou em sua moradia, sentando-se sobre um banco em frente ao pedestal com o modelo iniciado da pirâmide.

Começou a pensar na origem das montanhas, lembrando-se então de uma viagem que fizera com seu pai, anos atrás. A caravana deles acampara nas proximidades de uma montanha que já alcançara a idade em que a decomposição da matéria começava. Como ele ficara perplexo ao ver que aquele grande maciço rochoso não era constituído de um bloco só, mas de incontáveis pedaços que se desprendiam entre si. Enquanto com interesse contemplava as fendas abertas que corriam em linhas retas, tanto verticais como horizontais, ele compreendera, de repente, por que sempre pensara que cada montanha era formada de uma só peça. Os gigantes juntavam as pedras, que deveriam constituir uma montanha, de modo tão exato, que em nenhuma parte se viam as juntas. Somente ao começar a desintegração, desfarelando-se a pedra para se dissolver nas matérias originais, reconhecia-se perfeitamente como os gigantes haviam juntado e amontoado as pedras. Quanto mais tempo ele pensava na montanha, tanto mais se admirava do trabalho dos gigantes. Mesmo na desintegração ainda se reconhecia como eram cortadas de maneira reta e lisa as superfícies das pedras juntadas.

Pyramon, desde pequeno, admirava os gigantes. Nunca, porém, tinha chegado à ideia de que um dia trabalharia com eles.

Um ruído vindo da cozinha fê-lo voltar ao presente. Salum estava manipulando lá fora. Ele havia encontrado tubérculos comestíveis, também vagens de frutas que ainda não conhecia. Agora andava de um lado para o outro da cozinha, pondo ordem nas coisas. Quando tudo estava pronto, dirigiu-se a casa e colocou dois canecões e um prato de madeira com tâmaras, passas e queijo, numa mesa ainda mais maciça do que a da cozinha. Depois fechou as aberturas das janelas e saiu. Quando Salum já se havia retirado, Pyramon se levantou. Estivera tão absorto em seus pensamentos, que nem havia percebido que já estava escurecendo. Foi até a casa de banhos e tomou um banho. As escoriações das articulações de seus dedos já começavam a cicatrizar. Ele esperava poder decifrar o enigma a ele apresentado pelos gigantes tão rapidamente como se dera a cura das mãos.

Ao iniciar a noite, Pyramon deitou-se em seu leito, caindo logo numa espécie de semissonolência. Ainda escutara quando Timagens chegou e se deitou em sua cama. Também os gritos e cantos de diversos animais e aves noturnas ainda penetravam até a sua consciência, mas logo depois não mais sabia o que se passava na Terra, à sua volta. A alma dele havia-se desprendido do corpo terreno, seguindo caminhos próprios no ambiente mais fino da Terra. Por conseguinte, apenas podia perceber ainda acontecimentos que se passavam naquele mundo.

"Pyramon! Pyramon!" Quem havia chamado seu nome? Como resposta ouviu um tinir melodioso e insistente, parecendo vir de longe. Um sopro de vento trouxe nuvens de perfume, lembrando-o de acontecimentos passados. Aspirando fundo o maravilhoso odor, ouviu bem a seu lado uma risada que lhe deu um choque de alegria.

Thisbe! Sim, era Thisbe. Ela estava ao seu lado, estranha e bela, no entanto tão familiar. Como sempre, a alegria de viver que ela irradiava dava-lhe um brilho especial. Pyramon não pôde entregar-se por muito tempo à alegria do reencontro, pois quase no mesmo momento em que a viu, ela ergueu a mão, saudando, e desapareceu de sua vista.

Logo depois ele viu uma alta figura masculina aproximando-se lentamente. Com cada movimento que a figura fazia, ao aproximar-se, os dois aros de ouro que prendiam o pano branco em sua cabeça, brilhavam. O desconhecido parecia estar chegando de uma viagem, pois vestia uma capa branca de lã, usada por todos que faziam viagens mais longas.

O estranho, que ainda superava Pyramon em altura, parecia-lhe de algum modo conhecido. O rosto dele, contudo, estava parcialmente coberto pelo pano de cabeça, de modo que Pyramon somente pôde vê-lo quando parou à sua frente. De súbito ele reconheceu os olhos, olhos que o fitavam de modo sério, porém bondoso.

"Sargon, és tu realmente? Chegaste até mim? És tão jovem, que não te reconheci logo", exclamou Pyramon com os olhos brilhantes de alegria, ao contemplar o belo e bem-proporcionado rosto do sacerdote-rei.

Pyramon nesse momento ainda não sabia que se dera exatamente o contrário. Não fora Sargon que viera até ele, mas sim ele, Pyramon, que se dirigira, no mesmo instante em que sua alma deixara o corpo terreno adormecido, até a aldeia de Sargon. Inconscientemente fora atraído para lá, onde sempre havia recebido respostas para todas as suas perguntas. E onde agora também esperava poder encontrar a solução do enigma dado a ele pelos gigantes.

"A solução desse enigma é fácil", disse Sargon sorrindo, ao ver o rosto estupefato de Pyramon. "Estás admirado de que eu ainda saiba o que se passa dentro de ti quando te vejo?"

Pyramon estava surpreso, mas ao mesmo tempo profundamente agradecido de o sacerdote-rei, apesar da separação, saber quais as perguntas que o preocupavam.

"Ali está um gigante. Olha bem para ele", disse Sargon, indicando determinada direção. Pyramon olhou na direção indicada, contemplando o gigante.

"Ele parece compacto e denso. Ele me lembra as pedras", disse Pyramon hesitantemente, depois de um certo tempo. "Os *dschedjins* das árvores, das flores e da água parecem-me menos pesados e densos."

"Viste certo, Pyramon. Os gigantes, bem como os gnomos da terra, são mais densos e mais pesados e se acham muito mais próximos da Terra do que os demais *dschedjins,* os quais vivem no ambiente mais fino e de lá atuam sobre a Terra.

Os gigantes que se ocupam com a terra, e os gnomos, vivem numa região mui estreitamente ligada à Terra grosso-material.[*]

Todos os outros *dschedjins* vivem no ambiente mais fino da Terra[**], tendo lá o seu ponto de partida."

Quando Sargon se calou, Pyramon, que escutara com muita atenção, exclamou satisfeito:

"Os gigantes e os gnomos que habitam essa região próxima à Terra têm em si ambas as espécies. Algo da Terra e algo da região que habitam!"

Sargon acenou com a cabeça afirmativamente. Ele estava visivelmente satisfeito por Pyramon ter compreendido tão rapidamente.

"Ambas as espécies atuam nos gigantes e também numa parte dos gnomos da terra. Além da espécie correspondente à região onde vivem, têm em si ainda algo da matéria densa de que se compõem os corpos terrenos. Essa constituição lhes dá a possibilidade de ajudar visivelmente os seres humanos.

---

[*] Essa região encontra-se entre a matéria grosseira terrenal e a matéria grosseira mediana.

[**] Matéria grosseira mediana.

Certamente te lembras das extensas terras situadas ao norte de nossa aldeia", disse Sargon, olhando indagadoramente para Pyramon.

Pyramon afirmou que se lembrava, certamente, daquelas terras. Os gnomos haviam cavoucado e aplainado as terras tão bem, da noite para o dia, que os camponeses imediatamente puderam começar com a semeadura e o plantio... Sargon acenou contente e continuou com os seus esclarecimentos.

"Também na pedra que te parecia mole nada há de enigmático. Nos fenômenos da natureza não existem enigmas! As pedras também são constituídas de duas diferentes espécies de matéria. Ambas as espécies estão reunidas na mesma pedra.

As pedras se compõem de matéria dura da Terra e da matéria correspondente à região em que os gigantes vivem. Esta última espécie é mais mole e mais elástica.

Quando tocaste a pedra pela primeira vez, sentiste a matéria mais mole. Aliás, com a mão de teu corpo mais fino, que corresponde mais ou menos a essa matéria. Tua sensibilidade grosseira do tato estava fora de ação naquele momento.

Como sabes, o corpo mais fino somente sente, escuta e enxerga quando se encontra liberto, isto é, quando o corpo terreno dorme... contudo, há também exceções. Enak queria que conhecesses a espécie e a constituição da pedra que eles elaboram e cortam. A matéria mais mole da pedra por eles trabalhada é algo maior, mas isso se iguala, pois com a influência dos gigantes a pedra se comprime e torna-se mais dura, perdendo assim algo do seu volume..."

"Eu compreendo", exclamou Pyramon, alvoroçado. "O processo é como com o tijolo de barro. A massa mole é amoldada e alisada. Mas isso não basta. O tijolo somente se torna utilizável após ter sido endurecido pelo fogo! O material do tijolo, porém, permanece o mesmo!"

Pyramon estava como que deslumbrado com o novo conhecimento. Agora ele compreendia todo o fenômeno. O enigma estava resolvido. Podia imaginar agora exatamente como as pedras, às quais os gigantes antes tinham dado a necessária forma, recebiam mediante uma espécie de fogo, a densidade e dureza adaptadas à Terra. E os gigantes, que também tinham em si uma parte com densidade idêntica à da Terra, podiam lidar com a endurecida pedra terrena do mesmo modo que antes lidavam com a pedra não endurecida, à qual tinham dado a necessária forma.

"Os gigantes, os incansáveis servos do Senhor do Universo, ajudaram outrora em muita coisa os seres humanos terrenos, aos quais sempre se sentiam atraídos", disse Sargon explicando. "Algumas obras, erguidas por eles a pedido de seres humanos bem-intencionados, estão hoje cobertas pela água. Existem, porém, hoje ainda, maravilhosas construções de templos que não afundaram. Elas certamente se transformarão em ruínas até o fim dos tempos. As criaturas humanas que então viverem na Terra ficarão perplexas diante das ruínas, contemplando os gigantescos blocos de pedra dos muros, blocos esses que forças humanas nunca seriam capazes de mover."

Sargon calou-se. Uma sombra de tristeza cobriu, como um véu, seus olhos brilhantes, enquanto olhava em expectativa para Pyramon. Sentiu que ele tinha mais perguntas a fazer e alegrou-se com isso. Pyramon tinha de começar o seu trabalho liberto e consciente. Não devia haver em sua vida nenhum enigma insolúvel. Esses apenas o atrapalhariam.

E Sargon tinha razão. Pyramon ainda tinha outras questões, para as quais não tinha resposta. E já estava perguntando:

"Por que não podemos ver constantemente os gigantes e os gnomos que estão tão próximos de nós e da Terra? E por que existem pessoas que de modo algum enxergam os *dschedjins?* Eu soube, por intermédio de Magog, que existem muitas que não mais podem ver os entes da natureza!"

"Os seres da natureza não podem ser vistos continuamente. Isso distrairia a atenção dos seres humanos, bem como a dos próprios seres da natureza, e os perturbaria. Mesmo os gnomos da terra e os gigantes, que se acham mais próximos da Terra e das criaturas humanas, não gostam de ser observados quando executam trabalhos para os seres humanos. Basta que a criatura humana os veja de vez em quando e conheça a sua atuação. Durante a construção da pirâmide poderás ver, naturalmente, muitas vezes os gigantes. Não obstante, suponho que eles executarão o seu trabalho principalmente à noite, quando tu e os outros estiverem dormindo. Para os gigantes e os demais *dschedjins* não existe noite. Apenas os seres humanos e os animais que vivem na Terra conhecem o dia e a noite. A parte de igual espécie material que os gigantes têm, em relação à Terra, não os prende a ela de maneira alguma. Mesmo se isso acontecesse, não haveria nenhuma noite para eles. A escuridão terrena não existe para os seres da natureza. Não importa de que espécie sejam. Para eles sempre é dia.

Apesar dessa espécie material que os gigantes possuem, e que também os capacita a trabalhar visíveis aos seres humanos, eles permanecem intangíveis pelas leis grosso-materiais da natureza, vigentes na Terra."

Sargon fez uma pausa, olhando para Pyramon. Vendo que este havia entendido seus esclarecimentos, passou à pergunta seguinte: "Por que existem pessoas que de modo algum enxergam os *dschedjins?*"

"Sim, por quê?" Essa pergunta interessava Pyramon sobremaneira.

"Originalmente todos os seres humanos terrenos podiam ver os grandes e pequenos *dschedjins*. Estes foram os primeiros mestres da humanidade e, como tais, estavam em constante contato com seus alunos humanos. Isto já faz um longo tempo." Os olhos de Sargon encobriram-se novamente de tristeza, ao continuar.

"Perguntaste por quê, Pyramon. Suponho que a causa disso esteja nos órgãos sensoriais. Os órgãos sensoriais humanos turvaram-se, tornando-se mais grosseiros. Que assim é, podemos constatar nas muitas e muitas pessoas que vêm às nossas aldeias em busca de auxílio. Nossos videntes, que perscrutam o futuro, são de opinião de que na época do Juízo o conhecimento a respeito dos entes da natureza, por nós denominados *dschedjins,* estará completamente extinto entre os seres humanos."

"Não!" exclamou Pyramon. "Os videntes devem ter-se enganado! Sei que então apenas o sarcófago aberto esperará pelos seres humanos, pois até lá seu fardo de pecados tornar-se-á tão pesado, que não mais poderão erguer seu olhar em direção à Luz. Não obstante, não é possível que os seres humanos terrenos esqueçam os *dschedjins!"*

Uma vez que Sargon não fizesse nenhuma objeção, Pyramon continuou a falar acaloradamente:

"Como poderiam os seres humanos esquecer os entes da natureza, enquanto vivessem sobre a Terra? Cada árvore, cada montanha, cada rio, cada talo e cada flor terá de lembrá-los disso! Não, nunca poderá ser extinto o saber a respeito dos *dschedjins!* Cada sopro de vento, cada raio solar e cada gota de chuva testemunham o seu incansável atuar!"

Pyramon calou-se, olhando esperançoso para Sargon. Queria saber se o sacerdote-rei ainda continuava a dar razão aos videntes. Pyramon estava esperando pela resposta de Sargon. Quanto mais tinha de esperar, tanto mais desnorteado ficava. O silêncio de Sargon era bastante compreensível. De repente, Pyramon lembrou-se de Thisbe. Perguntou se ela igualmente dava razão aos videntes.

Sargon fez um movimento afirmativo com a cabeça.

"Thisbe sabe que os videntes viram acertadamente. O saber dela alcança mais longe do que o dos videntes." E Sargon acrescentou que, quando viesse o juiz do Universo, os seres humanos apenas poderiam perceber a matéria mais grosseira. Nada mais!

Pyramon ficou calado, pois sabia que não havia mais objeções. Parecia-lhe, aliás, ainda inacreditável, que uma pessoa pudesse viver no meio do mundo dos entes da natureza sem saber deles...

"Tens ainda uma pergunta, Pyramon?" perguntou Sargon. Porém, ao ver a expressão do rosto de Pyramon, disse rapidamente:

"Consola-te. Eu também mal posso acreditar nisso." A voz de Sargon soou bondosamente, ao pronunciar essas palavras, contudo a Pyramon pareceu que elas provinham de distâncias longínquas...

"Sim, ainda tenho uma pergunta. É a última", disse Pyramon, fitando os olhos de Sargon, encobertos como que por um véu de tristeza.

"Quando o conhecimento sobre os entes da natureza estiver extinto entre os seres humanos, eles não perguntarão quem foi que enfeitou de modo tão belo a Terra, sobre a qual lhes é permitido viver? Quem é que mantém as florestas maravilhosas e montanhas, rios e flores, desde os primórdios, em beleza eternamente uniforme?"

"Tua última pergunta não posso responder. Hoje ninguém pode respondê-la. Apenas sabemos que a Terra, no fim dos tempos, estará povoada por seres humanos cujas almas e órgãos sensoriais estarão atrofiados."

Pyramon havia escutado atentamente as palavras de Sargon, reconhecendo clara e nitidamente a verdade contida nelas. Ao mesmo tempo foi tomado de medo. Um medo desconhecido desse pavoroso futuro. Um punho brutal parecia comprimir seu coração, apertando-o duramente. Fechou os olhos por um momento. Quando a dor diminuiu, ele levantou o olhar... Sim, tinha ainda uma pergunta a respeito desse futuro... "Sargon"...

Pyramon, no entanto, não viu mais Sargon. Em sua volta reinava a escuridão da noite. Sua alma voltara de sua excursão, e de repente despertou nele a recordação do vivenciado. Não fora Sargon que viera até ele, mas ele é que tinha estado junto de Sargon na aldeia da Caldeia, para buscar respostas às suas perguntas não solucionadas.

Alegria, gratidão e um sentimento de estar intimamente ligado aos sábios da Caldeia enchiam a alma de Pyramon... O novo saber que o sacerdote-rei lhe havia transmitido extinguira todas as suas dúvidas... Um forte sopro de vento fez estremecer a casa toda e tirou Pyramon de suas reflexões. Ele riu consigo mesmo, pois sabia muito bem que os gigantes estavam sacudindo sua casa. Provavelmente já sabiam que o sacerdote-rei havia solucionado o enigma que eles haviam dado a Pyramon... Para Sargon não existiam enigmas, pois ele conhecia todos os fenômenos e conexões que se ocultavam atrás dos pretensos enigmas...

Pyramon ainda estava deitado, acordado. Escutou novamente os gritos e cantos dos diversos animais noturnos e o estrondar das pedras. Com o pensamento de que os gigantes estavam trabalhando, adormeceu.

O SACERDOTE-REI, Sargon, voltava realmente de uma viagem, quando Pyramon, fora da matéria, com ele se encontrou. Ele tinha estado em Kataban. Aliás, por um pedido urgente do rei de lá, Pyramon-Dima, pai de Pyramon. Sargon não gostava mais de viagens longas. Ele já estava com muito mais de cem anos de idade, e sabia que apenas poucos anos terrenos lhe restavam. Além disso, sua presença era muito necessária nas aldeias.

Os peregrinos, cujo número constantemente aumentava, traziam ultimamente muitos problemas. Entre os que buscavam cura havia muitos que apenas queriam ouvir algo mais pormenorizado sobre o novo deus humanitário, que estava ganhando cada vez maior número de adeptos. Vinham também os que sofriam de doenças até então desconhecidas, ou que apresentavam feridas de aspecto feio.

Sobrevinham ainda as notícias alarmantes a respeito de novos cultos, enviadas pelos iniciados que viviam e ensinavam entre outros povos, longe das aldeias. Os dois iniciados de Kataban haviam igualmente enviado notícias alarmantes a esse respeito.

Sargon queria mandar Taffar para Kataban. Contudo, Thisbe pedira-lhe insistentemente que ele mesmo viajasse, pois somente ele possuía a força para afastar os horrores que estavam ameaçando o povo de Kataban. Então, ele se pôs a caminho.

As condições que encontrou em Kataban superavam em muito os seus receios. No povo, geralmente tão pacífico, reinavam discórdias, dissensões e desnorteamento. Toda a agitação fora causada por uma jovem sacerdotisa do Templo de Astarte[*], que se tornara vidente da noite para o dia.

Sargon, que havia comunicado sua ida aos sábios de Kataban, foi recebido por ambos com alegria e alívio. Sem perda de tempo, informaram-no de tudo o que acontecera.

Certa manhã a jovem sacerdotisa os havia procurado, contando-lhes, toda agitada, que um deus lhe teria aparecido, tão belo, que ela mal pudera suportar o seu aspecto. Teria sido o deus do amor que a elevara a sacerdotisa dele, tendo-lhe dado a incumbência de comunicar aos seres humanos tudo o que ela ouvisse dele. Após essas palavras, o "maravilhoso" teria desaparecido.

Sargon ouvira o suficiente. Ele sabia o que se ocultava atrás das revelações da "sacerdotisa". Porém, os dois sábios continuavam a relatar:

— Na noite seguinte o "deus" apareceu novamente e disse: "Eu sou o deus do amor, e trago a felicidade para a mulher terrena, pois de agora em diante sou eu o senhor da Terra! A mulher deve tornar-se consciente de seu poder! Os homens devem ser seus escravos, adorando-a ajoelhados! Cada mulher nua é uma deusa, à qual pertence um trono!

De agora em diante não mais deverá haver nenhuma sacerdotisa de Astarte, mas apenas 'sacerdotisas do amor'! O amor deverá conduzir a humanidade ao encontro do seu destino! Agora todos os *dschedjins* estão subordinados a mim. Também o grande senhor do Sol reconheceu o meu domínio!"

---

[*] Templo da Pureza.

Foram essas, aproximadamente, as palavras ditas pelo "deus" à sacerdotisa, quando lhe apareceu pela segunda vez. Até agora não voltou, concluiu um dos sábios o seu relato.

— Um sacerdote, contra o nosso desejo expresso, convocou o povo ao templo, começou indignado o outro sábio, e ali falou sobre o novo deus que aparecera à sacerdotisa. Enquanto o sacerdote renegado anunciava as mentiras do "novo deus", a "sacerdotisa" escolhida por tal "deus" estava postada no pedestal, onde antes apenas se acendia o fogo sagrado. Ela estava nua, apenas com uma saia curta de um tecido de rede fina. Até incenso um segundo sacerdote renegado havia queimado em honra dessa despudorada mulher.

Depois de uma demorada pausa, em que nenhum dos três falava, um dos sábios recomeçou:

— A maior parte da população é contra o novo deus. Mas há várias moças que também querem tornar-se sacerdotisas do amor. E rapazes que não têm a mínima vocação para a profissão sacerdotal querem, repentinamente, tornar-se sacerdotes! Outros homens, por sua vez, e entre eles alguns bem idosos, adentram às escondidas na escuridão do templo, para ver a "deusa nua". Essa mulher coloca-se, para qualquer um que a queira ver, de muito bom grado no pedestal. Os *dschedjins* estão irados. Uma chuva de granizo vermelho destruiu nossas sementeiras já brotadas. Tempestades violentas empurraram nuvens inteiras de areia e vapores venenosos para nossa cidade. A respiração tornou-se difícil, e muitas crianças adoeceram.

Antigamente os *"dschedjins* do ar" dirigiam as ventanias e também as chuvas de granizo de tal modo, que as sementeiras e as pessoas não eram atingidas por elas.

Sargon, calado, escutara. Era sempre a mesma coisa. O "novo senhor" dirigia-se primeiramente à mulher terrena. Uma vez conquistada a mulher, ele não precisava se preocupar com mais nada. A mentira e o pecado contra o amor alastravam-se com a velocidade do vento, separando os seres humanos dos mundos luminosos que brilham no resplendor da verdade do onipotente Criador!

Era incompreensível para Sargon como os seres humanos se entregavam com tanta facilidade a engodos tão grosseiros, pois cada um que não fosse totalmente cego e surdo tinha de reconhecer

imediatamente as mentiras neles contidas... A população de Kataban estava ligada à Luz, e também estava em íntimo contato com a natureza e os seus entes, os *dschedjins*. Não obstante...
  Um dos sábios interrompeu os pensamentos de Sargon, dizendo que o rei estava esperando ansiosamente por ele. Sargon, porém, não se dirigiu imediatamente ao rei. Ele havia implorado ao supremo guia da humanidade por auxílio. Quase no mesmo momento teve a certeza de que essa ajuda já estava a caminho. Seu espírito impelia-o para diante. Por isso ele disse:
  — Antes de tudo quero ver a sacerdotisa. Conheço o caminho para o templo. Preciso ir sozinho até lá.
  Ambos os sábios logo compreenderam. As forças de auxílio convocadas por ele estavam presentes. Elas executariam a sentença.
  Sargon andou lentamente pelo caminho que conduzia ao templo e a uma edificação lateral a ele pertencente. A rua estava deserta, pois era a hora mais quente do dia, e todos descansavam em suas casas. Sargon entrou nessa edificação e ficou parado, hesitante. Nenhum som interrompia o silêncio. Pela abertura de uma porta ele divisou o jardim. Talvez encontrasse a sacerdotisa ali. Quando, porém, quis entrar no jardim, sentiu que alguém o segurava. Ele conhecia esse toque com que seu guia, atrás dele, o segurava pelo braço. Não era a primeira vez em sua vida que isso acontecia. Desse modo, por duas vezes lhe fora salva a vida. Ele ficou parado serenamente, esperando, mas seus sentidos estavam totalmente tensos. O que aconteceria agora?
  De repente o silêncio foi interrompido por um ruído. Sargon ouviu passos e vozes baixas. Quase no mesmo momento afrouxou o toque que o segurava. O ruído parecia vir daquela parte do jardim que ele não podia ver direito. Sargon continuou andando. Ao lado da saída para o jardim estava um grande arbusto de jasmim. Ficou parado ali, e ainda pôde ver três homens, justamente quando deixavam o jardim por uma saída lateral.
  Quando tinham saído, Sargon olhou em redor, procurando. Não precisou procurar muito. Ao lado de outros arbustos de jasmim estavam estendidos dois corpos nus de homens. No peito de cada um estava enterrado um punhal. Ambos estavam mortos. Ao tentar virar um dos mortos, ele percebeu que o punhal havia traspassado o peito, tendo-se fixado firmemente no chão.

Eram os dois sacerdotes renegados, que haviam alcançado o seu merecido destino. Mas onde estava a depravada mulher? Ela era a verdadeira assassina. Ele andou procurando de um lado para outro, olhando para as cortinas de cordéis vermelhos que pendiam diante das diversas entradas de quartos. De repente, abriu-se violentamente uma das cortinas, e ele viu a mulher que havia lançado um povo inteiro na discórdia. Ela estava nua e seus cabelos compridos pendiam em desordem.

Como que estarrecida de medo, ela parou ao reconhecer o sacerdote-rei. Repentinamente parecia recordar-se de que um "deus" a havia escolhido como serva. Deu uma risada de escárnio. Quem era Sargon perante esse "deus", que somente ela conhecia? Seu escárnio, porém, desapareceu tão rapidamente como surgira, ao ver os olhos do sacerdote-rei. Os olhos pareciam segurá-la e traspassá-la. Ela queria fechar os olhos para fugir daquele olhar, mas mesmo isso não conseguia. Ela se encontrava em perigo máximo! Onde estava o seu "deus"?... Loucura relampejava nos olhos dela, e suor corria-lhe de todos os poros. Finalmente o olhar chamejante se desviou dela. Ela novamente podia mover-se... até rir com escárnio... e fugir.

O rosto de Sargon exprimia asco e dor ao deixar essa edificação. A mulher não mais conspurcaria a Terra por muito tempo com a sua presença. Porém a sementeira venenosa por ela espalhada não se extirparia mais. Brotaria multiplicadamente de novo, às escondidas. Vício, mentira, hipocrisia e cobiça surgiriam dela, tornando-se os companheiros mortíferos da humanidade.

Um grito agudo e horripilante tirou Sargon de suas reflexões. Esse grito fez com que outras pessoas, que também o haviam escutado, saíssem de suas casas. Agora estavam procurando a causa dele. Que havia acontecido? Por que esse terrível grito?

Então a viram. Um leão estava deitado sobre uma mulher nua. O animal parecia ter derrubado a mulher...

— É a leoa mansa de Kosbi, gritou de repente um menino, que também havia escutado o grito.

Ao ouvir o nome de seu amo, Kosbi, ela se levantou e olhou quase sem jeito ao redor.

— Ela nada fez à mulher! Nela não há nenhum arranhão, gritou o menino novamente.

Ele tinha razão. Não se via nenhum arranhão. O sangue corria de uma ferida ao lado da orelha. Repentinamente as pessoas em redor se retiraram amedrontadas. Haviam reconhecido a sacerdotisa que se denominava "deusa nua".

— Vede a malfeitora! Ela está morta! gritou uma mulher estridentemente. Os *dschedjins* mandaram uma leoa mansa para matar a malvada!

— Não foi a leoa que matou a mulher, mas ela mesma caiu sobre uma pedra, ferindo-se mortalmente, disse serenamente um homem idoso.

Sargon não permaneceu muito tempo nas proximidades do exaltado grupo de pessoas. Continuou a caminhar calmamente, e ao lado dele andava a leoa. Ela alegrou-se visivelmente quando Sargon entrou na rua que conduzia ao palácio real. Dando grandes pulos, o animal correu na frente, desaparecendo na entrada do pátio do palácio.

Sargon ficou dois dias e duas noites em Kataban. Estava hospedado no palácio do rei. Seu animal de montaria estava sendo bem cuidado por um tratador dos rebanhos reais.

No dia seguinte Sargon celebrou uma solenidade de agradecimento no Templo de Astarte. Depois da oração de agradecimento, ele exortou todos para que ficassem alertas e para que uma mulher depravada não ganhasse, outra vez, poder sobre eles.

— Uma vez fostes libertados do mal, disse ele. Os próprios *dschedjins,* para os quais os vícios e as mentiras são coisas abomináveis, executaram o julgamento. Uma segunda vez, vós mesmos tereis de ajudar-vos! A malfeitora foi a mulher. Foi ela também a assassina de ambos os sacerdotes, não os homens que se utilizaram do punhal!

Sargon nada mais precisou falar a esse respeito. Todos, inclusive o rei, conheciam os motivos que resultaram na morte dos dois sacerdotes.

Foram três homens que executaram a justa sentença. Os motivos: dois deles perderam suas filhas, que mal tinham saído da infância. As filhas haviam dado ouvidos aos engodos e lisonjas dos dois sacerdotes, tendo deixado a casa paterna para serem introduzidas nos mistérios pela "deusa nua", mistérios exigidos de uma "sacerdotisa do amor". Não era apenas o abominável culto que tanto revoltara os pais das meninas... Como sacerdotisas, tinham permissão de adorar somente um "deus": o anjo decaído, que se denominava "deus do amor". Um outro deus não mais existia para os seres humanos, é o que os dois sacerdotes e a renegada mulher ensinavam...

Depois chegou o dia em que as duas meninas foram encontradas mortas, com sinais de estrangulamento. Ambas estavam estendidas diante da casa de Magog, onde agora morava Mokab, "o sábio que cura". Mokab, que as encontrara de madrugada, pôde ver nitidamente que elas em parte tinham sido carregadas e em parte arrastadas até a casa dele.

O sábio levou as meninas, seminuas, para dentro de casa e constatou que uma delas estava grávida. A gravidez, aliás, já estava tão adiantada, que o parto ocorreria dentro de poucos dias. Quando Mokab constatou que a criança ainda vivia, abriu o corpo morto da mãe e a retirou. A criança, um menino, estava viva e com boa saúde.

O terceiro homem tinha um filho que, por causa da depravada e diabólica mulher, tornara-se ladrão e quase um assassino também. Ele havia abusado da confiança que a rainha Tanahura nele depositara, roubando dois braceletes de ouro com pedras azuis. Ele ia frequentemente ao palácio, por ser amigo de um dos filhos do rei. Com os braceletes ele presenteou a "deusa nua". Com isso esperava conquistá-la. Mas poucos dias depois entrou na casa dela, numa hora fora de costume, e a viu com ambos os sacerdotes. Todos estavam nus...

Fora de si, de raiva, ele atacou um dos sacerdotes, agredindo-o com os próprios punhos. Enquanto a mulher olhava rindo a luta, o segundo sacerdote pegou o enfurecido intruso por trás, pelo pescoço, apertando-o até cair morto no chão.

Um servidor do templo, atraído pelo ruído, chegou ainda a tempo de ver o sacerdote realizar o covarde assassinato...

Quando Sargon, no terceiro dia, iniciou sua viagem de volta, os distúrbios na cidade haviam acabado.

A desgraça havia sido afastada por muito tempo. Tão cedo nenhuma mulher ousaria denominar-se "sacerdotisa de um novo deus". Um "deus" que não possuía força suficiente nem para proteger sua sacerdotisa, somente podia ser um impostor...

Durante sua cavalgada de volta para casa, Sargon pensou muitas vezes em Thisbe e em sua missão, da qual ela se tornara consciente pouco tempo depois da partida de Pyramon. Um elevado guia da humanidade havia aparecido a ela, despertando-lhe a lembrança do motivo por que fora enviada à Terra. Enquanto estava deitada, semiconsciente em casa na aldeia, com o corpo em febre, seu espírito flutuava sobre a superfície da Terra, juntamente com seu grande guia.

Sem demora ela verificou as aglomerações de nuvens que se concentravam sobre os povos da Terra, parecendo constituídas exclusivamente de formas e figuras repugnantes. Por enquanto essas nefastas formações de nuvens eram vistas apenas isoladamente. Thisbe, contudo, compreendeu logo que tais concentrações toldavam a visão celeste dos seres humanos que viviam embaixo delas. Que aconteceria se essas aglomerações isoladas de nuvens se alastrassem, encobrindo depois a Terra toda? Ela assustou-se até o âmago ao imaginar isso.

Quando se refez do susto, ela ouviu a voz de seu guia explicando-lhe que as aglomerações de formas abomináveis eram vistas por toda a parte onde os seres humanos se tornavam adeptos de algum culto de ídolos, separando-se, devido a esses cultos, do onipotente Criador e de Seu amor celeste. Ainda poderia ser evitado que as nuvens mortíferas se alastrassem por sobre toda a humanidade, explicou-lhe ele, em resposta à sua pergunta.

Thisbe tinha assimilado tudo o que o guia lhe havia comunicado. Ao levá-la, porém, a lugares onde se praticava idolatria na Terra, ela fechou os olhos, apavorada. Somente quando ele lhe ordenou que olhasse, a fim de chegar a conhecer os sorvedouros humanos, ela ousou reabrir os olhos. Quando pensava não mais poder suportar as horripilantes visões, ela sentiu-se erguida. Mãos fortes pegaram seus braços por trás, e já estava flutuando sobre a Terra, envolvida pela poderosa figura do guia. Como que por recompensa, ele voava agora com ela sobre maravilhosas florestas e mares. Ela via *dschedjins* radiantes de alegria e animais felizes. O aspecto dessa maravilhosa natureza enchia-a de alegria e felicidade, e ela pensava com profunda gratidão no onipotente Criador que havia criado esse mundo maravilhoso.

De repente cessou o flutuar através dos ares ensolarados. Thisbe ainda sentiu como as mãos do poderoso guia cingiram sua cabeça, e logo após ela estava sozinha. Depois de um certo espaço de tempo, ela se tornou consciente de seu ambiente terreno. Recordou-se de que fora envolvida em panos com musgo úmido, e de que sua alma havia escapado do corpo febril. Tudo o que acontecera, mais tarde, permaneceu nela como que gravado com letras de fogo. Também as mãos do poderoso guia cingindo brevemente sua cabeça, ela julgava senti-las ainda.

Thisbe apalpava a cabeça, abrindo os olhos. Sargon sorriu, ao recordar-se de como ela olhara procurando em redor e de como perguntara: "Onde está ele?"

— Ele, o grande e poderoso guia, voltou para o seu mundo. Não mais precisas dele. Pois tudo o que tinhas de saber ele te explicou e te mostrou. Conheces agora os perigos que ameaçam a humanidade. Armadilhas diabólicas espreitam a Terra por toda a parte para separar os seres humanos da Luz do amor celeste.

Thisbe dera-se por satisfeita com a resposta dele. Nem perguntou como ele sabia o que ela vivenciara, pois ela se ocupava tão intensamente com o "porquê".

— Por que me foram mostrados esses horríveis quadros?

Sargon não deu atenção à pergunta dela, pois ela mesma deveria achar a resposta. Pouco antes de ela despertar, ele entrara no quarto para estar presente quando a sua alma, que tinha passado um tempo instrutivo, se ligasse de novo ao corpo terreno.

Sargon conhecia a missão de Thisbe. A influência abençoada dos sábios da Caldeia alcançava vários países e povos, não obstante havia entre esses povos criaturas que, sob a influência de espíritos diabólicos, divulgavam crenças falsas e praticavam sangrentos rituais de idolatria. Thisbe devia agora, com o dom a ela conferido, indicar os pontos onde tais males estavam se concentrando, para que os sábios, que aliás residiam e instruíam por toda a parte, pudessem destruí-los.

Contudo, não era apenas Thisbe que tinha de cumprir uma missão especial na Terra. Também Sargon e os outros iniciados haviam recebido instruções especiais: onde quer que fosse possível, deviam destruir os servos de ídolos e os falsos sacerdotes. Destruir com todos os meios! Pois sua expansão poderia até impedir a construção da pirâmide!

Essas instruções vieram de poderosos guias da Luz, que começavam a dirigir na Terra, por toda a parte, os destinos daquelas pessoas que estavam sendo preparadas para servir ao Senhor do Universo na época do Juízo. Esses guias extraordinários desceram de suas alturas, em cumprimento de sua missão, a fim de permanecer nas proximidades da Terra até o fim do Juízo.

Entre os sábios não havia um que não tivesse compreendido que a idolatria teria de ser combatida tenazmente. Se isso não acontecesse, não existiria mais um único ser humano na Terra, na época do Juízo, que pudesse ser salvo.

Mesmo o Salvador anunciado na pirâmide, proveniente das alturas máximas, e que viria ainda antes do Senhor do Universo, nada mais poderia conseguir. A separação da Luz e a decadência espiritual não mais poderiam ser detidas...

Erradas doutrinas de fé eram produtos da mentira. A mentira, a arma mais potente do anjo caído, o "novo senhor da Terra", tinha de ser combatida.

Nenhum dos sábios podia compreender como era possível que algumas mentiras hábeis pudessem levar tantos seres humanos para caminhos errados... E de modo tão eficiente, que eles esqueciam todo o belo e verdadeiro que antes haviam conhecido...

Thisbe não precisou perguntar muito pelo "porquê" de suas horríveis vivências. Já poucos dias depois de seu restabelecimento, recebeu uma resposta inconfundível.

Ela estava na cozinha, ajudando Kilta no preparo do pão de frutas, quando escutou um zumbido retininte que parecia provir diretamente de sua cabeça. Largou a tâmara que estava cortando e saiu silenciosamente e um pouco preocupada para o jardim. O que significava esse zunir na cabeça? Tratava-se talvez de uma consequência de sua doença?

Sentou-se num banco do jardim e fechou os olhos. Ela estava sozinha, pois Kilta havia deixado a casa a fim de buscar ainda mais frutas. O zunir cessou logo, e ela novamente tinha a sensação de como se flutuasse pelos ares.

Depois de pouco tempo, o flutuar terminou, e Thisbe sentiu-se fisicamente cansada e sonolenta. Contudo, não adormeceu. Ela vivenciou conscientemente como seus órgãos sensoriais terrenos eram postos fora de funcionamento, e como simultaneamente sua capacidade de percepção anímica entrava em ação.

Thisbe sabia que tudo o que ela veria e ouviria com os órgãos sensoriais de seu corpo mais fino, no ambiente mais fino da Terra, refletiria ao mesmo tempo acontecimentos que se desenrolavam na Terra. Ela estava alerta e preparada...

A primeira coisa que viu foram as já conhecidas e sinistras aglomerações de nuvens. As nuvens deslocaram-se um pouco, e ela avistou grupos de árvores e um riacho. A região parecia-lhe conhecida. Todavia, ela somente começou a se lembrar quando viu algumas antiquíssimas oliveiras.

O sábio Pasur buscava plantas e terra terapêutica nessa região. Certa vez ela estivera com ele e com algumas moças e mulheres, quando foram buscar uma porção de plantas que ele precisava para essências. Os nômades evitavam essa região porque era um tanto pantanosa e nela existiam plantas venenosas que causavam a morte dos animais que as comessem. Naquela ocasião haviam cavalgado durante três dias em direção ao sol poente. À noite, tinham dormido em tendas...

As nuvens formaram de novo uma camada, de modo que Thisbe nada mais enxergava da região. Mas ela escutava vozes altas e rudes, sentindo ao mesmo tempo o cheiro característico de uma pequena fogueira de estrume de camelo. Um sinal inconfundível de que uma caravana estava acampada nas proximidades.

Uma caravana nessa região? Tal circunstância parecia-lhe esquisita. Enquanto refletia sobre isso, a camada de nuvens tornou-se mais transparente. Ela avistou, embora imprecisamente, um grupo de seres humanos – mulheres, homens e até algumas crianças maiores – que parecia escutar atentamente um homem. Ela ouvia a voz dele, mas apenas conseguia vê-lo quando as nuvens se desviavam um pouco.

Thisbe assustou-se ao ver o homem que estava vestido como alguns dos sábios sacerdotes quando empreendiam uma caminhada. Ele usava a mesma capa cor de areia com capuz, e o pano branco fixado na cabeça com duas fitas de cor verde. Fitas desse tipo e dessa cor eram usadas apenas pelos sábios... Thisbe estremeceu. Algo de hostil à vida emanava desse homem. Jamais poderia tratar-se de um sábio. As pessoas que o ouviam estavam em perigo... Nesse momento ele ergueu um bastão onde estava presa uma cruz de traves largas, de igual comprimento.

"Este é o eixo da Terra. Assim foi até agora!" gritou ele com voz rouca. "Vede aqui! Agora o eixo tem esta forma: X! É a forma do novo deus! Eu, seu sacerdote, comunico-vos isto em seu nome!"

Ao mesmo tempo que gritava essas palavras, o pretenso sacerdote começava a virar a cruz.

Quando as traves se encontravam em posição oblíqua, ele ergueu novamente a cruz.

"Nosso novo deus desviou esse eixo, declarando sem validade todas as leis de até agora. Cada um pode fazer o que quiser. Ninguém mais precisa temer castigos. Nem agora e nem após a morte."

"O sacerdote-rei nos proíbe a erva dos 'sonhos embriagantes'! O novo deus também proíbe isso?" exclamou uma mulher jovem atrevidamente.

"Eu sou um sábio. Mas eu não proíbo nada. Meu deus, que também é vosso deus, ama os seres humanos! Não há nada que ele proíba", afirmou o pretenso sacerdote com afinco. "Os seres humanos da Terra devem divertir-se. Por isso estão na Terra. Os homens devem ser, em nome dele, senhores na Terra!"

"E nós?" gritou uma das mulheres, intervindo. "Que somos nós?"

"Vós? Vós sois deusas! Consagrai vossos corpos ao novo deus! Consagrai-os ao amor! Então vereis os homens aos vossos pés."

Após essas palavras, o "sacerdote" fez um sinal, e um menino, aparentemente pertencente a ele, deu com as mãos algumas batidas num tamborim. Aí todos se levantaram. Alguns dançavam e pulavam, cantando e gritando em redor. Eles circundavam duas mulheres velhas que se aproximavam com jarros nas mãos.

"O novo deus é nosso deus", gritavam alguns, depois de haverem bebido dos jarros.

"Embriaguez e amor são os presentes de nosso novo senhor", disse o "sacerdote" melosamente. Enquanto isso, uma das velhas encheu uma caneca, oferecendo-a ao "sacerdote", com um manhoso piscar de olhos.

Alguns dos homens e uma mulher ficaram à parte. Estavam indecisos. O "sacerdote" não os convencera. Eles conheciam as "folhas da embriaguez" e temiam seus efeitos. Um deles conhecia Taffar, o "sábio que cura". Nunca mais poderia enfrentar esse sábio...

"É um impostor que quer nos arruinar", disse a mulher. "Quero sair daqui!"

Após essas palavras ela correu chorando até os animais de montaria. Os homens seguiram-na hesitantemente. Eles também queriam sair. Amaldiçoavam a si próprios por terem acompanhado tal impostor.

O "sacerdote" olhou com um olhar duro e ameaçador para os três homens e para a mulher, a qual tinha acabado de soltar as amarras dos joelhos de seu camelo.

"Vede, a mulher quer fugir! Arrancai-lhe as vestes do corpo!" gritou uma mulher jovem que já tinha perdido toda a inibição, devido à ingestão da bebida embriagante.

Tal convite praticamente não era mais necessário. Mal os três homens haviam soltado as amarras dos joelhos dos animais, e já estavam cercados.

"Traidores! Traidores! Não os deixeis sair! O sangue deles deve correr em honra do nosso novo deus!" gritavam e uivavam todos confusamente.

Thisbe, desesperada, ouviu o uivar e a gritaria. Ela sabia que as mulheres velhas haviam misturado o pó das folhas de *chat* no vinho doce de tâmaras... De repente se fez silêncio. A multidão exaltada largara suas vítimas.

O "sacerdote" estava de pé diante da mulher estendida no chão, com a roupa rasgada, toda arranhada e sangrando. Ela não dava mais nenhum sinal de vida. Com um pontapé ele a empurrou para o lado. Outro pontapé ele aplicou no homem deitado perto dela. A julgar pela poça de sangue, ele também devia estar morto. Com escárnio, o "sacerdote" então olhou para os dois outros homens que sangravam igualmente de vários ferimentos e que mal podiam manter-se ainda em pé.

Com um berro – soava como se um animal bravio tivesse gritado – um dos homens feridos lançou-se sobre o "sacerdote", apertando-lhe o pescoço com suas últimas forças. A multidão ficou de lado, sem nada fazer, olhando perplexa o estrangulamento do "sacerdote".

Thisbe ainda viu que o sacerdote impostor estava morto; a seguir, a camada de nuvens se fechou. A horrível visão terminara.

Ela levantou-se do banco do jardim onde estivera sentada. O cansaço havia sumido. Tinha de falar com alguém. A mulher arranhada e sangrando, no chão, não estava morta. Talvez ainda pudesse ser salva... Sargon não estava na aldeia... Sihor... ele saberia o que devia ser feito.

Sihor, realmente, logo soube o que precisava ser feito. Primeiramente acalmou e consolou Thisbe, pois ela começava a ter medo das pavorosas visões.

— Thisbe, somente por intermédio de teu dom especial nos é possível encontrar e combater os falsos sacerdotes, que com suas mentirosas afirmações estão empurrando para o abismo todos os que lhes dão crédito, disse Sihor, quando Thisbe começou a chorar silenciosamente. Somente tu podes nos indicar os locais onde o mal se concentra! O cumprimento de nossa missão depende de ti! Lembra-te... não foi à toa que o poderoso guia espiritual te mostrou os cultos de ídolos nos diversos pontos da Terra...

Sihor tinha razão. Para que, então, o grande guia se teria ocupado com ela? Ele, o poderoso, a havia introduzido em sua missão... e ela estava sentada ali, medrosa e desalentada. Enxugando rapidamente as lágrimas, pediu desculpas a Sihor. Nunca mais as visões poderiam assustá-la, pois sempre soube que havia sido enviada à Terra para uma determinada finalidade... Sihor, que também ficara triste com as lágrimas dela, suspirou aliviado quando ela o olhou alegre e confiante novamente, e também um pouco envergonhada.

— Hoje é um dia de alegria para mim... apesar de minhas lágrimas. Conheço agora minha missão e sempre estarei pronta a cumpri-la... Pronta para servir com amor e gratidão ao Senhor do Universo...

Thisbe mal se afastara, e Sihor tomou todas as providências para chegar o mais depressa possível ao lugar das atrocidades. Ele lamentava que justamente essa bela região, onde tantas plantas terapêuticas cresciam, fora conspurcada pela presença do impostor. Contudo, ele estava morto... um malfeitor a menos na Terra...

A pequena caravana formada para a salvação dos feridos pôs-se a caminho o mais depressa possível. Viajavam juntos: Sihor, Pasur, Taffar, Reffat e Naema. Levavam consigo uma cabaça com essência para feridas e dois camelos, em cujos lombos haviam fixado tendas nas quais se podia ficar deitado. Com os rápidos camelos de corrida, avançavam celeremente. Cavalgaram durante a noite toda. Ao nascer do sol, intercalaram um breve descanso, depois prosseguiram sem parada. No mesmo dia, ao anoitecer, chegaram ao destino.

Apesar da grande perda de sangue, ainda havia vida na mulher. Sihor logo viu que a alma dela ainda estava ligada ao corpo terreno. Taffar deu-lhe imediatamente algumas gotas do sumo da vida, que cada sábio sempre levava consigo. Reffat lavou tão bem quanto foi possível a sujeira de suas feridas, e a seguir, com a ajuda de Naema, tirou-lhe os trapos, envolvendo-a numa roupa de linho.

Pasur encontrou, nesse meio tempo, os três homens maltratados e mortos. Estavam estendidos no chão, longe do local onde estava a mulher. Encontrou também o "sacerdote" morto. Ele estava escondido embaixo de um monte de folhagens e galhos secos. A cabeça dele estava faltando. Pasur bem podia imaginar como todos ficaram decepcionados quando foram obrigados a ver como o "poderoso deus" deixou que seu servo fosse estrangulado, e como haviam surgido dúvidas neles. Existiria mesmo esse novo "deus"?... E o estrangulado era realmente um sacerdote e sábio, como havia afirmado?...

Os três sábios enterraram os mortos e depois montaram as tendas. Pernoitariam ali e pela madrugada voltariam à aldeia.

A mulher voltou a si lentamente. Taffar deu-lhe na manhã seguinte mais algumas gotas da vida, antes de iniciarem a cavalgada; depois ergueu-a, colocando-a sobre o leito improvisado. Ela suportaria bem a cavalgada... e continuaria a viver na Terra.

Quando a mulher, que se chamava Zora, pôde falar novamente, contou que ela, seus dois irmãos e seu marido tinham vindo de Nairi, e que já se achavam havia meses em viagem. Seu marido conhecia as aldeias dos sábios através de suas viagens de negócio. Ele também conhecia Taffar, "o sábio que cura". Dessa vez seu marido queria procurar a ajuda de Taffar. Ajuda para seus ouvidos, nos quais havia um constante zunir... E seus dois irmãos, continuava Zora a contar, teriam vindo para pedir ingresso na escola dos sábios. Ambos os irmãos criavam camelos de corrida. As suas manadas eram famosas por toda a parte. Mas não sentiam verdadeiro prazer nessa sua vida. Eles queriam aprender com os sábios e, se fosse possível, ficar definitivamente em suas aldeias. Um deles havia matado o falso sacerdote...

À pergunta de Sihor, de onde tinham encontrado o impostor, ela indicou uma localidade à beira do grande rio, distante cerca de seis dias de viagem das aldeias... O falso sacerdote havia-se apresentado como sábio proveniente da Aldeia das Amendoeiras, para anunciar ao povo o "novo e poderoso deus", e para fundar uma nova aldeia em nome do sacerdote-rei. Estava justamente a caminho para conhecer a região escolhida para isso.

Sihor, em espírito, viu o impostor diante de si. Ele viu o mesmo ser humano na escola dos sábios, na Aldeia das Amendoeiras... e viu também como esse antigo aluno, mais tarde, fazia mau uso do saber recebido...

— Ele tinha um menino junto, recomeçou Zora. Esse menino e o pó da embriaguez despertaram a desconfiança em meus irmãos. Tarde demais reconhecemos que não era nenhum sábio, mas sim um impostor. Suas alocuções eram tão convincentes, que muitos acreditaram nele, implorando-lhe para poderem seguir com ele a fim de fundarem a nova aldeia. Pois tratava-se de uma aldeia onde cada um teria o direito de morar, desde que estivesse disposto a servir com sua alma e o seu corpo ao grande "deus do amor"...

Todos os sábios ficaram horrorizados quando souberam das maquinações do impostor. E ainda mais apavorados ficaram, quando Sihor lhes contou que se tratava de um antigo aluno deles, que tão habilmente havia tecido a trama da mentira... Todos estavam de acordo que, futuramente, os homens e as mulheres que pedissem para ser aceitos nas escolas teriam de ser examinados de maneira especial.

Quando, ao regressar de uma curta viagem, o sacerdote-rei soube do caso, logo pediu a Thisbe que visitasse as escolas das três aldeias a fim de verificar se havia ali pessoas com intenções impuras.

Thisbe logo se mostrou disposta, embora não tivesse ideia alguma de como poderia reconhecer quais seriam os alunos legítimos e quais os falsos. Era justamente a época em que os alunos, tendo terminado o seu tempo de ensino, eram dispensados, sendo aceitos novos. Entre os novos alunos, em contraste com os anteriores, havia um número surpreendentemente grande de jovens.

Sargon queria que Thisbe primeiramente visitasse as duas escolas na Aldeia das Rosas Aquáticas. Ele acompanhou-a até lá, uma vez que igualmente tinha algo a tratar naquela aldeia durante alguns dias.

Thisbe visitou inicialmente as aulas da escola de mulheres. Ela sentou-se numa esteira ao lado do "sábio que ensinava", observando disfarçadamente as alunas. Nas escolas de mulheres, ensinavam principalmente "mulheres sábias". O sábio, presente no dia em que Thisbe estava visitando essa escola, falava de condições climáticas, de como podia ser reconhecida a vinda da chuva ou da tempestade, e como cada um, já horas antes, podia sentir o cheiro da chuva... Thisbe escutava atentamente, pois os esclarecimentos dele eram interessantes e instrutivos. De repente, porém, sua atenção foi desviada pelo movimento de mão de uma moça.

A moça apenas fizera um movimento com a mão, como que para espantar um inseto. Não obstante, Thisbe não conseguia desviar dela seu olhar. Olhava fixamente a jovem e bela moça, que começava a se mexer irrequietamente. De repente, Thisbe sentiu um choque. Havia visto direito? Na testa da moça surgiram nitidamente dois traços vermelhos. Dois traços em posição oblíqua. Logo depois uma sombra cobriu a testa. Não apenas a testa. A moça inteira parecia sumir numa sombra.

Thisbe estremeceu. A sombra era constituída de cores. Cores que pareciam sujas. Ela sentiu o fluxo de um perigo desconhecido que essas cores encerravam. Ela queria virar a cabeça, mas não conseguia. Era como se alguém a obrigasse a gravar bem a configuração dessa sombra. Quando finalmente conseguiu desviar o olhar, soube que nunca poderia esquecer essa sombra...

A moça com a marca vermelha na testa estava sentada em sua esteira, com a cabeça abaixada. Ela percebera que estava sendo observada incessantemente pela moça sentada ao lado do sábio que ensinava. De repente ela sentiu ódio. Teria gostado de se levantar de um salto e arrancar com as unhas os olhos da estranha com o "olhar penetrante"...

Thisbe nada percebeu do ódio mortal dirigido contra ela. Olhou atentamente todas as alunas. Terminada a aula, ela pôde informar Sargon a respeito da sinistra configuração de sombra que ela havia visto em mais três moças. Os traços vermelhos, porém, ela pôde perceber apenas na testa da primeira moça.

Enquanto escutava o que Thisbe estava relatando, Sargon tornou-se consciente, com inconfundível certeza, de que a onda de destruição que corria ao encontro dos seres humanos não poderia ser detida. Tristeza e dor ameaçavam dominá-lo.

— O que significam essas sinistras sombras? perguntou Thisbe.

Sargon afastou os pressentimentos sombrios e olhou carinhosamente para a jovem.

— Conheço esse sinal na testa, continuou Thisbe, antes que ele pudesse responder à sua pergunta. É o signo dos servos do anjo caído. Mas o que significam as sombras? As cores lembram-me das aglomerações de nuvens que se formam onde existem adeptos desse "novo deus".

— A moça com o sinal vermelho na testa é ainda muito jovem, disse Sargon pensativamente. O sinal em sua testa é o testemunho de que ela, na vida anterior, já serviu ao anjo caído, tendo-se ligado inseparavelmente a seus servos. Significa o afastamento definitivo da pátria espiritual. Ela porta o "estigma" gravado inapagavelmente na testa de sua alma, isto é, já desde muito tempo... pois já houve muitas espécies de idolatria na Terra, e muitos já foram arrastados conjuntamente para o abismo... Não obstante, a maioria desses marcados pode voltar sempre de novo à Terra, causando novos infortúnios.

Somente quando a irradiação julgadora do Senhor do Universo atingir a Terra, chegará o fim definitivo para eles.

Sargon falara como que para si mesmo. Parecia ter-se esquecido de Thisbe. Somente quando ela lhe perguntou por que a moça chegara à aldeia dos sábios, ele se lembrou da pergunta dela.

— O significado das sombras irei explicar-te somente quando tiveres visto todos os alunos. Não poderás estar presente às aulas dos homens, contudo terás muitas oportunidades para observares os alunos também.

Thisbe acenou concordando e levantou-se. Antes, porém, que ela saísse, Sargon retomou a outra pergunta referente à moça.

— O astuto guia dela certamente a conduziu até nós. Tudo indica que mais tarde ela atuará como "sacerdotisa do amor do novo deus". Pondera, como será fácil a ela conquistar a confiança de pessoas incautas, podendo dizer que viveu nas aldeias dos sábios como aluna...

Ao lado do ensino espiritual, todos os alunos tinham de aprender um ofício de artesão. Os alunos tinham de trabalhar também nos campos e jardins, ou executar outros trabalhos necessários. Os dias eram cheios de atividade. Não havia uma única hora livre. Para o descanso bastava a noite.

Thisbe pôde, ainda no mesmo dia, observar os alunos. Entre os quarenta alunos havia oito "abraçados pela sombra". Contudo, não pôde ver em nenhum deles o estigma vermelho na testa. Na manhã seguinte, quando todos se dirigiam à "casa do saber", ela mais uma vez observou bem cada um separadamente. O resultado foi o mesmo. Oito estavam envoltos pela sombra. Foi também nessa manhã que a moça com o estigma na testa, dominada pelo ódio, tentou assassinar Thisbe.

Thisbe estava a caminho da casa de trabalho das mulheres, situada algo afastada, pois queria ali ajudar a tecer, quando, admirando, parou ao lado de uma velha romãzeira em flor. Por toda a volta cresciam arbustos novos de amoras e de outras frutinhas vermelhas, cuja folhagem reluzia qual metal polido.

Enquanto ela estava parada sob os galhos da velha árvore, dando a entender ao elfo da árvore quanto admirava a sua bela árvore, notou que atrás dela um dos galhos compridos se agitava fortemente. Era como se crianças estivessem balançando-se nele. Repentinamente, porém, ela viu vagamente pequenas figuras pularem do galho e desaparecerem na terra. Foi tudo tão rápido, que ela apenas pôde pressentir terem sido os gnomos da terra que haviam movido o galho por algum motivo. Pareceu-lhe estranho, uma vez que os gnomos nunca deixavam seu elemento, a terra... Talvez tivessem pulado no galho para, de brincadeira, assustarem-na.

Ela já queria ir embora quando viu Rahman, o servo e amigo de Sargon, parado. Dava a impressão de estar atentamente concentrado. Ela deu alguns passos e parou surpresa. Poucos passos além do galho que tão fortemente havia balançado, ela viu a moça com o estigma na testa. Ao mesmo tempo percebeu o indescritível medo refletido nos olhos da moça, a qual permanecia parada, estarrecida.

Thisbe riu ao ver o motivo desse medo. Uma comprida e delgada serpente, de cor cinza-claro, pendia num dos braços da moça. A serpente tentava visivelmente voltar para o chão...

— Tira-a da moça, Rahman. É pois apenas uma das boas caçadoras de camundongos!

Rahman parecia não ter escutado, pois continuava a observar atentamente a moça. A serpente enrolou-se no corpo da moça, deslizando a seguir em direção aos arbustos. Thisbe estava tão surpresa em relação ao comportamento de Rahman, que igualmente ficou parada e quieta ao lado dele, aguardando. O que ele estava esperando? Por que não acorrera em auxílio da moça?

Quando a serpente desapareceu, a moça rapidamente se afastou. Mas Rahman seguiu-a. Thisbe, indecisa, acompanhou-os com o olhar. Deveria segui-los? Não. Resolveu ir até a casa de trabalho e ajudar as mulheres. Mais tarde, Rahman certamente lhe explicaria seu estranho comportamento.

Rahman não perdeu de vista um momento sequer a mulher que caminhava à sua frente. Ela era perigosa. Possuía o olhar de serpente, despertando maus instintos nos homens... Depois ele viu um movimento dela e virou-se rapidamente para o lado. O punhal, que habilmente ela atirara contra o rosto dele, passou de lado, deixando de atingi-lo por pouco. Ao perceber que não o havia atingido, ela afastou-se correndo, como que perseguida. Rahman apanhou a arma pontiaguda, dirigindo-se com ela à casa onde Sargon dava aulas supletivas aos alunos que queriam tornar-se sacerdotes.

No dia anterior, depois de ouvir de Thisbe que entre as alunas jovens havia uma moça com o estigma vermelho na testa, Sargon logo havia mandado chamar Rahman. Aquela mulher tinha de ser vigiada. Ela não poderia ter deixado de notar que Thisbe a havia fitado penetrantemente. As apreensões dele eram mais do que justificadas.

Sargon não sabia que a moça marcada, logo depois da aula, se queixara de Thisbe junto à professora. Primeiramente a professora não compreendera a que a moça se referia, ao dizer que mesmo nas aldeias dos sábios ninguém tinha o direito de roubar os pensamentos dos outros...

Rahman permaneceu apenas um curto lapso de tempo com Sargon. Ele imediatamente recebeu a ordem de acompanhar Thisbe até a Aldeia das Amendoeiras, permanecendo sempre nas proximidades dela. Ele não precisava mais preocupar-se com a perigosa mulher.

Mal Thisbe entrou na casa de trabalho, e já vieram apanhá-la. Ela queria saber o que estava acontecendo. Primeiro o estranho comportamento de Rahman, e agora ela tinha de dirigir-se à próxima aldeia antes do previsto! Sargon devia ter um motivo especial para tal medida...

No bosque dos *dschedjins,* situado algo afastado da Aldeia das Amendoeiras, Rahman fez os animais pararem, ajudando Thisbe a descer de seu cômodo assento. Ele queria explicar-lhe seu comportamento estranho.

Mas antes que ele soubesse como começar, Thisbe perguntou por que ele não havia libertado a moça daquela cobra inofensiva.

— Por que deveria eu libertar aquela mulher com o olhar de serpente? A cobra foi de grande ajuda. O animal, provavelmente, não tinha nenhuma vontade de se alojar naquela mulher! Vi, porém, como alguns gnomos da terra o obrigaram, sacudindo violentamente o galho onde ele estava deitado.

— Eu também vi os pequenos ágeis pendurados no galho, exclamou Thisbe alegremente.

— A mulher má andava furtivamente atrás de ti, disse ele em seguida, ainda indignado. O punhal que ela tinha na mão era bem afiado.

Thisbe parecia não se preocupar com o fato de que alguém quisera feri-la ou até matá-la. Uma outra coisa a preocupava. Rahman olhou-a com admiração. A pequena senhora era identicamente corajosa, como seu grande amo...

— Dize-me, Rahman, por que a denominas "mulher com o olhar de serpente"? Não foram as serpentes criadas pelo Criador onipotente, como todos os outros animais? Eu sei de Sargon que a serpente corporifica a pesada matéria da Terra. Ela é, portanto, o símbolo da matéria terrena.

— Estás me obrigando a pensar, senhora, disse Rahman rindo. Sempre perguntas o contrário daquilo que a gente espera. Se eu digo "olhar de serpente", então não tenho a intenção de ofender os animais. Já observaste alguma vez uma serpente venenosa imobilizar, somente com o olhar, animais pequenos e incautos que ela quer engolir, de modo que esses cambaleiam diretamente para sua boca aberta?

Não, Thisbe jamais havia observado algo assim, mas sabia que havia tais serpentes; ela mesma, porém, nunca havia visto uma delas. Apenas conhecia as de cor cinza-claro, que nunca incomodavam uma pessoa. Eram animais úteis, pois mantinham as lavouras livres de uma certa espécie de toupeiras nocivas.

— As cinzentas não têm esse olhar, disse Thisbe.

— Não, essas não. Pelo contrário. Elas nos prestaram uma vez um grande serviço, começou Rahman. Há muitos anos, precisamente quando meu amo fazia uma longa viagem, um número incontável dessa espécie de toupeiras invadiu nossos bem preparados campos de cultivo. Aliás, pouco antes da época da semeadura.

As crianças que trabalhavam em seus próprios pequenos campos foram as primeiras a ver esses animais daninhos. Da noite para o dia nossas terras preparadas ficaram cobertas de pequenos montes de terra. As crianças também foram as primeiras a recorrer imediatamente a seus amigos, os gnomos da terra, pedindo socorro.

Nós, naturalmente, pedimos também, pois quem, a não ser eles, nos poderia ter ajudado?

Os gnomos nos auxiliaram de maneira inesperada. Três dias depois vimos serpentes de barriga cheia, estendidas em todos os campos de cultivo. Eram as de cor cinza-claro que nós ainda desconhecíamos. Pareciam tubos compridos e cheios, pois essa espécie consegue comer muito.

As crianças gritavam de alegria, ao ver por toda a parte as gordas e compridas serpentes. Corriam e pulavam travessas pelas terras, tropeçando sobre os animais satisfeitos, que mal podiam locomover-se. Às vezes víamos rapidamente os gnomos da terra e agradecíamos pelo trabalho que eles tiveram para concentrar tantas serpentes. Aqueles animais nocivos haviam, pois, atacado todos os campos de cultivo das três aldeias. As serpentes estavam por toda a parte dizimando os animais daninhos.

Em poucos dias, as terras estavam livres dos intrusos, e a semeadura pôde começar. Muitos dos animais nocivos provavelmente fugiram das serpentes, pois nunca mais os vimos. Desde aquele tempo a serpente cinza-claro é considerada um animal doméstico. Mas ela conhece o seu lugar e vive sua vida às escondidas. Avistamo-la apenas mui raramente.

Thisbe escutara divertidamente. Agradeceu a Rahman por ter-lhe contado essa ocorrência, e caminhou à frente dele até a aldeia. Como sempre, ela ficava alojada junto à esposa de um sábio, sendo tratada carinhosamente.

Ao anoitecer do dia seguinte, chegou Sargon, e Thisbe pôde comunicar-lhe o que havia observado entre os alunos.

Duas moças portavam em sua testa o estigma vermelho, mas apenas uma estava "abraçada pela sombra".

Entre os homens não havia nenhum com o estigma vermelho, mas havia dez envolvidos pelas sombras perigosas.

Sargon estava abalado. Qual seria o resultado em sua aldeia? Na madrugada do dia seguinte, ele voltou juntamente com Thisbe e Rahman. Thisbe não perdeu tempo. As aulas sempre começavam pouco depois do raiar do sol. Junto com a professora, ela entrou na grande e arejada casa do saber. Todas as alunas estavam presentes, saudando Thisbe alegremente, e nem se admiraram de que ela se sentasse na esteira perto da professora.

Quando um silêncio absoluto reinava no recinto, e as alunas, sentadas, aguardavam atentamente, a professora, que tinha grau sacerdotal, começou a falar:

— Na última aula o sacerdote-rei vos contou do pretenso novo deus do amor e do horrível culto relacionado a esse deus. Sabeis que atrás desse culto se esconde "Septu", o anjo caído.

Especialmente vós, mulheres e moças, estais em perigo! Os primeiros servos de Septu falam de amor e de um deus particularmente afeiçoado a vós. Na realidade, eles querem separar-vos do amor que vos liga ao céu! Septu e seus servos estão desde a eternidade e para todo o sempre separados do amor, do amor que flui do coração do onipotente Criador, e somente esse amor encerra a vida e a felicidade.

Os servos de Septu, quando falam de amor, entendem com isso os vícios, a embriaguez e a maculação de vossos corpos terrenos! Com o vosso auxílio eles querem fazer com que os homens sejam escravos de seus instintos! Uma vez que eles mesmos, tal como seu amo, estão excluídos e separados da Luz do amor, eles se vingam agora em todo o gênero humano...

Um bater de palmas interrompeu a narrativa da professora, como sinal de que uma das alunas tinha algo a dizer. A professora, de nome Mahinim, acenou consentindo com a cabeça, e olhou interrogativamente para a moça que se levantara de sua esteira para falar.

— Eu e algumas outras mulheres, começou a moça proveniente de Cheta, achamos cruel que os sacerdotes do maravilhoso "deus do amor" estejam arrancando o coração do corpo vivo dos filhotes de animais! Eles poderiam obter de outro modo o sangue que lhes dá forças!

Agora, não somos apenas nós, mas também alguns dos alunos são de opinião que as sacerdotisas do amor, que servem ao novo deus, nada têm a ver com os atos desses sacerdotes! As sacerdotisas, pois, só querem dar amor! Os homens devem chegar a conhecer o amor por intermédio delas! Algumas de nós acreditamos que o amor está encerrado dentro do corpo! O novo deus do amor deseja que nós o libertemos!

A moça de Cheta sentou-se rapidamente após essas explanações. Aparentemente estava contente por tê-las concluído.

Na sala de aula reinava um silêncio opressor. Ninguém esperava tais declarações! A maioria das mulheres e moças estava apavorada, olhando medrosamente para a professora.

Mahinim precisou reunir todo o seu autodomínio para não expulsar a moça imediatamente e para sempre da casa do saber.

Thisbe, que não tinha desviado o olhar da oradora, estava surpresa em ver apenas a sombra envolvendo a moça. A julgar pelas palavras dela, ela havia esperado encontrar o estigma vermelho em sua testa. Logo depois, porém, ela avistou esse estigma na testa de duas bonitas moças, sentadas à esquerda e à direita daquela que falara. Pouco mais tarde ela pôde perceber as sombras em mais quatro mulheres...

Mahinim ainda nada dissera. Ela estava olhando para as alunas, as quais, exceto poucas, em breve voltariam para seus lares. A moça de Cheta constituía para ela um enigma. O que pretendia ela na escola dos sábios?

— Conta-nos do verdadeiro amor, exclamou de repente Meike, uma moça de Sabá, que frequentava a escola juntamente com sua mãe.

O pai de Meike havia sido apunhalado por salteadores.

— Sim, conta-nos dele, sábia Mahinim! exclamaram agora outras moças também.

— Tenho anseio pelo amor! exclamou Meike novamente. Eu não acredito que o amor possa viver num corpo que depois da morte é enterrado!

Mahinim não tinha vontade de falar de amor. Ela sentiu uma tristeza desconhecida ao pensar nos crimes que ainda seriam cometidos em nome do amor até a época do Juízo. Mas Meike e as outras a olhavam tão insistentemente, que ela teve de dizer algo sobre isso.

Com um profundo suspiro ela começou:

— É um escárnio, os servos de Septu falarem de amor... O amor que liga dois seres humanos floresce primeiramente nos jardins das almas. É um momento de brilho que circunda os que se amam com um halo dourado de luz. As criaturas humanas na Terra nada sabem dessa refulgência dourada que une suas almas em felicidade. Muitas vezes esse brilho dourado do amor já está unindo duas almas há muito tempo. Proveniente ainda de vidas terrenas anteriores.

Quando Mahinim fez uma pausa, pois o falar tornara-se-lhe difícil, Meike perguntou:

— E na Terra? Como essas duas pessoas se reconhecem?

Agora Mahinim, apesar de tudo, teve de sorrir ao ver o rosto preocupado da jovem de Sabá.

— Dois seres humanos cujas almas estão ligadas em amor sempre se reencontram. Apesar de todas as distâncias que muitas vezes existem entre eles. Para isso cuidam os acompanhantes espirituais que ajudam todos os seres humanos terrenos. Esses acompanhantes superam os obstáculos do ambiente, conduzindo os que se amam, de tal modo, que eles se encontrarão no momento para isso determinado.

Mahinim escutou o profundo e aliviado suspiro proveniente das fileiras das alunas, mas continuou a falar imutavelmente.

— Existem sempre, naturalmente, exceções. Pode acontecer, então, que duas pessoas ligadas animicamente entre si não vivam na Terra ao mesmo tempo. Mas eu pressinto que no futuro os acompanhantes espirituais não mais poderão aproximar os seres humanos que já estiveram unidos animicamente. Por quê? A resposta deveis conhecer.

Mahinim ficou esperando. Uma vez que ninguém dissesse palavra alguma, Thisbe pediu licença para responder. Com o consentimento da professora, ela então disse que não mais haveria a felicidade do amor para as pessoas que se deixassem capturar nas redes dos servos de Septu.

— Uma moça que deixa o caminho iluminado pelo sol de graças do onipotente Criador para seguir o novo "deus do amor" pertence aos excluídos. O mesmo diz respeito ao homem. Um retorno ao caminho da graça é quase impossível. Quem se encontra dentro da rede tecida pela mentira, mal pode ter ainda esperança de salvação.

A moça que sentava ao lado esquerdo da de Cheta riu zombeteiramente.

— A mentira está com vós mesmos! gritou odiosamente.

Mahinim assustou-se, mas Thisbe permaneceu sentada calmamente, aguardando. Ela lamentava que dentro das aldeias, que constituíam o coração do saber espiritual, tais criaturas pudessem intrometer-se.

— Continua a falar, Thisbe! exclamou Meike.

— Nada sabeis de amor, gritou a moça mais uma vez. Esperar por um único homem?

Ela parecia sufocar-se de ódio, pois mal conseguia exprimir-se.

— Cala-te! disse Mahinim levantando-se! Não ouses elevar a voz aqui mais uma vez! Falando de amor, estás pensando na maculação de teu corpo! O corpo é tua propriedade. Podes fazer com ele o que desejares! Podes abusar dele o quanto quiseres. Isto seria apenas um pequeno delito contra ti mesma! Mas é um crime falares de amor, sendo serva de Septu!

Mahinim fez um gesto com a mão, profundamente abalada. A aula estava terminada. Ela queria ficar sozinha. Thisbe, igualmente, deixou a casa do saber. Não esperou por Mahinim, pois, antes de ir para casa, ainda queria ver os alunos que logo deveriam chegar. Ela sabia que hoje Horam lhes daria aula.

Thisbe deslizou para baixo dos galhos de uma "árvore de bebês", nas proximidades da casa do saber, e ficou aguardando. Dali ela podia, sem ser vista, observar perfeitamente cada um que entrasse na casa do saber.

Geralmente pendiam nos galhos baixos e frondosos dessas árvores um ou mais cestos alongados. Eram berços trançados de junco, nos quais os recém-nascidos passavam seus primeiros meses de vida.

As mães que tinham afazeres fora do lar levavam os berços para uma das árvores de bebês – existiam várias delas em cada aldeia – e penduravam-nos num dos galhos fortes. Após haverem alojado os berços no meio da reluzente e aromática folhagem, elas sossegadamente se entregavam ao seu trabalho.

Em nenhum outro lugar as crianças eram tão bem guardadas. O respectivo elfo das árvores, sob cuja especial proteção essas crianças se encontravam, balançava os berços tão logo elas ficassem inquietas, ou brincava com elas. Geralmente vinham também outros *dschedjins* para "ajudar a guardar" os bebês.

Ao voltar de suas tarefas, as mães encontravam seus filhos rindo ou dormindo. Antes de retirar os berços, elas agradeciam ao elfo da árvore, a quem, em contraste com seus bebês, apenas raramente avistavam; só então desapertavam os cintos trançados, dirigindo-se para casa com seus cestos.

Thisbe não estava pensando nas crianças nem nos satisfeitíssimos elfos das árvores, que podiam guardá-las. Seus pensamentos se concentravam nas moças marcadas. Ela não compreendia que alguém pudesse abandonar o caminho seguro para entrar numa desconhecida região pantanosa. Mas afastou esses pensamentos, pois já estavam chegando os primeiros alunos. Eram homens já de certa idade, que em breve voltariam para suas pátrias, a fim de lá ajudar outras pessoas, com o saber adquirido na aldeia.

Thisbe olhou cada um minuciosamente. Deles, nenhum portava o estigma vermelho na testa, mas quase metade estava envolta pela sombra.

Quando todos os alunos estavam na casa do saber, Thisbe saiu debaixo dos galhos. Respirava aliviada, por estar pronta com o "teste" dos alunos. Agora ela podia levar os resultados para Sargon.

Depois de Sargon ter ouvido o relato de Thisbe, ele reuniu-se com um grupo de sábios, mulheres e homens, para decidir sobre as medidas a serem tomadas em relação aos marcados. Todos ficaram abalados com o fato de haver criaturas como essas em seu meio.

— Essas moças devem ter perdido a ligação com as irradiações do amor já há longos tempos, disse Horam pensativamente. Suas almas já estavam marcadas quando nasceram desta vez na Terra.

Sihor, o vidente, deu razão a Horam.

— Quanta desgraça essas criaturas já devem ter causado a seus semelhantes em vidas terrenas anteriores! Sacerdotisas do amor! Amor! Como são astutos os servos do mal! Não poderiam ter encontrado um engodo melhor do que inventar um novo "deus do amor", a fim de prender as mulheres em suas redes! O amor que eles conhecem é um fogo de artifício dos instintos, acendido sempre de novo pela "embriaguez verde" e pelos rituais sangrentos e imorais!

Sihor calou-se, fechando os olhos atormentado. Como eram horrorosas as visões do futuro! Pobre humanidade! Tomara que não precisasse ver mais nada!

— O poder está nos corpos das mulheres! disse Gum-Kobe baixinho, quando Sihor parou de falar. Abençoadas para toda a eternidade sejam as mulheres cujos corpos são receptáculos da pureza! Somente elas trazem felicidade ao mundo! As outras, cujos corpos são receptáculos de vícios, atraem a desgraça e difundem a infelicidade! Cada mulher que utiliza seu corpo como engodo peca contra o espírito do amor! Que os poderosos guias preservem os homens de tal espécie de mulheres! Os homens estão em perigo, pois são peregrinos irrequietos na Terra, e muito maleáveis!

As palavras de Gum-Kobe estavam cheias de amargura. Jamais alguém o ouvira falar desse modo. Mas ele tinha razão.

Sargon dirigia-se agora aos presentes, dizendo serenamente:

— As disposições que recebemos dos poderosos guias espirituais a respeito dos marcados são inequívocas! Seres humanos com doenças incuráveis e ao mesmo tempo contagiosas devem ser isolados a fim de não constituírem nenhum perigo para seus semelhantes! Devem desaparecer da Terra. Essa é a única possibilidade de isolá-los e de proteger os sadios.

Após Sargon ter terminado de falar, Thisbe, que também estava presente, disse que, segundo sua opinião, os grandes guias agiriam contra os marcados, com o auxílio dos *dschedjins*.

— Os poderosos guias tudo farão para manter a Terra livre de tais criaturas, enquanto for possível.

Sargon e os outros estavam desejosos de que assim fosse. Nunca recuariam, em se tratando de destruir essa espécie de elementos nocivos. Não obstante, iriam sentir-se aliviados, se os corpos terrenos das mulheres e moças marcadas fossem mortos sem a sua participação.

Thisbe tinha razão. Enquanto os sábios ainda estavam reunidos na casa das revelações, tinha chegado da Aldeia das Rosas Aquáticas a notícia que dois peregrinos haviam encontrado o cadáver de uma moça, ao lado do pântano. Ainda não tinham conseguido verificar a causa da morte, visto o corpo não apresentar nenhuma ferida.

Por ordem de Sargon, Rahman e Taffar imediatamente se puseram a caminho da Aldeia das Rosas Aquáticas.

Eles encontraram a moça morta no pequeno pátio onde sempre ficavam os falecidos, antes de enterrá-los. Rahman reconheceu-a imediatamente. Era a criatura que com um punhal na mão espreitara sua pequena senhora, Thisbe. Depois de ter constatado isso, ele deixou o pátio, sem lançar mais nenhum olhar para a morta. Para ele bastava que ela não mais vivesse na Terra.

Com Aphek, o sacerdote-médico da Aldeia das Rosas Aquáticas, passou-se o mesmo que com Rahman. Ele estava grato por ter sido eliminada a criatura que queria fazer mal a Thisbe. Não obstante, a causa da morte interessava-lhe. Quando os peregrinos a encontraram, ela nada tinha no corpo, a não ser uma capa branca de lã. Nada indicava que ela tivesse sido vítima de algum ato de violência...

Taffar, que contemplara perscrutadoramente a morta, virou-se para sair. Aphek já havia deixado o pátio. Ele falava com três homens totalmente consternados; tratava-se de alunos que também frequentavam a casa do saber.

— Encontrávamo-nos frequentemente com a moça à noite, disse um dos três, desesperado. Estávamos apenas curiosos. Ela sabia tudo sobre o novo deus do amor... Nossas reuniões não eram próximas do pântano, pelo contrário, em lugar oposto: no velho marco indicador de caminho. Na noite em que ela morreu, tínhamos combinado novamente uma reunião. Mas ela não veio. Isso nunca tinha acontecido. Esperamos um longo tempo...

— Ainda hoje vamos deixar a aldeia, interrompeu outro dos três. Nossos pensamentos estão junto dela...

Aphek acenou concordando. Era bom que esses três homens abandonassem a aldeia. Eles já estavam ocupando-se demasiadamente com Septu. Poderiam tornar-se um perigo para os outros.

— Eu pressinto a causa da morte da moça, disse Aphek para Taffar. Quando os peregrinos a trouxeram, a expressão dos olhos dela me chamou a atenção. Davam bem a impressão de como se ela se tivesse assustado "mortalmente" com algo. É melhor irmos logo até o pântano, pois tais ocorrências deixam sombras e formas. Essas configurações de sombras se mantêm geralmente durante vários dias.

Taffar era da mesma opinião. As causas do susto mortal ainda se refletiriam no local.

O velho marco indicador de caminho situava-se num bosque de palmeiras. Aphek e Taffar mal entraram no caminho que levava até o bosque, e já distinguiram, com seus olhos aptos a traspassar a pesada matéria, uma figura quimérica envolta por uma capa branca, andando na frente deles. A figura parecia não ter pressa, pois várias vezes olhava para trás e ficava parada. Aphek e Taffar sabiam que tinham à sua frente a moça cujo corpo estava estendido no pátio, e que ela na noite anterior havia andado pelo mesmo caminho.

Um pouco antes do bosque das palmeiras, deu-se um acontecimento imprevisto. A moça soltou um grito pavoroso, correndo como que perseguida através dos campos cultivados. Taffar e Aphek, estarrecidos, ficaram parados. Por que aquele horrível grito que nada mais tinha de humano?

Por quê? Três repugnantes figuras corcundas perseguiam a fugitiva. Aphek ainda pensou que se todos continuassem a correr daquela maneira teriam de acabar no pântano; então também ele e Taffar correram na mesma direção. Com seus corpos terrenos eles não avançavam tão rapidamente como as formas fora da matéria, que corriam na dianteira.

Taffar e Aphek viram de longe como os perseguidores alcançaram a moça pouco antes do pântano e a derrubaram, lançando-se sobre ela. Contudo, quando eles chegaram ao local do crime, apenas uma das horrorosas formas humanas ainda estava ajoelhada sobre a moça, apertando-lhe a garganta. As outras duas estavam de pé, ao lado, com as mãos cheias de sangue, ofegantes e com os rostos desfigurados de raiva.

Enquanto os dois médicos observavam essa cena, as configurações humanas começaram a perder seus contornos. Tornaram-se difusas e turvas, dissolvendo-se a seguir.

Aphek e Taffar lentamente se puseram a caminho de casa. Era uma maravilhosa noite de luar, preenchida pela fragrância de lírios. Às vezes ficavam parados, olhando para o vislumbrante mundo em redor, observando as corujas deslizarem sobre os campos. Como o amor do onipotente Criador havia presenteado tão ricamente o ser humano! Em meio da maravilhosa natureza, era-lhes permitido viver e trabalhar. Que graça inimaginável isso constituía!

Taffar e Aphek não encontravam palavras para expressar a gratidão que sentiam. Na realidade, toda a sua vida era um hino de gratidão em honra do Criador...

Ao se aproximarem das casas da aldeia, Aphek parou e disse:

— A causa da morte da moça sabemos incontestavelmente. Apenas eu me pergunto por que ela não percebeu que seus perseguidores não eram seres humanos de carne e osso. Ela devia ter visto que se tratava de almas humanas que não mais viviam na Terra. Talvez fossem apenas formas que a perseguiam. Suficientemente assustadoras, porém, elas pareciam!

Taffar também pensara sobre isso.

— Suponho que ela, nessa noite, tenha podido ver com os olhos de sua alma, disse ele pensativamente. Talvez fossem apenas breves momentos... Os perseguidores deviam ser seus conhecidos de vidas terrenas anteriores. Ela deve ter reconhecido essas criaturas abomináveis. O medo dela certamente não era infundado... Com certeza estavam unidos por cadeias entre si, devido a um grave delito.

Taffar sentiu calafrios ao pensar na morta. Agora, muito menos ela poderia escapar dos seus perseguidores. Apenas uma nova encarnação terrena poderia libertá-la temporariamente deles. Contudo, até lá passaria ainda muito tempo. Muito provavelmente iriam encarnar-se então todos quatro, causando males mutuamente.

Taffar lembrou-se das palavras de Thisbe. Ela tinha razão ao dizer que segundo sua opinião os grandes e poderosos guias, juntamente com os *dschedjins,* agiriam contra os marcados.

Aphek também estava pensando em Thisbe, mas com grandes preocupações. Ele sabia que ainda havia outras pessoas marcadas. Estremeceu ao pensar que algum mal pudesse ser feito a ela.

— Ela se acha sob forte proteção, disse Taffar, sabendo perfeitamente o que se passava com Aphek. Todos os *dschedjins* são seus guardiões. Além disso, Sargon mandou protegê-la especialmente. De Rahman nada escapa.

Uma semana depois de terem encontrado a morta ao lado do pântano, um viajante comunicou a Sargon que uma aluna a caminho de sua cidade natal fora mordida por um camelo, e de tal modo, que morrera.

— As ervas, que em tais casos sempre davam bons resultados, não tiveram nenhum efeito nela, acrescentou o transmissor da notícia, sem a ter compreendido, pois nunca ouvira falar que alguém tivesse morrido de uma mordida de camelo...

Sargon sabia de que moça se tratava. Ela havia-se juntado a uma caravana com a permissão dele...

As outras moças marcadas, que furtivamente haviam deixado as aldeias, também não chegaram aos lugares de seu destino. Pois Thisbe chegou um dia a Sargon, dizendo que os *dschedjins* haviam-lhe mostrado esqueletos humanos em dois lugares diferentes.

— Ao lado, havia cintos verdes. Eram os mesmos cintos com que nossas alunas prendiam suas vestes.

Para Sargon não havia nenhuma dúvida de que se tratava das moças marcadas. Ele respirou aliviado, pois sentiu intuitivamente que por enquanto o perigo passara. No futuro, as pessoas que quisessem ser admitidas nas escolas teriam de ser examinadas...

— Dois alunos também se afastaram das aldeias. Desapareceram junto com as moças. Para aonde terão ido?

— Não vi esqueletos masculinos, disse Thisbe. Provavelmente escaparam com vida... E homens não são tão perigosos como mulheres, acrescentou ela pensativamente.

Restavam ainda os alunos envoltos por um fluido, que parecia uma sombra, designado por Thisbe mui acertadamente de perigoso. Nenhum desses alunos era adepto de Septu, não obstante estarem todos enveredando para um abismo.

— Estou pensando nas sombras! disse Thisbe, interrompendo os pensamentos de Sargon. O que será daqueles que ainda estão aqui? São sombras misteriosas e feias que os envolvem!

— As sombras não encerram nada de misterioso, disse Sargon, algo abatido. Elas apenas significam que os respectivos seres humanos em alguma época chegaram a conhecer a embriaguez fria e sem amor dos sentidos, tendo concentrado nisso, desde então, todos os seus desejos, cobiças e pensamentos. Se tais desejos, pensamentos e cobiças forem muito intensos, adquirem formas que se assemelham a sombras constituídas de cores sujas, podendo-se dizer também fluidos, que envolvem as respectivas pessoas, separando-as de todo o mundo superior e, com isso, do amor.

Sargon calou-se. De bom grado teria ajudado os alunos. Mas não existiam palavras que pudessem traspassar tal espécie de parede separadora.

— Seres humanos envoltos por tais sombras ou fluidos, recomeçou ele, sempre procurarão o amor onde ele não existe, pois sempre se sentirão atraídos por criaturas envoltas pelo mesmo fluido. Encontrando, porém, no decorrer de suas várias vidas terrenas uma pessoa pela qual sintam um amor puro e verdadeiro, essa sombra irá colocar-se separadoramente no meio, a não ser que o respectivo ser humano se tenha livrado dela antes, o que, porém, raramente acontece.

Thisbe, com seu íntimo ainda meio infantil, pouco havia entendido das explanações de Sargon. Somente mais tarde ela se tornaria consciente do seu significado. Ela perguntou:

— Será que não se poderia ajudar esses alunos? Em nenhum deles vi o estigma vermelho na testa.

Sargon olhou-a admirado.

— Ajudar? Nossos alunos já nas primeiras aulas são avisados dos perigos que cada um atrai para si, se os pensamentos e os desejos não vibrarem conjuntamente com o ritmo celeste! Eles, pois, não estavam desprevenidos ao nutrirem pensamentos e desejos que não vibram nesse ritmo. Como se poderá ajudá-los? Eles escolheram livremente o que lhes pareceu mais atraente!

— Por que não tens uma esposa, Sargon? perguntou Thisbe repentinamente, ao contemplar seu belo rosto bronzeado, no qual ainda havia um brilho juvenil.

— Por quê?

Sargon olhou Thisbe um certo tempo, perscrutadoramente, antes de responder. Era como se estivesse refletindo bem no que iria responder.

— Não achei a mulher ao lado de quem eu poderia ter vivido, disse finalmente. Em todo o caso, não enquanto era tempo para isso... Não obstante fui feliz. Através de minha vida laboriosa vivenciei as pequenas alegrias do dia a dia, da mais variada maneira... Em breve minha estada na Terra estará terminada...

Com essa notícia, os olhos de Thisbe encheram-se de lágrimas. Ela ergueu as mãos para ele e olhou-o como que implorando...

— Não!...

Ela não podia imaginar uma vida sem Sargon. Separar-se do grande companheiro de sua infância, Pyramon, já fora difícil...

Sargon tomou as mãos de Thisbe entre as suas. Amor refletia de seus olhos brilhantes ao olhá-la. Ele sabia que estariam separados apenas por pouco tempo. Por isso disse:

— Ainda permanecerei aqui por algum tempo. Mesmo depois de meu falecimento, ficarei em tuas proximidades, até que tu também deixes a Terra.

Depois dessas palavras, ele se levantou. Thisbe também se levantou. Ela se sentiu consolada e fortalecida com as últimas palavras dele. Com as mangas largas da roupa ela enxugou as lágrimas.

— À tua frente ainda se encontra uma viagem para o Egito, disse Sargon antes de deixar a casa juntamente com ela.

— Para o Egito?

Thisbe quis saber algo mais pormenorizado, porém Sargon recusou sorrindo.

THISBE ainda ficou mais cinco anos na aldeia. Durante esse tempo ela recebeu por intermédio de Gum-Kobe a consagração de sacerdotisa. Posteriormente começou a dar aulas de saber espiritual às mulheres e moças. Sua missão principal, porém, continuou sendo descobrir os lugares onde os servos de ídolos se concentravam. Esses locais, muitas vezes, se encontravam bem distantes, mas sempre ainda dentro da região de influência dos sábios.

Tão logo em algum povo, tribo ou em qualquer região desabitada, surgissem os assim chamados videntes e sacerdotes de ídolos, os guias espirituais extraordinários vinham mostrar a Thisbe as zonas em perigo. Thisbe sempre gravava alguns sinais característicos, com os quais ela podia descrever nitidamente ao sábio indicado as pessoas e os locais que ela havia visto. Geralmente era Sargon, Gum-Kobe ou Horam, a quem ela informava sobre tudo. Um dos três punha-se então logo em contato com os sábios mais próximos dos locais em que os adeptos do diabo se concentravam. Os sábios que recebiam da Aldeia do Templo tais mensagens procuravam e sempre encontravam os mencionados lugares com a ajuda dos guias espirituais.

Certa vez, um desses sábios encontrou na região indicada um grande grupo de pessoas, algumas nuas e outras seminuas, deitadas no chão como que narcotizadas. Não era difícil reconhecer que todo o grupo estava mergulhado na "embriaguez verde". Apenas um homem e duas mulheres pareciam estar em estado normal. Esses três, "o sacerdote e duas ajudantes", olhavam estarrecidos para o sábio que, de repente, estava perto deles.

O sábio não disse palavra alguma. Ele apenas olhou para os três.

— Eles tomaram demais do pó verde, disse após certo tempo uma das mulheres. Todos vivem! Logo acordarão!

Os três consideraram o sábio, primeiramente, como uma aparição e tentavam justificar-se.

— Eles estão sonhando e são felizes, ousou o homem dizer, o qual mais parecia estar com medo. A embriaguez verde liberta os seres humanos do peso terrestre...

Mais, ele não conseguiu dizer.

O sábio, que detestava particularmente o pó verde entorpecente, por tornar os seres humanos fracos e acessíveis a toda a sorte de males, caminhou ameaçadoramente ao encontro dele. O "sacerdote" começou a tremer ao ver o sábio, que lhe parecia enorme e perigoso. "Fugir, só fugir", senão aquela aparição, cujos olhos já estavam em brasa, o queimaria...

Antes de as duas "ajudantes" saberem o que se passava, o "sacerdote" fugiu como que perseguido. Ele não iria longe. Disso os auxiliadores espirituais e os *dschedjins* se encarregariam...

O sábio virou-se e olhou enojado para as pessoas deitadas no chão. O pó verde sugava-lhes a força do corpo, roubando-lhes toda a dignidade humana. A idolatria com os infames sacrifícios sangrentos já era suficientemente horrível. Juntando-se a isso o entorpecente, então não havia escapatória para as pessoas que se entregavam a esse culto. Ficavam submissas a Septu eternamente...

Os sacerdotes do novo "deus do amor", Septu, usavam, porém, muitas vezes novas táticas, apenas para criar confusão. Assim, por exemplo, um desses sacerdotes de ídolos propagou a notícia de que desde o início da construção da pirâmide reinava discórdia entre os sábios da Caldeia. Um peregrino proveniente das aldeias lhe teria comunicado isso, naturalmente em caráter confidencial. Quando alguns ouvintes duvidaram da veracidade dessa comunicação, o pretenso sacerdote, inteligentemente, disse que de início ele também não acreditara nisso. Mas depois vieram também de outros lados informações sobre inimizades ocultas entre os sábios... e então ele não teve mais dúvidas de que a notícia do peregrino apresentava um fundo de verdade.

— Não foi a construção em si que teria desencadeado a discórdia. Pois, por que não se deveria construir a pirâmide? A humanidade apenas poderia orgulhar-se de tal obra extraordinária! A indicação de um Juízo que se desencadearia sobre os seres humanos é que provocou as violentas divergências entre os sábios. Até as datas do começo e do fim desse suposto Juízo teriam de ser indicadas na pirâmide.

Vendo que tinha despertado a curiosidade dos ouvintes, o sacerdote de ídolos continuou a falar:

— A maior parte dos sábios, naturalmente os mais inteligentes, não acreditava num Juízo... Por que deveriam eles, ou nós, acreditar nisso?... Os próprios sábios anunciam constantemente que o Criador, ao criar os seres humanos, lhes deu a liberdade de decisão!... Isso significa que nós podemos viver assim como queremos!... Tal liberdade estende-se naturalmente à nossa crença!... Tudo o que fazemos e cremos é bom... não existem pecados!... O Criador não nos teria dado a liberdade de decisão, se a isso estivesse ligado um perigo para nós... Onde não há pecados, lá também não existe uma humanidade pecadora, sobre a qual tivesse de se desencadear um Juízo...

O "sacerdote" calou-se, olhando triunfantemente para seus ouvintes. Suas conclusões deviam ter convencido todos! Pecados somente existiam na imaginação de fracalhões...

Os ouvintes, porém, não ficaram convencidos de suas explanações. Desconfiavam dele. De início, ele nem podia esperar outra coisa... Por enquanto empenhava-se apenas em semear dúvidas... somente dúvidas poderiam abalar a confiança depositada pelos seres humanos nos sábios... Mais cedo ou mais tarde a semente hoje lançada certamente brotaria, dando os frutos correspondentes... As criaturas humanas eram fracas e crédulas...

Sim, os seres humanos eram fracos e crédulos; não obstante, não era tão fácil destruir a confiança que eles depositavam nos sábios e em suas forças sobrenaturais. Já o fato de os sábios sempre saberem onde os adeptos de Septu se reuniam consolidava essa confiança sempre de novo. Com razão diziam entre si que o novo "deus do amor" devia ser fraquíssimo, pois não conseguia proteger nem os próprios adeptos... Se ele fosse um verdadeiro deus, iria torná-los "invisíveis"...

Apesar de todas as dificuldades, os servos terrenos de Lúcifer não se deixavam deter em sua atuação nefasta. Nas regiões influenciadas pelos sábios, por ora, pouco era de se esperar, mas havia um número suficientemente grande de outros países e povos, acessíveis às suas doutrinas mortíferas para o espírito.

TAMBÉM no Egito divulgava-se às escondidas a mentira do novo "deus do amor". Sunrid sabia. Já recebera igualmente provas de que mesmo em Akeru se realizavam pavorosos rituais de culto. Colhedores de junco haviam retirado repetidas vezes cadáveres de ovelhas do grande rio, e uma vez até o de uma moça, trazendo-os à casa de cura. Os animais, bem como a moça, tinham grandes aberturas no peito... faltavam os corações...

Ultimamente traziam-lhe frequentemente também moças e moços inconscientes. Eles tomavam demais do pó verde entorpecente, ficando entre a vida e a morte. Nem sempre era possível salvar esses jovens...

Até agora Sunrid não conseguira pegar os culpados. Estavam por toda a parte e em parte alguma, e, ao desaparecerem, deixavam um hálito de destruição e de vícios desconhecidos.

Contudo, os poderosos guias espirituais estavam alertas. Eles chamaram Thisbe, e mostraram-lhe o local em Akeru onde os servos e as servas de ídolos se reuniam. Para seu grande pasmo, teve de constatar que os renegados forjavam seus planos imundos no Templo da Pureza, e também lá realizavam os sangrentos rituais.

Thisbe informou Sargon de sua descoberta quase inacreditável. Ela não compreendia o que havia visto. Como podia algo tão horrendo concentrar-se num Templo da Pureza?

Sargon não duvidou um momento sequer de que o mal se havia alojado justamente ali. Ainda no mesmo dia procurou ligação com Sunrid, comunicando-lhe a descoberta de Thisbe.

Sunrid não ficou muito surpreso ao receber a notícia de Sargon, pois no dia anterior Siptha havia-lhe dito que falsas sacerdotisas estavam propagando o mal no Templo da Pureza. A comunicação de Sargon constituía, pois, apenas uma confirmação daquilo que ele já sabia.

O difícil nesse caso era apenas que nem ele nem Siptha ou um outro sábio ou sacerdote, possuía poderes sobre as sacerdotisas do Templo da Pureza. Unicamente a respectiva sacerdotisa superiora tinha o direito de julgar. Segundo todas as aparências, porém, a própria sacerdotisa superiora pertencia aos renegados... Como seria possível interferir nesse caso? Essa pergunta muda pairava no ar, sem resposta...

Sunrid, por sua vez, também tinha notícias alarmantes para Sargon. Pyramon estava inconsciente há quatro dias. O suco de frutas que ele tomava diariamente, ao anoitecer, quando voltava do local da obra, cansado e com sede, tinha sido misturado com as sementes trituradas da trepadeira da lua. Os restos dessa mistura ainda se encontravam no jarro. Salum não estava presente nesse dia. Ele havia levado um ferido para a casa de cura; antes, contudo, havia preparado o suco de frutas e enchido o jarro para Pyramon. Timagens encontrara Pyramon no dia seguinte em profundo sono. E isso na casa de Magog, que há pouco ele mandara construir para o sábio. O próprio Magog encontrava-se numa distante aldeia de nômades...

Sargon estava profundamente assustado. Pyramon inconsciente já há quatro dias... Sargon conhecia o efeito das verdes sementes da lua. Ele mesmo as havia usado para fins anestésicos, em casos de operações graves. Mas ele conhecia a dosagem exata. Qualquer quantidade excessiva atuava no cérebro de tal forma, que não havia mais um despertar do estado de inconsciência.

Os sacerdotes de ídolos conheciam igualmente as sementes da trepadeira da lua e seus efeitos. Em quantidades pequenas, essas sementes provocavam estados de embriaguez desenfreada...

A voz de Sunrid ecoou novamente. Sargon escutava com toda a atenção.

"Somente o grande mestre Asklepios ainda nos poderá ajudar, pois tudo indica que a alma de Pyramon não mais encontra uma ligação firme com o corpo terreno. O veneno não somente deve ter alterado as funções do cérebro, como também deve tê-las paralisado. Todo o nosso saber não é suficiente para insuflar nova vida ao corpo terreno de Pyramon. Empregamos todas as nossas forças... e uma vez que já fizemos isso, é-nos permitido pedir o auxílio de Asklepios... Sabemos que somente Pyramon pode cumprir a incumbência da Luz... os gigantes cooperam somente com Pyramon. Essa foi a condição deles, logo no início... Convoca os irmãos! Juntos vamos implorar a ajuda de Asklepios..."

O tinir que Sargon sempre percebia, quando um dos sábios procurava ligação com ele, silenciou. Não obstante, ele ainda permaneceu alerta algum tempo. Mas Sunrid não mais se manifestou. Tudo o que era necessário, ele havia comunicado a Sargon.

Com grande preocupação no coração, Sargon pensava em tudo o que acabara de ouvir de Sunrid. Quem é que atentava contra a vida de Pyramon? O que estava acontecendo no Egito? Enquanto ainda refletia sobre isso, veio-lhe o reconhecimento, como um relâmpago, de que não queriam atingir mortalmente Pyramon, mas sim Magog. Os malfeitores que tinham misturado sementes da trepadeira da lua no suco de frutas não sabiam que Pyramon estava morando temporariamente na casa de Magog, e que o próprio Magog estava ausente. Disso se concluía então que um estranho, não conhecendo as circunstâncias, se havia intrometido lá furtivamente.

Ao anoitecer do mesmo dia, Sargon convocou os iniciados, comunicando-lhes o que havia ouvido de Sunrid sobre o Egito. Entre os presentes encontravam-se também Thisbe e Aphek. Aphek morava agora exclusivamente na Aldeia do Templo, uma vez que segundo as determinações de elevados guias espirituais seria sacerdote-rei depois de Sargon.

Os sábios ficaram horrorizados ao ouvir o ocorrido.

— Certamente houve um engano! exclamou Horam, pois que interesse os idólatras poderiam ter em Pyramon?

Todos concordaram que somente uma criatura de Septu poderia ter misturado a quantidade letal de sementes da trepadeira da lua no suco de frutas. Ao mesmo tempo estavam convictos de que Asklepios atenderia aos rogos que fariam em conjunto. A alma de Pyramon ainda não se havia desligado totalmente do corpo terreno, por conseguinte ainda era possível um socorro.

Antes de deixarem a casa das revelações, onde se haviam reunido, eles proferiram uma silenciosa oração de agradecimento ao onipotente Criador, dirigindo-se a seguir, unidos, a Asklepios, pedindo-lhe que socorresse Pyramon, o construtor da pirâmide.

Era noite na Caldeia. Os corpos terrenos dos seres humanos descansavam sobre seus leitos, envoltos e guardados pelas irradiações noturnas, que proporcionavam descanso, enquanto suas almas, fora do pesadume terreno, colhiam conhecimentos que depois lhes trariam proveitos durante o dia.

Também na Aldeia do Templo reinava o silêncio noturno, e os corpos terrenos descansavam dormindo. A alma de Sargon, porém, fora atraída fortemente para o Egito. A notícia que recebera de Sunrid havia poucas horas dominava todos os demais sentimentos intuitivos dele. Pyramon, tão chegado a ele, não podia deixar a Terra prematuramente...

Thisbe, Aphek, Playa e mais alguns sentiam-se igualmente atraídos fortemente para o Egito. Eles seguiam Sargon, reunindo-se depois, muito distante de sua própria aldeia, na casa de Magog, nas proximidades do local da obra da gigantesca pirâmide.

Pyramon, cuja alma era ainda maior do que o seu corpo terreno, estava sentado num leito baixo. Em seus olhos via-se medo e desespero. O silêncio de expectativa que reinava no ambiente era interrompido de vez em quando por um violento vendaval, que fazia estremecer a casa toda.

Eram os gigantes que estavam fazendo isso. Eles desencadearam uma verdadeira tempestade de alegria ao saberem que Asklepios havia sido solicitado para prestar auxílio. Durante os quatro dias haviam rondado a casa impacientemente, pois eles não compreendiam por que "as pessoas que curavam" não haviam chamado imediatamente o grande mestre para ajudar. Por que os seres humanos esperaram tanto tempo? Sem Pyramon, a construção não poderia ser terminada...

Os rogos dos sábios não foram em vão. Asklepios veio. Um relâmpago e um retumbante trovão anunciaram a sua vinda. O relâmpago foi tão deslumbrante, que todos os presentes ficaram ofuscados durante alguns segundos. Quando novamente podiam ver seu ambiente, avistaram por momentos uma figura grande como um gigante, envolta por uma luz azul-clara. E mais, puderam perceber um bastão, em cuja extremidade se encontrava uma esfera vermelha. A esfera vermelha incandesceu ao tocar a cabeça abaixada de Pyramon...

Tudo passou. Os sábios nada mais viram, uma vez que a proximidade imediata e a irradiação do poderoso Asklepios os obrigavam a fechar os olhos, segurando-se uns aos outros. Em seus ouvidos havia um retumbar, e eles sentiam uma correnteza de ar que girava e aspirava, ameaçando puxá-los para cima se não se cuidassem... Então fez-se um silêncio repentino, e todos abriram os olhos. Pyramon, completamente erguido e com os olhos brilhantes de alegria, estava bem no meio deles. Asklepios havia ligado de novo, firmemente, a alma dele com o corpo terreno! Podia cumprir na Terra a missão a ele confiada! O que teria sido dele, se Asklepios não tivesse ajudado? O desespero novamente tomou conta de Pyramon... Em que havia falhado? Como tinha sido possível que criaturas renegadas recebessem um poder tão grande sobre ele, pondo em perigo toda a sua missão?

Observando Pyramon, e sabendo exatamente o que se passava nele, Sargon disse:

"Asklepios ligou-te novamente à Terra! Poderás concluir o teu trabalho! Mas cuida-te de qualquer outra negligência! Durante todo o tempo apenas viste a ti próprio, e por isso não tinhas nenhuma ligação com o teu ambiente! Os pequenos *dschedjins* queriam alertar-te sobre o veneno dentro do jarro, contudo suas advertências não penetravam até a tua consciência!"

Pyramon, envergonhado e triste, baixou a cabeça. Como Sargon tinha razão! Sentira-se tão seguro, que abandonara a costumeira vigilância.

"Seguro está somente o ser humano vigilante!" disse Sargon com ênfase. "Unicamente com vigilância, os perigos podem ser afastados a tempo. Quem pensa ser tão bem protegido, que não precise, ele mesmo, prestar atenção, é um tolo!"

Todos os presentes acenaram afirmativamente, quando Sargon se calou. Sabiam muito bem que por toda a parte espíritos renegados estavam à espreita... De repente a casa estremeceu sob o impacto de uma tempestuosa corrente de ar...

"Os gigantes!" exclamou Pyramon. Só agora se lembrava dos seus incansáveis colaboradores. Como podia tê-los esquecido tanto tempo? "Já vou, seus grandalhões!" exclamou alegremente, "e ficarei convosco até o término da obra!" Numa silenciosa oração de agradecimento, elevou os braços em direção à Luz:

"Senhor de todos os mundos! Sou Tua criatura! Sempre e sempre!"

Pyramon baixou os braços e olhou em redor. A alegria e o agradecimento que brilhavam de seus olhos eram como uma promessa silenciosa que fazia a todos... Por sua causa não mais precisariam preocupar-se no futuro...

Os sábios acompanharam-no com o olhar, enquanto ele deixava o recinto. Um leve sorriso iluminou seus rostos sérios. A seguir sua atenção foi dirigida a uma grande figura masculina, que entrava na sala por uma entrada lateral. O estranho visitante, dando a impressão de certo cansaço, permaneceu diante deles com a cabeça abaixada. O branco pano de cabeça, preso por três aros de ouro, cobria-lhe a testa, ensombreando os olhos. Vestia uma roupa comprida, vermelho-escura, ricamente ornamentada com listras de ouro.

Sunrid adiantou-se alguns passos, parando diante do desconhecido. Este levantou a cabeça, fitando Sunrid com um olhar em que se percebia uma profunda melancolia.

"Miebis! És tu?" Um movimento se manifestou entre os sábios, em expectativa. Miebis? Teriam ouvido direito?

Thisbe olhou para Sargon interrogativamente. Será que se tratava do Miebis que tinha sido rei dos egípcios? Desde a morte terrena dele, Sothis já anunciara duas vezes o novo ano na Terra. O que Miebis ainda fazia nas proximidades da Terra?

Sim, o que estava fazendo? É o que os outros também se perguntavam.

Miebis, outrora rei do Egito, sabia muito bem que os sábios irmãos estranhariam a sua presença, por isso logo começou a falar: "Peço vossa ajuda, irmãos! Não para o jovem rei do Egito. Ele está doente de corpo e alma... ele é indigno de ser regente de um povo ligado à Luz... Minhas preocupações referem-se ao Templo da Pureza. Ele tornou-se um local de pecado! Namua, a sacerdotisa superiora, rompeu os fios que a ligavam aos mundos celestes e agora adora Nebo, o inimigo da Luz e do amor. Siptha tinha chamado a minha atenção para a transformação dessa sacerdotisa, pedindo que a afastasse do Templo da Pureza e a mandasse à Caldeia. Eu ainda vivia na Terra e tinha poderes para mandá-la à Caldeia... Namua, tal como todas as demais, comprometera-se, ao assumir sua missão, em viajar para a Caldeia nas épocas determinadas, a fim de colher novos reconhecimentos e ao mesmo tempo levar para lá aquelas moças que quisessem tornar-se sacerdotisas... Eu não podia depor essa mulher renegada... Mas ela não podia ter-se recusado a viajar para a Caldeia, se eu assim tivesse ordenado. O prazo para tal viagem já havia passado... Não fiz nada, apesar de sentir que o mal no Templo da Pureza estava se espalhando... Abstive-me de limpar o templo... Agora minha culpa me obriga a permanecer nas proximidades da Terra... Tenho de presenciar como o hálito da destruição se alastra cada vez mais..."

Os sábios olhavam, constrangidos, para Miebis. Ele era um dos seus. Devido à sua negligência, havia-se ligado à Terra talvez por muito tempo. Como poderiam ajudá-lo?

Thisbe pôde intuir melhor o sofrimento de Miebis. Ela havia visto as falsas sacerdotisas no Templo da Pureza em Akeru... Somente ela podia formar uma ideia correta dos acontecimentos deprimentes que ali se desenrolavam... Sem refletir, foi até Miebis e disse:

"Eu te ajudarei, Miebis! Poderás entrar em paz no país das almas! Antes que Sothis brilhe sobre nós pela terceira vez, o templo estará novamente consagrado à pureza!" Thisbe sorriu modestamente, contudo com altivez; a seguir, juntou as mãos para uma saudação, e afastou-se de Miebis.

Na sala reinara silêncio absoluto enquanto Thisbe falava. Miebis permaneceu diante dela estarrecido, olhando-a. Ele havia sentido intuitivamente o amor auxiliador que irradiava dos belos olhos dela em prol de todas as criaturas. A dor, que desde seu falecimento oprimia sua alma, tornou-se mais aliviada. Brotou nele uma esperança. Ele nem percebeu que todos haviam deixado a sala. Ainda continuava a ver os olhos de Thisbe diante de si, proporcionando-lhe esperança, consolo e tranquilidade.

Thisbe deixara o Egito juntamente com Sargon, e já flutuavam sobre os lagos e rios da Caldeia. Playa ainda tinha ficado com Pyramon, mas antes de raiar o dia na Terra, também a alma dela voltava ao corpo terreno.

Ao despertar pela manhã na Aldeia do Templo, Thisbe não sabia mais nada de sua vivência noturna no Egito. Não tinha nem a vaga ideia das ocorrências que se haviam desenrolado na casa de Magog, e que ela vivenciara animicamente. Apenas acordou com um pronunciado desejo de viajar para o Egito. Essa vontade repentina a surpreendia e preocupava...

Na tarde do mesmo dia, podendo falar com Sargon, contou-lhe que se sentia fortemente atraída para o Egito.

— Desde quando tens esse desejo? perguntou Sargon.

— Acordei hoje cedo com vontade de estar no Egito. Essa vontade repentina me assustou.

Sargon olhou pensativamente à sua frente. Thisbe não sabia nada, pois, de sua peregrinação noturna. Mas ela havia feito uma promessa a Miebis, e tal promessa a atraía exatamente para lá, onde teria de ser cumprida.

— Talvez vivenciaste algo durante a noite que despertou em ti a vontade de viajar. Sabes que nossas almas se desprendem dos corpos terrenos adormecidos, sendo atraídas uma vez para cá e outra vez para lá...

— Apenas me lembro de que estive deitada bem estendida na relva, disse Thisbe pensativamente, e que eu olhava para as pequenas capinhas-vermelhas que passavam suas mãozinhas ágeis sobre o capim, a fim de estimular e acelerar o seu crescimento.

Como Sargon nada respondesse, ela também se calou, pensando nas pequenas mulherzinhas da grama, em suas capinhas vermelhas. No meio das verdes e viçosas pradarias, situadas ao norte da aldeia, elas pareciam pontinhos vermelhos...

— Lembras-te então apenas dos pequenos *dschedjins* das pradarias que já viste aqui muitas vezes? perguntou Sargon.

Thisbe pensou um pouco e exclamou alegremente:

— Vi também Gum-Kobe! Ele era moço e estava com a cabeça descoberta. Uma moça bonita com vestido azul-claro caminhava a seu lado. Eles andavam de mãos dadas pelo pomar e estavam felizes!

— Gum-Kobe deixou hoje a Terra. Ontem ele mandou abrir sua cova. De acordo com seu desejo, plantaremos ali, mais tarde, uma amendoeira.

— A moça ao lado dele...?

— É uma mulher estreitamente ligada a ele. Eles deixarão agora, juntos, nosso denso Universo de planetas, e voltarão para sua pátria espiritual. Ambos cumpriram fielmente.

— Por isso os dois pareciam tão felizes! disse Thisbe com um profundo suspiro. Vi mais alguém!

De repente se lembrou de que havia visto, rapidamente, Naema no bosque dos *dschedjins*.

— Um jovem xeque estava diante dela, colocando o braço em volta do seu ombro.

Sargon sorriu.

— Então Naema brevemente se tornará esposa de um xeque! O encontro de duas pessoas que se completam ocorre, como já sabes, primeiramente no ambiente mais fino da Terra. Aliás, esses encontros nem sempre levam a uma união terrena... Mas Naema encontrará também na Terra, com certeza, o seu xeque, com o qual já está ligada animicamente.

Thisbe lembrou-se novamente do Egito. Nunca havia pensado que pudesse chegar o dia em que voluntariamente deixasse Sargon.

— Pyramon ainda continua em perigo! Eu sei! As sementes da trepadeira da lua não estavam destinadas apenas a Magog. Temos de afastar também a sacerdotisa superiora do Templo da Pureza... Como tua enviada eu teria grau superior ao dela...

Thisbe juntara as mãos, rogando, enquanto falava.

— Tudo indica que tua viagem para o Egito já estava prevista e preparada... Eu pensava numa época posterior... Todavia, nós não determinamos as datas.

Thisbe suspirou, aliviada. Sargon concordava com sua viagem para o Egito. Ela apenas teria de esperar por uma caravana apropriada.

— A caravana com que poderás viajar chegará dentro de poucos dias. Um de nossos sábios, que vive em Sabá e atua numa de suas tribos, chegou hoje e me trouxe essa notícia. Sempre de novo admiro a colaboração dos guias espirituais. Mesmo se um de seus guiados tivesse de viajar, atravessando a grande água, eles também tornariam isso possível.

— Uma caravana para o Egito? perguntou Thisbe toda agitada.

— Na realidade são várias caravanas que se juntaram. Elas vêm de Kataban, Ma'in e Sabá... Kosbi, o irmão de Pyramon, e Toptekmun, o tratador de animais, estão entre os viajantes. Ambos permanecerão com Pyramon no Egito.

Thisbe quis saber mais ainda, mas Aphek, que tinha de comunicar algo a Sargon, interrompeu a conversa.

— Aguardemos até que estejam aqui. Até lá podes preparar-te para a viagem, disse Sargon sorrindo, antes de deixar a sala de trabalho.

Thisbe procurou imediatamente Kilta, contando-lhe que uma caravana proveniente do sul estava sendo esperada e prosseguiria para o Egito, e que ela, Thisbe, se juntaria a essa caravana.

— Sozinha? Nunca te deixarei viajar sozinha. Eu vou junto, disse Kilta severamente.

— Certamente irás junto. Imagina, veremos a pirâmide! E Pyramon...

— Sempre desejei ver essa construção de pedra, disse Kilta. Mas admiro-me de que Sargon te deixe viajar sozinha!

— Sozinha? Tu estarás comigo, Kilta! Kosbi e Toptekmun encontram-se igualmente entre os viajantes.

Kilta sentou-se pensativamente. Por que Sargon permitia essa viagem? E ainda com uma caravana de mercadores? Thisbe era jovem e de extraordinária beleza...

Nesse meio tempo, Aphek estava sentado junto de Sargon.

— Ouviste a promessa dada por Thisbe a Miebis, começou Sargon. Tal promessa não chegou até sua consciência diurna, não obstante, ela se sente fortemente atraída para o Egito. Eu pensava que essa viagem somente se daria depois de minha partida da Terra... Mas as renegadas sacerdotisas do Templo da Pureza tornaram-se um perigo... elas exalam um cheiro contagioso de putrefação... De nossa parte temos de remediar a situação, o mais depressa possível. Thisbe foi escolhida para isso. Como minha enviada ela pode até fechar o templo, se tal medida se tornar necessária... Será a última missão dela na Terra...

Aphek havia escutado silenciosamente. Desde o primeiro momento em que ele a vira, Thisbe tinha conquistado seu coração. Bastava-lhe viver nas proximidades dela e vê-la de vez em quando.

— Eu quero que acompanhes Thisbe, permanecendo junto dela até que ela deixe a Terra. Depois, volta o mais rapidamente possível e assume teu cargo como sacerdote-rei... Se eu falecer antes, Taffar cuidará de tudo nesse ínterim.

— Farei tudo para proteger Thisbe e embelezar a sua vida. Não deve ter sido fácil para ela suportar as horríveis visões, disse Aphek. No entanto, sem a sua cooperação, não poderíamos destruir a tempo os focos do mal, acrescentou logo a seguir.

— Às vezes, ela tem sofrido com isso, admitiu Sargon. Mas a consciência de poder servir ao onipotente Criador fez com que ela se sentisse rica e feliz.

Sargon fez uma pausa. A consciência de poder servir ao Onipotente, emocionava-o sempre de novo... Todo o sofrimento terreno tornava-se sem importância diante disso...

— Ao sermos enviados para cumprir uma missão, em qualquer parte da Criação, não perguntamos se tal missão está ligada a sofrimento e tristeza... Ficamos gratos por termos sido escolhidos... e decidimos firmemente, com inabalável fidelidade, cumprir a missão que nos foi confiada!

Aphek levantou-se de um salto, andando de um lado para outro. As palavras de Sargon poderiam ter sido também as suas, pois ele intuía exatamente a mesma coisa. Ele também viera de um reino situado acima da origem dos espíritos humanos. Inabalável era a sua fidelidade perante a Luz! Vicissitudes terrenas não lhe importavam.

— Tua viagem não tem apenas a finalidade de proteger Thisbe, continuou Sargon, quando Aphek novamente se sentara no banco. Deves empossar, em meu nome, o novo rei dos egípcios. O jovem rei Miebis terá de deixar a Terra prematuramente. Ele foi fraco, deixando-se seduzir pelas abomináveis servidoras do novo "deus do amor"... foi isso que o deixou doente de corpo e alma. Essas criaturas renegadas se arvoram em sacerdotisas da pureza, praticando no entanto os mais infames rituais no Templo da Pureza.

O jovem Miebis sabe disso, naturalmente. Quando seu pai quis intervir contra isso, ele pediu que adiasse um pouco, pois ele mesmo queria descobrir se tudo o que falavam sobre o assunto estava certo. Miebis sempre foi fraco em relação ao filho... e agora mal pode suportar o fardo com que se sobrecarregou devido à sua omissão... Ela o retém nas proximidades da Terra...

Os poderosos guias que dirigem os nossos destinos escolheram Siptha. Ele será o novo sacerdote-rei do Egito. Com Samia a seu lado, como sua mulher, ele sempre poderá cumprir sua difícil missão no sentido certo. Talvez Thisbe transmita a Samia também o cargo de sacerdotisa superiora do Templo da Pureza.

A viagem será muito instrutiva para ti. Além disso, tua permanência lá te colocará em contato com pessoas que espiritualmente nos são familiares. Com a construção da pirâmide, o Egito tornou-se um centro de reconhecimentos espirituais. Magog há pouco me informou que já estão chegando peregrinos de toda parte da Terra para contemplar a obra iniciada. Os forasteiros estão, antes de tudo, interessados em seu significado...

Sargon levantou-se, olhando bondosamente para Aphek, que possuía toda a sua confiança. Não havia mais nada a dizer. Ele sabia que Aphek agiria no Egito exatamente de acordo com sua orientação.

— Temos de preparar ainda muita coisa para a viagem. Vamos logo começar com isso!

Aphek saiu sem dizer mais nada. Sim, ele agiria exatamente conforme a orientação de Sargon. Foi como um juramento silencioso que prestara. Por um momento ele ficou parado na praça, observando os pombos que chegavam voando naquele instante e pousavam numa árvore de bebês. Depois caminhou até as casas de trabalho para juntar as placas cobertas de sinais de escrita, destinadas à pirâmide.

TRÊS dias depois, a grande caravana chegava. Os viajantes, a conselho de Sargon, levantaram seu acampamento num terreno de pastagem situado algo afastado, suficientemente grande para os muitos animais e pessoas. Ali havia bastante água e também árvores frutíferas, cujos galhos estavam vergados devido ao peso dos frutos maduros.

Um grupo de xeques, entre eles também Kosbi, foi logo até a aldeia para cumprimentar Sargon. Sargon conhecia quase todos. Fazia anos que eles haviam frequentado as escolas dos sábios. Também suas esposas tinham, em parte, sido alunas nas aldeias. Sargon soube logo que eles estavam viajando para o Egito não apenas para negociar, mas principalmente para ver a pirâmide que estava sendo construída pelo filho do rei de Kataban, com a ajuda dos gigantes. Todos eles traziam ricos presentes para Pyramon. Ele bem poderia achar utilidade para tudo isso. Poderia trocá-los com coisas necessárias para os trabalhadores.

Toptekmun logo procurou Thisbe. Ele sentira muita falta dela. Quantas vezes a menina Thisbe o havia acompanhado, quando ele levava os leões para o campo aberto. Nunca ela saía sem os seus pombos. Ele havia entalhado em madeira uma pomba para ela e um pequeno leão para Pyramon. Os olhos das duas pequenas obras de arte eram de lápis-lazúli.

— Toptekmun! O que estás fazendo aqui? Quem tratará de "teus" leões? exclamou Kilta.

— Não temos mais leões. Ficaram velhos e morreram. O rei não quis mais outros. Eles sempre o lembravam demasiadamente de Pyramon...

Thisbe olhou com alegria para o robusto tratador de animais de Kataban. Ele seria um bom guarda para Pyramon...

— Há algum tempo, eu estava com saudades do meu amo Pyramon, e aí um espírito bom me levou até ele, à noite. Meu corpo ossudo estava deitado no banco de dormir. O corpo estava satisfeito, pois ele não sabia que estava vazio!

Toptekmun riu ao ver os rostos cheios de expectativa de Thisbe e Kilta.

— Quando vi as muitas pedras, eu sabia que o espírito me havia guiado bem. Adivinhai quem primeiramente lá me cumprimentou?

— Pyramon, disse Kilta.

Thisbe ficou calada.

— Os leões! disse Toptekmun triunfantemente. Enquanto nós pensávamos que eles, após sua morte, haviam voltado para as verdes campinas no reino dos *dschedjins,* eles procuraram e encontraram Pyramon, o seu dono. Tinha custado a Pyramon se separar dos leões que ele mesmo criara. Agora estão novamente juntos. E logo eu também estarei lá! concluiu Toptekmun, todo satisfeito.

— Agora os leões não precisam mais de comida, opinou Kilta.

— Esses leões que vivem agora fora da Terra não mais precisam de mim, mas...

Toptekmun dirigiu-se a Thisbe.

— Mas quem conhece meu amo sabe que, com certeza, já outros animais estão correndo em volta dele...

Toptekmun, porém, tinha ainda uma outra surpresa.

— O rei escolheu para ti, Thisbe, um novo e belo camelo de corrida. É um animal precioso. Eu cuidei bem dele até agora.

Thisbe reprimia as lágrimas que estavam prestes a correr. Dentro de poucos dias ela estaria em viagem para o Egito... talvez nunca mais visse as aldeias e Sargon...

Pouco depois de Toptekmun ter ido embora, veio Kosbi. Radiantemente cumprimentou Thisbe e Kilta, entregando-lhes os presentes de sua mãe.

Diante de Thisbe ele estendeu um fino tecido de lã verde-claro, traspassado com fios de ouro. O tecido era muito bonito, e Kosbi disse que essa tonalidade de verde era a última novidade em cores. Kilta recebeu igualmente um belo tecido de lã, de cor marrom. Era traspassado com fios vermelhos. E como Kosbi afirmara, essa tonalidade vermelha também só fazia pouco que aparecera no mercado. A rainha Tanahura havia mandado joias também. Para Kilta, um bracelete de ouro, e para Thisbe, um longo colar de pérolas. As pérolas, igualmente, eram uma novidade. Mercadores que viajavam pela costa dos mares transportaram-nas para as cidades do sul com as quais mantinham comércio.

Kosbi, já ciente de que Thisbe e Kilta viajariam junto com ele para o Egito, logo saiu. Durante a viagem poderiam conversar e falar sobre muita coisa...

Uma caravana tão grande trouxe, naturalmente, muito alvoroço. Thisbe percebia apenas pouco disso. Ela examinava as moças e os rapazes, cerca de cem, que vieram junto a fim de serem aceitos nas escolas. Havia apenas dois moços que tinham de ser recusados. Sargon ordenara que os alunos, de agora em diante, deveriam ser vigiados constantemente, para que doutrinas falsas não mais pudessem imiscuir-se. Somente com vigilância, poderiam manter o mal afastado.

Thisbe também ajudava na limpeza e decoração do grande templo, pois se realizaria uma solenidade extraordinária. Quando sobrava tempo, ela ia com Playa e as crianças aos jardins e aos bosques. Playa, com sua voz maravilhosa, entoava suas mais bonitas canções. Às vezes, as crianças também juntavam suas vozes. Como Thisbe teria gostado de levar Playa consigo para o Egito, mas a data em que Playa poderia empreender essa viagem ainda não havia chegado. Tudo na Criação orienta-se segundo uma exata determinação de tempo. E o ser humano não constitui nisso nenhuma exceção. Playa ainda ficaria um ano na aldeia, continuando a ensinar as meninas pequenas... além disso, daria seguimento, como até agora, às aulas de canto para grandes e pequenos...

No dia anterior à solenidade, Sargon teve ainda uma conversa com Thisbe. Entre outras coisas, ele esclareceu-lhe também o significado dos sinais que estavam gravados em sua placa de ouro com a pedra solar.

— Esses sinais significam: saudade – pureza – amor – felicidade!

Thisbe olhou para os sinais e repetiu, quase inaudivelmente, as quatro palavras.

— Saudade – pureza – amor – felicidade!

— Os sinais de escrita gravados na estrela de ouro de Pyramon referem-se ao Senhor do Universo, que virá para os seres humanos como juiz. Eles dizem: "Amihaf virá com a lança sagrada!"

— Amihaf?

Thisbe olhou interrogativamente para Sargon.

— Amihaf é um outro nome do Senhor do Universo, que dirige as Criações em nome do Pai! respondeu Sargon.

— Estarás na Terra quando vier o juiz do Universo?

Sargon permaneceu calado por longo tempo, antes de responder a essa pergunta.

— Não. Na época do Juízo não estarei na Terra, disse ele pensativamente. Eu acompanharei o juiz do Universo até embaixo, ao planeta Terra, permanecendo nas proximidades dele...

— Compreendo, interrompeu Thisbe vivamente. Acompanharás, do ambiente mais fino da Terra, o Sublime em seus caminhos terrenos! Exatamente como os guias espirituais nos acompanham.

Sabemos que eles se encontram próximos de nós, embora não os possamos ver!

— O próprio Sublime, não posso guiar, disse Sargon sorrindo. Contudo, atuarei sobre os escolhidos, espíritos humanos que a ele deverão servir na Terra, para que cumpram fielmente as suas missões!

— Então nunca mais nascerás na Terra? continuou Thisbe a perguntar.

Parecia-lhe esquisito que a atual vida dele fosse a última.

— Voltarei ainda duas vezes à Terra, respondeu Sargon pacientemente. Até a época do Juízo, por duas vezes descerão enviados de alturas supremas, que viverão e atuarão nesta parte da Terra. Em ambas as ocasiões eu estarei presente para servir aos Sublimes.

Thisbe suprimiu suas outras perguntas. Sargon apresentou, de repente, uma expressão cansada e triste. Ele pareceu-lhe singularmente desligado de seu ambiente. A alma dela contraiu-se de dor. Comparando a sua idade com a idade alcançada por Gum-Kobe, podia-se quase dizer que Sargon era jovem.

Vendo o medo nos olhos de Thisbe, Sargon sorriu tão seguro e alegre como sempre.

— Nossa pátria não é aqui.

Com essas palavras, ele se levantou. Também Thisbe se levantou e ficou de pé com a cabeça abaixada diante dele. Sargon olhou com seus olhos brilhantes para a cabeça abaixada da moça, e a seguir elevou ambas as mãos abençoando.

— É a nossa despedida na Terra, Thisbe. Não chores, pois logo nos veremos novamente.

Thisbe acenou concordando. Sim, era a despedida. Ainda uma vez olhou para ele. Enquanto ela o contemplava, desapareciam todo o medo e toda a tristeza do seu coração. Ela sentia intuitivamente apenas alegria e agradecimento pelos anos felizes de sua vida, que em parte ela pôde viver, servindo, nas proximidades dele. De repente, ela se lembrou das palavras que Magog havia gravado numa pequena placa de madeira, as quais, mais tarde, deveriam ser transferidas para uma das placas da pirâmide:

"O mistério da morte e da ressurreição realiza-se sem começo e sem fim! O que é da Terra permanece na Terra, mas o espírito se eleva!"

Depois da despedida de Sargon, pareceu a Thisbe como se já estivesse longe da aldeia, viajando para o Egito. Mesmo a grande solenidade no templo, assistida por todos os viajantes que iriam para o Egito, deixou nela apenas fracas recordações.

No fim da grande solenidade, vários casais, unidos em amor, receberam de Sargon a bênção para a sua vida comum. Depois da bênção, uma sacerdotisa enlaçou as mãos entrelaçadas dos noivos com perfumosas grinaldas de flores, como símbolo de sua união. As grinaldas de flores terrenas podiam ser facilmente rompidas, mas os fios de ouro do verdadeiro amor, que unia os casais animicamente, iria ligá-los firmemente entre si, para além da morte.

Antes de os noivos deixarem o templo, um sacerdote postou-se diante deles e disse:

— O amor é eterno, pois ele vive no coração do Criador! Um reflexo desse amor une os corações dos seres humanos, presenteando-os com a felicidade!

Entre os casais abençoados encontravam-se Aka e Taffar, e Naema que se unira com um jovem xeque que viera com a caravana. Esse xeque, anos antes, tinha sido aluno na Aldeia das Rosas Aquáticas. Naema e ele apenas se haviam visto três vezes antes de ele deixar a escola, de volta para sua pátria. Não obstante, um não podia esquecer o outro. Agora ele estava de volta para, juntamente com ela, como sua esposa, retornar à sua pátria sulina. Naema, que possuía um talento especial no conhecimento de ervas, teria um grande campo de ação... O jovem xeque fora um aluno atento. Com a ajuda de Naema queria instalar também em sua pátria escolas, conforme o exemplo dos sábios.

No dia seguinte à solenidade, a caravana partia para o Egito.

Alguns xeques que tinham pernoitado na aldeia cavalgaram de madrugada, acompanhados de Sargon, até o acampamento das caravanas. Chegaram ao local justamente no momento em que os cameleiros colocavam, com muita gritaria, os animais de carga, já erguidos, em ordem de marcha. Alguns camelos blateravam, levantando-se muito a contragosto. Toptekmun, que conhecia a linguagem dos animais, tocava-os com um bastão e falava-lhes, animando-os.

Quando esses rebeldes finalmente estavam de pé e colocados também em ordem de marcha, Toptekmun disse para Sargon, o qual observava divertidamente, que os animais não queriam levantar-se por julgarem que suas cargas estavam pesadas demais.

— As cargas, naturalmente, não são demasiadamente pesadas, disse Toptekmun rindo. Mas existem camelos que querem que se fale com eles, animando-os, e que se peça para se levantarem.

Enfim tudo estava pronto. As caravanas, uma após a outra, punham-se em movimento. Mulheres e crianças, acomodadas em suas confortáveis tendas de montaria, acenavam para Sargon ao passarem por ele em ritmo balançante.

Enquanto as caravanas, que se haviam reunido novamente em uma só, enveredavam para o norte, a fim de alcançar a larga estrada de caravanas, Sargon, seguido de Rahman, voltou para a aldeia. Também lá todos estavam prontos. Além de Aphek, Thisbe e Kilta, ainda viajariam junto, para o Egito, Wahab e cinco sábios com as suas esposas. Kosbi, em cuja caravana viajariam, já estava esperando ao lado de seu animal.

Sargon havia escolhido esses cinco sábios e suas mulheres, visto dominarem várias línguas. Dessa maneira, eles se entenderiam bem com os inúmeros viajantes que agora visitavam Akeru, e poderiam responder a suas perguntas referentes à construção da pirâmide.

Wahab, que terminara seu tempo de aprendizado junto de Horam, ficaria definitivamente com Pyramon, ajudando-o.

Quando Sargon se aproximou deles, todos se inclinaram, tocando as testas com as mãos juntas. Pouco depois montaram em seus camelos, seguindo por um atalho que levava até a grande estrada de caravanas. Lá se encontrariam com os outros, a fim de iniciarem juntos a grande viagem.

Thisbe não olhou mais para trás. Ela montava o camelo branco de corrida, de pelo comprido, que Kosbi lhe havia trazido.

Sobre o teto de sua tenda estava esticado um tecido azul e em toda a volta pendiam delgadas chapinhas de ouro. Quando as chapinhas batiam umas contra as outras produziam um suave tinido. Também Kilta, Aphek e os outros montavam camelos provenientes de criações famosas, capazes de percorrer diariamente longas distâncias.

Kilta chorava baixinho ao deixarem a aldeia. Por quê, ela mesma não sabia. Mas Thisbe estava de ânimo alegre. Olhava para os prados e riachos nos quais o sol se refletia, e aspirava fundo o perfume dos bálsamos e dos lírios aquáticos. Como os grandes e pequenos *dschedjins* haviam enfeitado de modo tão maravilhoso a Terra! Riachos, prados, florestas, tudo dava testemunho do trabalho incansável dos entes da natureza, cheios de amor! Sublime era o onipotente Criador e eterno o Seu amor, com o qual presenteava Suas criaturas.

Uma sonora exclamação de Kosbi tirou Thisbe de seu encantamento. Kosbi já estava cavalgando na grande estrada de caravanas e indicava para o longo comboio que nesse momento saía de um palmeiral, aproximando-se da grande estrada.

Sons de flauta eram trazidos pelas correntezas do vento. Alguns cameleiros gostavam de tocar flauta. Frequentemente carregavam várias flautas penduradas em cordões compridos no pescoço, quando empreendiam viagens longas. Kilta indicou para as coloridas tendas de montaria e para as mulheres e crianças sentadas sob seus baldaquinos, que acenavam para eles.

Não houve pausa quando a grande caravana entrou na larga e antiquíssima estrada. Kosbi cavalgava na frente de sua caravana, e Aphek e os outros enfileiraram-se logo atrás dele.

Homens e mulheres usavam panos de cabeça que caíam até o peito, com os quais cobriam seus rostos até a altura dos olhos durante a cavalgada. Surgindo um vento fresco pelo anoitecer, todos vestiam suas capas, uma espécie de manto de cor areia ou marrom, que cobria seus corpos do pescoço até os pés.

A viagem era longa, contudo decorria sem maiores incidentes. A conselho dos *dschedjins,* cavalgavam às vezes a noite toda, descansando durante o dia. Vez por outra acontecia também de permanecerem vários dias numa região especialmente bela e rica em água.

Tais raros dias de descanso constituíam alegria especialmente para as crianças. Então podiam correr quanto quisessem, brincando nos riachos e descansando do longo tempo em que ficaram sentadas. Também Thisbe se deliciava com esses dias de descanso. Tinha novamente junto de si uma cestinha com dois pombos novos, destinados a Pyramon, e ela ficava contente quando podia soltar os animaizinhos e deixá-los voar à vontade.

Mas não apenas as crianças e Thisbe alegravam-se em fazer uma pausa de vários dias em algum lugar. Todos os adultos aproveitavam bem esses dias. Tinham tempo e podiam perguntar sobre muitas coisas aos sábios, cuja companhia de viagem consideravam uma bênção especial enviada do céu. Seu maior interesse referia-se à construção da pirâmide. Os sábios esclareciam-lhes o sentido da obra, explicando-lhes de que maneira datas importantes podiam ser expressas na estrutura de pedra dessa construção.

Por intermédio dos incansáveis esclarecimentos dos sábios, todos os participantes da viagem estavam bem a par da construção da pirâmide muito antes ainda de chegarem a Akeru. Aphek, ao mesmo tempo, aproveitou a oportunidade para advertir todos a respeito dos falsos sacerdotes e sacerdotisas que, em nome de um novo "deus do amor", estavam arrastando para o abismo todos os que davam ouvidos às suas doutrinas.

— Existe apenas um Deus! É o onipotente Criador! Tudo o que existe foi Ele quem criou! disse Aphek com ênfase. Se alguém chegar para vós contando de um pretenso novo deus do amor, então sabei que aquele que diz isso é um mentiroso!

Como sempre, todos escutavam atentamente, quando um sábio lhes falava. Mas deram a entender a Aphek que a fé que tinham no onipotente Criador era inabalável; por conseguinte, os falsos sacerdotes e sacerdotisas nada poderiam obter com eles.

— Devido a essa firme fé, estamos prevenidos e protegidos contra tentações, disse um dos xeques mais idosos.

Os sábios, aliás, não estavam convictos disso, pois tentações apresentavam-se a todos; porém, apenas podiam advertir. Tudo o mais dependia de cada pessoa por si.

E assim se passavam os dias e as semanas. A presença e os ensinamentos dos sábios haviam proporcionado um brilho especial durante o longo período de viagem. Foi num dia tempestuoso que alcançaram o alvo de seus desejos, "a cidade da pirâmide", Akeru.

Ao pôr do sol, quando a ventania se acalmara, Horis, o servo de Sunrid, veio ao encontro da caravana. Ele montava um pequeno e robusto cavalo de pelo comprido, e pediu aos xeques que o seguissem até uma área de acampamento que seu amo havia reservado para suas caravanas. Desde que se iniciara a construção da pirâmide, todas as hospedarias estavam constantemente superlotadas, e todas as áreas destinadas às caravanas, densamente ocupadas.

Horis conduziu os viajantes até uma lagoa de lótus, situada no meio de campos onde já tinha sido feita a colheita. Não muito distante de lá havia alguns pastos para os camelos. Antes de Horis se afastar, ele indicou para algumas edificações distantes. Estavam iluminadas pelo sol poente e situadas em meio a jardins.

— Lá está a casa de cura, disse ele, quase que reverentemente. Meu amo vos apresenta sua saudação por meu intermédio, dando-vos as boas-vindas ao país da pirâmide, o abençoado Egito!

Enquanto os xeques com suas caravanas ficavam nas áreas de acampamento a eles indicadas, os cinco sábios com as suas mulheres, mais Aphek, Thisbe, Kilta e Wahab, o qual também fazia parte dos sábios, cavalgaram em companhia de Horis até a casa de cura.

Sunrid, que desde a partida da caravana estava em contato com Sargon e também com Aphek, mandara aprontar alojamentos na casa de cura, de modo que temporariamente todos podiam morar com ele.

Ao mesmo tempo mandara construir casas no oásis da pirâmide para os cinco casais provenientes das aldeias da Caldeia. As casas tinham certa distância entre si, e Pyramon escolhera os lugares das construções de tal maneira, que um pequeno riacho pôde ser desviado para todas elas.

Sunrid estava pensando nos muitos peregrinos e nas perturbações que traziam consigo.

Magog – quando presente – Timagens, Salum e alguns outros haviam feito o possível para manter os peregrinos distantes do local da obra. Pelo menos temporariamente. Mas contra a grande investida de pessoas, ficavam impotentes.

Todos os visitantes queriam ver. Ver com os próprios olhos como se podia gravar traços e sinais na pedra, os quais seriam reconhecíveis ainda em épocas remotas. E, antes de tudo, queriam saber de que maneira, então, tais sinais poderiam ser decifrados por pessoas totalmente estranhas.

Todas as perguntas deles tinham de ser respondidas com absoluta exatidão, pois os peregrinos deviam voltar às suas pátrias com pleno saber. Com a chegada dos sábios da Caldeia, estavam agora resolvidos todos esses problemas.

Quando as caravanas se estavam aproximando de Akeru, Sunrid mandara um mensageiro a Pyramon, a fim de avisá-lo da chegada delas. A alegria de Pyramon era indescritível, quando finalmente chegara o momento. Na madrugada do dia seguinte, ele já se encontrava em Akeru.

Ao descer do seu cavalo em frente do portal aberto da casa de cura, vieram ao seu encontro Kosbi, Wahab e Toptekmun, radiantes de alegria. Apenas estavam esperando pelos outros, para seguirem até o oásis da pirâmide.

— Queríamos surpreender-te! exclamou Kosbi. Eu quase não podia esperar para te ver!

— Como ficaste grande e robusto, meu irmão, disse Pyramon, contemplando com satisfação a figura grande e vistosa de Kosbi.

Kosbi tinha muita coisa a contar e a perguntar, mas nesse momento chegou Sidika, a esposa de Sunrid, clamando já de longe:

— Pyramon, chegaste na hora certa para cumprimentar os novos moradores do oásis. Eles estão a caminho, desejosos de se alojarem ainda hoje em suas casas.

Logo depois Pyramon estava cercado de pessoas. Lachis, Dinarsard, Kina, Chatna e Tahia, as mulheres dos cinco sábios, bem como eles mesmos, cumprimentavam alegremente o grande construtor, em cujas proximidades atuariam de agora em diante.

Pyramon conhecia todos eles. Ele respirava aliviado ao ver todas essas pessoas que faziam parte dos melhores entre os que já haviam vivido nas aldeias dos sábios, na Caldeia. Lembrou-se com amor de Sargon, que mesmo de tão longe ainda o estava ajudando...

O sábio Janum chamou a atenção para a partida. Os *dschedjins* das tempestades estavam por vir. Por isso seria melhor sair logo, para estar no oásis ainda antes da tempestade. Janum ocupava-se, tal como Horam, com as conexões e com a colaboração dos grandes *dschedjins* no Universo. Ele "cheirava" a menor alteração no ar. Pois cada espécie de *dschedjins* possuía um cheiro específico. Por isso lhe era fácil predizer tempestades, chuvas e outros acontecimentos da natureza. Alunos que após um determinado tempo não fossem capazes de "cheirar" nem as alterações do ar, ele excluía. Sabia que nunca estariam em condições de penetrar mais profundamente nos segredos naturais do Universo.

Rapidamente todos estavam montados nos camelos trazidos dos abrigos, nesse meio tempo, pelos servos. Horis, que conduziria a pequena caravana juntamente com os camelos de carga até o oásis, já estava cavalgando à frente.

Pyramon acompanhou-os algum tempo com o olhar, enquanto uma oração de agradecimento se elevava de seu coração, em direção à Luz. Somente ele sabia como precisava tão urgentemente de pessoas em quem pudesse confiar plenamente.

Ele atravessou o pátio com Sidika e olhou em redor, procurando Thisbe! Onde estava Thisbe?

— Ela se encontra no jardim de incenso, dando comida aos pombos que trouxe para ti, disse Sidika sorrindo. Conheces o caminho.

Sidika ficou parada pensativamente por um instante. Ela estava pensando em Thisbe. A moça a fazia lembrar-se dos jardins de rosas no país das almas... Ao mesmo tempo, tornara-se consciente de que já conhecia Thisbe desde tempos remotos, vibrando amor e confiança entre elas...

Sunrid, também, logo sentiu afeição pela moça, alegrando-se com sua presença na casa de cura. Contudo, logo soube que essa alegria não seria de longa duração, pois não pôde ficar oculto ao seu olhar experiente que Thisbe estava aproximando-se do fim do tempo terreno previsto para ela...

No momento em que Pyramon entrou no jardim, um raio de sol refletia-se na plaqueta de ouro com a pedra solar sobre o peito de Thisbe. Ela estava com um vestido amarelo-claro, ao lado de um arbusto de mirra, olhando sorridentemente para um pequeno pombo que arrulhava, pousado em seu braço estendido. Quando Pyramon se aproximou, ela foi ao seu encontro com uma exclamação de alegria:

— Pyramon!

Ela colocou ambas as mãos sobre o peito dele, olhando-o carinhosamente. Então ela logo viu que o corpo dele ainda estava sofrendo os efeitos do veneno. Os olhos dela encheram-se de lágrimas, ao perceber como ele havia emagrecido.

— Leva-me até o oásis, pediu ela insistentemente. Sempre vi apenas os modelos. Agora quero ver a obra grande em pedra!

Pyramon acenou concordando, enquanto apertava as mãos dela entre as suas.

Thisbe, assustada, retirou suas mãos.

— O que fizeste, Pyramon? Tuas mãos estão duras como pedra! As palmas delas são como couro grosso!

Pyramon lançou um breve olhar para as mãos, dizendo a seguir que ele, como construtor, tinha de superar todos em diligência...

— Conheces o modelo da pirâmide, então sabes também dos muitos lugares difíceis da construção interna! As medidas sempre devem ser certas e apontadas também de tal modo, que sejam reconhecíveis... Eu mesmo corto e lavro as pedras destinadas aos lugares difíceis, até que elas se juntem assim como as medidas determinam... Isso é geralmente um trabalho duro...

Thisbe acenou compreensivamente, quando ele se calou. Com a pergunta a respeito das mãos duras ela apenas queria desviar-lhe a atenção, pois havia percebido que o aspecto dela, por algum motivo, o havia assustado. Contudo, percebeu que ele não se deixava desviar tão facilmente. O olhar perscrutador e preocupado dele ainda estava sobre ela. Por isso ela tomou as mãos dele nas suas e perguntou:

— O que está te preocupando, Pyramon? Será que eu me tornei tão estranha?

— Teu rosto pareceu-me diferente, disse ele preocupado. Também o teu olhar é outro... tão distante... Eu tinha a impressão de que me estavas traspassando com o olhar... Tristeza surgiu no meu coração ao te ver... e eu me pergunto: por quê? Por que a minha alegria de te rever é misturada com tristeza?...

Thisbe riu e apresentou-lhe tantas perguntas sobre o seu trabalho, que ele, pouco a pouco, esqueceu da tristeza.

— Nos últimos tempos não progredimos muito. Os visitantes nos cercam dia e noite. Isso perturba muito, principalmente à noite, visto os gigantes não trabalharem quando pessoas estranhas perambulam curiosamente pela obra.

— Isso logo será diferente. Kina e Lachis logo encontrarão uma saída. Elas são muito eficientes e possuem um dom especial para lidar com as pessoas.

— Não são apenas os peregrinos, disse Pyramon pensativamente. Existem ainda perturbações de outra espécie. Em Akeru os sacerdotes de ídolos estão agindo funestamente. Tenho a impressão de que eles, por algum motivo, incompreensível para mim, querem fazer parar a construção da pirâmide.

— Conheces esses sacerdotes? perguntou Thisbe.

— Não. Nenhum de nós sabe onde executam suas ações nefastas. Faz pouco que encontraram novamente um cadáver de mulher. Não estava há muito tempo morta. O coração faltava... Foi encontrado também um corpo mutilado de menino...

Thisbe refletia: deveria contar a Pyramon algo mais concreto sobre a finalidade de sua viagem? Diminuiria com isso as preocupações dele? Não! Seria prematuro falar disso. Ela, primeiramente, devia cumprir sua missão, que a levou para o Egito...

— Às vezes me parece como se o brilho que havia sobre a minha vida se tivesse turvado. Pelo menos ultimamente, disse Pyramon deprimido.

Thisbe assustou-se. Só uma vez, depois da morte de Pegulthai, ela o havia visto deprimido e triste. O que acontecera? Que desgraça se estava concentrando sobre ele?... Ela tirou suas mãos das dele e sentou-se num banco. Véus cinzentos surgiram diante de seus olhos, e uma leve sensação de vertigem deixou-a estremecer. Esse estado de fraqueza desapareceu tão rapidamente como viera... ela levantou-se. Nesse momento chegou Sidika com uma mocinha no jardim. A moça era muito bonita e jovem. Thisbe viu os grandes olhos azul-cinzentos olhando para ela, cheios de confiança, e disse:

— És Samia. E vens do palácio real. Logo te reconheci.

Samia acenou afirmativamente e inclinou-se diante de Thisbe com as mãos cruzadas sobre o peito.

— Eu vim para apresentar-te as boas-vindas em nome de meu irmão, o rei, e para pedir-te que mores conosco. O palácio está situado num jardim digno de ti, acrescentou Samia, quando Thisbe nada respondeu.

Antes de Thisbe responder, ela ouviu a voz de Aphek, que entrava nesse momento no jardim, juntamente com Sunrid. Após o cumprimento geral, Aphek dirigiu-se a Thisbe, dizendo que havia falado brevemente com o jovem rei.

— Miebis pede a ti e a mim que moremos no palácio, durante nossa estada aqui. Aceitei o oferecimento dele, uma vez que vi como a casa de cura está superlotada de pessoas que solicitam ajuda. Cada cômodo aqui é urgentemente necessário.

Samia estava mais do que feliz. Pegou Thisbe pela mão e lhe disse:

— Podemos ir já. Minha ama está esperando por nós lá fora.

Sidika quis fazer objeção, mas Sunrid concordou com Samia. Thisbe teria muito mais comodidade no palácio do que aqui.

Thisbe concordou em ir junto. Pois somente morando no palácio ela poderia destruir a trama que falsas sacerdotisas haviam tecido em volta de Miebis. Antes, porém, queria ir até a pirâmide. Ela e Kilta poderiam morar alguns dias na casa de Magog.

E assim aconteceu. Kilta e Thisbe cavalgariam com Pyramon até o oásis. Enquanto isso Samia poderia preparar tudo para o acolhimento dos queridos hóspedes no palácio.

Pyramon pegou a cesta e chamou os dois pombos com o som usual. Eram descendentes do casal de pombos que Thisbe havia trazido de Kataban. Ele esperava atentamente. Será que eles viriam, atendendo ao seu chamado? Pois ele era um estranho para as aves. Para divertimento de todos, um pombo pousou na cabeça de Pyramon, enquanto o outro logo se acomodou na cesta, arrulhando alto.

Pyramon mal podia dominar a emoção; onde Thisbe e seus pombos estavam, somente havia felicidade e alegria.

Aphek não foi junto para a pirâmide. Miebis estava doente e tinha solicitado ajuda. Porém não havia mais socorro para ele; é o que Aphek vira no primeiro olhar. Esse moço havia destruído seu corpo levianamente. Dentro de poucos meses teria de deixar a Terra prematuramente.

De bom grado Aphek teria ido junto até o oásis, para ver a construção que atraía seres humanos de países até então desconhecidos. Contudo, sua voz interior impelia-o a voltar imediatamente ao palácio. Enquanto Thisbe e Kilta ainda estavam ocupadas com os preparativos para a sua estada no oásis da pirâmide, Aphek já estava a caminho do palácio. Ao seu lado caminhava Kedar, um aluno da arte de curar. Sunrid havia-lhe ordenado que acompanhasse Aphek, o visitante da Caldeia, e que ficasse à disposição dele para o que fosse necessário.

Aphek parou um pouco no maravilhoso jardim que circundava o amplo palácio, admirando-o. De quase todos os troncos acenavam elfos das árvores. Subiam e desciam nos gigantescos troncos, dando a entender a Aphek que chegasse mais perto. Eles amavam as suas árvores. Eram suas casas, onde morariam até que não houvesse mais vida na madeira...

— Fumaça! Estou sentindo o cheiro de fumaça, disse Kedar aspirando o ar, perscrutadoramente.

Aphek parou e igualmente aspirou o ar.

— Incenso misturado com...

Kedar não mais ouviu que mistura estava provocando tal cheiro penetrante, pois Aphek já corria, subindo os largos degraus e desaparecendo no palácio, antes que ele compreendesse por que o eminente visitante da Caldeia tinha de repente tanta pressa.

Aphek entrou na sala onde o velho rei, um dia, havia recebido Pyramon, e onde ele mesmo, havia pouco, conversara com o jovem Miebis. Além do negro Lukati, que se levantara quando Aphek entrou, indo ao seu encontro, não se via ninguém. Lukati crescera junto com Miebis. Ele era mais um amigo e confidente do que um servo. Vendo o sábio da Caldeia, ele levantou as mãos e, com os punhos fechados, indicou para a cortina de uma porta.

— Lá dentro está o assassino do meu amo!

Com passos rápidos Aphek foi até a cortina, abrindo-a de um só lance. Fumaça espessa e narcotizante saía daquele recinto, e ouvia-se uma voz monótona proferindo sons incompreensíveis. A fumaça desfez-se, e a voz também silenciou. Aphek viu um homem que o observava com os olhos fundos e desconfiados. Alguém tossia e gemia! Miebis. Aphek voltou ao salão e chamou o servo. O enfermo devia ser levado rapidamente para o ar fresco e puro. Lukati entendeu logo. Antes que Aphek pudesse ajudar também, ele havia erguido Miebis, carregando-o em seus braços para fora.

O homem que se encontrava ao lado do leito não se mexia. Aphek sentiu frio, apesar do calor do meio-dia, ao ver o fluido daquele homem. Quem quer que fosse, era um mentiroso e hipócrita. O fluido ao seu redor traía-o.

— Um sábio da Caldeia! Então somos irmãos, embora de escolas diferentes, disse o homem de repente, com voz rouca, dirigindo-se a Aphek com os braços levantados para a saudação.

— Sou Junu. As pessoas chamam-me "o grande vidente e benfeitor".

Como Aphek nada respondesse, ele continuou a falar.

— Eu e duas de minhas filhas somos muito chegados a Pyramon e a Miebis. Ambas as moças são sacerdotisas no Templo da Pureza.

Aphek levou um choque. Pyramon? O que esse hipócrita estava dizendo? Como que num relâmpago, Aphek tornou-se ciente de que Junu era o pretenso vidente, o sacerdote de ídolos que realizava os sangrentos atos rituais. Toda a cautela era agora necessária. Esse homem trabalhava com veneno, e veneno atuava rapidamente. Ele superou sua aversão e convidou o "vidente" para deixar a sala junto com ele.

— A fumaça não faz bem aos teus órgãos de respiração, disse cortesmente. Vejo que tens dificuldades com a respiração. A fumaça forte é nociva à doença de que estás sofrendo. Devias evitar essa fumaça.

— Evitar?

Aphek cortesmente cedeu a frente a Junu, e ambos foram para o jardim interno onde Miebis estava deitado.

— Eu devia evitar a fumaça, tens razão. Mas o serviço junto a meu próximo não me deixa tempo para pensar em mim. Desde a madrugada estou ao lado do nosso jovem rei. Só eu sei aliviar as suas dores.

— Pelo cheiro reconheci que misturaste raiz de *harakhe* ao incenso, disse Aphek seriamente.

— Nota-se que és realmente um sábio, exclamou Junu, elogiando. Um ser humano comum nunca teria percebido algo disso. O cheiro que exala dessa raiz leva o jovem rei a agradáveis sonhos, de modo que não mais sente dores.

Aphek deu razão a Junu, e disse que ele também utilizava tal raiz em casos de intervenções cirúrgicas.

— Eu gostaria de saber em que escola adquiriste teus conhecimentos extraordinários!

Essa pergunta foi incômoda para Junu, embora se sentisse lisonjeado por finalmente um sábio da Caldeia reconhecer seu saber.

— Essa pergunta não posso responder-te agora, visto que já um outro enfermo está esperando por mim. Peço-te que sejas meu hóspede, então poderei, com toda a calma, responder à tua pergunta. Ao mesmo tempo poderias satisfazer o desejo mais almejado de minhas filhas. Ao menos uma vez elas queriam ver um verdadeiro sábio da Caldeia. Até agora esse desejo não se realizou.

Quando Aphek o olhou com surpresa, ele logo disse que sabia exatamente o que ele, o sábio da Caldeia, estava pensando nesse momento e acrescentou:

— Os sábios que temos aqui não têm sentimento nem coração por seu próximo. Eles nem conhecem as delícias que o corpo humano encerra...

Aphek começou a ficar impaciente, pois via que Miebis estava prestes a acordar de seu sono provocado pelo narcótico. E ele queria falar a sós com o infeliz moço. Para seu alívio, Junu disse que agora tinha de ir. E que Aphek também podia sair, uma vez que Miebis continuaria a dormir o dia todo.

Miebis estava deitado, com os olhos fechados, sobre um largo banco coberto de almofadas, situado ao lado de uma das paredes do pátio de banhos. Esse pátio encontrava-se no meio de árvores altas com densa folhagem, cujos galhos pendiam sobre o muro que circundava o pátio.

Lukati primeiramente mergulhara seu amo numa ampla bacia de água que ocupava uma parte do pátio. Apenas mui rapidamente. Depois o envolveu num pano branco de linho e o deitou sobre o banco. Quando Junu, finalmente, saiu, ele abriu o pano de linho, e Aphek pôde ver o corpo de Miebis, assustadoramente emagrecido.

Ira, ira sagrada fez Aphek quase estremecer, ao ver o moço desvalido, que se tornara uma vítima das pretensas sacerdotisas do amor. Ele lembrou-se de Beor, o iniciado, que apesar de seu extraordinário saber sucumbira aos engodos.

Enquanto Lukati esfregava o corpo de Miebis com óleo, uma velha mulher gorda chegou por uma das entradas laterais do pátio, colocando um jarro cheio numa mesa baixa. O jarro continha uma sopa fortificante de grãos de trigo esmagados e de raízes de ondina. Lukati fez um movimento afirmativo com a cabeça. Mais tarde ele daria a sopa ao seu jovem amo.

A mulher permaneceu um pouco ao lado do leito, olhando para Miebis, depois virou-se com uma exclamação de dor e saiu chorando.

Aphek estava de pé, ao lado. Um raio de sol caía, através da folhagem das árvores, sobre o seu rosto sério e belo. Ele pedia a ajuda de seu "acompanhante espiritual", pois de todo o coração queria auxiliar o jovem Miebis. Espiritual e animicamente. Fisicamente, não havia mais possibilidades.

Quando Miebis abriu os olhos, viu primeiramente Lukati que esfregava óleo em seus pés. Logo a seguir levantou seu olhar, e vagarosamente sua memória voltou. O sábio da Caldeia! Ele viu então a figura alta, com a cabeça levemente erguida... O rosto magro de Miebis corou de alegria. Não havia pedido em vão. O sábio viera para ajudá-lo. De alguma forma! A esperança deu novas energias ao enfermo. Ele sentou-se. Embora tudo oscilasse à sua volta, conseguiu ficar sentado.

Com poucos passos Aphek estava ao lado dele, pegando os pulsos do doente com suas mãos.

— Será que poderei ver os campos da paz? perguntou Miebis com voz quase imperceptível. Eu sei... transgredi o mandamento... Eu, como filho do rei...

Lukati colocou várias almofadas atrás das costas de Miebis, enxugando-lhe o rosto molhado de suor. Aphek aguardava ao lado. Miebis assustou-se ao olhar para cima. O sábio parecia-lhe tão distante e inacessível. Será que ele ainda o consideraria digno de auxílio, por ser um homem tão pecador?

Aphek tirou o pano branco da cabeça e sentou-se no banco ao lado de Miebis.

— Não se pode mais ajudar o teu corpo, começou ele. Tua alma, contudo, ainda poderá ser libertada. As sombras do pecado nela marcadas são tão fracas, que desaparecerão, se reconheceres tua culpa em toda a extensão. Responde exatamente a todas as perguntas que agora te dirigirei.

O que estava acontecendo antes de ficares doente? Pensa bem, e não esqueças que somente a verdade poderá libertar-te das teias da mentira.

— Eu estava prestes a pedir a Siptha que unisse minhas mãos e as de Harpo com uma grinalda de flores. Ela deveria ser rainha ao meu lado, disse ele hesitantemente. Harpo é sacerdotisa no Templo da Pureza... e é uma das filhas de Junu.

Aphek agradecia silenciosamente por tal união não se ter realizado.

— Siptha recusou-se, antes que eu lhe apresentasse meu pedido. Ele achava que, como iniciado e sacerdote, apenas poderia abençoar e unir com grinaldas de flores aquelas pessoas cujas almas já estivessem unidas em amor nos mundos mais finos... hoje, que é tarde demais, dou razão a ele.

— Onde encontraste Harpo pela primeira vez?

— A sacerdotisa superiora do Templo da Pureza trouxe-a para o palácio. Pouco depois Harpo se tornou dançarina do templo, ornamentando-o com flores também. Alguns dias mais tarde eu a encontrei casualmente num lapidador de pedras preciosas. Nesse dia ela me disse que tinha um desejo, cuja realização esperava ansiosamente. Ela queria apresentar-me uma de suas danças. Uma vez que eu tinha gostado da moça, não tive dúvidas. A casa habitada por Junu e suas filhas é circundada por um grande jardim. Uma parte desse jardim é destinada exclusivamente para os exercícios das danças do templo. E Harpo dançou! Somente para mim, o filho do rei. E eu, oh! tolo que fui!

Miebis fechou por um momento os olhos, atormentado por autoacusações. As recordações eram mais penosas do que a doença que corroía o seu corpo. Depois continuou:

— A moça dançava e, escorregando, caiu num pequeno lago que se achava nessa parte do jardim. Eu a ajudei a sair da água. As roupas dela estavam molhadas e cheias de lama. Ela se despiu, agarrando-se em mim, chorando. Supostamente havia machucado o pé. Desde aquele dia eu fiquei submisso a ela. Mesmo quando ela me contou que não adorava o onipotente Criador, mas sim o "deus do amor", venerando-o, eu não pude deixá-la. Era como uma doença. Por favor, dispensa-me do resto! exclamou Miebis com desespero. Ela queria tornar-se rainha ao meu lado, por isso eu era tão valioso para ela...

— O Templo da Pureza! O que está acontecendo nesse templo? Com Harpo como sacerdotisa? E de onde vêm os cadáveres mutilados encontrados já diversas vezes? Três deles eram de sacerdotisas desse templo!

Miebis, e mesmo Lukati e Kedar, sentados ao lado da cortina da entrada, levaram um susto quando Aphek formulou essas três perguntas. As palavras dele soavam duras e ameaçadoras.

— Nada sei de cadáveres! exclamou Miebis assustado. Eu devia ter afastado Harpo e suas "irmãs" do templo. Essa omissão arde como uma queimadura em minha alma!

Miebis estava sentado no banco, prostrado. Ele tentava recordar-se. Nada indicava que Harpo tivesse algo a ver com isso.

Aphek levantara-se, caminhando de um lado para outro no pátio. Por que as pessoas não reconheciam logo o perigo que estava ligado à doutrina do assim chamado "deus do amor"?

— Posso fazer-te uma pergunta, sábio Aphek? Uma pergunta que já há muito me preocupa, falou Kedar, juntando ambas as mãos sobre o peito.

Aphek olhou o moço perscrutadoramente, antes de acenar consentindo... e dizer:

— Pergunta, Kedar.

— Será que cada pessoa que se une estreitamente com uma mulher do tipo de Harpo fica assim doente como Miebis?

— Os germes da doença já estavam no sangue de Miebis quando ele nasceu. Mas apenas se tornaram perceptíveis quando ele já era um jovem, continuou Aphek, esclarecendo. Nosso grande sacerdote-rei, Sargon, que conhecia bem tudo que se relacionava com o futuro rei do Egito, enviou ao jovem Miebis uma advertência que encerrava ao mesmo tempo um conselho e uma ajuda: "Vai à casa de cura e pede a Sunrid auxílio para o teu peito. Em teus pulmões e em teu coração veem-se sombras que devem ser extirpadas imediatamente. Sunrid conhece o respectivo meio de cura. Segue exatamente as instruções dele, se quiseres tornar-te rei do Egito. Tua missão na Terra é ser rei."

O velho rei Miebis assustou-se ao receber esse comunicado de Sargon por intermédio de Siptha. Ele sabia que Sargon tinha razão, e estava agradecido, do fundo do coração, ao sacerdote-rei por ter-lhe enviado essa advertência.

O jovem Miebis não sabia que seu corpo apresentava um ponto fraco. Ele, frequentemente, tinha horríveis vivências noturnas, acordando depois oprimido e banhado em suor. E quando então se sentia fraco, durante o dia, atribuía essa fraqueza a tais vivências.

Miebis, que se havia levantado um pouco, ouvindo atenciosamente Aphek, acenava afirmativamente várias vezes. As vivências noturnas naquele tempo tinham sido horríveis... e ainda o eram.

— O jovem Miebis seguiu o conselho de Sargon, pedindo a Sunrid que curasse o seu corpo, pois queria cumprir sua missão como rei. A cura teve início. As sombras quase não se viam mais. Então entrou Harpo, adepta de Nebo, em sua vida. Miebis não tinha mais tempo nem pensamentos para a sua saúde. Pois bem, resumindo em poucas palavras, apenas posso dizer ainda que um homem sadio, sim, teria aguentado, por mais de um ano, a vida que Miebis levava com Harpo. Miebis, no entanto, com seu peito doente, interrompendo além de tudo qualquer tratamento, tinha de sucumbir com isso.

Lukati soluçava alto, quando Aphek terminou. Outro som não se ouvia.

Kedar compreendera exatamente o esclarecimento de Aphek. Mas ainda não estava satisfeito. Aphek não mencionara a alma. De que forma fora atingida a alma?

A atenção de Aphek estava dirigida para a cortina da porta, cujos cordões estavam sendo movidos pelo lado de fora. Ele caminhou até lá e afastou os cordões. Logo a seguir exclamou alegremente:

— Siptha, tu!

Sim, era Siptha que estava atrás da cortina da porta, com três homens.

— Chegamos há pouco e ouvimos o esclarecimento que deste a Kedar. Permites que eu agora também te apresente uma pergunta?

Aphek concordou sorrindo, e Lukati abriu de todo a cortina da porta, deixando entrar os visitantes inesperados no pátio.

— São três auxiliares meus. Todos eles são entendidos em leis, disse Siptha, enquanto os três se inclinavam profundamente diante de Aphek.

— Enquanto nosso jovem rei está doente, atuo como substituto dele. A esse encargo estão ligados muitos compromissos. Por causa dos inúmeros estrangeiros, temos agora frequentemente dificuldades imprevistas.

Após tal esclarecimento, ele acomodou-se num banco, junto com os outros três.

Um dos entendidos em leis levantou-se de novo, perguntando se Aphek se originava do povo do sol[*].

— Meus pais eram desse povo, mas eu nasci na Caldeia. Quando ainda era menino meus pais voltaram à sua pátria. Eu mesmo fiquei sob a tutela do sacerdote-rei nas aldeias dos sábios.

— Minha mulher também descende do povo do sol! exclamou o entendido com visível alegria. Ela tem os mesmos olhos cinza-claros e cabelos pretos que tu!

Quando o entendido retornou a seu lugar, Siptha levantou-se e apresentou sua pergunta:

— Eu te peço, Aphek, esclarece aos nossos amigos aqui por que os sábios da Caldeia recusam ligações que não vão além dos corpos terrenos. Posso formular essa pergunta também de outro modo: por que os sábios rejeitam qualquer união corporal entre

---

[*] Sumerianos.

homem e mulher, quando as respectivas pessoas não estão ligadas entre si animicamente em amor?

A pergunta de Siptha surpreendeu Aphek. Siptha conhecia a resposta tão bem como ele, pois haviam frequentado as mesmas escolas.

Logo depois, porém, tornou-se-lhe claro por que Siptha havia formulado tal pergunta. Seus três auxiliares, bem como Kedar, deveriam receber a resposta diretamente de um sábio que acabara de chegar da Caldeia.

— Junu e suas "filhas" têm causado muitos sofrimentos com suas mentiras e suas concepções imorais durante a sua estada aqui. Eles consideram a união corporal de duas pessoas como o único amor existente. De tudo o mais, escarnecem.

Siptha acrescentara ainda esse esclarecimento, ao notar que Aphek hesitava em responder.

Aphek, porém, não estava hesitando. Ele apenas pensava como melhor poderia responder à pergunta.

Vendo os rostos atentos de seus ouvintes, ele resolveu falar da mesma maneira como falava aos seus alunos nas aldeias. Pois os que estavam à sua frente também eram alunos.

Então ele começou:

— Somos contrários a isso porque desejos humanos não são determinantes para nós, mas apenas a vontade do onipotente Criador! Essa sublime vontade encerra para o ser humano a exigência de que para tudo o que ele recebe tem de dar algo. Dar e receber! O equilíbrio no mundo humano e no da natureza depende disso.

Devo falar agora de uma árvore da qual não apenas nós, mas também outros povos têm conhecimento. É a árvore do Universo, que carrega os áureos frutos da vida.

No reino dos grandes *dschedjins,* sabeis que esse reino se encontra abaixo dos campos de paz,[*] cresce essa extraordinária árvore. Seu tronco compõe-se de vários troncos gigantes, e seus galhos cobririam nosso pequeno planeta Terra, tão grande ela é. É uma árvore isolada, no meio de uma planície de musgo verde-brilhante, como veludo. A folhagem também é verde. Aliás, de um verde indescritivelmente belo e brilhante. O colossal tronco, que nem cem pessoas poderiam abraçar, é vermelho, e vermelhas são

---

[*] Paraíso.

também as suas maravilhosas flores. Os frutos áureos amadurecem dentro das grandes flores vermelhas. As cores dessa árvore têm sons. Sua irradiação assemelha-se a transparentes véus de neblina de ouro. O mistério dessa árvore única, porém, se encontra nas raízes. Essas raízes, cujas extremidades penetram em todo o nosso sistema planetário, são transparentes como vidro, possuindo dupla função. Estão ao mesmo tempo dando e recebendo.

Essa árvore também é denominada, muitas vezes, "árvore da vida", pois a força do amor dos mais altos e mais fortes *dschedjins,* que criaram e continuam criando nossos mundos, flui doando através dos incontáveis e misteriosos canais de raízes.

Essa força liga os seres humanos terrenos à pulsação da natureza, proporcionando-lhes calor e ardor. Ela constitui um estímulo para todos os que se esforçam para um futuro elevado no reino dos espíritos.

Aphek fez uma pausa. Seus ouvintes, como que hipnotizados, haviam assimilado e compreendido cada uma de suas palavras. Todos eles, inclusive Siptha, admiravam sua voz sonora e a facilidade com que encontrava as palavras que lhe possibilitavam expressar claramente o seu saber.

Lukati suspirou fundo. Ele teve a impressão de enxergar a árvore gigantesca diante de si, de modo vivo. Miebis, sentado com os olhos fechados, também não deixou escapar nenhuma palavra pronunciada por Aphek.

Como estivesse demorando a falar, os ouvintes começaram a se mexer impacientemente. Queriam ouvir mais. Todos sabiam da existência da árvore do Universo. Nunca, contudo, ela lhes fora descrita tão claramente.

— Essa poderosa e ardente força da natureza possibilita também a procriação na Terra, recomeçou Aphek. Ela perpassa o Universo, trazendo em si o milagre do amor da natureza[*].

Os seres humanos são criados pela irradiação de amor do onipotente Criador! Os seres humanos permanecem eternamente ligados às irradiações do amor que lhes deu a vida. Eternamente, se permanecerem criaturas da Luz e do amor!

O amor que liga um homem a uma mulher, espiritual e animicamente, bem como corporalmente, também traz em si elementos

---

[*] Força sexual.

criadores, continuando a atuar, e conduzindo beleza e força aos mundos espirituais e aos das almas. Uma parte desses elementos criadores, oriundos do amor de duas pessoas, são absorvidos pelas raízes da árvore do Universo, fluindo de volta para a origem. Esse "refluxo", que leva bênçãos e que beneficia a natureza e os seus entes, pode ser denominado de retribuição.

Com esse dar e receber mantém-se o equilíbrio rítmico que proporciona a paz a todas as criaturas.

Dois seres humanos que se amam espiritual e animicamente são doadores. Não importa se na Terra se unam ou não.

O contrário sucede quando duas pessoas se unem na Terra sem terem entre si nenhuma ligação espiritual e anímica, denominando muito erradamente tal união de amor. Tais pessoas só querem receber, sem nada dar! São como os ladrões noturnos que pensam não ser vistos, não podendo, por conseguinte, ser chamados às contas.

Essa espécie de seres humanos perturba o equilíbrio na Criação! Eles abrem um abismo entre si e os entes da natureza, e se desligam das irradiações divinas do amor, proporcionadoras de bênçãos. Elementos de destruição e de descontentamento são levados por tais criaturas para o maravilhoso mundo.

Por esse motivo nós recusamos ligações na Terra entre duas pessoas que não estão unidas em amor, espiritual e animicamente.

Seres humanos que perturbam o equilíbrio harmonioso dos processos estabelecidos da vida são perniciosos. Tomam dos frutos áureos da árvore da vida, sem oferecer uma retribuição. São, na verdade, mendigos!

Nossos videntes também viram a árvore da vida, quando os elevados guias espirituais lhes mostraram as imagens finais do destino humano e o sarcófago vazio. Essa maravilhosa e única árvore estava ressecada, salvo uma pequena parte. Seus frutos e flores estavam espalhados pelo chão, murchos. A árvore ressecada é o testemunho de que na época do Juízo a maior parte dos seres humanos estará separada das irradiações divinas do amor e dos *dschedjins*.

Com um olhar que parecia vir de distâncias longínquas, Aphek disse pensativamente:

— Nenhum de nós pode imaginar uma vida terrena sem a estreita ligação com os grandes e pequenos *dschedjins* que atuam nas irradiações do amor provenientes da força da natureza, presenteando-nos tão ricamente.

Aphek terminou seus esclarecimentos com essas palavras. Havia dito tudo o que se podia dizer sobre o assunto.

Todos, inclusive Miebis, se levantaram, inclinando-se diante do sábio e agradecendo-lhe. Um dos auxiliares de Siptha formulou em palavras o que cada um sentia intuitivamente. Juntando ambas as palmas das mãos sobre o peito, ele disse:

— A sabedoria que nos foi permitido ouvir hoje de tua boca me acompanhará durante toda a minha vida terrena! Permite-me retransmitir essa sabedoria, para que nossos jovens não caiam ignorantes nos engodos das assim chamadas sacerdotisas do amor! Quero fazer o certo e ajudar!

Aphek concordou alegremente.

— A vontade pura de ajudar teu próximo sempre te proporcionará a força para a atuação. Aliás, no momento certo!

Um servo, que previamente se anunciara com palmas, entrou no pátio avisando que junto do lago de lótus estavam preparadas bebidas e comidas.

Aphek, Siptha, Kedar e os três auxiliares foram para o jardim. Miebis vestiu-se rapidamente com a ajuda de Lukati, tomou sua sopa e seguiu os outros.

O lago de lótus ficava em meio de árvores frondosas, de arbustos e de flores. O velho rei gostava especialmente dessa parte do jardim. Ele mandara colocar bancos e mesinhas, pois muitas vezes recebia aí os dignitários do país, tomando junto com eles as refeições.

Nas mesinhas estavam as travessas com pães achatados, carnes, queijos, frutas e diversos doces: de amêndoas, de figos e de flores de limão. Os jarros continham chá aromático de flores, sucos de frutas, vinho e cerveja. O "suco de trigo", como os egípcios denominavam outrora a cerveja, existia somente havia pouco tempo.

ENTRE os forasteiros que vinham constantemente de perto e de longe para ver a pirâmide, surgiu certo dia um grupo de figuras grandes e robustas, de cabelo e barba vermelhos, que superavam todos os demais visitantes em tamanho. Esses forasteiros tinham vindo por ordem de seu velho sacerdote, que havia visto em espírito a pirâmide, querendo saber algo mais detalhado sobre ela. Esse sacerdote lhes havia descrito o caminho tão acertadamente, que eles, depois de uma caminhada de seis meses, chegaram ao seu alvo.

Demorou muito até que esses forasteiros, provenientes de um país[*] do qual ninguém jamais ouvira algo, pudessem fazer-se entender. Contudo, logo tiveram confiança em Pyramon e pediram-lhe que lhes fosse permitido colaborar. Depois de cerca de dois anos, a metade do grupo dos "cabelos vermelhos" despediu-se para retornar à sua pátria. Durante sua estada haviam visto e ouvido tanto, que poderiam dar ao seu sacerdote uma imagem exata da construção da pirâmide. E também sobre o significado da obra.

A outra metade ficou com Pyramon até o término da pirâmide. Um deles começou a fabricar, certo dia, uma bebida com grãos de trigo, painço, mel e uma certa casca de árvore, que logo foi muito apreciada pelos trabalhadores das pedras. Também o velho rei algumas vezes tomara dessa bebida.

ENQUANTO todos estavam sentados juntos no jardim, comendo e bebendo, chegaram Samia e mais outras duas moças muito agitadas, como se tivessem feito uma longa corrida.

— Chegou uma caravana do país dos barbudos! exclamou Samia, já de longe. Entre eles encontra-se um vidente que também conhece todos os acontecimentos que poderão ser lidos na pirâmide. Ele também está profetizando um terrível Juízo para os seres humanos na Terra.

Samia sentou-se junto com as duas moças num banco, olhando em expectativa para Aphek. Como ninguém dissesse algo, ela acrescentou que Magog levara consigo o vidente estrangeiro para o oásis.

Aphek e Siptha estavam procurando conseguir ligação com Magog, para descobrir que espécie de vidente era o forasteiro. Ninguém pronunciava palavra alguma. Mas todos estavam esperando o

---

[*] Germânia.

que Aphek e Siptha diriam. Junu também se denominava vidente. E antes dele já houvera outros que haviam trazido inquietação.

— Trata-se realmente de um grande vidente e sábio, disse Aphek finalmente com voz alegre. A roupagem de alma do estrangeiro não apresenta nenhuma mácula. Sobre o peito ele porta uma placa redonda de ouro, na qual se vê a forma do eixo do mundo. A mulher ao seu lado é de espécie igual à dele.

Com as palavras de Aphek, todos respiraram aliviados. Um verdadeiro vidente e sábio traria bênçãos para o país. Era um hóspede bem-vindo.

Siptha, juntamente com seus três auxiliares, deixou o jardim logo depois da chegada de Samia. Tinha ainda assuntos de Estado a resolver, os quais não permitiam um adiamento.

Aphek pediu a Samia que dissesse à sacerdotisa superiora do Templo da Pureza que ele desejava falar com ela.

— Ela está aqui, disse uma das moças ao lado de Samia. Eu a vi entrar no palácio pequeno.

No palácio pequeno morava Samia com sua ama, a mulher que a havia criado após a morte da mãe.

— Recebe-a no salão do rei. Lá estarás a sós com ela.

Esse conselho de Miebis foi bom. Aphek dirigiu-se ao salão real, e não demorou para que Samia entrasse junto com a sacerdotisa superiora.

Nos olhos de Namua bruxuleava medo ao ver o sábio.

Aphek olhou silenciosamente para a alta e esbelta mulher diante dele. Ela estava muito pálida e tinha cabelos pretos. Uma capa verde cobria quase totalmente o vestido de linho natural que ela usava. Ao ver os olhos dela, Aphek soube que ela conhecia a "embriaguez verde", tendo visões que a deixavam angustiada e com horror.

— Namua, foste sacerdotisa superiora do Templo da Pureza. Teu tempo, porém, findou. Amanhã partirá uma caravana. Podes juntar-te a ela. Nas aldeias "dos corações alegres"* talvez floresça uma nova esperança para ti.

Samia começará amanhã com a limpeza do templo, pois Thisbe, a sacerdotisa superiora da Aldeia do Templo na Caldeia, fará ali,

---

* Caldeia.

dentro de poucos dias, sua entrada em nome de Sargon, nosso sacerdote-rei. Ela celebrará uma solenidade, empossando novas sacerdotisas em seus cargos.

Namua olhou Aphek estarrecida; a seguir virou-se e, sem proferir palavra, atravessou o grande salão, desaparecendo por uma porta lateral. Ela havia pressentido que algum dia seria chamada a prestar contas. Junu, Harpo! Rapidamente tinha de ir até eles.

Com tristeza no coração, Aphek ficou olhando a mulher que se afastava. Kedar, vendo a sacerdotisa superiora sair correndo, entrou no salão e acompanhou o sábio até o aposento a ele destinado. Situava-se ao lado do dormitório de Miebis e tinha uma saída para os jardins.

Quando Kedar saiu, Aphek deitou-se no leito. Sentia um cansaço a ele desconhecido, que o deixou inquieto. Fechou os olhos e pediu a seu guia que o esclarecesse.

Após uma hora, mais ou menos, Kedar entrou novamente no aposento e disse que Junu pedia uma entrevista. Seria urgente, uma vez que Junu estava na iminência de fazer uma viagem.

— Uma viagem?

Com um sorriso amargo, Aphek seguiu o jovem Kedar. Vendo Junu, ele parou surpreso. O pretenso sábio portava um chapéu alto e pontudo, que lhe dava um aspecto algo cômico. Além disso, a túnica vermelha que usava era tão apertada que apenas lhe permitia dar passos curtos.

Aphek desceu os poucos degraus que levavam para o grande terraço, onde Junu andava de um lado para outro.

Junu, ao vê-lo, logo veio ao seu encontro com os braços abertos exclamando:

— Enfim, enfim é tirado de Namua o lugar para o qual nunca foi apropriada. Sem as minhas filhas, esse templo já há muito deveria ter sido fechado!

Ira e asco tomaram conta de Aphek, ao ouvir essas palavras hipócritas... Junu era mais perigoso do que pensara.

— O templo será limpo e fechado temporariamente. Thisbe, a sacerdotisa superiora, que possui grau real, escolherá as novas sacerdotisas quando o templo puder ser reaberto, disse Aphek serenamente. Namua está doente de corpo e alma. Tenho receio de que ela não mais possa ser curada.

— É minha opinião também, disse Junu com um astucioso piscar de olhos. Sempre aconselhei Namua a usar o pó verde moderadamente.

Uma vez que Aphek nada respondesse, Junu aproximou-se dele, murmurando:

— O pó verde cumpre sua finalidade! Tu o conheces. Talvez melhor do que eu. Podemos despertar com isso paixões nos seres humanos, nutrindo sempre algo. As pessoas tornam-se assim fracas e por conseguinte facilmente domináveis.

— Cala-te! Assassino e maculador de sangue! disse Aphek dominando sua ira somente com dificuldade.

Junu contorceu-se literalmente ao ouvir o tom que vibrava através dessas únicas palavras. Logo depois ele se refez e disse rindo escarnecedoramente:

— Pronuncias grandes palavras, ó tolo!

— Não conheço palavras que possam designar tua infâmia. Teu corpo já se está decompondo. Estás no fim, Junu. E tu também sabes disso. Sim, tua carne está desintegrando-se! E teu espírito não está ligado ao céu! O que te acontecerá quando tiveres de deixar a Terra? A hora está próxima!

Aphek enfrentava serenamente esse homem cuja vida estava dominada pela mentira e pelo vício.

Junu foi tomado de um medo ilimitado. Ele tinha medo da escuridão das trevas. Não obstante, continuou a escarnecer:

— Vós, sábios, sois grandes tolos teimosos! Os seres humanos precisam da embriaguez, querem viver e usufruir! Querem a paixão, paixão demoníaca!...

Um horrível acesso de tosse impediu-o de continuar falando. E uma espuma sangrenta apareceu em seus lábios, enquanto lutava para respirar. Dois servos vieram, como que chamados, pegaram-no pelos braços, arrastando-o para o jardim. Miebis, que escutara tudo do aposento ao lado, deu um chute no chapéu alto e pontudo que caíra da cabeça de Junu, fazendo-o rolar jardim afora.

— A vida desse "sacerdote da mentira" está findando, disse Aphek enojado. Tudo o que esse homem deixa para trás é vício e sofrimento.

Miebis pediu aos servos que retirassem Junu do jardim o mais depressa possível.

— Pegai uma maca e levai-o para sua casa. Suas "filhas" que cuidem dele.

Aphek não viu mais Junu. O vinho fortificante que Junu sempre tomava entre os acessos de tosse continha sementes da trepadeira da lua em excesso. Sete dias após a entrevista com Aphek, suas "filhas" encontraram-no morto no jardim.

Namua havia-se refugiado na casa de cura, tendo encontrado acolhimento junto de Sidika. Namua sabia que sua condição de sacerdotisa acabara. Mesmo uma estada na Caldeia nada alteraria a esse respeito. Ela estava agradecida por ter encontrado acolhimento e estava disposta a executar os trabalhos mais inferiores.

Quando Sunrid a interrogou sobre as ocorrências no Templo da Pureza e a respeito das meninas e meninos assassinados, ela afirmou chorando que nada sabia desses assassínios. Mas confessou que Junu trouxera jovens alunas e alunos, bem como homens mais velhos, para a casa das sacerdotisas, a fim de introduzi-los nos mistérios de Nebo, o "deus do amor". Os alunos e alunas vinham na maioria dos casos dos diversos templos. Junu ameaçava de morte quem falasse sobre as reuniões.

— E o que acontecia durante as reuniões? Onde Junu matava as meninas e os meninos?

— Certamente na casa dele, opinou Namua. Nas reuniões na casa das sacerdotisas ele proferia palestras e distribuía "gotas de amor" preparadas por ele mesmo segundo as indicações de Nebo. Além disso, ele glorificava a embriaguez verde e o êxtase despertado no ser humano.

Quando Sunrid quis saber pormenores, Namua, envergonhada, cobriu o rosto com as mãos, pedindo desesperadamente que a dispensasse de tudo o mais.

Sunrid não insistiu mais com ela. Os nomes dos alunos e alunas que assistiram às orgias ele ainda saberia quando ela se acalmasse um pouco.

Samia, em companhia de sua ama e de três outras moças, dirigiu-se ao Templo da Pureza. Bennu enfrentou-as já no pátio, recusando e impedindo-lhes a entrada no templo. Ela soltou uma risada escarnecedora quando Samia lhe comunicou que viera para limpar o templo.

— O templo está limpo! Ninguém tem o direito de entrar, se eu, a sacerdotisa superiora, não quiser!

— Tu não és sacerdotisa superiora, aliás, nem mesmo uma sacerdotisa, disse Samia indignada. Eu te aconselho a desaparecer, antes que a sacerdotisa superiora da Caldeia entre no templo!

— Talvez eu ceda a essa desconhecida sacerdotisa da Caldeia. Talvez não. Tenho amigos poderosos em Akeru. Pode ser que esses amigos não gostem de ver uma outra em meu lugar.

Samia e suas companheiras tiveram de sair, sem nada fazer. Aphek não havia esperado outra coisa, quando Samia lhe relatou a conduta de Bennu.

— A Thisbe ela terá de ceder, disse Aphek convicto. Esse produto das profundezas que fique por enquanto no templo. Com a morte de Junu, seu poder terminará.

Nos dias seguintes, Aphek juntamente com Siptha e Kedar visitaram os acampamentos dos peregrinos nos arrabaldes da cidade. Por toda a parte onde chegavam, os peregrinos queriam ouvir pormenores sobre a pirâmide e sobre o Juízo Final. Alguns entre eles estavam aprendendo diligentemente o idioma do país, a fim de mais tarde poderem informar com exatidão a tal respeito. Muitos se preocupavam também com o Juízo Final e com o lugar em que se encontrariam naquela época. Todos esperavam não estar na Terra.

Aphek estava acostumado nas aldeias da Caldeia a aglomerações de seres humanos, mas o que aqui presenciava superava tudo o que havia visto a esse respeito. Sem cessar vinham e partiam caravanas, e também as novas e grandes casas de alojamento estavam constantemente superlotadas.

O mesmo quadro oferecia-se nas proximidades do oásis da pirâmide. Era um contínuo ir e vir de peregrinos.

Por léguas seguidas viam-se, à beira do rio, primitivas cabanas de junco e tendas, diante das quais ficavam geralmente amarrados animais de montaria. Camelos, jumentos e também vacas. Quando os peregrinos vinham a pé, traziam consigo geralmente ovelhas para carregar a bagagem.

Quando Thisbe, juntamente com Pyramon e os outros, chegou ao oásis, ficou tomada de pasmo, assim como todos os forasteiros que viam a obra pela primeira vez. Suas dimensões e o tamanho dos blocos de pedra empregados tinham também algo de impressionante.

Pyramon conduziu, seguido de Timagens e alguns servos, os cinco casais da Caldeia para suas novas moradias. As mulheres examinavam com alegria as casas arejadas. Não faltava nada. Até víveres, água fresca, sucos de frutas e lamparinas de óleo havia. Em breve saberiam também como poderiam ajudar Pyramon da melhor forma possível.

Wahab e Kosbi encontraram alojamento provisoriamente na casa de Timagens, enquanto Thisbe e Kilta ficaram morando com Magog, como em tempos passados. Toptekmun moraria na casa de Pyramon, guardando seu príncipe.

Thisbe sabia agora que Pyramon, desde o seu envenenamento, somente tomava gotas da vida, visto seu corpo não aceitar outro alimento. Por isso aquela magreza que a havia assustado inicialmente. A conselho de Sunrid, ele comia agora, desde alguns dias, um pouco de mingau de trigo. Pyramon esperava que seu corpo em breve estivesse completamente restabelecido.

Entre as casas de Timagens, Pyramon e Magog havia altos arbustos de folhas grandes, que proporcionavam uma agradável sombra. Cada moradia tinha sua própria casa de cozinhar e seu próprio pátio de banho.

Thisbe tomou banho, descansando um pouco; a seguir comeu algumas das frutas trazidas por Kilta. Mais tarde vestiu uma túnica branca de linho, colocou o colar de pérolas no pescoço e dirigiu-se à casa de Pyramon. Ela queria saber tudo sobre a obra. Como Pyramon lhe havia declarado, estavam trabalhando agora no corredor que levava para o subterrâneo, indicando a decadência geral da humanidade. Ela bem conhecia os pequenos modelos da pirâmide. Mas como se apresentava diferente a construção efetiva!

Antes de entrar na casa de Pyramon, Thisbe ficou parada diante de um arbusto de flores amarelas, sentindo o seu perfume. Rodeando um pouco o grande arbusto, ela viu uma mulher de formas exuberantes, que aparentemente tinha o mesmo alvo que ela. A estranha, vestida com uma túnica vermelha até os joelhos, carregava cuidadosamente uma cesta. Mal se podia ver seu rosto, uma vez que os longos cabelos pretos, caídos em ambos os lados, o cobriam quase totalmente.

A moça vinha com passos rápidos e, aproximando-se, desapareceu na casa. Thisbe igualmente prosseguiu em direção a casa, mas parou ao lado da entrada. Não se via nada, pois uma cortina azul, de cordões de fibra, pendia protegendo a larga entrada da casa.

Thisbe hesitou. Deveria esperar, ou entrar logo? Enquanto ela estava de pé, assim indecisa, ouviu de um aposento lateral Pyramon dizer algo à estranha, cumprimentando-a logo depois alegremente.

— Eu trago algo para teu corpo, pois nada estás dando a ele, Pyramon! Sempre que vejo Miebis, eu o comparo contigo. E fazendo isso, sei que nunca poderia ser a esposa do jovem rei. Gosto de homens grandes e poderosos ao meu redor!

Essa voz! De que profundezas vinha essa voz? Thisbe assustara-se tanto com aquilo que vibrava nela, que nem se tornou consciente do sentido das palavras ditas pela estranha. A julgar pela voz, a visitante devia ser uma das servas de Nebo, que estavam praticando seus males no Templo da Pureza.

Um medo indescritível sobreveio a Thisbe. Seu coração batia a ponto de estourar. Ela afastou-se com passos inseguros da entrada, dobrando na esquina da casa. Aqui também cresciam arbustos floridos e algumas árvores que proporcionavam sombra. Era esse o perigo que ainda ameaçava Pyramon? A moça estranha possuía a força de atração do mal!

Thisbe olhou para o céu, como que buscando auxílio. Mas, além de algumas nuvens e abutres flutuando nos ares, nada se via. Um grande lagarto deitado na areia quente soltou de repente um estridente grito de advertência. Thisbe olhou em redor, perscrutando. De que o lagarto a estava advertindo? Além de um avestruz, que a fitava de certa distância, nada se via. Thisbe sorriu. Um lagarto e um avestruz! Ela lembrou-se dos leões que outrora acompanhavam Pyramon por toda a parte.

A moça estranha não se demorou muito na casa. Ela parecia estar com pressa. Pyramon acompanhou-a até uma parte do caminho, voltando a seguir assobiando alegremente. Vendo Thisbe, ele a recebeu com uma exclamação de alegria, convidando-a para olhar o modelo grande da pirâmide.

Thisbe olhou-o seriamente, seguindo-o para dentro da casa. No meio do aposento ela parou e perguntou:

— Quem era essa mulher seminua?

— Mulher seminua?

Pyramon estava tão surpreso a respeito dessa pergunta esquisita, que não sabia o que responder. Mas então viu o medo nos olhos de Thisbe, e perguntou a si próprio o que provocara tal medo.

— Essa mulher era Harpo, disse ele algo inquieto. Harpo é sacerdotisa no Templo da Pureza. Miebis queria levá-la para seu palácio, como sua esposa. A doença impediu-o até agora disso. A moça só veio me trazer uma gulodice feita por ela e suas irmãs, com as próprias mãos.

— Uma gulodice? perguntou Thisbe, nada pressentindo de bom.

Pyramon indicou para uma cesta colorida e de trançado bonito, colocada num pedestal.

— As bolachas parecem convidativas. Infelizmente ainda não posso comer nada disso. Preciso esperar alguns dias.

Thisbe olhou alguns instantes, como que hipnotizada, para as bolachas de amêndoas dentro da cesta, depois virou-se enojada. Bastava o que havia visto. As sementes da trepadeira da lua nelas contidas eram suficientes para deixar qualquer um que as comesse em tal estado de adormecimento, que não haveria mais um despertar na Terra.

Perguntando a si próprio o que estaria inquietando Thisbe, amedrontando-a até, Pyramon a convidou a ir com ele até o pátio.

— O modelo que construí ultimamente, e no qual estou trabalhando, é muito maior e mais bem trabalhado do que todos os outros modelos que já conheces.

Thisbe, porém, não foi para o pátio. Sentara-se num banco, pensando em Pyramon. Era-lhe incompreensível que ele não percebesse que Harpo era uma serva do anjo caído. Havia morado durante anos na Caldeia e visto as moças de lá. Por que ele não percebia a diferença que havia entre aquelas moças e Harpo?

— O que está te amedrontando, Thisbe? perguntou Pyramon, agora seriamente preocupado, ao ver a expressão triste no rosto dela.

— Penso com preocupação na pirâmide, pois ainda falta muito para terminar. Penso também nos gigantes que somente podem trabalhar contigo.

— Por isso, não precisas te preocupar! Sou forte! Logo meus ossos estarão bem revestidos de carne! Dentro de poucos dias novamente poderei comer de tudo. Sunrid me dirá exatamente quando for assim. Até agora as gotas da vida têm mantido minhas forças.

— Certamente estás forte, Pyramon. Conheço o efeito das gotas da vida. E também permanecerás forte, enquanto tua missão exigir isso! Isto é, se não tomares mais sementes da trepadeira da lua!

Thisbe nem deu atenção à exclamação indignada de Pyramon; pelo contrário, continuou falando:

— Quem é que te queria envenenar e a Magog também? Chegaram a conhecer o malfeitor?

Pyramon negou.

— Não conhecemos ninguém a quem possamos atribuir um ato desses.

— Se não conheceis o malfeitor ou a malfeitora, então poderá acontecer que mais uma vez seja introduzido veneno em vossa casa, numa bebida ou numa comida destinada a vós.

— Não, isso não mais poderá acontecer, disse Pyramon prontamente. Desde aquela vez, guardas de confiança estão vigiando as entradas de nossas casas.

— No entanto, teus guardas não são tão seguros como pensas! Vi com meus próprios olhos eles deixarem essa Harpo, sem objeções, entrar em tua casa. É angustiante que uma serva de Nebo, do assim chamado novo "deus do amor", tenha ingresso em tua casa!

Pyramon olhou sem fala para Thisbe. Seria possível que ela estivesse suspeitando da "inofensiva" Harpo? Harpo apenas estava procurando consolo junto dele. Nada mais. E nada também indicava que ela estivesse em contato com o abominável culto de ídolos.

Thisbe bem sabia o que Pyramon estava pensando. Ela sentia cansaço e tristeza, desejando estar muito longe da Terra. Pyramon era um dos melhores. Como ele se podia deixar ludibriar tão facilmente?

— Se alguém pudesse realizar o teu trabalho, em conjunto com os gigantes, então talvez eu mesma te permitisse comer as gulodices de Harpo, disse Thisbe com voz séria. Uma vez, porém, que não existe ninguém que possa executar tua missão, e que a construção da pirâmide é indispensável, eu te digo que as bolachas de amêndoas trazidas pela "inofensiva" Harpo contêm tanto de sementes da trepadeira da lua, que mesmo Asklepios não mais te poderia segurar na Terra!

Pyramon ficou tão perplexo e indignado com a suspeita de Thisbe, que por ora nem achava palavras para responder-lhe.

— Infelizmente não te posso provar a veracidade de minhas palavras, disse Thisbe oprimida.

Neste momento entrou Salum no aposento, parando perplexo. Thisbe acabava de enxugar secretamente as lágrimas, e Pyramon estava de pé, com cara fechada, junto à abertura da porta, olhando para fora.

— Mingau de frutas, disse Thisbe sorrindo, quando Salum colocou uma tigela cheia à sua frente.

Pyramon chegou-se à mesa, sentando-se num dos bancos existentes diante dela. Logo depois Salum trouxe-lhe uma tigela com pirão de trigo.

Thisbe não queria decepcionar Salum. Ela pegou a pazinha achatada e começou a comer. Ao mesmo tempo pedia auxílio ao seu guia. O que poderia fazer para provar a Pyramon que as bolachas de amêndoas continham tanto daquelas sementes da trepadeira da lua, que quem as comesse não mais despertaria na Terra?

Salum olhou indeciso de um para o outro. Pyramon havia falado tantas vezes de Thisbe, e se havia alegrado tanto devido ao reencontro com a moça...

— No pedestal se encontra uma cestinha com bolachas de amêndoas, Salum, disse Thisbe, quando ele já ia saindo.

— Bolachas de amêndoas? perguntou Salum, visivelmente alegre.

— Harpo trouxe-as para Pyramon.

— Harpo? Salum ficou parado no meio do aposento, como que petrificado, olhando apavorado para Thisbe.

Pyramon, que notara o olhar de Salum, disse:

— Percebo que tu também supões que Harpo quer nos envenenar!

Salum baixou o olhar. Via-se que gostaria de sumir. Subitamente ele se virou, desaparecendo com a cesta na casa da cozinha.

Pyramon travava uma luta difícil consigo mesmo. Ele vira o temor nos olhos de Thisbe. E esse medo, que se referia ao "construtor", tinha de ser justificado. A indignação dele desvaneceu-se, e ele começou a raciocinar.

Conhecia Junu e suas "filhas" havia anos e nunca tinha notado algo de condenável neles. Pelo contrário, sempre se haviam interessado pela construção. Várias vezes o haviam convidado também para apresentar-lhe as sacrais danças de templo no seu "bosque sagrado". Infelizmente ele nunca tinha tido tempo para isso. E mesmo que tivesse tido tempo alguma vez, sempre intervinha algo, impedindo-o de aceitar esses convites.

Subitamente lembrou-se de que no início as moças e também Junu lhe haviam desagradado. Eles tinham medo dos gigantes, denominando todos os *dschedjins* de "maus demônios". Ele não levara a sério as palavras deles, uma vez que essas moças, bem como Junu, eram naturais de um povo estrangeiro, e com o decorrer do tempo ainda aprenderiam a amar os *dschedjins*. Mas agora? Pensava no pavor de Salum e no medo de Thisbe...

Talvez essas moças e Junu estivessem de fato adorando Nebo! O que, aliás, ele sabia deles? Por que não havia percebido nada? Um susto ardente traspassou-o, ao pensar que já estava tão fortemente sob a influência dessas moças, que não mais podia reconhecer a verdadeira índole delas. Será que ele novamente faltara em sua vigilância? Pyramon gemia, torturado. Ao invés de ser grato a Thisbe, por querer preservá-lo de novos males, ele havia-se comportado diante dela como uma pedra insensível.

Thisbe observou Pyramon durante algum tempo; depois seguiu para o pátio, ficando parada ao lado do modelo da pirâmide. No modelo ela pôde reconhecer exatamente até que ponto progredira a grande construção, pois era visível que Pyramon executava cada curso do trabalho da construção da pirâmide primeiramente no seu modelo. Ela sentou-se numa pedra lisa e retangular existente diante dele.

— Começamos agora com o corredor que conduz para uma galeria. No modelo aqui podes ver até onde a obra progrediu, disse Pyramon esclarecendo.

Thisbe estava tão absorta na contemplação do modelo, que não havia percebido a chegada de Pyramon. Ouvindo a voz dele, ela levantou a cabeça, olhando-o interrogativamente. Uma esperança voltou para o coração dela, ao ver o seu olhar.

— Thisbe, eu não tinha razão. Eu sei que nunca acusarias alguém sem motivo! Começo a duvidar de mim mesmo. Desde o início eu devia ter sabido que pessoas que designam os *dschedjins* de "maus demônios" têm de estar sob a influência de espíritos renegados. Somente tais criaturas são capazes de denominar esses incansáveis servos do Onipotente de demônios, servos que nos abastecem de ar, água e alimentos.

Thisbe nada respondia. Mas Pyramon sentiu intuitivamente que ela o havia entendido e de novo confiava nele. Alegre e agradecido, começou a contar de seus trabalhadores e de suas famílias, e também das dificuldades que havia tido inicialmente.

— Kosbi cuidará, futuramente, de tudo o que se relaciona com os trabalhadores e com o suprimento de víveres. Assim Timagens finalmente poderá começar seu trabalho na esfinge.

— E Wahab também ainda ajudará muito. Ele se tornou muito sábio.

— Sim, Wahab poderá ser de grande utilidade aqui, confirmou Pyramon. Ele pode fundar uma escola, onde poderá retransmitir seus amplos conhecimentos sobre a atuação dos *dschedjins* aos peregrinos que se interessarem por isso.

— Também Lachis e Kina falaram muitas vezes de escolas durante a viagem. Todos os planos delas a tal respeito eram bons.

Pyramon e Thisbe haviam conversado cerca de uma hora, quando Salum entrou no pátio. Era, no entanto, um Salum desesperado de tristeza, mal podendo falar.

— Os pombos, disse finalmente com dificuldade.

— Os pombos? Que há com eles? Fala!

Salum não respondeu à pergunta de Pyramon. Ele virou-se, deixando o pátio como que vergado por um fardo pesado. Alarmados, Pyramon e Thisbe se entreolharam. Que é que havia com Salum? Seguiram-no rapidamente para a casa da cozinha e já de longe viram o que acontecera.

Sobre a grande pedra quadrangular diante da cozinha, utilizada por Salum muitas vezes como mesa, estavam estendidos ambos os pombos no meio de migalhas de bolachas.

— As grandes moscas que sempre pousam na pedra são para mim um aborrecimento constante, por isso esmigalhei algumas daquelas bolachas de amêndoas e espalhei para elas. Não pensei nos pombos.

Pyramon não prestou atenção às palavras de Salum. Tomou os pombos na mão. Estavam ainda quentes, mas suas cabecinhas já pendiam sem vida. Era evidente que suas alminhas já estavam prestes a deixar os corpos terrenos. Pyramon viu as muitas moscas mortas, deitadas na pedra, e perguntou:

— Salum, como soubeste que as bolachas continham tanto de sementes da trepadeira da lua, para que atuassem como veneno?

— Sempre suspeitei das filhas de Junu. Uma delas deve ter colocado essas sementes no suco de frutas que quase te cortou o cordão da vida. O menino que cuida das minhas cabrinhas havia visto naquele dia uma das moças entrar na casa de Magog e sair rapidamente. Eu me calei, uma vez que não tinha certeza.

— E o que foi que hoje te deu a certeza?

— Hoje eu vi os olhos da jovem senhora, Thisbe, e então eu sabia que minha suspeita estava justificada. Essas mulheres desavergonhadas espalham veneno em todos os sentidos!

Pyramon, com voz trêmula de ira, pediu as bolachas restantes.

— Obrigarei Harpo a comer, ela mesma, o veneno que destinou a nós!

Salum colocou o restante das bolachas rapidamente num saquinho de linho, mas antes de poder entregar, uma outra mão pegou nele.

— Neken! O que estás fazendo aqui? perguntou Pyramon ao ver o homem, que já segurava o saquinho firmemente nas mãos.

— Eu precisava de algumas indicações tuas, e por isso vim para cá. Sem querer, escutei tudo.

Pyramon olhou intrigado para aquele homem, que era seu melhor ferramenteiro.

— Essas mulheres idólatras nuas trouxeram muito sofrimento para nós! disse Neken, antes que Pyramon pudesse fazer qualquer objeção. Nós confiávamos nessas mulheres porque nosso construtor também depositava confiança nelas. Somente quando já era tarde demais, reconhecemos nosso erro.

Neken calou-se. A tristeza e a ira tomaram conta dele de tal forma, que não podia continuar falando.

Salum continuou a relatar em lugar do ferramenteiro. Ele havia covivenciado toda a tragédia que atingira Neken, bem como outros, sem poder ajudar.

— Quatro meninas e dois meninos, sendo uma das meninas filha de Neken, deixaram-se envolver pelas palavras sedutoras das mulheres idólatras, seguindo-as, não obstante os rogos e advertências de seus pais. Ninguém mais viu esses transviados jovens. Junu afirmava que eles estariam sendo iniciados nos mistérios sacerdotais num templo rio acima.

— Eu vou. Harpo ainda está aqui. Vi-a no caminho para a aldeia dos homens solteiros. Hoje será o último dia em que ela verá o sol terreno.

Neken dominara sua dor. Saiu com passos firmes. Finalmente podia ser desferido um golpe mortal nesse covil de idólatras. Caminhando, ele pediu a seu guia que o ajudasse a libertar a Terra dessa mulher demoníaca, que por onde quer que aparecesse lançava sua sementeira de veneno.

Thisbe, com lágrimas nos olhos, colocou o casalzinho de pombos na cesta em que fizeram a longa viagem; depois saiu. Ela queria ir até Kilta, que também gostava dos pombos.

Pyramon, atormentado por autorrepreensões, dirigiu-se à obra. Até o ferramenteiro era mais sensível do que ele, o "grande construtor". O que teria acontecido, se Thisbe não tivesse chegado a tempo?

Salum deixou a casa da cozinha. Neken talvez precisasse de ajuda para o trabalho sujo que o esperava. Era necessário ter coragem para tocar numa adepta de Nebo.

Neken não necessitou da ajuda de Salum. Aliás, ele recebeu auxílio, mas esse veio de um lado inesperado. Ele encontrou Harpo quando ela saía em companhia de um moço da aldeia dos homens. Neken postou-se decididamente à frente de ambos, fazendo seus jumentos pararem. O moço, filho do seleiro, vendo o rosto irado do ferramenteiro, virou-se sem dizer nada e cavalgou rapidamente de volta para a aldeia.

Harpo olhou presunçosamente para o ferramenteiro, ordenando-lhe que a deixasse passar.

— Desce! Mulher-veneno! É teu último dia na Terra! Desce e come de tuas bolachas envenenadas!

Após essas palavras, Neken estendeu-lhe as bolachas. Harpo deu uma risada escarnecedora e, erguendo sua vara, bateu com toda a força no braço dele. Ao erguer a vara pela segunda vez, ela viu o gigante. Era Enak que, ameaçadoramente, com os punhos cerrados, estava um pouco atrás do ferramenteiro.

Paralisada de medo ela deixou cair a vara e desceu do jumento.

— Come! Não envenenarás nosso construtor mais uma vez, disse Neken, trêmulo de ira.

— A primeira vez foi Bennu quem colocou as sementes da trepadeira da lua no jarro, defendeu-se Harpo.

— Fica sossegada. Bennu também não mais verá a luz do sol por muito tempo!

Harpo quis fugir. Mas ela sabia que o gigante, cuja presença tinha um efeito paralisante sobre ela, não a deixaria escapar.

Com tal suposição, ela tinha razão. Enak estava irritado com as mulheres más do gênero humano, que pela segunda vez haviam trazido veneno para a casa de seu construtor. Sem Pyramon, eles, os gigantes, também não poderiam executar o trabalho de que foram encarregados pelo senhor-luz[*].

— Podes escolher entre meu punhal e o teu veneno. Mas apressa-te, senão eu escolherei.

— Maldição para ti e maldição para teu estúpido construtor! chiou Harpo, enquanto começava a pegar as bolachas, comendo-as. Minha morte nada vos adiantará. Somos servas de Nebo e temos trabalhado bem para ele, o grande e único deus. Nebo irá tornar-se o deus dos seres humanos!

Neken, apavorado, olhou para a mulher que ria escarnecedoramente.

— Também vossos gigantes-demônios não poderão impedir o domínio de Nebo! gritou ela para Enak, que ainda continuava ameaçadoramente atrás de Neken.

Quando Neken julgou que ela estava com veneno suficiente no corpo, ordenou-lhe que deixasse o local. Isso ela também fez. Neken seguiu-a ainda algum tempo com o olhar e então pegou um dos jumentos amarrados em frente à aldeia e cavalgou atrás dela. Subitamente ele lembrou-se do servo, com o qual ela sempre vinha até o oásis. Onde estaria ele?

Enquanto Harpo se demorara na aldeia dos homens, onde os trabalhadores solteiros moravam, o servo dela encontrava-se em outra

---

[*] Zeus.

aldeia. Na aldeia habitada pelos homens casados, com suas mulheres e filhos. Em nome de Harpo, ele convidava todas as moças e moços para a festa da lua, organizada por Junu anualmente nessa época. Depois de cumprida tal incumbência, ele deveria seguir Harpo. Uma vez que ela se atrasasse, ele julgou que Harpo já se encontrava longe, na dianteira.

Neken observava atentamente Harpo, que cavalgava à sua frente. Quando começaria o efeito daquelas sementes? Ele conhecia o efeito, mas não sabia quando começaria a se manifestar. Após cerca de uma hora, ele viu que Harpo oscilava, escorregando do jumento. Chegara o momento. Neken apeou e olhou em volta, procurando. Não podia deixá-la deitada no caminho. Lembrou-se do pântano onde os cesteiros buscavam o junco. Esse pântano situava-se atrás de uma faixa de bosque do lado direito. Ele levantou Harpo, colocando-a atravessada sobre a capa de couro do jumento dela. A seguir ele tocou o animal para dentro do mato, caminhando a seu lado.

Não demorou muito até encontrar o pântano. Tirou Harpo do jumento e colocou-a entre os arbustos da margem. Depois quebrou ainda alguns galhos, cobrindo-a com eles. Feito isso, ele montou no jumento que o havia seguido e voltou.

Filhos de cesteiros encontraram alguns meses mais tarde um esqueleto humano limpo. Apenas poucas pessoas souberam da morte de Harpo. Entre essas poucas se encontrava Pyramon. Posteriormente ainda se horrorizava ao pensar no perigo do qual escapara. No futuro, nenhuma mulher má poderia iludi-lo.

Thisbe ainda havia visto Neken entrar no palmital, quando ela se dirigiu com a cesta até a casa de Magog. Neken executaria o julgamento que cabia a Harpo. Mas no coração dela não havia nenhuma alegria. Ela sabia que se podia, sim, preservar corpos terrenos de veneno, contudo o veneno já penetrado nas almas ninguém mais poderia tirar. Ela colocou a cesta com os pombos mortos no pátio ligado a casa; depois deitou-se num leito em seu dormitório.

Devia estar deitada havia cerca de uma hora, quando escutou vozes diante da casa. Alguém até mexia na cortina da entrada. Talvez fossem peregrinos lá fora, procurando Magog. Ela levantou-se, arrumou sua roupa e afastou a cortina da porta. O coração de Thisbe batia amedrontadoramente ao ver o grupo de homens parado em frente da casa.

Somente rostos barbudos... E os cabelos pendiam até o peito. O que havia com essas criaturas humanas, para esconderem seus rostos?

Os homens pareciam igualmente surpresos, como ela em relação a eles. Calados, fitavam-na como se ela fosse alguma aparição. Depois um deles se aproximou alguns passos, estendeu o braço e tocou-a de leve. Provavelmente queria assegurar-se de que ela era de carne e osso.

Thisbe perdia, pouco a pouco, seu medo. Ela percebeu a aura clara e luminosa que envolvia essas pessoas, não compreendendo por que escondiam seus rostos sob pelos. Pois eles não sabiam que apenas os rostos de animais podiam ser peludos? Somente os narizes e os olhos estavam livres. As testas não se viam, porque o pano marrom de cabeça, por eles usado, cobriam-nas totalmente. Apesar disso... Thisbe viu o brilho imaculado que os envolvia, e sorriu timidamente.

Os estranhos pareciam ter tomado o sorriso como um convite. Aproximaram-se alegres, e juntando as mãos sobre o peito, inclinaram-se diante dela. Logo depois todos começaram a falar. Thisbe assimilou o sentido de suas palavras...

— Thisbe!

— Kilta! Chegaste finalmente! exclamou Thisbe por cima das cabeças de todos.

Ela estava no degrau mais alto da entrada da casa, podendo assim ver logo cada um que se aproximava. Kilta não vinha sozinha. Wahab e um barbudo seguiam-na. Thisbe suspirou aliviada. Wahab iria encarregar-se dos peregrinos. E assim foi. Wahab, que podia comunicar-se com eles, convidou o grupo de peregrinos para segui-lo até o local da construção da pirâmide. Os barbudos não queriam outra coisa. Pois tinham vindo para ver a lendária obra. Antes, porém, de seguir Wahab, eles novamente juntaram suas mãos e inclinaram-se diante de Thisbe, despedindo-se.

Kilta entrou com Thisbe na casa, fechando rapidamente a cortina. Das aldeias ela estava acostumada a grupos de peregrinos. Contudo, o que aqui se apresentava superava tudo o que ela até então conhecia.

Thisbe foi logo para o pátio, buscando a cesta com os pombos. Quando voltou com a cesta, Kilta olhou-a interrogativamente.

— Choraste? Por quê?

— Aqui tens a resposta! Com essas palavras Thisbe indicou para os pombos mortos.

Kilta soltou uma exclamação de dor, olhando apavorada para Thisbe.

— Os pombos! Que significa a morte deles? Suportaram tão bem a longa viagem!

Thisbe sentou-se ao lado de Kilta num banco e contou-lhe tudo o que acontecera. Ela também não omitiu que Neken, o ferramenteiro, seguira Harpo a fim de matá-la.

Kilta escutara calada. Uma tristeza inexplicável havia descido subitamente sobre ela, como uma nuvem escura. Era uma tristeza que nada tinha a ver com a morte dos pombos. Ela tomou a mão de Thisbe, segurando-a firmemente entre as suas.

Thisbe então falou:

— A morte dos pombos foi para mim uma exortação. Não posso ficar aqui, alegrando-me, enquanto criaturas como Harpo estão livres, espalhando tensões, conflitos e sofrimentos entre os seres humanos, até onde a influência delas alcança. Fico com medo, Kilta, ao pensar na doutrina nefasta desse suposto "deus do amor".

Kilta tinha receio por "sua filha Thisbe". Também ela temia essas adeptas do falso "deus do amor". Thisbe corria perigo caso se envolvesse com tais criaturas.

— Logo informarei Pyramon de que amanhã devo voltar a Akeru.

Kilta acenou concordando. Ela sabia que Thisbe sempre fazia o certo.

Encontrando Pyramon ao anoitecer, Thisbe logo percebeu que ele não havia reencontrado a paz interior. Seu rosto tinha uma expressão tensa e atormentada, assim como se sofresse dores físicas.

— A ocorrência de hoje me mostrou que Bennu tem de ser afastada do Templo da Pureza o mais depressa possível! Dessa maneira talvez ainda seja evitada desgraça maior.

— Certamente!

Pyramon compreendeu. Ele também desejava que essas envenenadoras finalmente recebessem seu castigo.

— Não entendo como não senti a ameaça que me espreitava! Como pude considerar Harpo inofensiva? Parece que tenho em mim algo do pesadume das pedras.

— Não te atormentes mais, Pyramon! Os gigantes gostam de ti e confiam em ti!

— Os gigantes gostam de mim, enquanto eu não estorvar o trabalho deles. Eu conheço a sua espécie e sei como sentem.

— Sabes como um gigante sente? perguntou Thisbe com curiosidade. Como é possível?

— É possível. Apenas não sei de que maneira tal experiência vivencial pôde realizar-se, disse Pyramon hesitantemente. Faz pouco tempo, Enak e eu estávamos no meio de blocos de pedra, preparados e empilhados, quando um grande grupo de peregrinos chegou. Víamos os peregrinos, mas não podíamos ser vistos por eles.

Pyramon calou-se. Era-lhe visivelmente difícil formular essa sua vivência em palavras. Até agora não havia falado a ninguém sobre isso.

— Primeiramente eu tive a sensação de como se eu fosse sobre-humanamente grande e pesado. Eu também não era tão ágil como em geral, começou ele pensativamente. Todos os meus sentidos estavam concentrados na obra... Apenas o presente era importante... o passado e o futuro eram conceitos desconhecidos... Minha cabeça estava vazia. Não havia pensamentos... Eu não desejava mais nada... Alegria preenchia minha existência... uma alegria constante e uniforme que deve ser uma parte essencial de todos os *dschedjins*...

Subitamente senti aversão e ira. Esse sentimento era tão forte, que meu corpo todo era sacudido como que por uma força invisível... E tal tempestade momentânea fora desencadeada por dois homens e uma mulher que passavam bem próximos de nós... esses três seres humanos tinham o sinal da morte na testa... eu tinha vontade de fugir ou de me esconder... o aspecto dessas pessoas deixou-me num estado indescritível... eu poderia ter esmagado todos os três com um só golpe de punho... contudo, nem me veio à mente utilizar minha força contra aquelas criaturas humanas...

Aproximaram-se outras pessoas. A agitação em meu íntimo aplainou-se... senti-me atraído a essas pessoas... Eu senti amor e admiração... agradecimento...

Tudo o que senti intuitivamente realizou-se em questão de segundos... Isso é tudo de que ainda me lembro.

— Sem desejos! Sem pensamentos, conhecendo apenas o presente! A existência preenchida por uma alegria de viver... Agora posso formar uma ideia melhor dos *dschedjins,* disse Thisbe alegremente, enquanto pegava com as suas mãos a grande mão de Pyramon.

— Se tu podes sentir como um gigante, então não me admiro de que a astuta Harpo tenha podido iludir-te.

Pyramon olhou para os olhos radiantes dela que, apesar de tudo, fitavam-no confiantemente. O fardo que ele carregava parecia tornar-se mais leve sob aquele olhar. Esperança tornou a surgir em seu coração. Ao mesmo tempo ele ansiava, com toda a alma, tornar-se um homem tão firmemente ligado ao céu, que seu corpo e sua alma não mais pudessem ser presos nas malhas de forças malignas...

— Como posso chegar a Akeru? Sinto-me impelida a voltar para lá, disse Thisbe, interrompendo o pensar dele.

— Kosbi irá levar-te seguramente à casa de cura ou até Samia. Eu mesmo não posso deixar a obra agora. Estamos começando uma galeria... Mas, voltarás brevemente, Thisbe?

Thisbe não deu resposta a tal pergunta. Ela tocou de leve a testa de Pyramon e juntou as mãos, despedindo-se.

— Deixo-te agora. Mas nós nos veremos novamente!

Após essas palavras ela virou-se e, juntamente com Kilta, que esperava nas proximidades, voltou para a casa de Magog. Na madrugada do dia seguinte, Thisbe, Kilta e Kosbi se encontravam a caminho de Akeru.

O PROFETA, como Samia o havia denominado, encontrava-se na casa de cura. Magog tivera inicialmente a intenção de voltar ao oásis com ele, colocando-o em contato com os sábios da Caldeia que agora estavam morando lá, mas, de acordo com o conselho de seu guia espiritual, conduziu-o até Sunrid.

Com Sunrid e Sidika deu-se a mesma coisa que com Magog. Desde o primeiro momento sentiram uma forte afeição pelo visitante inesperado. Siptha e Aphek também sentiram o mesmo quando chegaram a conhecê-lo. Todos tinham a impressão de como se tivessem reencontrado uma pessoa querida, da qual há muito estavam separados. Também Sarai, a esposa do profeta, ocasionou os mesmos sentimentos neles, quando a conheceram posteriormente.

O profeta chamava-se Isaías. Ele possuía o dom da vidência, sendo por isso denominado profeta, pelos seus. Isaías vivia na grande cidade dos cedros, situada à beira-mar, e por intermédio de mercadores viajantes soubera que a grande construção, vista por ele espiritualmente, já estava sendo levantada no Egito com o auxílio dos gigantes.

Com base nessa notícia, ele e sua mulher logo prepararam tudo para a longa viagem. Tinham arrumado as coisas de tal forma, que poderiam ficar ausentes de sua terra natal tanto tempo quanto quisessem. Quando tudo estava pronto, juntaram-se a eles muitas pessoas que também queriam ver a obra maravilhosa, da qual Isaías lhes havia contado. Também os barbudos, que tanto haviam assustado Thisbe, faziam parte dos peregrinos que tinham vindo com Isaías.

Isaías mesmo tinha, tal como vários árabes, apenas uma pequena barba no queixo. Era de estatura alta e muito magro. Sua roupa comprida, de tecido rústico, era presa na cintura por um cinto largo enfeitado com ouro. Seu rosto era queimado pelo sol e pelo vento. Desse rosto olhavam olhos serenos e amáveis, que pareciam, no entanto, traspassar todas as pessoas com as quais entrava em contato. Toda a sua maneira de ser exprimia vigilância.

— Quando há anos recebi a grande mensagem proveniente da Luz, eu queria viajar para Kaldi* ou para junto do povo do sol, conhecedor da escrita, com a finalidade de que um de seus sábios ou sacerdotes escrevesse essa mensagem para que ela não se perdesse... Mas a voz interior ordenou-me que esperasse. Obedeci e esperei. E agora estou aqui. Nem minha mulher nem eu possuímos o dom de formar os sinais de escrita.

---

* Caldeia.

— Aqui tua mensagem será anotada exatamente, disse Sunrid logo, a fim de tirar de Isaías a preocupação a respeito da escrita. Utilizamos para gravar nossas mensagens couro, bronze, pedra, linho, ouro, bem como delgadas placas de junco. Essas placas de junco compõem-se de massa de junco, casca de árvore e óleo vegetal. Podes escolher o material. O construtor da pirâmide conhece também a arte de escrever! Ele está gravando as mensagens destinadas à pirâmide em placas de pedra calcária, as quais mais tarde serão colocadas nos diversos compartimentos da pirâmide.

— O que nos fez vir logo para cá, ao ouvirmos sobre a obra iniciada, foi a revelação a respeito do regente do Universo que virá para desencadear o Juízo entre os seres humanos... disse Isaías esclarecendo.

Sidika, Sunrid e Magog teriam preferido ouvir logo a mensagem que o profeta trazia. Mas era visível que ele estava muito cansado. Por isso, Sunrid convidou-o a pernoitar na casa de cura. Quando Isaías concordou, Sidika chamou logo Horis para conduzir o hóspede até o banho e cuidar de comida e bebida para ele.

— Os meus montaram suas tendas não muito longe da pirâmide, disse Isaías, antes de seguir Horis. Chegamos a pé. Nossas poucas bagagens foram carregadas pelas ovelhas que trouxemos conosco para essa finalidade.

Por volta do meio-dia do dia seguinte, vieram Siptha e Aphek à casa de cura. Sunrid havia mandado notícia sobre a chegada do profeta. Isaías, que estava juntamente com Sidika na sala de recepção, olhou para ambos com seus olhos calmos, mas vigilantes. Depois sorriu amavelmente. Esses dois também eram irmãos em espírito. O alvo deles era seu alvo também.

— Vamos para o jardim do incenso. Só ali ficaremos sem ser perturbados, disse Sunrid, aproximando-se exatamente no momento em que Siptha e Aphek diziam seus nomes ao visitante.

Os outros concordaram, seguindo Sunrid para o jardim separado, que exalava um aroma de bálsamo e jacintos. Depois de todos estarem sentados nos bancos, Isaías disse:

— Dou-vos a conhecer a mensagem que recebi do meu guia espiritual, para que possais julgar o seu valor. Meu guia recebeu a mensagem de um que está acima dele e este, por sua vez, de um que está mais acima ainda e assim por diante. Dessa maneira veio a mensagem de alturas supremas até aqui, na Terra. Escutai agora as palavras que eu ouvi, e vede a imagem como eu a vi:

"Uma rainha veio do mais alto de todos os céus que até agora foram criados! Ela estava envolta por um manto que parecia o céu estrelado de nossa Terra, irradiando, porém, mais claro e intensamente do que o Sol! Sua cabeça estava coberta por uma coroa de estrelas! Ao lado dela, e envolto por suas irradiações, encontrava-se um menino. Ele parecia uma criança. E a rainha de irradiação azul chamou-o seu filho! Eu, porém, vi como a criança crescia. Crescia, tornando-se um moço cuja magnificência me foi permitido ver.

'IMANUEL'

é o nome dele, disse a irradiante rainha. E seus outros nomes são: força, poder, justiça, sabedoria, luz, eternidade! E regente do Universo! Ele é o regente do Universo, que virá para os seres humanos como juiz!

O dia do julgamento do gênero humano da Terra se aproxima, pois o tempo em breve estará esgotado. O juiz do Universo, que se chama também justiça, separará os vivos dos mortos com o verbo proveniente de sua boca! E haverá muito mais mortos do que vivos. Nesse tempo, que se aproxima, a maioria das almas humanas estará ressecada e definhada! E do início ao fim os seres humanos adorarão seus próprios ídolos!

No dia do Juízo, que virá sobre as criaturas humanas, a manhã e o dia serão noite escura! Aos seus, contudo, o juiz do Universo indicará um caminho. Será o caminho sagrado que conduz para Sion, a pátria-luz!" *

Eu vi os quadros e ouvi os esclarecimentos que me fizeram compreender as imagens vistas. Quando nada mais via e escutava, perguntei quando seria a época do julgamento. Meu guia não sabia

---

* Vide Bíblia: Is 7.14; 8.18, 19; 9.6, 7; 16.3-5

a resposta. Ele chamou um espírito superior e pediu-lhe que o informasse sobre o dia e a hora do último julgamento da humanidade. O espírito superior mandou-me esperar. Depois ele desapareceu da minha vista. Eu agradeci de todo o coração por tudo que me fora permitido ver e ouvir, e eu estava satisfeito.

Sarai, minha mulher, viu tudo o que eu vi e ouviu também tudo o que eu ouvi. Nada disso ela esqueceu. Muitas vezes recitamos um para o outro, em voz alta, essa mensagem, e assim ela ficou sempre viva em nós.

Então chegou o dia em que meu guia me chamou, comunicando-me que tinha mais uma mensagem para mim. Essa mensagem dizia:

> *"No país dos egípcios está sendo construída uma obra que deverá ser uma exortação e um altar, e que perdurará através dos tempos, até o final do Juízo dos seres humanos!* *
>
> *A colossal construção de pedra é um sinal do Senhor de todos os mundos, pois testemunhará a vinda dele à Terra. As pedras falam uma linguagem poderosa! Quem conseguir ler sua linguagem, a este elas revelarão importantes alterações no desenrolar do destino humano.*
>
> *Essa construção é um sinal e um testemunho do Senhor de todos os mundos, o qual constitui o ápice da Criação! Ele, cujo nome é Imanuel, virá à Terra para julgar os seres humanos! O tempo será medido com um bastão, na obra! Quem quiser saber o começo e o fim do último Juízo, que tome um bastão e procure com esse bastão a época indicada na pedra.*
>
> *Ele a encontrará!"*

Depois de meu guia ter acabado de falar, minha mulher e eu prostramo-nos de joelhos, louvando em voz alta Imanuel, o Senhor de todos os mundos, o Espírito da força, o Espírito da justiça, o Espírito da vida, o Espírito da eternidade!

E agora chegamos para ver a obra e as pedras, nas quais tanto se poderá ler!

---

* Vide Bíblia: Is 19.19-21

Quando Isaías terminou, eles permaneceram em silêncio durante um longo tempo. Palavras nunca poderiam transmitir o que aquelas poucas pessoas sentiram intuitivamente ao ouvir pronunciar em voz alta aquele nome sagrado.

Os iniciados da Caldeia conheciam o nome, contudo ninguém teria ousado pronunciar em voz alta o nome que encerrava o mistério da vida.

Magog e Aphek também se lembravam nitidamente do dia em que Sargon lhes havia comunicado o sagrado nome. Fora também uma única vez que Sargon, durante uma solenidade, o havia pronunciado. Ele dissera:

"Eu vos revelo o nome do Filho que na força do onipotente Pai dirige os mundos como senhor e rei. Nós todos devemos nossa vida a ele, e nós todos o procuramos e o servimos. Guardai o nome em vossos corações. O próprio senhor e rei revelará seu nome à humanidade, quando a hora para isso tiver chegado."

Tinha sido uma solenidade inesquecível. Todos haviam sentido intuitivamente o pulsar da força e o fluxo do amor que trazia consigo luz e alegria. Seus espíritos haviam-se inclinado em grata adoração diante do senhor e rei, cujo nome então guardaram em seus corações para toda a eternidade.

Sunrid, finalmente, rompeu o silêncio.

— Eu agradeço por me ser permitido encontrar-te aqui na Terra, irmão! Tu nos proporcionaste uma hora de iluminação! Fica conosco o tempo que puderes. Com tua ajuda gravaremos a mensagem e a guardaremos bem. Colocaremos também uma placa na pirâmide, quando estiver pronta!

Aphek, Siptha, Sidika e Magog concordaram alegremente com as palavras de Sunrid, pedindo agora, por sua vez também, que o visitante permanecesse com eles.

Isaías alegrou-se com a receptividade pura que sua mensagem havia encontrado nos corações dos ouvintes. Disse que era sua intenção permanecer algum tempo no Egito. Mas preferia fixar sua moradia nas proximidades da pirâmide. Talvez houvesse trabalho para ele no local.

— Trabalho há bastante, exclamou Magog. Encontram-se aqui muitos peregrinos vindos de países longínquos! Eles têm de ser orientados com exatidão. Precisaríamos de muito mais sábios da

Caldeia! Os poucos que agora moram próximo da pirâmide estarão constantemente sobrecarregados de trabalho.

— Quando eu era jovem, tive vontade de conhecer o "país dos corações alegres". Mas as circunstâncias sempre foram de tal modo, que nunca pude realizar esse meu desejo, disse Isaías pensativamente. Na minha cidade natal existem muitas pessoas que já estiveram várias vezes na Caldeia, tendo até frequentado as escolas de lá. Os filhos de meu irmão são mercadores. Eles conhecem Kataban, bem como o país das palmeiras e dos incensos. Muitas vezes ficaram por longo tempo em Sumhrum ou também em Sohar.

Eu pude observar que todos, com quem conversei, quando retornavam, estavam profundamente impressionados com a paz e a harmonia reinante entre as pessoas e os povos que estavam sob a influência espiritual dos sábios.

Muito se fala dos feitos miraculosos dos sábios... de suas curas... de seus conhecimentos dos astros... Porém eu gostaria muito de saber de que maneira eles realizam o seu maior milagre! Quais os ensinamentos que aplicam para que os diferentes povos convivam em paz e harmonia?

Isaías calou-se, olhando um por um, interrogativamente.

— Nossos ensinamentos têm um ponto central, em torno do qual gira toda a nossa vida, começou Aphek, depois de perceber que Sunrid e Magog estavam esperando dele a resposta à pergunta de Isaías.

— Esse ponto central é o onipotente Criador, a Quem devemos nossa vida! Ele nos dá a vida. E nossa maior preocupação é provar que somos dignos dessa dádiva.

Podemos pensar e sentir! É o que nos dá a possibilidade de viver e trabalhar sempre de tal modo, que não decepcionemos o nosso Criador! Lembramo-nos de nossa elevada origem e recusamos, altivamente, pensamentos e sentimentos que possam nos privar da paz interior.

Somos criaturas do onipotente Criador e descendemos dos mundos da Luz, que Ele criou. Queremos voltar para esses mundos da Luz; é com o que continuamente nos preocupamos, durante toda a nossa vida terrena.

O onipotente Criador, que nos criou e em cujos mundos nos é permitido viver, encontra-se envolto por irradiante pureza em Seu reino eternamente inatingível. E o amor está junto Dele.

O Onipotente, porém, também criou todos os *dschedjins,* assim como nós, seres humanos. Por isso são os *dschedjins* nossos irmãos e irmãs desde a origem.

Os *dschedjins* criaram todos os astros e sóis, bem como nossa Terra, que se tornou nossa pátria. O ar, as águas, as florestas, as montanhas, as flores, são obras dos *dschedjins.* Denominamos as obras deles de "natureza"!

Devemos cuidar da natureza em que nos é permitido viver, conservando-a pura e ainda a embelezando! Assim agradecemos aos nossos irmãos e irmãs pela maravilhosa pátria terrena por eles criada.

Não somente nós, seres humanos, vivemos no reino da natureza dos *dschedjins.* Também os animais, como criaturas do onipotente Criador, têm a sua pátria nesse reino!

No início dos tempos, quando o ser humano terreno ainda necessitava de muita carne para sua alimentação, um grande *dschedjin,* em nome de um superior, mandou dizer aos seres humanos terrenos o seguinte:

"É-vos permitido matar tantos animais do ar, da terra e da água, quanto necessitardes para vossa alimentação e vosso vestuário. Não mais!"

Hoje chegamos ao fim dos tempos. Os seres humanos não precisam mais de tanta carne como outrora para sua alimentação. Na Caldeia, além dos peixes, matamos apenas animais que nós mesmos criamos e alimentamos. Os peixes vivem em tão grande quantidade em nossos lagos, rios e riachos, que mesmo os seres da água nada têm a opor quando de lá os retiramos.

Nunca um animal deverá ser maltratado, pois pertence à mesma Criação, como nós! O animal não sente a morte quando ela é executada de modo certo e rápido. Nossas crianças são ensinadas a proteger, desde pequenas, os animais. E como levam a sério essa incumbência de proteger! E como se orgulham disso! Junto de nós existem muitos animais. Eles se aproximam sem medo dos seres humanos.

O Onipotente, nosso Senhor e Rei, é para nós eternamente intangível. Contudo, Ele não esquece de nenhuma de Suas criaturas. Ele nos envia a força de Seu amor, para que nada nos falte. E nós agradecemos a Ele com nosso amor e nossa veneração, e vigiamos para que nada na Terra turve a pura magnificência divina.

Aphek terminara.

Isaías estava grato e contente. A doutrina dos sábios, que acabara de ouvir, vivia também em seu coração.

— Junto de nós, e também nas ilhas bem distantes, está surgindo agora um culto horrível. Pretensos sacerdotes e sacerdotisas – ainda não são muitos – adoram uma mulher nua que chamam de "Baalim"! Segundo os relatos que ouvi, parece ser um culto vergonhoso e depravado…

Sunrid, notando como se tornara difícil para Isaías entrar em pormenores sobre isso, disse que também na Caldeia e nos reinos sob sua influência formaram-se tais focos de doença.

— São perigosos e contagiosos!

— Junto de vós também acontece algo assim? perguntou Isaías, perplexo. O que fazeis contra tais aliciadores e mentirosos?

— Temos ordem de exterminá-los, disse Aphek friamente. Pois seres que divulgam doutrinas de fé contrárias à Luz e ao amor são considerados criminosos na Criação. Eles separam seus semelhantes para sempre de sua pátria de Luz, fortalecendo ainda o inimigo de Deus, o dragão que ameaça a ordem mundial!

— Sabemos, pelas profecias da pirâmide, que a maioria dos seres humanos, até o Juízo Final, terá perdido o caminho para a sua pátria luminosa, disse Magog pensativamente. Quando ouvi aquela profecia, eu não pude imaginar como isso aconteceria. E eu perguntei a mim mesmo que espécie de culpa acarretaria tal separação mortal. Agora compreendo todo o processo!

— Nós todos agora percebemos e compreendemos a verdade! disse Siptha, quando Magog se calou.

— Cada doutrina de fé entrelaçada com alguma mentira é suficiente para lançar os seres humanos na desgraça! Não é necessário que esteja sempre ligada a crueldades e vícios… A mentira turva o puro saber de Deus! É como se nuvens negras encobrissem o sol. Sentimo-nos confusos ao imaginar que uma pessoa se deixa iludir por uma nuvem escura de tal modo que esquece existir acima dela o sol, a Luz e o amor do onipotente Criador, a quem ela deve a vida!

Sidika suspirou fundo. Siptha tinha razão. Cada mentira turvava o saber puro de Deus.

Aphek lembrou-se de Thisbe. E, como sempre, quando se recordava dela, surgiam nele saudades e preocupação por ela. Até agora puderam ser destruídas, rapidamente, através da atuação dela, todas as concentrações das trevas que se haviam acumulado. No futuro seria diferente. Ele levantou-se e, juntando as palmas das mãos como que em oração, disse:

— Temos de ser vigilantes, escutando mais do que nunca as vozes de nossos guias espirituais e seguindo também os conselhos dos *dschedjins!* As pessoas que se separaram eternamente de sua pátria de Luz para servir ao anjo caído utilizam-se, como meio para suas finalidades, do poder da palavra! Pois nada exerce tanta influência na Terra como o poder da palavra! Tanto no bom como no mau sentido! Portanto, que nossa vigilância nunca se apague! O perigo também nos ameaça! Não nessa existência terrena, pois voltaremos.

— Assim é, disse Sunrid, enquanto ele e os demais se levantavam, juntando igualmente as palmas das mãos em oração silenciosa e tocando com elas suas testas.

— Que nossa vigilância espiritual nunca se apague!

Após essas palavras, eles separaram-se.

Isaías ainda passeou algum tempo pelo jardim, contemplando as árvores de incenso que forneciam a resina tão aromática; depois seguiu Magog. Esse sábio o conduziria até o oásis.

D ESDE a morte de sua mãe, Samia vivia com a ama e duas moças numa edificação lateral, ligada por um pátio ao palácio principal. Essa edificação lateral era denominada geralmente "palácio das moças".

Quando Thisbe e sua comitiva lá chegaram, ela e Kilta foram conduzidas por Samia, muitíssimo alegre, aos aposentos para elas preparados. Eram dois recintos muito bonitos. Lamparinas de ouro para óleo estavam sobre pedestais, junto às paredes. Os largos bancos de descanso estavam cobertos com tecidos coloridos. As duas companheiras de Samia, bem como a ama, tinham colocado bandejas de ouro com frutas e pequenos doces nas mesas baixas.

Thisbe admirava as belas arcas entalhadas que estavam encostadas às paredes de ambos os aposentos. Mas como foi grande o seu espanto, quando Samia abriu as tampas de duas arcas e ela pôde ver ali seus próprios vestidos, sandálias, estolas de lã e mantos, que havia trazido da Caldeia.

— Sidika trouxe tuas coisas. Ela sabia, pois, que morarias aqui, disse Samia rindo.

No dia seguinte, Thisbe chegou a conhecer também Miebis. Miebis mandara seu servo montar uma tenda de esteiras de junco no jardim, passando agora ali seus dias e noites. Uma vez que a tenda estava totalmente aberta num dos lados, o jovem e infeliz rei podia ver do seu leito uma parte da paisagem do parque. Miebis havia reconhecido que não tinha o direito de morar num palácio real, se não estivesse em condições de cumprir a missão a isso ligada.

Thisbe logo viu que a aura da morte, da decomposição, já estava envolvendo o moço. Mas ela viu também o desespero que abalava literalmente a alma dele.

Quando Miebis viu Thisbe pela primeira vez, um profundo desespero lhe sobreveio. Somente quando ela lhe disse que poderia libertar-se de sua culpa numa próxima vida terrena, ele viu novamente um vislumbre de esperança diante de si. O medo, porém, não o abandonara por completo. Apenas nas proximidades dela é que ele se sentia livre e seguro.

Miebis viveu ainda oito dias. Durante esses dias Thisbe o visitou, ficando cada vez alguns minutos junto dele no parque.

— Ela espantou as nuvens turvas que me tiravam a visão da luz do céu, disse ele com voz baixa e fraca ao seu fiel amigo e servo Lukati. Vigia-a, quando eu agora deixar a Terra. Bennu é mais perigosa do que a outra…

Foram essas as últimas palavras que Miebis pronunciou antes de seu falecimento.

Lukati fez um sinal concordando, enquanto lágrimas lhe corriam dos olhos.

— Eu estrangularei essa mulher diabólica com minhas próprias mãos, antes que ela possa fazer algum mal à nossa ama Thisbe!

Miebis teria se alegrado com essa resposta. Contudo, ele não mais a ouviu. O fio que ligava sua alma ao corpo terreno já se havia desfeito, ocorrendo assim a morte terrena.

O túmulo em que Lukati colocou seu amo e amigo encontrava-se num lugar isolado do parque. O próprio Miebis, ainda em vida, havia escolhido o lugar, mandando fazer logo a cova. A pedido dele, Samia plantaria ali mais tarde uma árvore frutífera que oferecesse sombra.

Junu estava morto. Bennu, sua "filha" e ao mesmo tempo sua amante e deusa nua, assumira a liderança do "novo movimento de fé". Sua morte foi para ela muito oportuna, uma vez que havia muito já se cansara dele. Sempre fora seu desejo divulgar a nova doutrina conforme suas próprias ideias.

Sua alegria com a morte de Junu, no entanto, recebeu um golpe quando Harpo não mais voltou do oásis e Pyramon continuava vivo até agora. O desaparecimento de Harpo deixou-a temporariamente num estado de pânico tão grande, que ela teria preferido fugir. Que acontecera a Harpo? Quem a havia matado? Pois para Bennu não havia dúvida de que ela estava morta. As investigações ficaram sem resultados. No oásis ninguém parecia saber nada dela.

Desde a chegada de Thisbe e da fuga de Namua para a casa de cura, Bennu denominava-se sacerdotisa superiora do Templo da Pureza. E não havia ninguém que pudesse contestar essa posição. Mesmo daquela sacerdotisa da Caldeia ela não tinha medo. Existiam muitos meios e caminhos para visitantes incômodos se tornarem inofensivos.

Quando Bennu soube da chegada de Thisbe ao palácio de Samia, ela logo foi aconselhar-se com seus sacerdotes e sacerdotisas. Havia já oito sacerdotes e nove sacerdotisas desse culto em Akeru. Junu havia-os trazido, no decorrer do tempo, de Dschedu e de Per Mont. Todos eles tinham sido alunos e alunas dele e de Bennu, e estavam submissos de toda a alma a Septu, o novo deus. Trabalho não faltava a nenhum deles. Pois Junu mandara construir uma espécie de templo, próximo de sua casa, denominando-o "templo do amor", onde se adorava a deusa nua e se realizavam sacrifícios sangrentos.

Fora desse templo, Junu mandara erguer, a conselho de Bennu, um grande caramanchão coberto de junco, fundando logo ali a "escola da alegria da vida". Os alunos, provenientes de diversas camadas sociais, reuniam-se nesse caramanchão, recebendo ali aulas dos sacerdotes e das sacerdotisas sobre a nova "alegria da vida".

As sacerdotisas sempre tratavam do tema amor, quando davam suas aulas. Antes de tudo, ensinavam a seus alunos que não existia nenhum amor de alma. Tal espécie de amor seria somente uma invenção dos sábios da Caldeia, para angariar adeptos. Somente o corpo terreno estaria em condições de proporcionar ao ser humano o amor que o fazia feliz... Aos alunos e às alunas que melhor assimilavam a doutrina era permitido assistir aos atos de culto no templo do amor, e participar também das "sagradas danças do amor"...

Os sacerdotes tomavam geralmente a pirâmide como tema de seu ensino, pois ultimamente também peregrinos frequentavam a "escola da alegria da vida". Diziam, por exemplo, que não poderia haver um Juízo, uma vez que o Onipotente tinha criado os seres humanos de tal modo, que eles livremente podiam optar. O que eles escolhessem seria o certo. Não havia pecados. Em tempos remotos, os ensinamentos dos sábios certamente tinham sido úteis, mas agora já há muito estavam superados.

Dessa maneira falavam os sacerdotes e as sacerdotisas. De início os alunos se defendiam de tal espécie de ensinamentos. Alguns também se sentiam enojados. Uma vez, porém, que os professores eram tão astutos, ao mencionar frequentemente o onipotente Criador, a repulsa interior dos alunos, que de início apenas vinham por curiosidade, cedeu, e as novas doutrinas de fé não mais lhes pareciam tão improváveis como no começo. Daí em diante faltava apenas mais um pequeno passo para se tornarem adeptos convictos da nova doutrina...

Foram esses bem instruídos e astutos sacerdotes e sacerdotisas que Bennu convocou para uma reunião, a fim de ouvir seus conselhos a respeito da sacerdotisa da Caldeia. Ela, na realidade, não precisava de conselhos de ninguém, pois ela mesma era mais astuta, mais inteligente e mais inescrupulosa do que todos os demais. Contudo, fazia questão de ouvir a opinião daqueles que desde a morte de Junu ficaram subordinados a ela.

Bennu não estava disposta a desistir do cargo de sacerdotisa superiora, do qual se apropriara desde a fuga de Namua. Não havia melhor ponto de partida para seus planos do que exatamente o Templo da Pureza.

Dois dos sacerdotes mostravam-se a favor de abandonar o Templo da Pureza, concentrando-se exclusivamente no templo do amor, construído por Junu, e na "escola da alegria da vida". Ambos deram esse conselho por não terem gostado do desaparecimento de Harpo.

— Mesmo que nos fosse possível pôr fora de ação a tal Thisbe, ainda continuariam os outros sábios que vieram da Caldeia com ela...

— Não nos deixaremos expulsar deste templo, exclamou indignada uma sacerdotisa, enquanto olhava desconfiadamente para ambos os sacerdotes.

Os outros concordaram rapidamente com essa sacerdotisa, que Junu também havia designado como sua "filha".

Bennu estava contente. Os dois sacerdotes de opinião contrária apenas estavam com medo de que uma sorte idêntica à de Harpo os aguardasse, caso se expusessem demasiadamente. Resolveu-se que durante algum tempo, além de Bennu, quatro sacerdotisas morariam continuamente na casa anexa ao Templo da Pureza.

Conforme fora instituído, ali sempre haviam morado a sacerdotisa superiora, algumas sacerdotisas e alunas. Com o falhar de Namua, tudo se modificou. As alunas retiraram-se com medo de Bennu, e as sacerdotisas, que queriam ficar em seu lugar, desapareceram pouco a pouco. Junu e um de seus sacerdotes mataram-nas, utilizando o coração e o sangue delas para fins de culto.

No entanto, tudo se deu diferente de como Bennu havia imaginado. Thisbe entrou no templo pela primeira vez em companhia de Aphek. Como futuro sacerdote-rei, ele de qualquer forma tinha também direito de entrar nesse templo, que era reservado exclusivamente às mulheres. Mas ele teria acompanhado Thisbe com ou sem esse direito, pois nesse meio tempo ele teve de constatar, com pavor, que as mentiras espalhadas por Junu e os seus, designadas por eles de novas doutrinas do amor, já tinham alcançado mais longe do que jamais havia imaginado. Estava na última hora de intervir. Ao mesmo tempo, protegeria Thisbe do perigo que lá espreitava.

Thisbe havia-se preparado especialmente para essa visita. Vestira uma roupa comprida, de cor amarelo-clara, enfeitada com listas de ouro, e colocara um cinto de ouro adornado com pedras preciosas, o qual de modo geral somente usava em ocasiões solenes. Um diadema estreito ornava sua cabeça, e sobre o peito brilhava a plaqueta de ouro com a pedra solar. Kilta havia juntado seus cabelos compridos, de cor castanho-clara, em duas tranças que lhe pendiam em ambos os lados do peito. Uma estola de lã branca e as sandálias enfeitadas com ouro completavam a sua vestimenta.

Aphek estava vestido como sempre. Usava uma capa comprida e branca que cobria quase totalmente a roupa amarelo-clara com a qual igualmente se vestira. Um pano de linho branco com um cordão verde envolvia a sua cabeça. Nos pés usava sandálias com dois pequenos escudos de ouro, que cobriam toda a parte superior do pé.

Ele e Thisbe entraram desimpedidamente no interior do templo, através do largo portal que estranhamente estava aberto.

Ficaram parados perto da entrada, esperando. Não se via nem se escutava ninguém. Thisbe via no momento apenas o belo salão do templo, que superava tudo o que ela até agora havia visto. Diante da parede de madeira, pintada de verde-claro, em frente à entrada, estavam quatro grandes salvas de ouro sobre largos pedestais de alabastro, das quais se elevava uma delicada fumaça aromática. Lamparinas de ouro para óleo estavam sobre outros pedestais de alabastro distribuídos no grande salão. O piso era coberto com uma grossa camada de esteiras, quase brancas. As paredes em parte estavam pintadas de verde-claro e em parte cobertas de placas de ouro. Thisbe parecia nunca ter visto tanto ouro e alabastro num único recinto.

Aphek assimilou, sim, a beleza do grande salão, mas a atenção dele estava dirigida para os cordões da cortina auriverde que fechava a entrada de um recinto contíguo. Ele e também Thisbe sabiam que detrás da cortina alguém os observava atentamente.

Thisbe virou-se repentinamente e pediu a Aphek que a deixasse sozinha. Nada lhe aconteceria. Ao mesmo tempo deu-lhe o conselho de inspecionar a casa lateral e os jardins.

Aphek deixou o templo. Lá fora, contudo, procurou logo uma das aberturas de luz, compridas e não mais largas do que uma mão, que se encontravam em todas as paredes do templo. Na parede da entrada ele viu uma dessas aberturas, de onde podia observar tudo o que se passava no interior.

Mal Aphek saiu, os cordões foram afastados para o lado, e uma mulher entrou no salão, parando diante da cortina. Era uma mulher voluptuosa, de cabelos pretos, usando um vestido vermelho sem mangas, e cujos braços estavam totalmente recobertos com braceletes de ouro.

A mulher aproximou-se lentamente. Os olhos dela tinham um brilho antinatural, assim como se estivesse embriagada.

Quando Thisbe viu as pálpebras, pintadas com pó de malaquita verde, e os olhos dessa mulher, sentiu, com nitidez assustadora, a distância que separava aquela mulher de tudo o que era bom. Para todo o sempre.

Perplexa, Thisbe contemplava essa criatura de olhos desmesuradamente brilhantes e no entanto tão vazios.

— Sou Bennu, a sacerdotisa superiora deste templo. O próprio rei empossou-me nesse cargo!

Escárnio vibrava nas palavras da "sacerdotisa superiora". Escárnio e medo.

— Abandona ainda hoje o templo e leva os teus contigo, disse Thisbe com voz sonante e imperiosa. Eu sei que és uma sacerdotisa superiora! Uma sacerdotisa superiora de Septu! Sois, vós e vossos ídolos, tão miseráveis, que precisais invadir templos alheios?

O rosto de Bennu desfigurou-se de raiva e ódio. Ela pensava no punhal bem afiado que trazia escondido sob a roupa. Por que estava hesitando...? Por que não a golpeava logo?

— Vejo o punhal que tens contigo, sacerdotisa superiora de Septu. Aconselho-te, porém, a deixá-lo onde está!

Bennu recuou alguns passos. O medo que se apoderara dela era agora evidente. Logo, porém, dominou-se novamente e gritou escarnecedoramente.

— Esqueci-me de que vens da Caldeia! Do país dos trapaceiros e mentirosos!

Com essas palavras ela sacou o punhal de seu cinto e, com o punho levantado, aproximou-se de Thisbe, pronta para dar o golpe.

Thisbe enfrentou-a com seu olhar sereno sem recuar um passo sequer.

Bennu tornou-se insegura ao ver Thisbe não se mexer do lugar e aparentando não ter medo.

— Lembra-te de Harpo, antes de dar o golpe! O veneno que ela destinara a Pyramon entrou em seu próprio corpo. Os olhos dela apagaram-se e seus ossos branqueiam agora ao vento!

Bennu recuou. O que essa pálida mulher da Caldeia sabia de Harpo? Será que os sábios eram realmente feiticeiros, como o povo bronco sempre afirmava? Indecisa, deixou cair o braço que segurava o punhal. Contra feiticeiros, mesmo um punhal não tinha efeito. Outros meios teriam de ser usados contra ela...

Nesse momento chegou um homem de estatura média, de ombros largos e rosto escuro, passando pela cortina. Ele vestia uma roupa vermelha, comprida, presa na cintura por uma corda. Uma frieza maligna saía desse homem. Em seus olhos cintilava um brilho sinistro e perigoso. Ele postou-se atrás de Bennu, olhando para Thisbe.

Logo teve de desviar o olhar. Os olhos de Thisbe irradiavam com tanto brilho, que ele teve a impressão de ficar cego. Começou a tremer o corpo todo, e o suor brotava-lhe na testa. Assustado e pasmo, olhou mais uma vez para Thisbe. Ela não era uma criatura humana. Nenhum ser humano possuía tais olhos. Era uma feiticeira. Como ele tinha tido razão em aconselhar Bennu a desistir do templo!

Aphek estava ao lado da entrada e observava por uma das estreitas e compridas aberturas da parede os acontecimentos no recinto. Desse posto de observação ele imediatamente podia correr em socorro de Thisbe. Ele não a tinha deixado fora de vista um momento sequer. Ela, pois, não tinha nenhuma ideia de como os adeptos de Septu podiam tornar-se perigosos. Aphek teria preferido correr para dentro e expulsar do templo o renegado casal humano.

Mas Bennu e seu acompanhante saíram espontaneamente. O medo de ambos era tanto, que, caminhando de costas, foram aproximando-se da cortina. Eles pensavam que se perdessem a sacerdotisa da Caldeia de vista ela usaria de seus truques de magia.

Aphek, contudo, não pôde esperar até que o infame casal deixasse o recinto. Ele sentiu que Thisbe estava prestes a perder as forças. A presença dele iria ajudá-la a aguentar até que aqueles dois abandonassem o templo.

Bennu e seu acompanhante pararam alguns passos diante da cortina, ao deparar com a alta e branca figura que entrava no templo, indo ao encontro deles diretamente, sem olhar para a esquerda ou para a direita.

Bennu levantou o olhar para Aphek. Logo depois correu para a cortina, como que enxotada por maus espíritos, separando os cordões violentamente. Fugir! Se ela quisesse continuar a viver, tinha de fugir!... Ela havia lido sua sentença de morte nos olhos claros da figura desconhecida.

O companheiro de Bennu olhou ainda uma vez para Thisbe, antes de deixar o recinto. Ela ainda ali estava. Era uma aparição ou um ser humano? Seu rosto era tão branco como sua estola de lã... Também ele pensou em fuga, ao seguir Bennu. Eram ainda muito fracos para poderem enfrentar os sábios da Caldeia.

Com poucos passos Aphek estava junto de Thisbe, antes que ela desmaiasse. Levantou-a e colocou-a num dos bancos existentes junto das paredes. Logo depois tirou a capa, dobrou-a e deitou a cabeça dela por cima. Ela mal respirava e estava prestes a perder a consciência...

As gotas da vida! Aphek pegou o achatado frasco de ouro de um dos bolsos de sua roupa e tirou a lasca de madeira que fechava a minúscula abertura.

— Thisbe! As gotas da vida!

Aphek colocou um braço em volta dela e, levantando um pouco sua cabeça, introduziu o delgado gargalo do frasco em seus lábios entreabertos. O instilar do precioso líquido da vida não era difícil, uma vez que sempre saía somente uma gota da abertura...

Thisbe engoliu as gotas e abriu os olhos. Nunca se sentira tão cansada e fraca. Subitamente ficou ciente de que estava deitada num banco, e de que Aphek estava ajoelhado diante dela, segurando-a em seus braços. Por que estava estendida no banco? Que acontecera com ela?

Olhando para ele, ela viu a preocupação e a dor em seus olhos. Ela sorriu levemente, contudo ainda não tinha forças para erguer a cabeça. Véus cinzentos turvavam sua visão. Logo as gotas fariam seu efeito... então ela poderia levantar-se... Aphek não deveria inquietar-se por causa dela. Ele necessitaria de todas as suas energias para poder cumprir a missão como sacerdote-rei da Caldeia... e, ao contrário dela, ele ainda tinha uma longa vida terrena à sua frente... Para Thisbe era incompreensível que não houvesse reconhecido Aphek já antes... somente durante a longa viagem, ela tornara-se consciente dos fios dourados do amor que ligavam as suas almas... Incompreensível lhe ficava também que pudesse amar vários homens... Sargon, Pyramon, Aphek e talvez ainda houvesse outros, que agora não estavam na Terra...

Observando-a preocupadamente durante todo o tempo e aguardando os efeitos das gotas da vida, Aphek via com infinito alívio o vislumbre róseo que cobria o rosto dela. Thisbe abriu os olhos. Ela sentia-se fraca, mas de novo podia ver claramente. O véu cinzento, que turvara sua visão, desapareceu. Ela sorriu ao ver os olhos claros e radiantes de Aphek... De repente, ela lembrou-se de onde estavam. Ficou inquieta, virando a cabeça receosamente... não, no recinto do templo não parecia haver mais ninguém...

Aphek levantou-se, olhando perscrutadoramente ao redor. Ainda se sentiam os fluidos ameaçadores... ele pensou nas edificações laterais do templo... podiam encontrar-se ali outras pessoas ainda... Percebendo que Thisbe rapidamente se refazia, ele deixou o salão do templo a fim de vasculhar os outros compartimentos.

Thisbe levantou-se depois de algum tempo. Ela, aliás, sentia-se fraca, mas suas pernas já estavam firmes novamente. Pareceu-lhe ter sustentado uma pesada luta. Não apenas contra Bennu, mas contra forças muito superiores, que tinham entrado no templo com essa serva de Nebo... Ainda posteriormente lhe veio o pavor, ao imaginar o que teria acontecido se tivesse fraquejado um momento que fosse...

Não... nunca deveria mostrar-se fraca perante pessoas que se submetem às forças do mal...

Thisbe ficou parada, escutando. Onde estava Aphek? Será que havia encontrado ainda mais servas de Nebo? Com passos não muito firmes, caminhou até uma das cortinas de entrada, afastando os cordões. Ela viu um segundo salão, do mesmo tamanho, e onde também havia sido aplicado muito ouro e alabastro na decoração. Hesitantemente ela atravessou esse salão, abrindo a cortina de outra porta. Então já se encontrava num pátio parcialmente coberto, ladrilhado com placas polidas de pedra verde-clara. No meio do pátio havia uma mesa com uma grande chapa de bronze. Em torno das paredes havia bancos de madeira, com braços e pés entalhados artisticamente.

Thisbe atravessou o pátio e ficou parada ao lado de uma velha árvore de rosas, admirando as grandes flores brancas. Os ramos dessa roseira fechavam um lado do pátio, como uma parede. Caminhando mais um pouco, ela viu uma paisagem que parecia um amplo parque, estendendo-se até o palácio real. Por entre as árvores reluzia a água de um lago, em cujas margens estavam grandes garças brancas.

Aphek veio de uma construção lateral. Vendo Thisbe parada no jardim, brotou nele uma esperança. Talvez ela, apesar de tudo, ficasse mais tempo na Terra do que Sargon supunha... Mas não... Sargon nunca se havia enganado. O que ele dizia, realizava-se...

— Foi uma luta dura, Aphek. Quase difícil demais para minhas forças. Contudo, por um motivo que ainda desconheço tive de sustentar sozinha essa luta, disse Thisbe serenamente.

— Tu não estiveste sozinha! Sabes que guias poderosos nos acompanham.

— Assim é, Aphek. Não somente os guias espirituais, mas também tu estiveste comigo. Senti tua presença!

Aphek ficou calado. Ele estava parado ao lado da roseira e tomou uma rosa na mão.

— Em parte nenhuma vi rosas brancas tão grandes e perfumadas. Elas sempre me lembrarão do dia de hoje.

Thisbe sentiu quase dolorosamente a tristeza que vibrava nessas poucas palavras... Como podia ajudá-lo? De repente lembrou-se de um quadro, surgido como um relâmpago, que ela havia visto em espírito, enquanto estava estendida no banco, semidesmaiada.

— Quando estava deitada no banco, começou ela hesitantemente, senti que meu corpo esfriava e que névoas me envolviam. Pensei no chamado do mundo mais fino e estava preparada. Mas então, logo o teu olhar traspassou a névoa, tal como um raio de luz. Nesse momento vi o país das flores. Não muito longe de nossa estrela. Eu estive lá, pois tinha de cumprir uma missão. Ao meu lado estava um homem. Ele era meu companheiro, e pelo mesmo motivo também estava no país das flores. Ele tinha de cumprir uma missão... esse homem eras tu...

Aphek escutara com toda a atenção.

— Conheço esse país das flores... Tu eras ainda meio criança quando me lembrei de tudo o que outrora tinha havido... Meu coração estava cheio de gratidão por me haver sido permitido encontrar-te novamente...

Quando Aphek parou de falar, Thisbe disse que tinha a impressão de que era como se um grande grupo de seres humanos estivesse entrelaçado numa rede dourada...

— Os fios dessa rede são tecidos com amor e confiança... Até o jovem e infeliz Miebis ainda está meio preso nessa rede.

Thisbe pensou nas pessoas que ela chegara a conhecer no decorrer dos anos. Todas elas estavam servindo à Luz de alguma maneira...

— Nesta parte da Terra ainda se realizarão acontecimentos importantes, disse Aphek pensativamente. O servir em comum e o amor à Luz nos entrelaçarão até um futuro remoto.

Ele também pensava nas muitas pessoas que, tal como ele, serviam e, por isso, estavam perto do seu coração.

— Quase esqueci por que estamos aqui! exclamou Thisbe. O que encontraste naquela grande construção?

— A casa está vazia. Está limpa, dando a impressão de não ser habitada. Incrivelmente sujos estão ambos os pátios de banho. São muito grandes e aparentemente foram utilizados também para dormir... Encontrei cestos com ervas secas, bem como uma cesta com raízes e cascas. Além disso, encontra-se ali um jarro contendo o pó verde entorpecente.

— Por que os seres humanos tomam pó entorpecente? Não parece como se quisessem fugir do presente? Para mim isso é igual a um furto do tempo de vida... pois as horas de embriaguez são horas perdidas!

Aphek não disse nada. Ele mesmo não sabia a resposta. Em sua atividade de médico esse pó verde já havia prestado bons serviços...

— As flores estão tratadas e os caminhos do parque, limpos, disse Thisbe com surpresa, passeando pelo jardim. Mais tarde ela soube que o parque, desde o palácio real até o Templo da Pureza, estava sendo cuidado por jardineiros escolhidos ainda pelo velho rei Miebis, o qual, pessoalmente, muitas vezes também ajudava.

O templo e a casa das sacerdotisas antigamente eram mantidos limpos pelas sacerdotisas e pelas alunas. Quando as servas de Nebo e seus semelhantes passaram a ocupar as edificações, a ama de Samia chegava com auxiliares e juntas sempre tratavam da limpeza do templo.

A ama era uma mulher corajosa. Apesar dos protestos de Bennu, que se considerava a sacerdotisa superiora, ela voltava sempre de novo. Assim se manteve limpo o templo e a casa das sacerdotisas, pelo menos exteriormente.

A derrota de Bennu e de seu séquito espalhou-se logo por toda a parte. As mulheres e moças, com poucas exceções, ficaram agradecidas à sacerdotisa superiora da Caldeia por ter realizado esse "milagre". Bennu estava prestes a deixar a cidade! Essa notícia também foi recebida pelos pais de família com grande satisfação, pois essa mulher, com suas artes de sedução, constituía um perigo para suas filhas e filhos...

A solenidade em honra à pureza, que se aproximava, não se realizou. Pois externamente os salões do templo estavam, de fato, limpos, mas a atmosfera reinante no interior era opressoramente pesada. Duraria ainda algum tempo até que todas as formas de pensamentos e sentimentos intuitivos negativos, aderidos por toda a parte, se dissolvessem. Essas formas eram de espécie tal, que mesmo os "Rukis", os grandes guardiões enteais do templo, que ficavam em frente aos portais, não podiam manter-se em seus postos.

Siptha havia mandado mensageiros notificar as mulheres e moças de que Thisbe, que possuía o grau de sacerdotisa-rainha, daria aulas em dias alternados no Templo da Pureza. E assim acontecia.

Thisbe falava toda vez das profecias da pirâmide e respondia às inúmeras perguntas formuladas a respeito do Juízo Final. Algumas não compreendiam por que haveria um julgamento. Thisbe esclareceu-as da seguinte maneira:

— Os elevados guias da humanidade mandaram dizer aos sábios que o espaço de tempo – foram milhões de anos – concedido pelo Onipotente às criaturas humanas para o seu desenvolvimento está aproximando-se do seu ponto final! Revelaram também a data exata desse ponto final.

Quando os sábios haviam assimilado bem essa notícia, eles receberam ainda outra comunicação dos guias elevados. Foi-lhes comunicado que os seres humanos, no mundo terreno e extraterreno, serão submetidos a um exame nesse ponto final. Durante esse exame, também se poderia dizer "último julgamento", será verificado se os seres humanos utilizaram seu período de desenvolvimento no sentido certo.

O primeiro Filho do onipotente Criador até virá à Terra, para esse julgamento!

Ao mesmo tempo foi mostrado aos sábios, em espírito, uma construção, na qual todas as datas importantes para a humanidade deverão ser indicadas. Essa construção tinha a forma de uma pirâmide.

Quando os sábios haviam assimilado também essa incumbência no sentido certo, os elevados guias mandaram dizer-lhes que o construtor, que terá de levantar essa obra, já estava na Terra e até mesmo a caminho da Caldeia.

E mais ainda: foi-lhes dito que os gigantes, designados pelo supremo guia para o serviço pesado dessa obra, já se estavam ocupando com os trabalhos preliminares.

Os sábios da Caldeia prepararam tudo exatamente de acordo com as instruções dos elevados guias da humanidade, a fim de que o construtor pudesse cumprir sua missão na Terra.

O senhor do Sol, Ea, e a senhora da Terra, Thaui, determinaram pessoalmente o lugar onde a pirâmide será erigida. Pois essa construção terá de perdurar milênios, a fim de constituir uma advertência aos seres humanos na época do Juízo na Terra!

Todas compreenderam as explanações de Thisbe. Contudo, não podiam imaginar como os seres humanos, aos quais, pois, também elas pertenciam, poderiam afundar tanto, a ponto de a profecia final dizer que a Terra e o Além nessa época estariam povoados quase que exclusivamente por mortos...

Somente quando Thisbe mencionou Junu, Bennu, Harpo e os outros que se haviam ligado a eles, a maioria delas pressentiu que mentiras divulgadas com convicção poderiam, no decorrer do tempo, transformar-se em indicadores de caminho em questões de fé.

Sarai, a mulher de Isaías, que morava temporariamente no palácio, a convite de Thisbe, frequentava igualmente essas aulas. Ela, aliás, pouco entendia. Mas Thisbe dominava, tal como Magog e Kilta, a língua do povo de Kan, do qual Sarai era natural, podendo assim responder a todas as suas perguntas.

A pedido de Sunrid, de Siptha e de Magog, Aphek também dava, de três em três dias, aulas aos homens, no Templo de Ísis. Ísis era venerada em geral como mediadora das irradiações celestes do amor.

Aphek logo compreendeu como eram necessárias as aulas de instrução e esclarecimento, pois as doutrinas de Junu haviam criado muitas confusões nos cérebros de homens velhos e jovens. Eles haviam frequentado a "escola da alegria da vida", fundada por ele, mais por curiosidade, pois todos eles sabiam que a alegria de viver se originava no coração dos seres humanos e que, portanto, não podia ser aprendida. Junu havia utilizado a escola para instigar o povo contra os sábios da Caldeia e contra Pyramon, o construtor da pirâmide.

Ele dizia, por exemplo: "Os sábios são mentirosos e inimigos de qualquer alegria da vida! Mas são também inimigos do povo, pois trouxeram os perigosos gigantes para o país! Além disso, estão provocando estados de angústia nas pessoas, com suas não comprovadas profecias!"

Algo dessas afirmações, constantemente repetidas por Junu, ficava nos cérebros dos "alunos". Com muita paciência e compreensão Aphek conseguiu, pouco a pouco, destruir a tecedura de mentiras de Junu.

Aphek e Siptha também haviam encontrado na casa de Junu todos os indícios do culto sangrento. Nas investigações encontraram, enterrados apenas superficialmente, os esqueletos de três crianças e o cadáver semidecomposto de uma moça. As crianças assassinadas e a moça não tinham sido dadas como desaparecidas por ninguém. Consequentemente, só se podia tratar de estranhos, raptados por Junu e seus sacerdotes, sendo utilizados para seus fins maléficos e assassinados.

Bennu havia preparado sua fuga durante dias. Quando então tudo estava pronto, ela não pôde escapar. Lukati apunhalou-a, e também duas de suas sacerdotisas. A ira há tanto acumulada em Lukati, contra o "sanguinário covil de víboras", não mais se deixou refrear. Depois do feito, ele lavou cuidadosamente as mãos. Havia reencontrado a paz e vingado a morte prematura do seu querido amo Miebis. Além disso, havia libertado a Terra do hálito venenoso que essas renegadas criaturas espalhavam em seu redor.

Lukati voltou ao palácio. Encontrando Thisbe no jardim, ele ajoelhou-se diante dela, tocando o solo com a testa. Lágrimas gotejavam de seus olhos ao se levantar de novo. Desde esse dia, ninguém mais o viu. Apenas Thisbe e Aphek sabiam que ele se encontrava junto de uma caravana, a caminho da Caldeia. Aphek teria nele um servo fiel.

Pyramon mandou Toptekmun até Thisbe, pedindo-lhe que viesse. Ele queria que ela visse os grandes blocos de pedra destinados ao teto da sala do Juízo. Os gigantes haviam-nos trazido de uma pedreira mais afastada. Esses blocos eram tão grandes, que nem vinte homens podiam movê-los do lugar. Os gigantes tinham trazido também o comprido bloco de granito vermelho para o sarcófago.

Thisbe lembrava-se nitidamente da composição dos diversos modelos da pirâmide e dos cubos extraordinariamente grandes destinados ao teto da sala do Juízo. Naturalmente ela teria gostado de ver as pedras em seu tamanho real... Contudo, não podia deixar o palácio no momento. Decepcionado, Toptekmun teve de voltar sozinho para o oásis. O que mais teria gostado é de que Thisbe tivesse ido para o oásis. De preferência para sempre.

Thisbe não tinha mais nenhuma hora livre. Desde que dava aulas no templo, mulheres e moças, ávidas em aprender, vinham com suas perguntas até mesmo ao palácio. Era como se tivessem receio de que a sacerdotisa da Caldeia pudesse desaparecer de novo, ela que havia posto Bennu em fuga.

A conselho de seu guia espiritual, Thisbe transferiu o cargo de sacerdotisa superiora do Templo da Pureza a Dinarsard. O marido dela, Jaser, deveria fundar uma escola para homens e meninos, na qual ele e também outros sábios pudessem dar aulas regularmente.

Jaser, também sacerdote, logo começou a exercer seu encargo no Templo da Sagrada Trindade. Ao mesmo tempo, ele representava Siptha sempre que era necessário. Siptha, que era o supremo sacerdote e que em breve seria rei do Egito ao lado de Samia, tinha agora de se preocupar muito com os assuntos de Estado, algo desorganizados. Com a doença e as más influências de Harpo, o jovem Miebis havia-se desleixado de tudo o que se referia a seus deveres.

Samia havia entregue a Jaser e Dinarsard um pequeno chalé dentro do parque, um pouco afastado do palácio, e onde o velho rei Miebis se demorava preferencialmente.

Tudo estava organizado da melhor forma. No futuro, uma idólatra não mais se poderia imiscuir no Templo da Pureza.

Por enquanto Thisbe e Aphek ainda estavam presentes. Eles ensinavam e ajudavam por toda a parte onde precisavam de sua ajuda. Ao mesmo tempo, eles introduziam Dinarsard e Jaser em seus futuros cargos.

Jaser contou-lhes que medidas haviam tomado, a fim de manter os peregrinos afastados de Pyramon, peregrinos esses que vagavam dia e noite em volta da pirâmide.

— Como primeira medida estabelecemos determinados horários para visitação, nos quais a pirâmide pode ser vista. Janum, Kosbi, Toptekmun e também Wahab cuidam que esses horários de visitação sejam obedecidos. Visitantes difíceis, que não querem seguir o horário estabelecido, são atendidos por Wahab. Ele tem uma habilidade especial para lidar com tais pessoas, convencendo-as da necessidade dessa medida.

Naturalmente, pedimos a nossos guias espirituais que nos ajudassem. Eles nos aconselharam a abrir escolas, nas quais os peregrinos de boa vontade muito poderiam aprender, ampliando seu saber em qualquer sentido. Além disso, a atenção em relação à pirâmide seria desviada um pouco.

Pyramon mandou levantar quatro galpões, onde os alunos logo se reuniram. Estavam planejados dez desses abrigos.

As "escolas da sabedoria", como logo foram chamadas, contavam desde o início com uma grande frequência. Quase nenhum dos visitantes de fora queria perder essa oportunidade única de ver os famosos sábios da Caldeia e de ouvir os seus ensinamentos.

— Nós mesmos também aprendemos e vivenciamos muito com essas pessoas de fora, começou Jaser, depois de uma pequena pausa. Pouco antes de eu deixar o oásis, chegou-se a mim um grupo de mulheres e homens para me advertir dos gigantes. "Os gigantes são perigosos! Além disso, são pagãos!", afirmou o orador desse grupo. "Eles aproximam-se dos seres humanos a fim de desencaminhá-los! Precavei-vos dessas criaturas, cujas mães ninguém conhece!"

Numa outra ocasião chegaram homens que se denominavam sacerdotes do único e uno Deus. Contudo, eles negavam todos os entes da natureza como se fossem "demônios". O "deus" deles era um deus duro, exigindo que cada ser humano lhe tivesse temor. Somente esses encontrariam um beneplácito diante do semblante dele...

Chegaram também criaturas que começaram a rir escarnecedoramente durante a aula, afirmando que um segundo "deus", mais poderoso, já havia assumido o domínio sobre os seres humanos... Afirmações dessas nos causam, naturalmente, graves preocupações, disse Jaser oprimido.

Ninguém respondia, pois todos tinham as mesmas preocupações.

Thisbe informou-se a respeito dos barbudos, que tanto a haviam assustado.

— Os barbudos são pessoas boas e de fé correta, disse Jaser sorrindo. A barba deles já encurtou bastante. Antes de voltar à sua pátria, talvez ainda libertem seus rostos de tantos pelos. Eles vieram com o profeta de Kan. E esse profeta é verdadeiramente grande! Durante o curto tempo em que se encontra no oásis, ele recebeu uma mensagem importante do seu guia. Essa mensagem diz que ele, após determinado tempo, novamente virá à Terra, com o mesmo nome de agora, e outra vez como profeta.

Também a época do retorno seu guia lhe indicou. Segundo nossos cálculos, esse renascimento deverá ocorrer após cerca de 3.700 anos. Conforme as indicações do guia espiritual, o lugar da reencarnação não será muito distante do atual.

— Isaías e Sarai são criaturas humanas extraordinariamente agraciadas! disse Thisbe, quando Jaser se calou.

CERTO dia Magog veio do oásis. Horam havia-lhe informado sobre o falecimento de Sargon. Por toda a parte, Sargon havia ordenado tudo de tal forma, que a vida nas comunidades, bem como no país, podia prosseguir de idêntico modo, também sem ele.

Magog queria procurar Thisbe para ver como ela havia recebido essa notícia, que não podia ficar escondida dela. Aphek, a quem Magog encontrou primeiramente, também sabia que Sargon havia deixado a Terra.

— Essa notícia ficou escondida de Thisbe. Eu a vi há pouco. Estava radiante de alegria, pois à noite ela viu Sargon junto da pirâmide.

Magog respirou aliviado. A "criança" desde o início fora tão apegada a Sargon, que ele estava preocupado com ela...

Os olhos de Aphek estavam anuviados de tristeza, e seu olhar parecia perpassar distâncias longínquas. Quando ele se dirigiu novamente a Magog, viu que este se inclinava diante dele, tocando a testa com os dedos das mãos juntas.

— Como primeiro inclino-me diante de ti, sacerdote-rei da Caldeia! Eu te reconheço como meu legítimo rei e senhor na Terra, olhando confiantemente para ti, que agora serás rei e servo de nosso povo!

Aphek tocou de leve a cabeça de Magog com a mão e disse seriamente:

— Sou servo do onipotente Criador. Minha vida pertence a Ele! Quero ser rei na Terra, contudo, lembra-te, Magog, de que reinar significa servir!

Todos os sábios souberam do falecimento de Sargon. Com amor e gratidão pensavam nele, e cada um desejava, intimamente, poder servir sob a direção dele numa outra vida terrena. Sob a sua severidade, cheia de amor, ninguém poderia perder o caminho para a pátria luminosa...

Aphek havia-se enganado, supondo que Thisbe nada soubesse da morte de Sargon. Já no dia seguinte ela lhe disse que a missão de Sargon na Terra havia terminado, e que ele, em breve, voltaria para a sua pátria luminosa.

— Ele faz parte dos grandes guias da humanidade, e nós todos lhe devemos gratidão.

— Assim é, Thisbe, disse Aphek baixinho.

Ele amava Sargon e alegrava-se por ele poder deixar a Terra após ter cumprido sua missão!

— Como se tornou rica minha vida sob a condução dele! E quanto eu tenho a lhe agradecer!

Nesse momento Sarai aproximou-se dos dois no terraço. Ela ouvira a palavra "condução", perguntando, logo que Aphek se afastou, por que os sábios da Caldeia nunca se dirigiam diretamente ao onipotente Criador quando precisavam de ajuda, mas sempre somente chamavam os guias espirituais.

Thisbe ficou tão atônita com a pretensão de molestar o onipotente Criador, o Senhor de todos os mundos, com problemas humanos, que não foi capaz de responder prontamente.

— Sarai, tua pergunta me admira e me assusta, disse Thisbe depois de um prolongado silêncio.

— O Onipotente instituiu, desde o Seu trono até embaixo, junto de nós, servos que se preocupam com tudo na Criação, conforme a vontade Dele. Esses servos também têm a incumbência de aconselhar os seres humanos, quando eles necessitam de auxílio e conselho, e quando os solicitam! Eu nunca ousaria dirigir-me ao Onipotente com meus assuntos e rogos! Devemos louvar o nosso Criador e Senhor, e agradecer a Ele pela vida que nos proporcionou!

Thisbe havia falado de modo agitado e rápido, e Sarai, profundamente envergonhada, viu lágrimas gotejarem dos olhos da moça.

— Nunca em minha vida esquecerei o ensinamento que me deste agora! disse Sarai profundamente comovida. Refletindo sobre isso mais pormenorizadamente, não compreendo a minha arrogância.

Thisbe enxugou as lágrimas e abraçou Sarai; a seguir saiu. Não havia mais nada a falar sobre isso.

Um mês mais tarde, Samia tornou-se a esposa de Siptha. Aphek abençoou a união durante uma solenidade no Templo de Ísis, e Thisbe enlaçou as mãos dadas de ambos com uma grinalda de flores. Seis outros casais receberam igualmente a bênção, e Thisbe também enlaçou as mãos deles com grinaldas.

Siptha e Samia mudaram-se para o grande palácio, assumindo todos os compromissos ligados à realeza. Era um caso excepcional, pois geralmente um rei e uma rainha somente podiam assumir o seu encargo após receberem a consagração para tanto. Por ocasião da próxima solenidade, no templo principal, eles receberiam a consagração real e as insígnias a isso ligadas.

Depois da solenidade no Templo de Ísis, Aphek cavalgou até o oásis. Finalmente poderia ver a obra, para a qual peregrinavam pessoas de países longínquos. Thisbe estava em boas mãos. Sunrid havia insistido para que ela descansasse durante algum tempo na casa de cura. Samia e Dinarsard podiam ocupar-se sozinhas com as mulheres.

Thisbe sentia-se realmente muito abatida e fraca, motivo pelo qual logo aceitou o convite de Sunrid. Na casa de cura ela ficou num pequeno aposento que dava para o belo jardim com as árvores de incenso. Para Kilta foi preparada uma cama num dos salões grandes, visto que o quarto onde Thisbe fora alojada era muito pequeno para duas pessoas.

Os pensamentos de Kilta e Thisbe voltavam-se frequentemente para as comunidades dos sábios. Essas comunidades ainda estavam perpassadas pelas irradiações da pureza; e amor e paz reinavam entre os seres humanos. Eram ricamente abençoados pelo trabalho que executavam no servir ao próximo, o que por sua vez lhes retribuía coisas boas em abundância.

Sarai, Samia, bem como as mulheres do oásis, vinham frequentemente ver Thisbe a fim de buscar seus conselhos, quando dificuldades imprevistas surgiam.

Quase sempre, quando as mulheres estavam juntas, chegavam a falar sobre o Juízo. Nenhuma podia formar uma ideia a esse respeito. Mas estavam querendo saber se elas, nessa época, estariam novamente na Terra. Tahia, que podia perceber muitas ocorrências fora da Terra, era de opinião que elas todas estariam na Terra, servindo unidas ao Senhor de todos os mundos, ao juiz. Sarai concordou com Tahia. Thisbe, contudo, não deu nenhuma resposta quando pediram sua opinião.

Thisbe estava havia cerca de um mês na casa de cura, quando Pyramon, juntamente com Isaías e Timagens, lá chegou. Pyramon queria ver Thisbe e comunicar que ele estava mandando construir uma casa para ela no oásis. Thisbe olhou-o assustada.

— Não, não! Não quero uma casa. Eu voltarei! exclamou ela recusando. Tu sabes, Pyramon, que não posso ficar no oásis!

Pyramon não compreendia por que ela não queria ficar. Pois Sargon não mais estava vivo. Ainda uma vez ele tentou persuadi-la.

— Uma parte dos trabalhadores, sob a condução dos gigantes, começou a lapidar os grossos blocos destinados ao revestimento externo. É um trabalho muito demorado. E, também, faz pouco tempo, dois filhotes de guepardo vêm me visitando. Quando eles pulam para lá e para cá com suas pernas compridas, até os gigantes riem.

Thisbe escutava com interesse, mas não se deixou persuadir.

Isaías tinha vindo para que Sunrid tomasse conhecimento de mais uma mensagem, que recebera havia pouco, e a mandasse gravar.

Sunrid mandou chamar Siptha, Samia, Dinarsard e Jaser, a fim de que eles também ouvissem essa mensagem. Jaser sabia muito bem expressar em sinais de escrita a palavra falada.

Quando todos estavam reunidos, Isaías disse:

— Nascerei mais uma vez na Terra, portando o mesmo nome que hoje. Serei um anunciador*, pois os elevados guias espirituais da humanidade novamente enviarão uma mensagem aos seres humanos através de minha boca. Essa mensagem dirá:

"Antes do último julgamento da humanidade, virá mais um enviado das alturas máximas! Será chamado Salvador e príncipe da paz! Ele ensinará o povo no qual viverá, indicando-lhe os caminhos que terá de seguir, se quiser salvar-se! Pois nessa época já reinará uma grande aflição espiritual na Terra!"

Esse segundo elevado príncipe da Luz viverá num país não distante da minha pátria atual. Contando a partir de hoje, dois terços do tempo que nos separa do Juízo já se terão passado, quando esse príncipe da Luz vier à Terra.

Isaías fez uma pausa, pedindo a Sunrid que também mandasse gravar essa mensagem para ele.

Sunrid logo concordou. Cuidaria para que essa mensagem também fosse escrita várias vezes.

— Nada sabemos da vinda desse segundo Salvador e príncipe da paz, disse Siptha pensativamente. Sabemos somente do príncipe da Luz que virá para os árabes. Este príncipe está ligado estreitamente ao Senhor de todos os mundos, ao Senhor da pirâmide. Pode-se dizer que está ligado a ele inseparavelmente! Ele viverá numa região que hoje ainda se encontra sob o domínio espiritual da Caldeia.

Antes que Isaías pudesse expressar sua opinião, falou Jaser:

---

* Profeta.

— Todos os sábios da Caldeia receberam a mensagem sobre a aproximação do julgamento da humanidade; concomitantemente foi-lhes anunciado também a vinda do Senhor de todos os mundos, que desencadeará esse Juízo! Apenas Sargon e uma parte dos iniciados receberam também a mensagem do nascimento terreno do segundo príncipe da Luz.

Todos os presentes ficaram contentes com esse esclarecimento, e Isaías bem como os demais se levantaram. Dinarsard e Jaser foram os primeiros a sair. Os seguintes foram Pyramon e Timagens.

Timagens procurou seu irmão ferreiro, a fim de retirar as novas ferramentas. Timagens tinha agora vários ajudantes que o auxiliavam na modelagem da gigantesca esfinge. Esse trabalho tinha sido difícil inicialmente, uma vez que as ferramentas usadas se desgastavam rapidamente, por serem de cobre. Somente quando seu irmão havia começado a fundir as ferramentas com pedaços de metal espalhados ao longo do tempo em seu campo de cultura, o trabalho progredia mais rapidamente. Esses pedaços de metal caíram uma vez na Terra, quando uma estrela explodiu no espaço sideral. Agora o ferreiro transformava esses pedaços caídos do céu em ferramentas duras e úteis, a conselho de um troncudo e pequeno enteal dos metais.

Enquanto Timagens se demorava com o ferreiro, Pyramon cavalgou até as tendas dos xeques. As caravanas estavam-se preparando para a partida, e ele queria mandar uma notícia a seus pais e irmãos.

Os xeques e todos os seus companheiros de viagem já tinham estado várias vezes no oásis. E em todas elas ficavam perplexos diante das enormes dimensões dessa obra, embora a metade dela ainda não estivesse pronta. Por intermédio de Pyramon eles haviam recebido conhecimento das profecias ligadas a essa construção. O que mais os impressionara foi a revelação do Juízo Final e o significado do sarcófago vazio. Todos, sem exceção, queriam saber onde estariam nessa época, e se eles, ao passarem pelo sarcófago, poderiam transpor o degrau do reconhecimento. A essas perguntas, ninguém podia responder.

Os xeques esperavam viver ainda o suficiente para poderem ver a pirâmide pronta. Quando Pyramon se despediu, de todos os lados vinham-lhe desejos de bênçãos. Também ele, no íntimo, desejava bênçãos para todas essas pessoas que ainda estavam ligadas a todas as forças auxiliadoras e benéficas.

THISBE estava-se aproximando do ponto final de sua estada na Terra. Estava no Egito havia sete meses, e tinha cumprido a sua missão. Tal como uma oração, gratidão e alegria elevavam-se de sua alma para as eternas fontes da Luz. Harmonia ligava-a a todas as criaturas do mundo que cumpriam sua finalidade de vida sob o sol de graças do amor. Só agora, em que estava prestes a deixar a Terra, ela se tornara consciente do que significava ser considerada digna de poder servir.

Durante o mês que passara na casa de cura, diariamente, ao anoitecer, ela subia ao terraço a fim de contemplar o sol vermelho-dourado desaparecendo no horizonte.

No último anoitecer, antes de seu falecimento, ela novamente estava no terraço; usava seu vestido amarelo-claro e havia posto o colar de pérolas. Seu delicado rosto refletia o vislumbre róseo do sol poente, que lhe parecia, nesse anoitecer, mais pálido e como que encoberto por um véu.

Anteriormente ela sempre escutava os chamados dos pastores, de perto e de longe, mas nesse anoitecer o ar estava cheio de sons melodiosos de incontáveis sininhos, que sobrepujavam qualquer outro som. Nuvens de perfume passavam, nas quais se viam formas de flores desconhecidas e reluzentes. Nesse anoitecer Thisbe viu, com os olhos da alma, um mundo áureo-fulgurante no ambiente mais fino da Terra, o qual em breve a acolheria.

Quando então os olhos de seu espírito também se abriram, o áureo brilho em sua volta desapareceu, e ela viu ao longe um mundo que parecia uma pirâmide radiante de cristal, conduzindo para cima em degraus. O ápice dessa cristalina obra maravilhosa não se via, pois desaparecia nas chamas brancas da vida eterna, que encerravam o amor do onipotente Criador.

Então Thisbe percebeu uma figura que se destacava das chamas da vida eterna. Era grande como um gigante e brilhante como uma estrela. Quando as chamas se tornaram menos intensas, ela viu que a figura era de um homem, com um rosto que superava tudo o que fosse possível imaginar em sublimidade e beleza. E a excelsitude que pairava junto dele, e que dele emanava, não podia ser descrita com palavras. Era o rei de todos os reis, o Senhor de todos os mundos!

Thisbe não podia desviar seus olhos do senhor e rei. Ela sentia intuitivamente como a imagem dele se gravava em seu espírito. Para a eternidade! Somente ao ouvir uma voz que se dirigia a ela, pôde então desviar seu olhar e assimilar o conteúdo das palavras:

"Estás vendo o Senhor dos mundos, que fez surgir a Criação em nome de seu onipotente Pai. Grava bem o seu nome, que ainda é desconhecido da humanidade, com exceção de alguns poucos, a fim de que nunca o esqueças. Ele é nosso senhor e rei, que desencadeará o Juízo na Terra!"

Thisbe procurava o orador para agradecer-lhe por seus esclarecimentos. Olhando em redor, ela viu um grande grupo de homens e mulheres que circundava o senhor e rei. Sobre todas essas figuras pairava um reflexo da excelsitude e do poder dele. Elas assimilavam a vontade dele, atuando correspondentemente.

Subitamente Thisbe soube quem eram esses grandes e belos seres humanos, aos quais era permitido estar sob o sol do amor e do resplendor do senhor e rei.

Eram os grandes guias que, partindo de seus mundos superiores, dirigiam os destinos dos seres humanos e também enviavam auxílios a todos aqueles que se conservavam puros de coração. Os sábios conheciam esses grandes e poderosos guias, os quais, por sua vez, tinham outros superiores acima de si. Todas as mensagens espirituais, bem como a incumbência de construir a pirâmide, os sábios haviam recebido desses guias. Eles ainda estavam ligados de alguma maneira à humanidade, por isso a espécie humana não era estranha a eles. Numa fração de segundo, Thisbe reconheceu que esses guias viviam no reino de Sargon, atuando desse reino em direção à Terra, e que Sargon era o seu rei.

"Sargon!" Essa palavra ainda soava em seus ouvidos, quando os quadros espirituais desapareceram, e ela tornou-se consciente de seu ambiente terreno. Ela sentia frio. Começava uma cerração, e os últimos raios solares ainda mal iluminavam o horizonte.

Ela andou pelo terraço de um lado para outro, fazendo uma saudação de despedida para as árvores e seus habitantes, e a seguir desceu cautelosamente a escadaria íngreme. Sentia-se fraca e estranhamente cansada, não obstante poder ter irrompido em júbilo de alegria e felicidade. Jamais esqueceria a imagem que hoje lhe fora permitido ver. A imagem do rei e senhor e o sagrado nome dele ficariam gravados em seu espírito eternamente. Onde quer que seus caminhos a levassem no serviço da Luz, esse saber estaria vivo nela e a iluminaria.

Ao chegar ao seu quarto, Thisbe logo se deitou no leito. Subitamente se sentia tão sonolenta, que mal podia manter abertos os olhos. Quando Kilta entrou, poucos minutos após, ela já estava dormindo profundamente.

Kilta retirou suavemente as sandálias dos pés dela e depois foi até a porta do jardim, fechando-a o mais silenciosamente possível. Em toda a casa de cura fechavam-se firmemente as portas e aberturas de janelas. Janum havia anunciado uma tempestade para aquela noite. Com tempestade era mais aconselhável não deixar nada aberto. Os *dschedjins* das tempestades eram travessos. Portas ou janelas abertas, eles consideravam um convite...

Enquanto Kilta ainda estava fechando a janela e a porta, Sidika entrou no aposento. Vendo que a moça estava dormindo, ela saiu novamente. Aphek voltara do oásis e, uma vez que mal começara a anoitecer, ainda esperava ver Thisbe. Ao saber que ela dormia, ele logo depois deixou a casa de cura, dirigindo-se ao palácio.

Thisbe faleceu pouco antes do nascer do sol. O cordão que ligava sua alma ao corpo terreno já era tão tênue, que logo se desprendeu quando ela deixou seu invólucro terreno.

Mal estava separada do corpo terreno e já se viu em meio da retininte paisagem áureo-fulgurante que poucas horas antes, durante o pôr do sol, havia visto do terraço com os olhos de sua alma.

Como que ofuscada, fechou os olhos por um momento, juntando as palmas das mãos numa oração silenciosa. Ao reabrir os olhos ela viu, poucos passos à sua frente, uma figura alta. Essa figura estava envolta numa capa branca de lã, para viagens, mas a cabeça estava descoberta. Thisbe viu o jovem e belo rosto, e os olhos radiantes... e nesse momento o reconheceu.

"Sargon!" Com uma exclamação de júbilo, ela correu ao seu encontro, encostando a cabeça no peito dele. Ele tomou-a nos braços, e a sublime e misteriosa melodia do amor e da felicidade reuniu seus espíritos e almas.

VÁRIAS pessoas ligadas a Thisbe receberam de algum modo a notícia de sua morte terrena, não importando o local em que elas se encontrassem.

Naema estava com o seu xeque na aldeia de um criador de cavalos. Essa aldeia situava-se numa região ao sul da Arábia. Ao nascer do sol, quando ela saía de sua tenda, escutou um sussurro no ar. Olhando para o alto, viu, não muito distante, um bando de aves brancas com penas de um vermelho vivo no pescoço. As aves voaram primeiramente em direção ao leste, depois subitamente para o alto, desaparecendo. Pareceu-lhe que se tivessem dissolvido no ar.

Pombos! Sim, eram pombos. Devido à penugem branca, ela não os reconhecera logo. Pombos de Thisbe!... Assustada, ela sentiu um golpe com esse pensamento. Os pombos de Thisbe?

"Ela deixou a Terra e manda-te uma saudação!" disse uma voz que parecia vir de muito longe. Naema olhou procurando em volta. Não se via ninguém... Uma última saudação?... Lágrimas corriam de seus olhos, ao se tornar consciente do significado daquelas palavras.

Sarai, que se encontrava no oásis, acordou de madrugada, chorando. Ela havia visto Thisbe em companhia de um homem, cavalgando através de uma paisagem verde e reluzente. Ambos estavam envoltos por capas brancas, mas as cabeças estavam descobertas. O pelo branco e comprido dos dois camelos havia brilhado resplandecentemente na luz do sol.

— Thisbe já está muito longe de nós, disse ela para Isaías, enxugando as lágrimas. Nunca mais a veremos novamente.

Isaías, contudo, era de opinião diferente, mas ficou calado.

Também Playa viu Thisbe e Sargon sobre dois camelos brancos, de pelo comprido, reluzente como seda, cavalgando através da comunidade. Thisbe havia refreado o seu animal de montaria e acenava para ela, despedindo-se. Playa respondeu, acenando alegremente, pois durante um momento pensou que Thisbe havia voltado.

Logo depois, porém, ela sentiu uma dor que a oprimiu, e tornou-se consciente de que Thisbe nunca mais voltaria. Ela e Sargon haviam cavalgado pela última vez através da aldeia, a fim de se despedirem de todos eles para sempre.

Playa começou a chorar. Devia ter-se enganado. Thisbe estava na Terra, e logo se reencontrariam.

"Não te enganaste! Thisbe enviou, a todos de quem ela gostava, uma saudação em sua despedida do planeta Terra! Tudo está sujeito à lei da transformação! Tudo se modifica no mundo humano. Apenas o amor e a fidelidade à Luz nunca deverão alterar-se!"

Playa assimilou essas palavras, que pareciam vir de dentro dela e ao mesmo tempo de muito longe. Sentiu-se consolada de modo estranho, enxugando as lágrimas. Depois pronunciou com voz baixa, como uma promessa, as palavras:

— Meu amor e minha fidelidade à Luz nunca deverão alterar-se!

Outras pessoas também tiveram vivências semelhantes. Essas vivências, na realidade, fortaleceram seus laços de união com Thisbe. E assim era desejado.

THISBE foi sepultada ao pôr do sol do mesmo dia, no jardim dos incensos da casa de cura. O local do sepultamento, ela mesma havia indicado a Sidika, poucos dias antes.

Kosbi e Toptekmun fizeram a cova. Ambos haviam chegado no dia anterior, a fim de buscar mantimentos, tendo pernoitado na casa de cura. Quando a cova estava pronta, forraram-na com uma grossa camada de cálamo, trazido em feixes por Horis.

Por volta do fim do dia, o corpo morto envolto em panos brancos foi colocado no túmulo, sendo coberto de flores. A seguir Sunrid, Siptha e Neria fecharam a cova com terra. Mais tarde Sidika plantaria ali uma roseira.

Exceto Aphek e Pyramon, todos os sábios assistiram ao sepultamento. Pyramon ficou afastado por não ter coragem de ver o corpo de Thisbe ser colocado no túmulo.

Aphek não viera, porque no fim da tarde chegou um camponês ao palácio, implorando com as mãos erguidas, em atitude de súplica, socorro para suas duas pequenas filhas:

— Dois homens roubaram as crianças diante de meus olhos e, apesar de seus gritos angustiados, carregaram-nas para uma canoa que esperava à beira do rio. Eles atravessaram o rio e, arrastando as crianças da canoa, desapareceram depois em direção ao norte. Os malfeitores tinham apenas uma pequena dianteira, pois eu e dois irmãos meus os seguimos imediatamente em nossa canoa. Corremos logo em direção ao norte e chegamos até o pequeno bosque. Então não sabíamos por onde prosseguir. Agora estou diante de ti e peço: tem piedade das crianças!

Cheio de confiança, o camponês olhava para Aphek, que parecia traspassá-lo com seus olhos claros.

Enquanto o homem ainda falava, Aphek viu em espírito ambos os malfeitores com as crianças. Um dos bandidos ele reconheceu imediatamente. Era o "sacerdote" que estivera junto de Bennu, no Templo da Pureza, quando ela levantara o punhal contra Thisbe. Os malfeitores desapareceram com as crianças na casa abandonada de Junu.

Aphek agradeceu a seus guias espirituais por não terem deixado os "adoradores do diabo" fugirem, depois, dirigindo-se ao camponês, disse que os conduziria à casa para onde os salteadores haviam levado as crianças.

— Temos lanças e paus conosco! Os malfeitores não mais verão o sol, disse o camponês, trêmulo de aflição e ira.

Aphek caminhava à frente dos homens, sem olhar para trás. Era um caminho bastante longo até a casa de Junu. Ao chegarem lá, já estava escurecendo. Aphek indicou para a casa e disse:

— Não deixeis os malfeitores escaparem! São mais perigosos do que o mais venenoso escorpião!

Ele ficou parado ainda um pouco e implorou auxílio. Essa turba tinha de desaparecer da Terra... Ele ainda viu os três camponeses avançarem cautelosamente entre as árvores, e depois afastou-se.

Thisbe iria alegrar-se em saber que mais dois perigosos membros, pertencentes ao bando que queria envenenar Pyramon, ainda hoje tinham sido condenados e mortos. Aphek não tinha a menor dúvida de que chegara o fim dos dois raptores de crianças.

Samia e três outras mulheres mal haviam chegado do enterro, quando Aphek entrou no palácio. Aphek ficou parado ao lado do divã onde Samia se acomodara, chorando. Ela estava inconsolável por Thisbe ter morrido ainda tão jovem.

— Ela não tinha mais idade do que eu, balbuciou, soluçando...

— Estás falando certo! Ela contava apenas vinte e cinco anos de idade. Mas cumpriu a missão que lhe foi confiada na Terra. E foi uma missão difícil! disse Aphek com voz séria e serena.

Samia levantou-se ao ouvir essa voz. Ela queria esclarecer algo, mas Aphek já continuava a falar:

— Sofrimento deve elevar, e não oprimir! A morte terrena foi para Thisbe um momento de brilho e de cumprimento! Ela utilizou as suas capacidades em honra do onipotente Criador e para auxílio de seus semelhantes!

Tu, Samia, és rainha neste país! Aplica teus dons e teu poder sempre no sentido certo! E lembra-te de que não existe nenhuma separação para criaturas ligadas entre si pelo amor. O amor vem do espírito e permanece ligado ao espírito!

Samia e as outras mulheres haviam escutado quase sem respirar. As palavras de Aphek haviam irradiado uma força purificadora que encerrava clareza, esperança e também cumprimento. Enquanto elas ainda estavam sentadas, sem alento, ele saiu.

Foi até o seu aposento, vestiu a roupa de viagem cor de areia, colocou ainda na cabeça o pano branco com o aro verde e saiu.

No jardim ele conversou um pouco com Kedar, que o aguardava, e seguiu depois com passos rápidos para a casa de cura.

Sidika, ao vê-lo, foi logo ao seu encontro, entregando-lhe dois pequenos saquinhos de pano. Num estava a joia com o eixo do mundo e a pedra solar, sempre usada por Thisbe no pescoço. Thisbe havia destinado essa para Aka. O outro saquinho continha o colar de pérolas, que Playa deveria usar doravante.

Aphek guardou as joias num bolso interno do cinto, do qual tirara antes uma grande pérola. Um peregrino de ilhas longínquas havia-lhe dado essa pérola, como retribuição por um serviço prestado ao filho doente.

— Esta pérola é tua, Sidika. Mantém-na sempre contigo. Hoje à noite ainda viajarei de volta para a Caldeia e só voltarei quando a pirâmide estiver concluída. Seja abençoado o teu trabalho! E que a paz de tua alma nunca te abandone!

Aphek fez um gesto com a mão, abençoando, e seguiu depois para a porta que dava para o jardim dos incensos. Kilta, que o vira falar com Sidika, seguiu-o até o jardim e adiantou-se para mostrar-lhe o caminho.

A meio caminho ela virou-se e disse que queria voltar para a aldeia dos sábios.

— Perdi a criança que criei. Há pouco ainda escutei a risadinha dela. Ela ria de mim, como fizera tantas vezes. Quero voltar, pois na aldeia estarei mais perto dela do que aqui. Pelo menos assim me parece... Kosbi me dirá com que caravana poderei viajar.

— Tua decisão me alegra, Kilta. Vem tão logo te for possível.

Depois das palavras de consentimento de Aphek, ela voltou para dentro. Estava calma e conformada, contudo sem Thisbe sentia-se aqui muito só e estranha.

Sunrid e Siptha ainda estavam nas proximidades do túmulo. Deram alguns passos ao encontro de Aphek, quando o viram. Sabiam que ele ainda hoje iniciaria a viagem de retorno. Como sucessor escolhido por Sargon, sua vida seria cheia de trabalho e responsabilidade até o fim. Que sua atuação fosse sempre abençoada!

Sorrindo, Aphek olhou para eles e disse:

— Que vossa atuação também seja sempre abençoada, disse ele com voz baixa.

Logo depois, despedindo-se, tocou o ombro direito de Sunrid, e após o de Siptha também. Palavras não eram necessárias entre eles. Eles se entendiam assim também. Continuariam, como até agora, em ligação espiritual.

Sunrid e Siptha saíram do jardim, deixando Aphek sozinho. Quando ambos os sábios se haviam afastado, ele sentou-se num banco próximo ao túmulo, olhando para cima, para o límpido céu estrelado. A forte ventania da última noite, que dobrara e sacudira as árvores, havia cessado, e o ar cheirava a folhagem caída, a junco e a bálsamo.

A noite do falecimento de Thisbe fora tempestuosa. Mas ela nada mais ouvira disso. A alma dela já se encontrava fora da gravidade terrena, numa região onde os raios solares brilhavam mais áureos, e na qual as flores exalavam uma fragrância mais intensa.

Aphek fechou os olhos. Viu Thisbe no meio da luz áurea. Quase no mesmo momento sobreveio-lhe, mais uma vez e com violência, a dor da morte dela... era uma dor para a qual não havia um lenitivo, e para a qual todo o seu saber era insuficiente. Como que estarrecido, permaneceu sentado no banco.

Lentamente o torpor de seus membros desapareceu, e lágrimas banhavam seus olhos. A onda de desespero tinha passado. A paz voltara à sua alma. Mais uma vez olhou para o céu, e durante segundos tornou-se consciente da força e da beleza da Criação, na qual todos os acontecimentos se realizavam exatamente de acordo com a vontade do onipotente Criador. Ele era um ser humano que igualmente tinha um determinado lugar nessa maravilhosa Criação, como uma minúscula parte do todo...

O canto de uma coruja, que pousara num galho diante dele, tirou-o de seu pensar. Era uma das muitas corujas brancas que Thisbe mais gostava, depois de seus pombos.

Aphek levantou-se, dando alguns passos em direção ao túmulo. A noite era clara, não obstante a Lua estar no céu apenas como uma delgada foice. Ele olhou em redor do jardim, como se quisesse gravar as árvores nas proximidades do túmulo, e a seguir caminhou para o outro lado, retornando com uma braçada de galhos floridos. Com esses galhos ele cobriu a sepultura.

Ao levantar-se, viu Janum e Jaser, que estavam parados com as cabeças abaixadas, aguardando a certa distância.

— Janum, Jaser! Ambos os sábios levantaram suas cabeças, quando Aphek pronunciou seus nomes. Que vosso saber seja alimento para os seres humanos deste país!

Após essas palavras, ele tocou sua testa com a mão, colocando-a a seguir sobre o coração. Com esse gesto, quase solene, fez com que os sábios soubessem que estaria junto deles com seus pensamentos e com seu coração, sempre que precisassem dele.

Janum e Jaser haviam compreendido. Quando ele se afastou, eles seguiram-no confiantemente com seus olhos profundos e brilhantes.

Passando pelo portão do pátio, Aphek viu Horis que o estava esperando lá fora com seu animal de montaria. Poucos minutos depois ele deixava Akeru.

Sunrid e Siptha, do terraço, acompanharam o solitário cavaleiro com o olhar, até ele desaparecer num palmital próximo.

Aphek, o rei e guardião da divina ordem mundial na Terra, cavalgava ao encontro de seu destino.

P YRAMON ligava-se cada vez mais aos gigantes e a outras forças enteais que atuavam na terra, nas pedras e nos ares. Seu trabalho o envolvia de tal forma, que frequentemente, durante dias a fio, não falava com ninguém. Quando os peregrinos, guiados por Wahab e Kosbi, vinham para ver a construção da pirâmide, ele permanecia em casa, gravando hieróglifos nas placas preparadas ou, seguido de dois guepardos, fazia excursões a regiões despovoadas.

Tudo indicava que fora determinado que ele passasse a vida terrena sem companheira. Playa, ligada a ele animicamente e que deveria voltar para o Egito, a fim de se tornar sua esposa, faleceu pouco antes de partir da Caldeia.

A morte dessa moça foi uma surpresa para a maioria das pessoas nas aldeias. Ela passara o dia anterior como de costume. De manhã cedo, havia dado aula de canto aos adultos e, à tarde, fora passear com as crianças, contando-lhes dos *dschedjins*.

Ao anoitecer, ela se deitou e logo também adormeceu. Sua alma desprendeu-se do corpo terreno, como sempre acontecia durante o sono. Mas essa alma não mais voltou. O cordão de ligação que a unia ao corpo terreno tinha-se desprendido. Para Playa não havia mais um acordar na Terra.

Ela mesma, porém, já havia pressentido a morte para breve. Um mês antes tinha mostrado para Aka o lugar onde queria ser sepultada, e, no viveiro de árvores, ela havia escolhido uma árvore de bebês para ser plantada sobre o seu túmulo.

Pyramon sentiu uma leve melancolia quando soube do falecimento dela. Às vezes ele julgava escutar de longe o seu cantar, como tantas vezes o tinha ouvido nas aldeias. Contudo, pouco a pouco, desvaneceu-se a lembrança dela. A ideia de que veria novamente todos os que amava enchia sua alma de felicidade e paz.

Sua vida terrena era tão ricamente abençoada com trabalhos e reconhecimentos, que nunca surgiu nele um sentimento de solidão.

Seus dias eram cheios de alegria, pois ele entendia as vozes da natureza e amava todos os seus seres. O amor que ele proporcionava refluía para ele abundantemente, embelezando seus dias cheios de trabalho.

A construção da pirâmide levou mais de quarenta anos, apesar de o trabalho principal ter sido executado pelos gigantes.

O trabalho a cargo dos seres humanos progredia apenas vagarosamente, uma vez que as ferramentas outrora existentes eram extremamente primitivas. Além disso, Pyramon nunca empregava mais do que sessenta trabalhadores, aliás, sempre os que ainda possuíam uma estreita ligação com os seres da natureza. Também o horário de trabalho era diferente do que em geral. Trabalhava-se do nascer do sol até mais ou menos dez horas, na parte da manhã, e à tarde, das quatro horas, aproximadamente, até o escurecer. Constatou-se que essa distribuição do tempo de trabalho era a melhor, pois dessa maneira os trabalhadores não se cansavam demasiadamente, permanecendo assim acessíveis espiritualmente aos ensinamentos e esclarecimentos que continuamente recebiam dos sábios.

Os trabalhadores da obra tinham de ser instruídos exatamente sobre tudo o que se referia à pirâmide. Por exemplo, precisavam conhecer a finalidade do singular e complexo sistema de corredores, e das relações de comprimento e altura, à primeira vista totalmente infundadas. Tinham de saber por que um corredor era construído tão baixo, que uma pessoa somente podia passar por ele abaixada. Também sobre o significado do sarcófago aberto, que não estava destinado a um defunto, eles precisavam ser esclarecidos.

Eles recebiam também uma resposta exata sobre o motivo de a pirâmide ter de ser construída justamente nesse lugar do Egito, embora a incumbência dessa obra tenha sido dada aos sábios na Caldeia...

Ao lado do saber espiritual a eles transmitido, todos os que cooperavam na obra recebiam esclarecimentos sobre os dados astronômicos, matemáticos e geofísicos inseridos na estrutura da pirâmide.

Em consequência dessas aulas de ensinamentos globais, o saber sobre astronomia, geografia e geologia, que todas as pessoas que participaram da obra possuíam, ao seu término, era mais amplo do que o saber de muitos cientistas de hoje.

Apesar de tudo a pirâmide teria ficado pronta mais rapidamente, se não tivessem ocorrido, sempre de novo, circunstâncias imprevistas, obrigando Pyramon a interromper a obra várias vezes por muitos meses.

Por exemplo: certo dia a jovem mulher de um dos lapidadores de pedra tornou-se vidente. Isso não era nada de extraordinário naquela época.

Incomum era somente que a jovem mulher acordava à noite gritando e, gritando, corria através de todo o acampamento dos trabalhadores, a fim de advertir todos dos maus espíritos que se teriam alojado no oásis. Esses espíritos, guiados por Bennu e Harpo, também tinham consigo um preso. Esse prisioneiro era Miebis, o jovem rei falecido. Miebis estava tão apertadamente amarrado com cordas de junco, que podia mexer as pernas somente um pouco.

A mulher sempre gritava tanto, até cair no solo desmaiada.

Pyramon soube primeiramente por Salum dessas ocorrências no acampamento dos trabalhadores. Ele não levou o assunto muito a sério, pois esperava que a mulher em breve se acalmasse. Isso, porém, não aconteceu.

A gritaria, sim, terminou após uma semana aproximadamente, de modo que todos respiravam aliviados. Cada um sabia que o descanso noturno perturbado acarretava inquietação de alma e doença física.

A calmaria, contudo, foi apenas de pouca duração. A mulher começou a andar pelo acampamento, lamentando-se, trêmula de medo. Quando sentia que ninguém a observava, ela caminhava até o local da obra. Levava aproximadamente uma hora para lá chegar, caindo ao solo, ao lado de um bloco de pedra, chorando de cansaço e fraqueza.

Era geralmente Isaías, que também estava trabalhando na escultura da esfinge, que tratava da mulher. Os sábios, tanto os homens como as mulheres, estavam constantemente como que sitiados pelos muitos peregrinos que ininterruptamente chegavam. Mesmo com a melhor boa vontade, não podiam ocupar-se com essa mulher.

Isaías de bom grado a teria ajudado. Mas logo teve de reconhecer que ela não era acessível ao seu amor auxiliador, visto adorar, clandestinamente, um demônio. O demônio de um pretenso "deus do amor". As sementes colocadas por Harpo em vários corações humanos no oásis amadureciam muitas vezes somente após anos, dando então seus frutos. Eram frutos cujo hálito de veneno causava a morte eterna.

Aquela mulher trouxe grande inquietação a ambos os acampamentos de trabalhadores. De início surgiram formas de medo até então desconhecidas, que se agarravam por toda a parte onde encontrassem solo igual. Quando, após alguns meses, ela faleceu, muitos estavam convictos de que ela agora, em conjunto com os maus espíritos que sempre havia visto, tramaria alguma desgraça.

Pyramon reconheceu logo a seriedade da situação. Ele ficou zangado com os trabalhadores, ao perceber que evitavam a obra. Mesmo aqueles que no fundo sabiam que espíritos sem corpos terrenos nada lhes podiam fazer de mal mantiveram-se afastados. Pyramon estava diante de um enigma. Como era possível que pessoas, que há anos vinham trabalhando junto com ele, repentinamente se afastassem por medo de espíritos. Quando não encontrou mais nenhuma saída, pediu ajuda a seu guia. Somente com os gigantes, ele não poderia terminar a construção. Pois havia muito serviço a ser executado por mão humana.

O guia espiritual aconselhou-o a parar temporariamente o trabalho na pirâmide e mandar evacuar ambos os acampamentos. Teria de ser dado lugar para os novos, dispostos a trabalhar nessa obra. Aliás, sem "medo de espíritos"!

Pyramon caminhou com Kosbi e Wahab até os acampamentos, comunicando aos que ali estavam reunidos o conselho que lhe fora dado pelo guia espiritual.

— E, assim, peço-vos que deixeis o oásis! disse ele com voz algo insegura.

Todos os presentes perceberam que se tornara muito difícil para Pyramon dirigir-lhes tal pedido. Contudo, antes que um deles pudesse objetar algo, ele já continuou a falar:

— Sois pessoas livres! Ninguém de vós precisa fazer algo que não queira! Cada um de vós receberá, antes de deixar o acampamento, uma recompensa pelo trabalho feito! Mas eu vos peço que saiais do oásis quanto antes. Tal determinação refere-se também àqueles que talvez queiram ficar.

Depois de Pyramon ter terminado, eles olharam para ele assustados. Essa medida era um golpe duro para eles. Custava-lhes deixar o oásis. Eles amavam o seu trabalho. Mas também sabiam que Pyramon tinha de obedecer à instrução de seu guia espiritual.

— Perdoa-nos, senhor! disse um dos pedreiros. Estávamos cegos e surdos, só assim posso explicar a mim mesmo que espíritos malignos tenham podido nos confundir. Peço-te, deixa-me voltar mais tarde e continuar a trabalhar onde parei!

Mal o homem havia pronunciado seu pedido, e cada um, individualmente, apresentou-se a Pyramon com o mesmo rogo.

Depois que todos haviam proferido seus pedidos, ficaram calados, cabisbaixos, diante dele.

Pyramon olhou para eles com tristeza no coração. Até há pouco tempo haviam trabalhado na obra com tanta alegria! Que havia acontecido com essas criaturas humanas? As manifestações da mulher deviam ter tido um efeito verdadeiramente nefasto sobre as suas almas! Poderia aceitá-los novamente?

Nessas ponderações, ele lembrou-se de uma aula de Sargon e de uma frase dele. Havia dito:

"Cada ser humano tem os seus segredos, suas tentações, suas derrotas e seus triunfos! Mas aquele que se esforça por elucidação, mesmo de suas derrotas e tentações ainda pode auferir forças!"

Pyramon balançava a cabeça afirmativamente para si mesmo. A sabedoria de Sargon era determinante para ele, como sempre. Aos trabalhadores que aguardavam, ele disse que seus rogos haviam sido como bálsamo para o seu coração ferido. A seguir deu-lhes uma data em que todos os que quisessem continuar trabalhando na pirâmide poderiam voltar.

Um suspiro de alívio perpassou o grupo, ao ouvir as palavras de Pyramon. Só agora, que deveriam deixar o oásis, eles tornavam-se conscientes de como estavam ligados a Pyramon e aos gigantes pelo trabalho em comum. Quando Pyramon, Kosbi e Wahab estavam prestes a sair, todos levantaram as mãos juntas, despedindo-se. Voltariam e trabalhariam. Contra maus espíritos estavam agora imunes!

Pyramon ficou contente. O tempo de espera que ele impusera aos homens era necessário. Isaías havia visto que entre esses homens, bem como entre as mulheres, havia também alguns que traziam em si uma sementeira venenosa. Essas pessoas permaneceriam, depois do tempo de espera, espontaneamente afastadas da pirâmide, uma vez que esse serviço não teria mais nada de convidativo para eles.

Dessa maneira eliminavam-se todos aqueles que nada valiam, sem que alguém precisasse interferir.

Os outros, tendo ficado livres do veneno, voltariam agradecidos e alegres e recomeçariam seu trabalho com renovada disposição.

Devido ao incidente com aquela mulher e seus espíritos malignos, ficaram os trabalhos da obra parados por mais de um ano.

Numa outra ocasião, o trabalho na pirâmide teve de ser interrompido porque peregrinos trouxeram uma doença contagiosa, que provocava febre alta, tonturas e vômitos, enfraquecendo sobremaneira todos os atingidos.

Quase todos os moradores de ambos os acampamentos adoeceram. Graças à arte médica dos sábios, não morreu nenhum, contudo passaram-se meses até que os homens estivessem tão fortalecidos, que pudessem retornar aos trabalhos na pirâmide.

Essa doença se alastrou com velocidade sinistra. Em Akeru e nas localidades bem distantes muitos faleceram. Sunrid e os poucos médicos sob suas ordens ajudavam onde podiam, porém havia enfermos em demasia, e os médicos não podiam estar ao mesmo tempo por toda a parte.

Quando o oásis finalmente ficou livre da doença, voltando os trabalhadores novamente à obra, pouco eles puderam fazer. Faltavam os gigantes. Desde a eclosão da doença eles haviam desaparecido. Antes de se afastarem, Enak havia dado a entender a Pyramon que voltariam. Quando, porém, isso se daria, não havia dito.

Sunrid esclareceu a Pyramon que os miasmas das doenças contagiosas eram de uma espécie que atuava além da atmosfera terrena, contaminando até o ar do ambiente mais fino da Terra. Acrescentou ainda que os gigantes provavelmente apenas apareceriam quando o ar estivesse novamente livre de impurezas. E isso poderia levar até dois anos.

Sunrid tinha razão. Os gigantes ficaram afastados durante dois anos. Quando, certo dia, Pyramon os viu ao anoitecer, cumprimentando-os alegremente, eles apenas encresparam o nariz, aspirando o ar como se quisessem examiná-lo. Logo depois entregaram-se contentes ao trabalho.

Os trabalhadores também ficaram contentes quando, ao nascer do sol, subindo a galeria semiacabada da pirâmide, viram os blocos de pedra colocados pelos gigantes durante a noite nos lugares para isso determinados. Finalmente podiam continuar a trabalhar. Os blocos tinham de ser lapidados e, conforme a posição, ter os cantos cortados ou serrados. Pyramon subia e descia de novo diligentemente com seus bastões de medição. Ele usava agora bastões de medição de ouro puro. Os compridos bastões eram tão pesados, que apenas um gigante como Pyramon podia lidar com eles.

No decorrer dos anos houve ainda muitos incidentes que atrasaram as obras da pirâmide. Geralmente surgiam de modo inesperado. Todos os incidentes, naturalmente, não podem ser relatados aqui; no entanto, um deles ainda vamos mencionar:

Durante os trabalhos num canal de ventilação da pirâmide, um povo semita salteador atacou a cidade de Akeru. Cerca de 2.000, homens e mulheres, saquearam parcialmente os armazéns e os depósitos de cereais e roubaram também camelos, cavalos, jumentos e ovelhas. Até os pavões, companheiros de brincadeira das crianças, eles mataram ou levaram embora.

Os habitantes de Akeru olhavam no início sem fazer nada, como que entorpecidos, para esses depravados seres humanos, que penetravam como um enxame de mosquitos venenosos por toda a parte.

Sunrid e Siptha enviaram mensageiros para todas as casas, solicitando aos habitantes que defendessem suas moradias com todos os meios disponíveis. Mas só quando souberam que Sunrid, com as próprias mãos, havia matado a pauladas três dos maus sujeitos, que haviam penetrado nos pátios da casa de cura, e que Siptha e os sacerdotes haviam feito o mesmo, quando os salteadores quiseram saquear o palácio e os templos, é que eles começaram a se defender e a lutar.

Jaser enviou notícias a Pyramon sobre os acontecimentos de Akeru, advertindo-o dos salteadores, pois sabia que existiam grandes quantidades de provisões no oásis. Pyramon tinha mandado levantar um depósito de cereais ao lado do acampamento dos homens e também um grande armazém, para que nunca faltassem víveres aos trabalhadores. Ambos os armazéns estavam sempre bem abastecidos.

Ao receber a notícia, Pyramon logo convocou os trabalhadores, deixando a critério de cada um ajudar na defesa da cidade de Akeru. Ele sabia que quase todos os que trabalhavam na pirâmide tinham parentes na cidade, e que eles ficariam contentes em poder ajudar os seus na luta.

O próprio Pyramon cavalgou em companhia de Toptekmun e Wahab para Akeru, a fim de ajudar Sunrid na defesa da casa de cura. Ele entregou a defesa do oásis a Kosbi, Timagens e trabalhadores de fora, no caso de sobrevir um assalto e luta.

O infortúnio apanhou os habitantes de Akeru totalmente desprevenidos. A nenhum deles jamais teria chegado a ideia de que um dia precisariam lutar e matar para conservar sua pátria. Todos lutavam tenaz e corajosamente, contudo os invasores não estavam querendo abandonar a cidade. Eles tinham-se alojado nos diversos armazéns, atirando de lá suas flechas curtas em qualquer um que deles se aproximasse.

As mulheres de Akeru pensavam preocupadas nos seus grandes teares, nos tecidos, tapetes e fardos de lã e fios que se encontravam em dois armazéns.

Pyramon, irado, cerrou os punhos ao pensar nas ferramentas insubstituíveis que estavam guardadas num dos armazéns. Essas ferramentas – talhadeiras, martelos, brocas, bem como alguns serrotes para pedras – o irmão de Timagens, juntamente com vários ajudantes, havia fundido e forjado com o "minério estelar" que encontrara no seu terreno de plantio. Pyramon pediu aos *dschedjins* dos metais que defendessem as tão preciosas ferramentas.

Os invasores inimigos sempre de novo empreendiam ataques. Apesar de todas as perdas sofridas gradualmente, eles esperavam dominar a cidade e seus habitantes. Por fim, as lutas geralmente eram travadas à noite, pois, protegidos pela escuridão, os salteadores esperavam alcançar mais rapidamente o seu objetivo. Foi durante uma dessas lutas noturnas, frequentemente iluminadas por carregadores de tochas, que uma lança inimiga feriu o antebraço de Pyramon. Também Siptha, Neria e Kedar foram feridos na mesma noite.

Os feridos ficaram na casa de cura, onde Sunrid e Sidika os tratavam e medicavam.

O sítio já se estava prolongando por meses. A povoação ainda não sofria fome, visto que cereais, lentilhas, feijões e tâmaras eram trazidos dos armazéns construídos havia tempo, longe da cidade, ainda por ordem do velho rei Miebis.

Quando as hordas hostis, apesar da mais valente oposição, não quiseram ceder, Sunrid e os outros sábios pediram auxílio. Era-lhes permitido solicitar auxílio extramaterial, uma vez que já haviam feito tudo o que estava ao alcance de suas forças para conseguir a vitória. No entanto, haviam constatado que suas forças tinham sido insuficientes.

Parecia que os guias espirituais e os *dschedjins* já estavam esperando por esse pedido, pois mal fora pronunciado, e já um servidor de Asklepios se manifestou, dando a Sunrid o conselho de tornar os inimigos "imóveis", e a seguir expulsá-los da cidade.

"Imóveis!" Sunrid logo soube o que isso queria dizer. Ele agradeceu pelo conselho, admirando-se ao mesmo tempo de ele mesmo não ter chegado a tal ideia.

Os inimigos deviam ser tornados imóveis! O meio para isso ele tinha em mãos.

No passado, fazia muitos anos, peregrinos com frequência traziam moças, às vezes também rapazes, para a casa de cura, a fim de que fossem libertados de maus espíritos que se haviam apoderado de suas "cabeças". Esses jovens comportavam-se muitas vezes tão ferozmente, que geralmente tinham de ser trazidos amarrados.

De início nenhum dos sábios médicos sabia como se poderia expulsar os maus espíritos, que igual a carrapichos grudavam-se em suas vítimas. Logo depois, porém, lhes foi mostrado uma espécie de "medicamento" que se revelara de extraordinário efeito.

Esse medicamento era um xarope grosso feito de certas raízes e de uma espécie de frutinhas venenosas. O xarope, dissolvido em água, provocava uma espécie de paralisia. As pessoas que deviam ser tratadas com ele podiam, sim, mover-se. Conseguiam também andar e utilizar os braços, mas todos os movimentos somente podiam ser executados mui lentamente, uma vez que os membros, aparentemente, tornavam-se pesados como pedra. Também o falar tornava-se difícil, e a atividade mental cessava quase que por completo.

O xarope não era letal. Contudo, podiam passar semanas até que a pessoa tratada com ele recuperasse a plena liberdade de movimentação.

No caso dos seres humanos possuídos por maus espíritos, o efeito do xarope era infalível. Os espíritos indesejáveis fugiam já depois do primeiro tratamento e nunca mais se agarravam a suas vítimas originais.

Restava ainda a questão de como tornar o xarope acessível aos inimigos!

Horis achou a resposta para isso.

Em cada armazém encontrava-se um poço, onde se retirava água com dois grandes baldes de madeira, destinados somente para isso. As paredes internas desses baldes tinham de ser bem esfregadas com aquele xarope. Nenhum dos inimigos perceberia algo disso, pois, dissolvido em água, o xarope não apresentava cheiro. Também o gosto de frutas, mal perceptível, não chamaria a atenção de ninguém.

Horis tinha razão. Ele sabia, também, como poderia aproximar-se dos poços, sem causar suspeitas.

Os salteadores, em sua avidez, certamente deixariam apenas poucos guardas ao saírem à noite para suas investidas de rapinagem.

Horis estava convicto de que nenhum guarda o perceberia, se ele, vestido com os mesmos malcheirosos trapos de peles que eles usavam, vagueasse pelos armazéns.

E Horis tinha razão. Ele viu, sim, algumas figuras acocoradas, mas ele nem foi notado, embora passasse bem perto delas. Do mesmo modo despercebido, ele rastejou para dentro das edificações.

Uma vez que conhecia exatamente a localização dos poços, logo os encontrou, apesar da escuridão reinante no interior.

No espaço de uma hora ele penetrou em três armazéns, executando sem perda de tempo a sua incumbência. A tarefa fora-lhe muito facilitada, pois todos os baldes, cheios de água, estavam no local do poço. Não precisava demorar-se com o esfregar dos baldes, mas apenas derramar nos vasilhames cheios a quantidade de xarope indicada por Sunrid para um caso assim. O xarope, que trazia consigo num pequeno odre de couro, teria sido suficiente para dez baldes. Mas nos dois armazéns que ainda restavam ele não mais pôde penetrar, visto que diante das entradas de ambos havia aglomerações de mulheres acocoradas.

Sunrid sorriu alegremente, quando Horis lhe fez um relato de sua excursão noturna. Nesse ínterim, Toptekmun, juntamente com um outro tratador de animais do palácio, havia descoberto o acampamento dos ladrões. Estava situado a cerca de meio dia de viagem da cidade, bem escondido entre blocos de rocha dispersos. O acampamento parecia vazio, com exceção de algumas mulheres velhas e crianças.

— Os animais de montaria e de carga roubados, trouxemos de volta, disse Toptekmun orgulhosamente. Foi fácil, pois estavam pastando, com as pernas dianteiras amarradas entre si, algo distante do acampamento. As ovelhas, não conseguimos descobrir. Mas vimos os pavões. Pousavam em muitas palmeiras ali existentes. Hoje à noite vamos para lá de novo, e com as flautas das crianças chamaremos os animais e os traremos de volta.

Sunrid enviou uma silenciosa oração de agradecimento ao alto. Os animais, na maior parte, estavam de volta. Logo também a cidade se livraria da imundície humana.

— Horis e alguns outros te acompanharão, quando fores buscar os pavões. Eles devem fazer investigações no acampamento. É possível que os assaltantes tenham levado para lá as preciosas ferramentas e os jarros com os igualmente preciosos pedaços de incenso.

E assim aconteceu. Enquanto Toptekmun, juntamente com alguns tratadores de animais, seguia para o palmital, Horis, com mais seis outros homens, aproximava-se furtivamente do acampamento.

No acampamento tudo estava em silêncio. Além do choro de uma criança, nada se ouvia. Horis, depois de um breve colóquio, movimentou-se silenciosa mas resolutamente à frente. Um dos homens havia visto um pequeno *dschedjin* dos metais, acenando agitadamente, desaparecendo atrás de um conjunto de rochas. Mal os homens chegaram naquele conjunto de rochas, e o pequeno *dschedjin* novamente se fez ver. Dessa vez Horis também o viu.

A agitação do pequeno era compreensível. Tratava-se das ferramentas de Pyramon. Alguns *dschedjins* pequenos tiveram de presenciar como os assaltantes roubavam uma parte delas, levando-as embora. Agora eram encontradas, e o grande construtor as receberia de volta. Elas estavam numa cesta, colocada sobre a plataforma de uma rocha. O pequeno ainda deu alguns saltos de alegria, quando os homens levantaram o pesado cesto, e então desapareceu.

Além das ferramentas, foram encontrados ainda dois jarros com ouro em grãos, duas lamparinas de ouro para óleo, um jarro com resina de incenso e um jarro com cornalinas.

Exceto o ouro, os homens trouxeram tudo de volta. Com o ouro os assaltantes podiam ficar. Havia bastante dele. Rápida e silenciosamente como vieram, eles puseram-se a caminho.

Também Toptekmun e os tratadores de animais já estavam a caminho de casa.

Quando os pavões escutaram os tão familiares sons de flauta, vieram voando em bandos. Agora seguiam, visivelmente contentes, seus "salvadores". Demasiado tempo estiveram separados de seus pequenos amos e amas.

Nesse ínterim, a água onde se encontravam as salvadoras "gotas de cura" apresentou seus efeitos. Os assaltantes, sedentos, haviam bebido dela quando retornaram aos armazéns. Sem ter ideia alguma do que os esperava, eles deitaram-se no chão para dormir. Mereciam o descanso. Agora não estava tão fácil como no início. Os habitantes da cidade haviam aprendido, com o tempo, como deviam defender-se e lutar.

O pânico que irrompeu entre os assaltantes que não haviam bebido da "água salvadora" foi indescritível. Quando tiveram de constatar que os homens e as mulheres de três armazéns, sem exceção, estavam deitados por toda a parte, cansados e sonolentos, mal podendo falar, eles apenas pensaram em fugir. Nada mais do que fugir, antes que eles mesmos caíssem nas mãos dos "feiticeiros"! Pois ninguém duvidava que seus companheiros tinham sido enfeitiçados. Provavelmente, o povo da cidade havia solicitado o auxílio dos "feiticeiros da Caldeia".

Para a fuga era tarde demais. Sunrid mandou prender os fugitivos, levando-os de volta para os armazéns. A seguir fez com que entendessem que somente deixariam a cidade com a condição de levarem junto seus companheiros. Caso contrário, iria acontecer-lhes algo muito pior ainda do que o ocorrido com os outros.

Demorou três dias para que as criaturas semiadormecidas pudessem ser transportadas para fora da cidade, até o acampamento delas. Alguns dias depois, pastores descobriram, em determinadas distâncias, cerca de 50 mortos no caminho para o acampamento dos assaltantes. Todos, sem exceção, apresentavam ferimentos mortais de lança. Tudo indicava que eles tinham sido assassinados pelos próprios membros do bando. Provavelmente por causa de impaciência, raiva e medo.

A cidade então estava livre. Todavia, passaram-se muitos meses até que todos os vestígios deixados pelo bando de salteadores desaparecessem. Nos armazéns não havia mais mantimentos, e também os silos de cereais estavam vazios. As belas fazendas e outros tecidos ainda existentes não mais podiam ser aproveitados. Estavam rasgados e sujos, vendo-se nitidamente que os invasores haviam dormido neles.

Apesar de tudo, a população estava agradecida de todo o coração pela libertação. O que haviam perdido em bens materiais quase não os tocava, pois não tinham pendor por tais bens. Além disso, tudo poderia ser recuperado com o decorrer do tempo.

O que os preocupava era a questão do "porquê". Por que esse infortúnio os havia atingido? Em que haviam falhado? Por que não foram advertidos em tempo, como geralmente acontecia quando um perigo os ameaçava?

Enquanto toda a população se ocupava com o "porquê", Siptha reuniu mulheres e homens mais idosos em seu palácio, esclarecendo-lhes "por que" o infortúnio teve de atingi-los.

— Nós todos, incluo-me juntamente com os meus, começou Siptha, estamos orgulhosos de que uma construção assim única e grandiosa como a pirâmide esteja sendo erguida em nosso país. No entanto, não pensamos que um privilégio como esse também acarreta deveres!

Nosso primeiro dever é estar vigilante! Tão vigilantes, que possamos sentir intuitivamente os perigos que se formam primeiramente no nosso ambiente mais fino, e com isso poder afastá-los imediatamente. Essa defesa interior faz com que um infortúnio endereçado a nós não mais se realize terrenamente.

Siptha fez uma pausa. Queria saber se todos puderam segui-lo até agora. Quando todos acenaram afirmativamente, ele continuou a falar:

— A pirâmide está sendo construída por ordem dos elevados guias da humanidade, guias esses que rodeiam e servem o regente do Universo, executando a sua vontade! Com essa incumbência, veio pela primeira vez à Terra a notícia de que o ser humano estava aproximando-se do término do período predeterminado para o seu desenvolvimento. E que no fim desse tempo o esperaria um exame! Cada um de nós, individualmente, terá de prestar contas de "como" utilizou a época de desenvolvimento que lhe foi concedida. Para o bem ou para o mal! Teremos um Juízo, durante o qual o ser humano será condenado ou abençoado!

O próprio regente do Universo, que dirige a Criação em nome de seu Pai, estará nessa época na Terra, como ser humano entre as criaturas humanas, a fim de examiná-las. O período de tempo que ainda nos separa desse acontecimento também nos foi comunicado.

Os sábios da Caldeia denominam o regente do Universo também de o "Senhor da pirâmide", o "Senhor da eterna chama da vida"!

Aos sábios videntes foram revelados todos os acontecimentos espirituais importantes que aguardam ainda a humanidade até o fim do Juízo. Simultaneamente veio a ordem, do mundo da Luz, de expressar na pirâmide as datas dos acontecimentos anunciados. Eles também foram instruídos de como isso deveria ser feito.

Siptha fez novamente uma pausa, dirigindo seu olhar aos ouvintes atentos. Por seus rostos oprimidos, pôde constatar que todos sabiam por que ele havia falado sobre a pirâmide e sobre as revelações a isso ligadas. Todos estavam envergonhados por terem de ser lembrados daquilo que já havia anos, no início da obra, lhes fora comunicado.

— O ataque inimigo e o sítio nos despertou, sacudindo-nos, disse uma das mulheres. Estávamos acomodados, pensando que o construtor e seus ajudantes, sozinhos, seriam responsáveis pela continuação da obra da pirâmide. Se nós tivéssemos ficado atentos e ouvido a voz de nossos espíritos, o infortúnio não poderia ter-se abatido sobre nós!

Após essas palavras, a mulher começou a chorar, deixando o salão.

— Assim é! disse um cortador de alabastro. Por nossa culpa a obra teve de ser paralisada, e Pyramon, assim como alguns ajudantes dele e também tu, Siptha, que és nosso rei, foram feridos. Até a reserva de mantimentos destinada aos habitantes do oásis mandamos buscar e a consumimos.

— A pirâmide está sendo construída em conformidade com a vontade de Deus, disse Siptha. Esse é o motivo por que os adeptos de Septu, não importando se estão aqui na Terra ou fora do mundo terreno, tudo fazem para impedir essa obra ou para retardá-la tanto quanto possível.

Quando Siptha se calou, uma mulher perguntou por que os adeptos de Septu queriam impedir a obra.

— Sabemos, pois, que a pirâmide será fechada quando a última pedra estiver em seu lugar. Futuramente, ninguém mais saberá algo sobre as revelações. Apenas a esfinge indicará que a pirâmide encerra um segredo!

Siptha olhou demorada e pensativamente para a mulher, antes de responder. Por que ela estava perguntando? Como todos, ela também conhecia a resposta para sua pergunta.

Uma vez que Siptha demorasse a responder, Samia, que entrara na sala pouco antes, perguntou se podia responder a essa pergunta. Siptha ocultou sua surpresa, e a seguir fez um gesto afirmativo. Era a primeira vez que Samia falava numa reunião pública.

— Talvez ninguém saiba, mais tarde, por que essa grandiosa construção foi erguida em nosso meio, começou Samia, com sua voz clara. Hoje, contudo, já todos os povos da Terra receberam a notícia de que o tempo outrora concedido a nós está findando, e que antes ainda teremos de passar por um exame. Pelos astrônomos até pôde ser determinada a data exata desse acontecimento.

— Todos os povos da Terra? perguntou um homem pasmo, quando Samia se calou um momento.

— Todos os povos da Terra! repetiu Samia com firmeza. Os sábios da Caldeia, ao receberem a revelação, logo procuraram contato com os seres humanos que habitam o outro lado do nosso planeta. E eles encontraram mais pessoas do que esperavam! E essas pessoas, aptas a receber, divulgaram fielmente essa notícia entre seus povos. Também os inúmeros peregrinos que diariamente vêm e vão! Eles, igualmente, levam essa mensagem para povos sobre os quais nunca ouvimos algo!

O saber sobre o Juízo não se perderá! Está gravado nos muitos espíritos que disso tomaram conhecimento. E esse saber ressurgirá, quando o fim se aproximar!

É compreensível que os adeptos de Septu nada queiram ouvir sobre a vinda do Senhor de todos os mundos e de um Juízo. Ouvi certa vez Junu falando para um grupo de pessoas no jardim do palácio!

Samia não deu atenção às exclamações de horror provocadas por suas últimas palavras. Ela continuou a falar rapidamente, como se tivesse medo de que alguém a pudesse impedir de falar:

— Junu declarou aos seus ouvintes que cada ser humano seria seu próprio juiz e que ninguém, nem mesmo o Criador, poderia tomar satisfações dele sobre sua atuação! As palavras "pecado e injustiça" teriam sido inventadas pelos sábios! Cada pessoa é assim como foi criada. Consequentemente, não lhe caberia nenhuma responsabilidade se pecasse. Por isso ele, Junu, dava a todos seu conselho sacerdotal de gozar a vida sem remorsos e procurar as delícias onde elas se encontrassem. O melhor proporcionador de delícias seria o corpo terreno, acrescentara ele, sorrindo astuciosamente! Por isso somente o corpo terreno seria digno de ser adorado!

Sim, a construção da pirâmide teria de ser impedida! Pois enquanto estivesse sendo construída, os seres humanos ouviriam falar das revelações ligadas a ela! Isso dificulta o trabalho dos adeptos de Septu! Pois essas revelações despertam concomitantemente preocupações e medo nos seres humanos!

De agora em diante temos de ser tão cautelosos e vigilantes, que até as sombras, que queiram aproximar-se de nós, possamos perceber!

Após essas palavras, Samia se calou de repente. Ela não sabia como continuar. Além disso, não havia mais nada a dizer. Gotas de suor surgiam em sua testa, e todo o seu corpo tremia. Sentou-se num banco de parede que estava atrás dela e olhou para Siptha, que sobre um estrado a olhava perplexo e ao mesmo tempo com admiração.

Pela expressão de seu rosto, ela reconheceu que nem ele, nem outro qualquer na sala haviam esperado dela tal preleção.

No recinto reinava um silêncio opressor. Samia não dissera nada de novo. Ela apenas tinha repetido o que todos já sabiam havia muito tempo. Entretanto, como ela falara? Era como se sua preleção tivesse sido acompanhada de exortantes sons de trombetas!

Siptha foi o primeiro a recuperar seu autodomínio. Ele também julgara ter ouvido as trombetas dos grandes *dschedjins* ao anunciarem algo. Ele envolveu-se mais estreitamente em seu manto e falou algumas palavras, finalizando, pedindo aos presentes que nunca se esquecessem de que eram responsáveis pela construção da pirâmide.

A seguir, todos se levantaram, inclinando-se solenemente diante de Siptha. Depois, dirigindo-se a Samia, também se inclinaram do mesmo modo solene. Hoje a jovem havia provado ser digna de portar a coroa real.

O povo respirou como que liberto, ao ter a certeza de que por sua própria indolência praticamente havia atraído o infortúnio. Todos, sem exceção, se confessavam culpados! Haviam passado suas vidas em alegre e satisfeita contemplação, sentindo-se imunes contra todo o mal!

Medo tomou conta de suas almas, ao se tornarem conscientes do alcance de sua culpa. Os trabalhos na pirâmide até tiveram de ser paralisados por causa deles! Não! Nunca mais mergulhariam em satisfeita contemplação!

Esse propósito se elevou como um juramento para a Luz.

Demorou quase um ano até que tudo o que os salteadores haviam destruído fosse reparado. Trigo e outros mantimentos tiveram de ser trazidos de muito longe, e nem podiam ser esperadas colheitas para breve. Enquanto os assaltantes infestavam a cidade e as redondezas, os habitantes não podiam trabalhar em suas lavouras. A época da semeadura passara, sem que uma só semente fosse depositada no solo. Todos, mesmo os trabalhadores da pirâmide, ajudavam a limpar os campos cobertos de ervas daninhas e a preparar a semeadura.

Pyramon, havia muito, já estava novamente no oásis. Ele não perguntou por que seu braço fora ferido tão gravemente. Ele conhecia a resposta. Esperava com isso que as formas, que desde o acidente com o carro de corrida nele pendiam, estivessem dissolvidas. O que, no entanto, o oprimia, eram as repetidas interrupções do trabalho. Os armazéns, tanto de víveres como de cereais, estavam vazios. Kosbi estava em viagem com uma caravana para trazer provisões. Também isso levaria muito tempo. Pelo menos ainda estavam ali todas as ferramentas. Constituíam várias cargas de camelo, trazidas por Timagens para o oásis, por precaução.

Pyramon estava aproveitando bem o tempo de espera. Ele confirmava mais uma vez, com o máximo rigor, todas as medidas que ainda seriam usadas. Pois cada mínima medida aplicada na construção da pirâmide possuía um significado profético, astronômico e geofísico... Portanto, não se podia omitir nem a mínima coisa.

Finalmente chegaram ao ponto de poderem ser reiniciados os trabalhos da pirâmide. Kosbi trouxera tantos mantimentos, que os armazéns estavam novamente repletos de provisões. Novas remessas também já haviam sido providenciadas. Enquanto isso, chegaram novamente os trabalhadores com suas famílias. Os poucos que foram mortos no sítio de Akeru, ou feridos tão gravemente, que não podiam continuar a trabalhar na pirâmide, eram substituídos por outros.

Não demorou muito, e se ouviam as metálicas marteladas dos ferreiros que haviam retomado seu trabalho com grande afinco. Também os sons das flautas dos pastores enchiam novamente o ar. Eram as crianças do acampamento que tocavam com grande persistência as flautas feitas por elas mesmas. Para tanto subiam nas árvores mais altas, a fim de que os gigantes também pudessem ouvir sua bonita música. Tudo estava como sempre. Nada mais indicava que os trabalhos tivessem ficado paralisados durante tanto tempo.

O trabalho, na realidade, nunca ficara parado, pois os gigantes haviam prosseguido ininterruptamente. Eles tinham, nesse ínterim, terminado o teto da "sala do Juízo", composto de muitos e pesados blocos de pedra. O sarcófago havia muito já estava nessa sala. Os gigantes, com sábia previsão, colocaram o grande bloco de granito vermelho no lugar a ele destinado muito antes que as paredes laterais da sala ficassem prontas. O escultor transformou-o depois, dentro da própria sala, num sarcófago, usando para isso serrote, martelo e talhadeira. O sarcófago nunca poderia ter sido colocado por último na sala do Juízo da pirâmide terminada, pois, para tanto, ele era grande demais.

Além disso, os gigantes também haviam trazido e empilhado nas proximidades todos os blocos para o revestimento externo da pirâmide. Eram 25.000 blocos de mármore reluzente, de cor amarelo-escura, pesando muitas toneladas cada um. Os blocos eram cortados com exatidão absoluta, possuindo superfícies brilhantes. Não obstante isso, ainda tinham de ser polidos. Uma vez que esse trabalho somente podia ser executado por mãos humanas, os gigantes colocaram certo número deles no chão, em volta da pirâmide, de tal modo que cada um podia trabalhar neles comodamente. Os trabalhadores retomaram alegremente os trabalhos que ainda antes do sítio a Akeru haviam iniciado.

Incidentes ocorriam sempre de novo. Contudo, nunca mais representaram obstáculos tão sérios, que pudessem prejudicar a continuidade da obra.

E então chegou o dia em que os gigantes colocaram a última pedra, fechando a pirâmide. Pyramon contemplou com alegria e satisfação a obra concluída. Pensou no dia em que pisara pela primeira vez o solo do oásis para começar o trabalho. Como que voando havia passado o tempo. Agora estava cumprida a missão de sua vida. E ele perguntava a si próprio como prosseguiria sua vida...

Os dias que se seguiram à conclusão da pirâmide foram de inquietação para Pyramon. Ele andava de um lado para outro, como se esperasse algo. Mas o que esperava, ele mesmo não sabia. Às vezes ficava parado diante da esfinge, erguendo pensativamente o olhar para o rosto de pedra. Os olhos desse rosto pareciam olhar para distâncias longínquas, e davam uma impressão tão viva, que ele se assustava cada vez que os contemplava. Da colossal figura de leão deitado emanavam uma serenidade e uma altivez impossíveis de serem perscrutadas. Era como se um halo de mundos superiores e eternos pairasse em volta dela.

Enquanto Pyramon ainda pensava no misterioso e enigmático que emanava dessa figura de pedra, ele sentiu a forte correnteza de ar, sempre causada pelos gigantes ao se aproximarem. Com alegria olhou para cima. Todos os que haviam trabalhado juntos na pirâmide estavam presentes. Ao vê-los, ele sabia por que tinham vindo. Estavam prestes a deixar o oásis. Com saudade e tristeza no coração ele ouviu as poucas palavras que Enak lhe dirigiu, despedindo-se:

"De bom grado trabalhamos contigo", deu Enak a entender. "Teu amor e tua confiança enriqueceram-nos, aquecendo nossos corações. Nosso trabalho está terminado. Deixamos agora este país e a proximidade da Terra, esperando pelo que vier. Saudamos-te e permaneceremos teus amigos."

"Não pensei que vos afastaríeis tão rapidamente", murmurou Pyramon com o olhar abaixado, enquanto percebia, envergonhado, que lágrimas lhe enchiam os olhos. Olhando novamente para cima, viu que estava sozinho. Pela primeira vez, desde a morte de Thisbe, ele sentia-se só e abandonado no Egito. Os gigantes foram durante longo tempo seus amigos e confidentes, e ele, até certo ponto, havia-os entendido melhor do que aos seres humanos, embora estes fossem seus semelhantes.

Pyramon não pôde entregar-se muito tempo aos tristes sentimentos intuitivos. No mesmo dia ainda, ao anoitecer, chegaram mensageiros enviados à frente por Aphek, o sacerdote-rei, para noticiar sua vinda. Aphek havia tempo planejara uma solenidade de agradecimento, que deveria ser realizada no oásis logo após a conclusão da pirâmide. Agora ele estava aproximando-se juntamente com vinte xeques de tribos independentes e três reis dos reinos da Arábia do Sul, além de um determinado número de sábios que no caminho se haviam juntado à sua caravana.

Aphek sempre estivera informado exatamente sobre o andamento dos trabalhos da pirâmide. Dessa maneira ele pôde em tempo avisar todos aqueles que sabia que gostariam de viajar juntamente com ele para o Egito, a fim de ver a pirâmide terminada e assistir à solenidade de agradecimento.

E todos vieram para ver a obra monumental que havia anos vinha agitando todos os ânimos.

Cada um, ao ver pela primeira vez a pirâmide concluída, ficava parado diante dela com sentimentos indizíveis e indefiníveis. Sentimentos esses que deixavam estremecer espíritos e almas. Ninguém ficava sem ser tocado por isso.

As paredes dessa obra colossal, lisas como um espelho e de um vislumbre amarelo, tinham um aspecto inesquecível, quando eram atingidas simultaneamente pelos raios solares. Do mesmo modo inesquecível ficava a esfinge, lisa e de um vislumbre avermelhado, a qual estava ligada à grande pirâmide de maneira misteriosa.

Um halo de eternidade envolvia ambos os monumentos, nos quais cada pedra falava uma linguagem poderosa!

Milhares de pessoas assistiram à solenidade de agradecimento. A oração de agradecimento, porém, não foi pronunciada por Aphek ou por um outro sábio, mas sim foi cantada pelos homens que tinham colaborado na pirâmide e na esfinge. Era um coro maravilhoso de homens, que louvava a onipotência do Criador e a grandeza das obras iniciadas e concluídas em Seu nome.

Também Pyramon e os gigantes foram louvados, por terem sido escolhidos para edificar essa obra única. Numa outra canção pediam a Thaui, a senhora da Terra, e a Ea, o senhor do Sol, para tomarem a pirâmide e a esfinge sob a sua proteção, a fim de que permanecessem conservadas até o fim dos tempos.

Enquanto soava a canção dirigida à senhora da Terra e ao senhor do Sol, levantou-se voando da plataforma da pirâmide uma cesta de ouro que parecia conter frutas áureas. Cada um que ainda podia perceber acontecimentos extramateriais viu a cesta desaparecer bem no alto, no irradiante brilho solar. A cesta que continha os frutos do trabalho executado saiu das mãos da senhora da Terra, que igualmente se tornara visível acima da pirâmide, por um momento.

Tudo o que o ser humano realiza na Terra toma forma e produz frutos! Bons ou maus. No caso da pirâmide, os frutos eram de um puro brilho de ouro, pois todos, sem exceção, haviam trabalhado na obra com amor.

O senhor do Sol e a senhora da Terra sempre haviam acompanhado com interesse os trabalhos da obra. Pois não se tratava de uma obra comum. A pirâmide surgira da vontade do onipotente Criador. Através de milênios deveria ela ser um marco de advertência, lembrando sempre de novo os seres humanos de que o tempo do último julgamento se aproxima.

Havia um motivo especial para que a pirâmide não terminasse numa ponta. É que o Senhor do Universo colocaria ali o seu sinal, quando viesse à Terra no tempo do último Juízo. É o sinal da vida eterna, e este iluminaria o caminho para todos aqueles que conseguissem caminhar até o final da sala do Juízo, passando pelo sarcófago aberto. Daí em diante então começaria a ascensão que conduz para cima, através de cinco degraus do Universo. Para cima, às campinas da paz, em direção à pátria eterna dos seres humanos.

A SOLENIDADE de agradecimento ficou inesquecível para todos que a ela assistiram. Cada ano, na mesma data, os sábios realizavam essa solenidade, em comemoração, a qual de ano para ano era mais concorrida. Os peregrinos pareciam ter uma predileção especial por essa solenidade. Os sábios esclareciam sempre de novo o sentido e a finalidade da pirâmide, exortando simultaneamente todos os peregrinos, vindos de perto e de longe, para que vivessem sempre de tal maneira, que não precisassem temer o Juízo.

Durante os dias subsequentes à solenidade de agradecimento, Pyramon dedicou-se integralmente a seus visitantes. Não podiam ouvir o suficiente das profecias da pirâmide. Antes de tudo, interessavam-se pela maneira com que essas profecias haviam sido expressas.

Pyramon levou-os várias vezes para o meio do pátio, onde havia levantado um modelo da pirâmide e, por meio dele, esclarecia-lhes os acontecimentos mais importantes.

No modelo, que tinha a altura de Pyramon, faltavam duas paredes externas, bem como algumas internas. Dessa forma, os visitantes obtinham uma visão do interior. Pyramon indicou para alguns lugares importantes, dando-lhes os esclarecimentos que se seguem.

Pegando o último bastão de ouro que ainda possuía, pois os muitos outros havia deixado na sala do Juízo, ele disse:

— A câmara que estais vendo aqui situa-se, aproximadamente, entre a altura do solo e a sala do Juízo. O tamanho da câmara e a cor com que estão pintadas as paredes internas indicam que uma emissária feminina virá das alturas máximas até a Terra. Por isso a denominamos "câmara da rainha". A época desse acontecimento se reconhece pela medição da altura em que a câmara se encontra. E essa medida indica uma data daqui a 2.500 anos.

Segui agora exatamente o caminho que conduz para essa câmara da rainha. Ele sobe, sim, contudo em determinado ponto sai uma ramificação para baixo, até as câmaras subterrâneas. Isso significa que uma parte da humanidade já estará trilhando um caminho que termina no abismo. A emissária das alturas supremas, a rainha, terá de lidar, portanto, com seres humanos que visam ao abismo. A câmara fechada indica que os ensinamentos e as advertências dela não penetrarão nos corações humanos, e que ela sucumbirá numa prisão.

Além da rainha – o país do seu destino situa-se na direção das ilhas – descerão antes do Juízo Final ainda dois enviados de alturas supremas. A presença deles na Terra foi simbolizada por recintos altos e arejados.

De acordo com as medidas, o primeiro enviado virá à Terra 500 anos depois da rainha. A vinda do segundo enviado das alturas supremas ocorrerá num futuro mais remoto, daqui a 4.500 anos. Pela posição e direção das salas, depreende-se que ambos os enviados viverão e atuarão na parte da Terra onde agora nos encontramos.

Pyramon afastou mais algumas pedras, indicando agora para um corredor baixo que se tornara visível.

— Vedes, recomeçou ele, que o teto desse corredor se abaixa de tal modo, que uma pessoa somente agachada pode passar por ele. O rebaixamento encontra-se no corredor que sai da sala alta e arejada do segundo enviado. Isso indica algo terrível.

O corredor baixo, pelo qual os seres humanos somente podem passar agachados, encolhidos e sem enxergar nada, simboliza a perda da verdadeira dignidade humana. Esse infortúnio se desencadeará sobre a humanidade depois da vinda do último enviado das alturas supremas.

A culpa que acarretará a perda da dignidade humana iguala-se a um pesado muro opressor que deverá calcar ao solo cada um.

O corredor, sim, novamente se torna mais alto, de modo que os que perceberem sua estreiteza e seu peso opressor poderão respirar de novo um pouco. Nesse período de tempo até lhes seria possível reconhecer sua grave culpa, libertando-se dela. De que espécie essa grave culpa será, não sabemos, disse Pyramon, dirigindo-se a seus visitantes.

Mas do caminho seguinte depreende-se que não houve nenhum reconhecimento. O teto abaixa-se mais uma vez. Agachados, com o olhar dirigido à Terra e desligados de qualquer irradiação da Luz, devem os seres humanos prosseguir sua vida.

Pyramon indicou para um ponto onde o corredor novamente se tornava mais alto.

— Daqui em diante os seres humanos novamente podem erguer a cabeça. E parece que nada mais pode impedir o prosseguimento de sua caminhada. Contudo, isto é um erro, pois, como vedes, levanta-se de repente uma parede, pondo fim ao caminho deles. Essa parede significa o fim do tempo do desenvolvimento humano. Daqui em diante só existe uma única saída. E essa conduz, quando o ser humano se vira para a direita, à sala do Juízo com o sarcófago aberto.

Pyramon virou-se. Não, ninguém tinha perguntas. Eles queriam que ele prosseguisse falando. Aliás, sobre o Juízo, que todos intimamente temiam. Pyramon tirou uma parede, de modo que todos podiam ver a sala. Calados e com toda a atenção contemplavam o sarcófago aí existente. Eles tinham a impressão de que mesmo o pequeno modelo do sarcófago tinha algo de sinistro.

A construção sem acabamento da sala chamou a atenção do rei de Sabá, e ele perguntou por que assim era.

— Todas as outras paredes e pisos da pirâmide são lisos e reluzentes. Mesmo o sarcófago parece não estar ainda pronto, disse ele com surpresa.

Pyramon respondeu, sorrindo, que a sala do Juízo, na pirâmide, tinha o mesmo aspecto que no modelo.

— Lá o piso também é desigual, as paredes são ásperas, e o sarcófago dá a impressão de torto. Mas assim é intencionado, pois sabeis que tudo na pirâmide tem um duplo e profundo sentido.

A sala do Juízo, também chamada câmara do rei, é o símbolo da época do Juízo. O início e o fim desse Juízo poderão ser reconhecidos pela altura em que a sala está situada dentro da pirâmide e pelas suas medidas. Mesmo as medidas desiguais do sarcófago encerram um profundo sentido.

O piso desigual indica que na época do Juízo os seres humanos não mais terão sob os pés um solo liso e firme. A terra onde eles se locomovem não contém mais nenhuma segurança para eles. Não sabem o que o próximo passo lhes pode trazer.

Além disso, para onde quer que olhem, deparam com paredes e um teto que, pelo seu aspecto, igualmente nada prometem de bom. Resta apenas olharem para o sarcófago, cujo aspecto mais temem. Sentem-se presos num recinto, do qual não há uma fuga.

A época do Juízo não poderia ser transmitida mais impressionantemente do que através dessa sala. Para onde quer que o ser humano se volte, a insegurança e o medo serão sempre seus acompanhantes. Não pode fugir de si mesmo e de sua própria culpa. Além disso, as condições terrenas nesse tempo serão de tal maneira, que ele, quer queira ou não, será lembrado da morte.

A sala do Juízo, porém, não encerra apenas a morte! Ela é grande. Dá suficiente espaço para as pessoas que nela se encontram andarem eretas e se movimentarem livremente. A amplitude da sala indica que um enviado das alturas supremas – com isso se entende o próprio regente do Universo – trará, durante o tempo do Juízo, uma mensagem que encerra segurança, saber e salvação aos seres humanos que ainda puderem assimilá-la. De certas medidas do sarcófago depreende-se, contudo, que será mínimo o número daqueles que aceitarão o ensinamento salvador.

A esses poucos agraciados, a sala do Juízo bem como o sarcófago não amedrontarão. Deparam, sim, por toda a parte, com um mundo feio e desequilibrado, e o caminhar no piso desigual também nem sempre lhes será fácil.

Ao contrário dos outros, carregados de culpas, que dentro de si e em seu redor somente enxergam coisas feias, os agraciados procurarão melhorar e embelezar o seu ambiente! Devido ao anseio de criar um ambiente harmonioso, eles quererão ajudar os outros que apenas enxergam coisas feias, a fim de que também o ambiente interior desses se torne belo e equilibrado.

— E o sarcófago? perguntou o rei de Ma'in. Os agraciados também veem o sarcófago! E esse indica para a morte!

— A morte não encerra pavor para os seres humanos que vivem dentro das leis do regente do Universo! Ao contrário! Sabem que a morte terrena significa para eles o nascimento num mundo mais belo e superior! disse Pyramon com convicção.

Todos concordaram com Pyramon. E desejavam de todo coração que também para eles a morte fosse o nascimento num mundo superior.

Pyramon pegou um dos rolos de couro branco que estavam na mesa e o desenrolou, indicando para os sinais de escrita verdes e vermelhos que cobriam o couro.

— Colocamos setenta placas com sentenças instrutivas nos diversos compartimentos da pirâmide. Os sábios da Caldeia escreveram essas sentenças em couro e em finas chapas de cobre e mandaram-nas para cá. Aqui nós as transcrevemos em placas pesadas e as colocamos na pirâmide. A sentença de uma dessas placas, que coloquei no sarcófago, diz:

"Sem terminar realiza-se o mistério da vida e da morte. O mistério da transformação e do renascimento! Aquele que durante a sua vida terrena se lembrar da morte, não precisa temer o juiz, quando o fim chegar!"

— Repete essa sentença para nós, Pyramon, pediu um dos xeques. Ela me deu esperanças!

A seguir Pyramon teve de repeti-la várias vezes ainda, pois cada qual queria gravar as palavras com exatidão.

Quando todos sabiam de cor a sentença, Pyramon lhes disse que havia mencionado apenas algumas das muitas profecias apontadas na pirâmide. Porém eles podiam perguntar, se quisessem saber mais.

Depois de pensar algum tempo, um dos xeques levantou a mão, indicando para uma grande rachadura visível num dos blocos de pedra que formavam o teto.

Todos levantaram as cabeças e viram a fenda na pedra, que parecia perigosa.

— Parece como se o teto estivesse rachado, murmurou o rei de Sabá.

Logo depois, porém, ele olhou sorrindo para Pyramon e perguntou o que isso significava.

— Uma rachadura numa construção tão perfeitamente executada, certamente, indica algum acontecimento!

Pyramon deu-lhe razão e olhou um momento para o teto, dizendo a seguir que essa rachadura indicava um acontecimento que ocorreria 2.500 anos mais tarde.

— Deve tratar-se de um gravíssimo delito da humanidade, pois as respectivas profecias dizem que os efeitos disso serão sentidos até as alturas máximas.

— O trabalho dos gigantes é insuperável. Essa rachadura parece um corte na pedra, disse um dos visitantes com admiração.

— As salas e os corredores também apresentam fendas, aliás, somente perceptíveis àqueles que conhecem os lugares, recomeçou Pyramon. Hoje são apenas fissuras finas, não representando nenhum perigo de desmoronamento. Contudo, se as salas e os corredores em cujas pedras se encontram essas fissuras estiverem desmoronados até o fim dos tempos, então a respectiva profecia diz o seguinte:

"O regente do Universo poderá entrar na pirâmide, certificando-se de que o serviço de seus servos fora bem executado. Se, porém, até a sua vinda, as paredes, em todos os lugares onde hoje existem as rachaduras estiverem gravemente danificadas e desmoronadas, então a destruição esperará os seres humanos. Eles mesmos terão destruído os caminhos que conduzem para cima. A divindade abandonará a Terra, voltando para o seu céu, e haverá tristeza em seu coração..."

As palavras dessa profecia desencadearam em todos um medo atormentador. Foi como se um pesado fardo caísse sobre eles. Por que estavam com medo? Eles seguramente não estariam entre aqueles que destruiriam os caminhos para cima... Mas também sabiam que tais angustiantes sentimentos intuitivos saíam do espírito, e que deviam dar atenção a eles... Mais tarde então iriam ocupar-se com a causa desse medo inexplicável. Agora não havia tempo para isso, pois Pyramon já prosseguia falando. Ele tirara um pequeno bloco ao lado da entrada da sala do Juízo e dizia:

— Este lugar indica o início do Juízo. Aqui já nos encontramos no último século. No século do Juízo. Na placa encostada nesse lugar, dentro da pirâmide, encontram-se gravadas as seguintes palavras:

"O dragão que levou a ordem universal ao desmoronamento, deslocando seu eixo, alcançou o ápice de seu poder. Todos os povos até aqui já traíram o seu Criador! Voluntariamente se curvaram ao domínio do dragão, ao domínio da mentira! Aqui chegou o fim do dragão. O juiz do Universo venceu-o com sua lança, pondo-o fora de ação! A sagrada lança está agora dirigida contra a humanidade! O sarcófago aberto está esperando!"

— Essas palavras não significam nada de bom para nós, disse o rei de Sabá, quando Pyramon se calou. Soam sem esperança. Mas eu te agradeço, em nome de todos, por nos teres comunicado justamente essa profecia. Há anos nossos pensamentos rodeiam essa extraordinária construção! E eu acho que todos me darão razão, se eu agora digo que a nós será bom ter medo daquilo que ainda está no futuro! Tanto mais nos acautelaremos agora, para não cometermos erros que talvez não mais possam ser resgatados até o Juízo...

Quando o rei de Sabá terminou, todos agradeceram a Pyramon. Eles esperavam, de todo coração, que essas palavras significativas se gravassem tão profunda e duradouramente em suas almas, que se lembrassem delas também em vidas terrenas posteriores.

— Achas, Pyramon, que as palavras dessa pavorosa profecia ainda estarão tão vivas em nossas almas, em nossa última vida terrena, que possam penetrar até os nossos cérebros?... Pergunto a mim mesmo se até lá elas ainda terão bastante força para fazer com que nos tornemos conscientes delas!

Foi o irmão de Pyramon quem falou. Também os outros intimamente haviam formulado essa pergunta. O que Pyramon responderia?

— Não sei qual será o estado de nossas almas então, disse Pyramon, após séria reflexão. Acho que ninguém pode predizer isso agora... Aphek, o sacerdote-rei da Caldeia, ainda falará convosco sobre as profecias... talvez ele vos possa dar alguns esclarecimentos sobre isso.

Um dos xeques, que se ocupava com a astronomia, ainda quis saber como seriam as influências dos astros no início do Juízo.

— Nossos sábios já agora estão observando movimentos em forma de turbilhões em redor do Sol. E do próprio Sol eles viram grande quantidade de chamas elevarem-se tão alto, que não podiam segui-las com os olhos... Dizem também que ainda muito longe, atrás do Sol*, está girando um cometa, o qual transformará, no fim dos tempos, nosso Sol num mar de chamas. Viram também, várias vezes, o próprio senhor do Sol. O aspecto dele, porém, havia-os inquietado profundamente. O magnífico estava tão envolto em chamas vermelhas de ira, que era quase irreconhecível... A ira dele dirigia-se contra os seres humanos. Os sábios não tinham uma explicação para isso.

Com alívio, Pyramon viu Salum parado junto à entrada. O muito falar deixara-o cansado. Agora não mais precisaria dar outros esclarecimentos. Ultimamente sentia cada vez mais necessidade de estar só. Os visitantes tinham vindo de tão longe; ele não devia perder a paciência. Percebendo que eles hesitavam em aceitar o convite de Salum, ele, então, perguntou amavelmente se alguém ainda queria saber algo...

Mal Pyramon havia pronunciado essas palavras, e um dos visitantes saiu do grupo, colocando-se diante dele.

Era um homem idoso, de estirpe nobre, chamado por todos de xeque Ibrahim. Ele pediu a Pyramon que lhe dissesse uma sentença que tratasse da morte.

---

* Nota da Editora: Entenda-se "longe, muito longe, além do Sol".

— Minha última vontade, de ver a pirâmide, ainda se realizou, mas eu sei que o tempo de minha existência terrena está no fim. Só me restam as forças vitais para voltar à minha pátria. A sepultura que acolherá meu corpo já está preparada.

Pyramon, de bom grado, satisfez o desejo do velho. Tirou um rolo de couro branco da pilha, desenrolou-o e leu os sinais de escrita que ele mesmo gravara:

> "A alma do justo elevar-se-á cheia de força do seu invólucro terreno. Ela será recebida por entes que vibrarão de alegria e será conduzida em uma canoa vermelha, que navega num rio comprido e fundo, para o país ensolarado das almas. Entes dos ventos impulsionam a canoa rapidamente para frente. A viagem parece curta, e logo alcançam a margem do novo e luminoso país. Também no novo país a alma é recebida com júbilo, e grinaldas de flores de Ankham são oferecidas a ela. Ela chegou ao destino, e a nova vida no país das almas se inicia!"

O velho xeque ouviu essas palavras com uma expressão de felicidade no rosto. Mas somente quando Pyramon, a pedido dele, ainda as repetiu novamente, ele se retirou, deixando vagarosamente o pátio.

— Qual é o teor da sentença escrita na placa de bronze ao lado da entrada? perguntou um outro xeque com interesse.

Pyramon tirou uma pequena e fina placa de cobre de uma prateleira e leu os sinais de escrita gravados nela ainda pelo próprio Sargon:

> "Vós, seres humanos, que entrastes nesta construção perfeita, prossegui com profundo respeito! Pois esta obra perfeita é um gigantesco papiro coberto de muitos sinais de escrita, que contém uma dupla revelação!
>
> Aquele que quiser decifrar o segredo do papiro de pedra deverá implorar primeiramente o auxílio dos eternos!
>
> Aquele que procura perscrutar a sabedoria oculta na pedra deve inclinar-se diante da grandeza da obra e esquecer seus próprios pequenos conhecimentos durante algum tempo!

> Aquele que se torna consciente de que é apenas uma minúscula partícula no mundo, e de que outros muito maiores do que ele mesmo governam este mundo, mantendo-o em movimento, esse novamente fará parte, como outrora, dos iniciados e será um escolhido na Terra!
> Somente aquele que for pequeno na Terra e grande no espírito decifrará o segredo das pedras falantes, pois somente esse caminhará na graça dos eternos!
> Aquele, porém, que tece redes de mentira, turvando a verdade, revela com isso apenas que faz parte dos seres humanos caídos, que se ligaram às forças do mal já desde muito tempo. Sejam esses advertidos, pois os filhos de Osíris zelam até o fim, e eles destruirão cada malfeitor.
> Os grandes no espírito, sejam bem-vindos com a saudação de paz da eternidade. Eles trazem amor no coração e a eles será permitido ver a sagrada chama no cristal. Os filhos de Osíris pedem a bênção deles!"

Também essas palavras Pyramon teve de ler repetidas vezes, antes que eles se dessem por satisfeitos, pois tinham o mais ardente desejo de que elas se gravassem em suas almas para sempre.

Antes de deixar o pátio, o rei de Ma'in disse que todos eles se preocupavam muito por causa do último Juízo:

— O que podemos fazer para que reconheçamos logo o juiz do Universo quando ele vier à Terra? Pelas profecias da pirâmide sabemos de sua vinda. Sabemos também em que época o Juízo começará, e também quando estará consumado. E, embora estejamos convictos de que nada nos poderá acontecer de mal, se sempre seguirmos a lei do onipotente Criador, a inquietante preocupação de que nesse ínterim possamos cair nas redes habilmente colocadas pelas servas de Septu não nos abandona.

Quando o rei terminou, todos olharam para Pyramon. Aliás, com a silenciosa esperança de que ele lhes pudesse dar um conselho nesse sentido.

Pyramon recolocou a placa de cobre na prateleira e dirigiu-se depois a seus visitantes, olhando para cada um. Que deveria ele responder? Todos eles estavam firmemente ligados com os mundos superiores da Luz. Nenhum deles precisava preocupar-se... De repente, lembrou-se de Harpo. Essa lembrança o atingiu como um golpe... Os rostos dos que estavam à sua frente confundiam-se diante de seus olhos, e o solo sob seus pés parecia oscilar. O acesso de fraqueza passou tão rapidamente como viera. Além de seu irmão, o rei de Kataban, ninguém havia notado algo.

Pyramon dominou seu susto e seu atordoamento. Por que fora ele lembrado da horrível mulher? Pois não estava morto tudo o que se relacionava a ela? Tão morto como ela mesma?

Os visitantes ficaram inquietos. Por que Pyramon estava calado há tanto tempo? Talvez ele não pudesse entender a preocupação deles.

Somente reunindo toda a sua força de vontade, Pyramon pôde novamente voltar a atenção aos seus visitantes. Ele já se havia considerado muito superior e inviolável, e agora caíra de sua altura ilusória.

— Posso compreender as vossas preocupações, pois elas também são as minhas! disse ele firmemente. Contudo, não vos posso dar nenhum conselho. Oh! sim...

De repente um sorriso libertador iluminou o seu rosto. Ele havia visto Tahia e Kina que, despercebidas, haviam entrado no pátio. Logo depois surgiram também Chatna e Lachis com um grupo de mulheres que, curiosas, adentraram o pátio.

— Oh! sim, recomeçou Pyramon, pois existem também mulheres que vivem e atuam afastadas dos charcos de vícios. Essas mulheres possuem o poder de despertar o bem em cada um que entre em contato com elas. Nós todos apenas podemos pedir e esperar que nossos guias espirituais nos conduzam, na época do Juízo, àquelas mulheres cuja total aspiração esteja dirigida rumo à Luz. E, se formos de boa vontade, isso também acontecerá!

Essas palavras de Pyramon desencadearam uma alegria geral. Algo melhor do que uma mulher ligada a mundos superiores ninguém podia desejar! Eles circundaram Pyramon, agradecendo-lhe a paciência e a atenção que lhes dispensara.

— Transmitiremos tuas palavras a nossos filhos e seus descendentes, para que eles também possam tirar proveito de tua sabedoria!

Depois dessas palavras, eles deixaram o pátio, para ceder lugar às mulheres.

— Durante um momento parecia que estavas sofrendo. Assustei-me muito quando vi as gotas de suor em tua testa, e o teu rosto parecia todo amargurado. Contudo, o que mais me tocou foi teu olhar triste e ao mesmo tempo assustado! disse o rei de Kataban, baixinho, a Pyramon, antes de também deixar o pátio. Eu vi que tua alma estava sofrendo e te pergunto: necessitas de minha ajuda?

Pyramon colocou tranquilizadoramente, por alguns instantes, os braços nos ombros do irmão, dizendo que ninguém podia ajudá-lo.

— Foi apenas a recordação de uma vivência de muitos e muitos anos atrás. Essa recordação, que já havia muito eu considerava morta, ressurgiu diante de mim inesperadamente.

Pyramon refletiu por um momento se devia falar sobre isso, mas resolveu que não. Ele poderia ter falado da envenenadora. Nunca, porém, da morte dos pombos de Thisbe e da tristeza que ele havia causado a ela. Do desespero que lhe roubara o sono durante meses e que também durante o dia, no trabalho, o perturbara. Não, não podia falar sobre isso.

O irmão de Pyramon entendeu. Sofrimentos de alma não podiam ser compartilhados. Ele ficou muito contente quando Pyramon lhe disse que pretendia passar algum tempo na Caldeia e que, juntamente com Aphek e eles todos, faria a viagem de volta quando a hora chegasse.

— A construção da pirâmide ocupou-me de tal forma, que mal posso suportar a atual falta de atividade. A cada dia eu hauria novas energias do trabalho. E agora? Sinto que me estão sendo roubadas forças com esta falta de atividade!

Pyramon de bom grado teria conversado mais demoradamente ainda com seu irmão, porém Salum chegou outra vez até o pátio, avisando que todos estavam esperando por ele e pelo rei de Kataban.

Os visitantes não se demoraram mais muito tempo. Cada um bebeu um copo de suco de frutas, despedindo-se a seguir de Pyramon com muitos votos de bênçãos.

— Mas ainda não é uma despedida, disse o rei de Sabá rapidamente. Antes de voltarmos para casa, ainda viremos várias vezes ao oásis, para apreciar a pirâmide e a esfinge.

Pyramon acompanhou-os até a saída, dizendo-lhes sorrindo que sempre seriam bem-vindos. E seguiu com eles até o local onde seus servos estavam esperando com os animais de montaria; depois voltou para casa. Contudo, não conseguia ficar nela muito tempo. Ele chamou Toptekmun, e juntos tomaram o caminho que levava à esfinge.

Nuvens de poeira levantaram-se, pois do sul soprava uma forte ventania. Bandos de pássaros grandes voavam bem alto sobre a pirâmide. Pyramon observou algum tempo o voo sereno e seguro. Pareciam em viagem para um país longínquo, pois não voavam para o rio ou para os pântanos, mas em direção oposta.

Junto da esfinge estavam várias pessoas, olhando caladas para cima, para o misterioso rosto de pedra. Pyramon, porém, não se demorou entre elas. Ele enveredou por um caminho que levava, através de amontoados de blocos de pedra, para um bosque e um lago que apenas poucas pessoas conheciam.

O lago situava-se no meio de uma clareira, contudo era tão densamente envolto por arbustos, espinheiros e altas folhagens, que mal se podia vê-lo. Suas margens eram arenosas, e a água, fresca e cristalina. Esse lago parecia ter-se formado de uma nascente subterrânea, e parecia também ter um escoamento subterrâneo, uma vez que não se viam nem afluente nem escoadouro.

Pyramon havia descoberto essa mata florida havia muitos anos, quando certa vez seguia os guepardos novos que frequentemente o visitavam no oásis. Desde então sempre de novo se sentia atraído para esse local. Pouco a pouco chegou a conhecer todos os animais que lá bebiam água ou buscavam alimento, bem como todos os pássaros que lá nidificavam.

Enquanto caminhava com passos largos pela trilha estreita, lembrou-se do dia em que havia visto esse bosque e a clareira com o lago pela primeira vez. Como se havia alegrado ao ver o lago circundado pelos vicejantes arbustos floridos... E o próprio bosque! Os belos carvalhos velhos ali existentes! E as muitas frutinhas de carvalho que cobriam o solo. Por toda a parte os porquinhos da terra revolviam o chão. Apesar da presença dele, continuavam calmamente a revolver a terra. Naquele tempo ele mal pôde compreender como apenas a meia hora de caminhada do oásis da pirâmide houvesse um matagal tão maravilhosamente florido, com um lago...

Certo dia Pyramon levou Salum para conhecer o lugar, e foi devido a ele que este permaneceu desconhecido e até evitado. Salum igualmente gostava da clareira com o lago, mas por outras razões. Havia ali muitas frutinhas comestíveis, raízes e folhas que ele podia aproveitar bem na cozinha. Mais tarde ele levou também as mulheres dos sábios até lá, uma vez que havia visto ali uma determinada espécie de musgo, bem como diversas ervas terapêuticas sempre muito procuradas. As mulheres também ficaram encantadas ao ver a clareira com o lago; de todo coração desejavam que esse lugar continuasse tão oculto, que estranhos não pudessem descobri-lo.

Firmemente decidido a expulsar qualquer intruso que invadisse esse mundo sereno e cheio de paz, Salum assustou-se muito ao ver certo dia na clareira homens mal-encarados com suas lanças. Depois de os ter observado algum tempo, voltou preocupado para o oásis. De que maneira ele poderia expulsar essas criaturas decadentes? Espantariam os animais e conspurcariam a límpida água...

"Esses seres humanos se amedrontam ao ver varas com ossos humanos esbranquiçados", sussurrou-lhe ao ouvido, alguém que ele não podia ver. Ossos humanos esbranquiçados? Salum escutava atentamente. Quando nada mais ouvia, agradeceu alegre e aliviado pela sugestão. Ela bastava. Mais, ele não precisava. Já havia visto uma vez algo assim.

Geralmente se tratava de três varas compridas, lascadas na extremidade de forma a se poder prender nelas ossos humanos ou de animais. Essas varas eram então enfiadas na terra, como sinal de advertência, umas perto das outras.

Se os selvagens vissem tais varas em algum lugar, então se podia ter certeza de que eles evitariam o local. Pois três varas com ossos significavam que demônios estavam por ali, ou que mortos vagavam em redor, esperando apenas para torturar seres humanos vivos.

Os demônios temidos por essa gente eram suas próprias formas, que frequentemente viam, considerando-as demônios. O medo deles, portanto, não era de todo infundado.

Já no dia seguinte Salum dirigiu-se ao local com Pyramon, e juntos fincaram três varas, com ossos humanos, no chão. Na vara do meio colocaram um crânio humano esbranquiçado. Desde que esses sinais de advertência, frequentemente renovados, encontravam-se na clareira, nunca mais foram vistos estranhos. Os animais que vinham em busca de água continuavam a aproximar-se sem medo dos seres humanos, e os pequenos e coloridos pássaros também vinham voando confiantemente. Nada perturbava a paz e a calma bem-a-venturada. Os poucos que conheciam esse oásis florido e o amavam rogavam silenciosamente para que assim sempre permanecesse...

Pyramon ainda sorria ao lembrar-se de como ele e Salum haviam catado os ossos humanos... Desde então muitos anos haviam-se passado. Agora viria a despedida... Ficou parado no bosque, olhando em redor, procurando.

— Procuro um lugar para meu corpo terreno! Aqui não se veem pedras em parte nenhuma, por isso não será difícil fazer uma cova.

Toptekmun, que também estava ali parado, levantou o olhar assustado, sem compreender. Por que deveria ser feita uma cova?

Pyramon riu, ao ver a expressão estupefata de seu velho amigo e servo. Logo depois, porém, ele ficou sério e disse que chegara ao fim de sua vida terrena.

— Mal nossos visitantes tinham ido embora, eu soube que nunca mais viajaria para a Caldeia ou para outro lugar. Sentei-me um momento, pois meus olhos tinham-se turvado... e nesse momento vi um rio... e as canoas vermelhas navegando para o país das almas. Uma canoa estava na margem esperando... depois eu vi Thisbe e Playa. Elas acenavam para mim e pareciam vir de distâncias inalcançáveis... não obstante as vi perfeitamente.

Toptekmun escutava atentamente, enquanto contemplava o belo rosto de Pyramon, marcado pelo vento e pelo tempo. Depois ele sorriu algo melancólico e disse que ainda se lembrava do dia em que ele apresentara Pyramon pela primeira vez aos leões.

— Estavas justamente aprendendo a andar, e tua mãe ficou um pouco receosa quando puxaste, com tuas pequenas, mas fortes mãozinhas, os pelos compridos dos animais. E agora recebeste o chamado, e a ti será permitido viajar para o país das almas ainda antes de mim.

Pyramon escutava algo distraído, pois havia descoberto um lugar que lhe parecia apropriado. Saiu para a clareira, ficando parado ao lado de um arbusto de limão em flor.

Toptekmun, que seguira seu amo, também achou apropriado o local. Ao lado do limoeiro cresciam muitas folhagens e essas eram fáceis de remover.

— Amanhã começarei o trabalho... farei duas covas. A segunda será para mim. Eu não sobreviverei por muito tempo a ti, disse Toptekmun confiantemente.

Ele nunca tinha tido esperança de lhe ser permitido repousar ao lado de seu jovem amo; agora, no entanto, assim seria...

Pyramon lembrou-se do profeta. Isaías tinha voltado para a sua pátria, a fim de lá falar sobre as revelações da pirâmide e, antes de tudo, alertar os seres humanos a respeito do Juízo Final. Fazia pouco tempo que também ele havia deixado a Terra. Pyramon sabia que Isaías voltaria ainda antes do Juízo. Como profeta e com o mesmo nome...

— Reveremos tua mãe, nossa rainha, disse Toptekmun esperançoso, com alegria antecipada. Não faz muito tempo que ela viajou para o país das almas. Também o rei estará na margem, olhando para nós!

Pyramon riu. Toptekmun tinha razão. Ele também veria os dois seres humanos que foram seus pais na Terra, e dos quais continuava a lembrar-se com amor. Durante um momento ele recordou-se do dia de sua partida de Kataban e do dia de sua chegada na Caldeia, o país dos corações alegres.

Mas essa lembrança desapareceu tão rapidamente como viera. Ele seguiu lentamente pelo caminho que levava até o lago.

Ao lado do lago ficou parado, contemplando com os olhos radiantes em redor, despedindo-se. Sentia gratidão, alegria e bem-aventurança. Nunca havia sentido tão fortemente sua ligação com a natureza como nesse momento. A natureza era tudo! Nela havia luz e vida! A natureza significava flores, cores, frutas, água, animais e os povos dos *dschedjins,* os eternos proporcionadores de alegria!

— Senhor, voltemos! Já estou vendo as sombras da noite no bosque.

Ao ouvir as palavras de Toptekmun, Pyramon sobressaltou-se. Ele se abaixou, mergulhou as mãos na água límpida e refrescou o rosto. Uma última vez ainda olhou em redor e depois seguiu Toptekmun, que já se adiantara. Somente seu corpo terreno morto voltaria para esse florido oásis...

Quando estavam passando pela esfinge, o sol desapareceu no horizonte.

— Chegamos. A noite não nos surpreenderá ao relento! disse Pyramon para Salum, que já estava esperando em frente da casa.

A ventania tornara-se mais forte. Uivava e assobiava pelas frestas dos blocos de pedra amontoados nas proximidades da pirâmide.

— Hoje os *dschedjins* do ar nos mostram do que são capazes! disse Salum elogiando, enquanto colocava na mesa um jarro e uma bandeja de madeira com pães chatos e queijo.

No dia seguinte Pyramon cavalgou com Timagens para Akeru. Ele queria ouvir as preleções feitas diariamente pelo sacerdote-rei

Aphek, no Templo da Sagrada Trindade... Pyramon dirigiu-se à casa de cura, onde sempre era recebido alegremente por Sidika. Timagens cavalgou mais adiante. Ficaria durante algum tempo em casa de seu irmão.

A conclusão da pirâmide foi um apogeu espiritual na vida do Egito. Nunca esse país havia visto tais multidões de peregrinos como naquele tempo. Peregrinos dos mais diversos povos! Através de quilômetros seguidos estendiam-se os grandes acampamentos na estrada ao lado do rio. Todos queriam ver a pirâmide e ouvir as profecias a ela ligadas. Não somente o sacerdote-rei da Caldeia fazia suas palestras no Templo da Sagrada Trindade. Também outros sábios, conhecedores de muitos idiomas e que tinham vindo junto com ele, falavam diariamente nos outros templos para o povo. Davam esclarecimentos e respondiam a perguntas também.

A aspiração maior dos sábios era tornar compreensível a todos que a época de desenvolvimento concedida pelo onipotente Criador aos seres humanos estava aproximando-se do seu término.

— Onde há um começo, também terá de haver um fim! diziam sempre de novo. O próprio regente do Universo virá à Terra e exigirá prestação de contas de nós todos. Ele quererá saber como utilizamos nosso longo tempo de desenvolvimento. Quem tiver vivido direito poderá voltar à sua pátria espiritual, aos páramos da paz. Aquele, porém, que tiver perdido o caminho certo será levado para o "país sem volta". Esse é o país dos eternamente mortos! Essas revelações chegaram agora, com a construção da pirâmide, pela primeira vez para a humanidade terrena!

Cada palestra proferida por Aphek e os outros sábios terminava com as mesmas palavras. Com palavras que exortavam e advertiam. Tais exortações e advertências não deviam ficar "estacionadas" no cérebro humano! Deviam penetrar profundamente nos corações das almas, gravando-se lá inapagavelmente.

E elas diziam:

"Só existe um Deus! O onipotente Criador que tudo criou! Acautelai-vos de sacerdotes e sacerdotisas falsos que vos querem anunciar outros deuses! Tal espécie de seres humanos acende uma luz que se origina do espírito das trevas!

Acautelai-vos da mentira! A mentira é a arma da escuridão! A mentira tem muitas faces! Ela atrai coisas desfavoráveis, turvando as cores de vossa aura! Sede vigilantes espiritualmente. Sede sempre vigilantes!"

Pyramon ficou três semanas em Akeru. Durante esse período visitou muitas vezes o grande templo. Ele também se reunia com seu irmão e outros visitantes do sul da Arábia. A maior parte do tempo, porém, passava na casa de cura. Geralmente, pouco antes do pôr do sol, ele se encontrava com Magog e Aphek – às vezes Sunrid também estava presente – no jardim das árvores de incenso ou no terraço.

Durante uma dessas reuniões Pyramon perguntou a respeito dos pombos.

— Pombos existem agora por toda a parte, disse Aphek. As crianças maiores são agora responsáveis por seus cuidados. Thisbe teria uma alegria se visse como eles são bem cuidados, acrescentou ele baixinho.

Pyramon e Magog ficaram sobressaltados, olhando-se indagadoramente. Ambos haviam escutado algo. Um riso! O riso de Thisbe!

Aphek parecia não ter ouvido nada. Ele estava de pé, ao lado do parapeito, profundamente absorto em pensamentos, olhando o pôr do sol.

— Estamos mais próximos do país das almas do que da Terra, disse Magog, vendo a expressão de pasmo no rosto de Pyramon. Por isso pudemos também ouvir o riso de Thisbe. Ela já nos espera. Ela e os outros com os quais estamos ligados em amor.

— Tu também deixas a Terra? perguntou Pyramon surpreso.

— Será que imaginas que viverei eternamente? disse Magog sorrindo. Tenho mais do que o dobro de tua idade. Toptekmun, com quem falei há alguns dias no oásis, decerto já está trabalhando numa terceira cova!

— Amanhã voltarei para o oásis, disse Pyramon de repente. Estou sendo atraído para lá. Eu sinto.

Aphek voltou-se, olhou bondosamente para Pyramon com seus olhos claros e radiantes, e disse:

— A pirâmide, essa obra maravilhosa, está concluída. Cumpriste tua missão na Terra. Por isso tua despedida da Terra e tua chegada no país das almas serão cheias de alegria!

Quando Aphek silenciou, Pyramon perguntou a quem devia entregar sua estrela de ouro com a pedra solar.

— Eu a levo comigo. É o adorno dos construtores de templos. Somente para estes ela tem um sentido mais profundo.

Pyramon estava satisfeito. Ele tirou do pescoço o cordão no qual a estrela estava pendurada, entregando-a a Aphek.

— Além desta joia, nada possuo que poderia passar adiante.

Magog, igualmente, entregou uma joia a Aphek. Era uma plaqueta redonda, de ouro, com cinco pedras preciosas vermelhas no meio.

Aphek tomou a joia, olhando-a pensativamente. Pensou nos sábios e em suas missões, as quais os haviam conduzido para o Egito. Entretanto, entre eles não havia um que fosse da espécie de Magog. Na Aldeia do Templo encontrava-se um jovem aprendiz de sacerdote. Esse poderia usar essa espécie de pedras.

— Esta joia também levarei comigo. O filho de Mahinim poderá portá-la um dia.

Magog olhou ainda uma vez para a joia; depois, despedindo-se, inclinou-se diante de Aphek-Sargon, o legítimo sacerdote-rei da Caldeia.

— Nós nos veremos novamente, Magog. Tu és caro ao meu coração.

A Pyramon, que igualmente se inclinara, ele disse:

— Que a chama da vida e do amor ilumine nossos espíritos eternamente!

MAGOG e Pyramon voltaram no dia seguinte para o oásis. Seguiram-se dias cheios de paz, os quais Pyramon passava principalmente no seu pátio. Ele fechou cuidadosamente as paredes abertas do modelo da pirâmide e depois colocou em ordem os muitos rolos de escrita, empacotando-os, pois Aphek queria levá-los consigo e guardá-los na Aldeia do Templo, na Caldeia. Pyramon também concluiu ainda uma sentença numa placa de bronze, cuja gravação começara havia algum tempo.

No quinto dia depois que ele e Magog haviam retornado de Akeru, ao meio-dia, ele faleceu. Pouco antes, ainda havia contemplado a pirâmide, admirando-a, pois sob os raios solares ela fulgurava como uma gigantesca pedra preciosa. Subitamente, porém, sentiu-se tão cansado, que foi para casa, deitando-se em seu leito.

Mal ele se havia estendido no leito, e toda a casa estremecia com fortes golpes de vento... Um sorriso feliz iluminou o rosto de Pyramon...

"Enak, chegaste"... como um sopro saíram essas últimas palavras de seus lábios, e depois o coração encerrou seu trabalho. O espírito que vivificava o corpo havia-se desligado, pois o tempo predeterminado para sua atuação terrena terminara.

A morte terrena e o nascimento no mundo da matéria fina foram para Pyramon momentos de resplendor que encerravam toda a magnificência do mundo.

Ele viu ondas de luz, provenientes de um gigantesco sol, transformando o Universo num mar irradiante de chamas de fogo. Ao mesmo tempo ouviu melodias crescentes, que se transformaram num bramante canto de louvor, no qual se expressava o agradecimento jubiloso de bilhões de criaturas. Pyramon sentiu-se uno com essas criaturas, que anunciavam, em meio do fluxo de luz irradiante e soante, a magnificência e o poder do eterno e único Deus...

Pyramon deixava para trás o pesadume terreno, enquanto lhe era permitido ver a luz celeste, na qual irradiava o amor do Criador.

Quatro reis e o sacerdote-rei da Caldeia estavam presentes, quando seu corpo morto foi colocado na terra. Onze mulheres cobriram com plantas e flores aromáticas o corpo enrolado em esteiras de junco.

Sunrid, que estava ajudando, lembrou-se das palavras que ele mesmo havia gravado numa placa de bronze, destinada à pirâmide. Essas palavras diziam:

"Sempre, enquanto existir a Criação, realizar-se-á o mistério da morte e da ressurreição. O que vem da Terra terá de ficar na Terra. Mas o espírito, que não é da Terra, ascende."

Alguns meses mais tarde, Siptha plantou sobre o túmulo de Pyramon uma árvore, cujas pequenas frutas amarelas eram especialmente apreciadas pelos pássaros. Logo que chegasse o momento, ele também plantaria árvores frutíferas nos dois novos túmulos situados lateralmente. Magog e Toptekmun estavam agora também viajando pelo rio, em direção ao país ensolarado das almas.

EPÍLOGO

CERTAMENTE, muitos leitores perguntarão como surgiram as duas outras pirâmides de Gizé... quem as construiu... e para qual finalidade isso se realizou. Essas perguntas são justificadas, uma vez que a segunda pirâmide é apenas doze metros mais baixa do que a primeira.

A primeira pirâmide é em volume a maior construção da Terra. A Basílica de São Pedro, em Roma, e a Catedral de São Paulo, em Londres, bem encontrariam lugar dentro dela. Na época de sua conclusão, essa pirâmide era chamada o oráculo de pedra, a pirâmide da esfinge ou a pirâmide do oriente. Mais tarde foi denominada a Grande Pirâmide e hoje geralmente é conhecida com o nome de Pirâmide de Quéops.

A segunda pirâmide situa-se a uma distância de menos de um quilômetro da grande. Historiadores atribuem sua construção a um rei Quéfren. Também nessa pirâmide os exploradores encontraram um grande sarcófago vazio, no qual, de acordo com as pesquisas feitas, nunca se encontrou um defunto.

A terceira pirâmide de Gizé não tem nem a metade do tamanho da de Quéfren. Segundo as tradições, um certo rei Miquerinos a teria construído. Os exploradores encontraram nela um esquife de madeira contendo uma múmia. Pelas análises do esquife, porém, constatou-se que este somente poderia ter sido colocado lá na época de Jesus. Isso pode ser considerado certo, pois a terceira pirâmide de Gizé também nunca se destinou a um morto. Naquela época ainda ninguém tinha tido a ideia de utilizar pirâmides como mausoléus.

A Grande Pirâmide, o oráculo de pedra, de acordo com a vontade de Deus devia ser a única de sua espécie no Egito. Exclusivamente ela deveria atrair para si a atenção de todos os seres humanos, tanto de perto como de longe. Somente ela deveria estar no Egito como "marco de exortação e altar"*, testemunhando a grandeza de Deus até o fim do Juízo... Isso também teria acontecido, se a humanidade não se tivesse decidido a favor de Lúcifer...

Durante um período de 500 anos cumpriu-se também o que estava determinado pela vontade de Deus. A pirâmide continuava sozinha. Erguia-se como uma reluzente e gigantesca pedra preciosa, superando amplamente as florestas que lá ainda existiam naquela época.

Milhares de peregrinos vinham anualmente para ver a pirâmide determinada pelo regente do Universo. A pirâmide e a esfinge eram respeitadas como santuários inigualáveis.

Durante esses 500 anos sempre viveram sábios ali. Eles esclareciam os inúmeros visitantes sobre o significado da pirâmide, e nunca se esqueciam de mencionar o Juízo, que se aproximava dia a dia... As casas e as escolas construídas outrora por Pyramon, para os sábios da Caldeia, perduraram através do tempo. Com exceção dos telhados de junco que tiveram de ser renovados algumas vezes, elas permaneceram firmes e sem danos, no meio de jardins especialmente tratados pelos respectivos sábios.

Depois de passado esse tempo, irrompeu o infortúnio por toda a parte na Terra. Formaram-se não apenas focos isolados do mal, como já acontecia anteriormente, mas todos os povos foram atingidos pela desgraça. Os espíritos das trevas lutavam por sua hegemonia sobre os seres humanos. Eles lutavam com todos os meios disponíveis, aproveitando-se de qualquer fraqueza humana. Sua arma era a mentira e, com a mentira, eles conseguiram a vitória...

Em primeiro lugar eles atacaram os ensinamentos de fé, envenenando com o germe da mentira todas as religiões existentes na Terra. Seus prestimosos auxiliares eram por toda a parte os sacerdotes, as sacerdotisas e em parte também os videntes e as videntes que naquela época exerciam grande influência.

Para se compreender direito toda a tragédia, deve-se ter em mente que naquela época a fé, isto é, a religião, constituía o ponto central da existência terrena. Todos os problemas da vida estavam sob a influência religiosa. Nisso todos os povos da antiguidade eram iguais. Todo

---

* Vide Bíblia: Is 19.19-21

o mal e toda a decadência moral começaram nos templos. Era apenas necessário apresentar um cunho religioso, para ser aceito pelo povo.

Enquanto os sacerdotes cumpriam com fidelidade as suas missões, velando pela pureza das doutrinas de fé, o mal não podia alastrar-se.

Mas então veio o tempo em que isso não mais acontecia. Eles tornaram-se indolentes e descontentes, abusando do poder que possuíam sobre os povos. Sem que eles próprios se tornassem conscientes, eles desciam de sua altura espiritual e uniam-se aos poderes das trevas, tornando-se seus servos mais prestimosos... Isso aconteceu por toda a parte na Terra...

Também no Egito não foi diferente. Os sacerdotes de lá começaram a ficar descontentes. Os sacerdotes de Akeru sentiam-se, além disso, relegados a um segundo plano. Relegados pelos sábios da Caldeia que viviam nas proximidades da pirâmide, ensinando, e assim atraindo para si toda a atenção dos peregrinos.

Muitos milhares de visitantes chegavam a cada ano para ver o gigantesco oráculo de pedra e a misteriosa esfinge. Mas também vinham buscar conhecimentos e conselhos dos sábios e curar suas doenças. Quase ininterruptamente, desde o tempo de Pyramon, acampavam caravanas no vale do rio. Mal uma saía, e os integrantes da seguinte já fincavam as estacas de suas tendas no chão.

Os visitantes dirigiam-se também a Akeru, pois essa cidade se transformara em um importante centro comercial, contudo apenas poucos procuravam os templos e os sacerdotes.

Nephtis, uma vidente do Templo da Pureza, que conhecia os desejos ocultos da maioria dos sacerdotes, foi certo dia até o Templo de Ísis[*] e disse ao sacerdote superior que o senhor do Sol havia aparecido a ela, ordenando que comunicasse aos sacerdotes e ao rei o seguinte:

"Começou uma nova era. A hegemonia dos sábios da Caldeia está terminada. Novos deuses nos aconselharão, e um poderoso deus entrará no Egito, reinando no país até o final dos tempos. O novo deus tornará famosos os reis e os sacerdotes, e presenteará o povo com dias e noites cheios de prazeres..."

---

[*] Até aquela época "Isis" era venerada como mediadora da irradiação divina do amor, e "Astarte" como mediadora da irradiação da pureza divina...

Para o sacerdote, que escutara atentamente, era mais do que conveniente que os sábios da Caldeia finalmente desaparecessem. O que, no entanto, o intrigava, era que a comunicação viesse do senhor do Sol. Isso era fora do comum.

Era a primeira vez, no Egito, que o servo mais forte de Lúcifer, chamado Septu, Nebo, Baal, etc., utilizava o nome do senhor do Sol para impor-se entre os seres humanos. A partir dessa época começou o pretenso senhor do Sol, Rá, a reinar no Egito. Os sacerdotes e os reis que recebiam dele diretrizes e ordens tornaram-se cada vez mais vaidosos e arrogantes, pois não havia ninguém na Terra que pudesse gabar-se de ser guiado e ensinado pelo senhor do Sol pessoalmente.

O sacerdote superior do Templo da Sagrada Trindade agiu imediatamente e enviou, num dos próximos dias, quatro sacerdotes para o oásis da esfinge, a fim de transmitir aos sábios a mensagem do "senhor do Sol".

Os sacerdotes fizeram a caminhada em vão. Os sábios não mais estavam lá, e tudo indicava que não voltariam mais.

— Os incômodos intrusos foram embora, disse um dos sacerdotes. Futuramente, superaremos todos os sábios com a nossa capacidade e com o nosso saber. Aqui não se encontra mais ninguém que possa segurar os visitantes! Nós reinaremos sozinhos... e ninguém ousará contestar nosso domínio.

— Posso compreender os peregrinos, disse um dos sacerdotes, que sempre de novo ficava fascinado com o esplendor e as dimensões gigantescas da pirâmide.

Os outros três apenas fizeram uma observação de pouco-caso, voltando-se para ir embora. Ao passar pela esfinge, ouviram, nesse momento, um homem dando explicações sobre o significado da pirâmide a um grande grupo de peregrinos. Ficaram parados para ouvir. Mas quando ele começou a falar do regente do Universo e do Juízo, eles se voltaram, meio constrangidos, e deixaram o oásis.

Beirando o rio havia, como sempre, um grande movimento.

— Chegaram novas caravanas, disse um dos quatro. Não sei o que está incitando as pessoas a empreender viagens de meses de duração para ver quatro paredes... De agora em diante isso será diferente...

Todavia, as esperanças dos sacerdotes não se realizavam. A pirâmide continuava a permanecer como um magnético ponto de atração. De países longínquos e desconhecidos chegavam seres humanos para ver e reverenciar o gigantesco santuário.

Uma vez que assim continuasse, o sacerdote superior pediu ao "senhor do Sol", por intermédio de Nephtis, que remediasse o caso... que ele ao menos lhes aconselhasse como poderiam afastar os visitantes estrangeiros da pirâmide, atraindo-os para seus templos...

O "senhor do Sol" atendeu o pedido naquela mesma noite ainda, mandando dizer-lhes o seguinte:

"Construí mais pirâmides! Os gigantes deixaram para vós tantos blocos de pedra prontos, que podereis construir com isso mais duas pirâmides ainda. Uma segunda pirâmide desviará a atenção de todos da primeira..."

Quando Nephtis transmitiu aos sacerdotes a mensagem, estes pensaram não ter ouvido direito. Mas depois ficaram desconfiados e irritados com a vidente. Não acreditavam que o "grande deus" lhes enviasse uma mensagem impossível de ser executada...

— A vidente tornou-se imprestável, disse um dos sacerdotes... Só pode ser culpa dela... provavelmente ela está sob a influência de maus demônios que, desde há pouco, se estão alastrando por toda a parte... ela constitui um perigo, devendo desaparecer da Terra...

Nephtis morreu poucos dias depois. O veneno que um dos sacerdotes a obrigou a tomar atuou rapidamente... No entanto, quando mais tarde a segunda pirâmide, apesar de tudo, foi construída, lembraram-se dela, elevando-a à condição de deusa, ao lado de Ísis e Astarte...

Alguns sacerdotes, aliás, pensavam que a Nephtis, provavelmente, não cabia culpa nenhuma. O "senhor do Sol" talvez houvesse feito uma brincadeira com os sacerdotes...

O rei que governava naquele tempo era um homem espiritualmente indolente, não se importando para onde os peregrinos fossem. Era assunto dos sacerdotes empreender algo, se quisessem atrair os forasteiros para seus templos.

O tempo passava. O Egito já se tornara conhecido até no outro hemisfério da Terra. Não por causa do país em si, mas devido à pirâmide e à esfinge.

Há cerca de 3.800 anos antes de Cristo ocorreu uma modificação radical no Egito. Um sacerdote de nome Neferkere foi coroado rei e, pouco depois, sua jovem mulher, descendente dos reis de Sabá, tornou-se vidente...

A essa mulher apareceu, pomposamente enfeitado, o "deus do Sol", Rá. Esse Rá mandou dizer a Neferkere que construísse uma segunda pirâmide, aliás com as pedras ainda preparadas pelos gigantes. A atenção dos seres humanos deveria ser desviada da "pirâmide da esfinge"... para o bem deles! A profecia de que todos passariam por um Juízo no final dos tempos seria errada!

"Os seres humanos estão na Terra para gozar a vida... e não para pensar num Juízo que foi inventado apenas para lhes tirar a alegria da vida!... Além disso, uma obra tal tornará famoso o teu nome para sempre."

Ao contrário dos sacerdotes, aos quais, tempos atrás, fora dada primeiramente a incumbência de construir uma pirâmide, Neferkere começou logo a ocupar-se com tal ideia. Ele achou a realização perfeitamente possível...

Como primeiro passo, ele seguiu com uma grande comitiva até a Grande Pirâmide, a fim de ver as pedras que poderiam ser aproveitadas. Vendo as montanhas de pedras acabadas, ele de fato julgou que os gigantes as teriam cortado propositalmente para uma segunda pirâmide... Simultaneamente lhe veio a ideia de mandar pedir, por intermédio de Rá, a colaboração dos gigantes.

Rá mandou dizer que não se podia pedir a ajuda dos gigantes, visto eles não mais se encontrarem na Terra, não sabendo ninguém para onde haviam ido... Neferkere, que já esperava uma resposta dessas, não ficou irritado com isso. A glória, pois, pertenceria a ele sozinho...

Desde a época da construção da pirâmide, os egípcios haviam desenvolvido uma predileção por pedras e trabalhos com pedra, bem como por ferramentas... As ferramentas de Pyramon serviram de modelo para todas as outras confeccionadas posteriormente pelos ferreiros. Quando Neferkere mandou anunciar que por ordem do "deus do Sol" construiria uma segunda pirâmide, todos estavam dispostos a colaborar... com isso seu país se tornaria duplamente famoso.

Como primeira coisa, Neferkere mandou examinar minuciosamente a pirâmide da esfinge por vários construtores, pois "sua pirâmide" deveria igualar-se a ela o mais possível. Desse exame resultou que nenhum construtor, por mais eficiente que fosse, estaria em condições de copiar a complexa estrutura interna e as câmaras subterrâneas. A construção, portanto, apenas externamente poderia igualar-se à primeira pirâmide. Neferkere estava satisfeito. Poderia ele desejar algo mais que a "sua pirâmide" se assemelhar exteriormente com a famosa primeira?...

Os construtores declararam-se capazes de construir interiormente uma câmara do rei e um ou vários corredores. Também um sarcófago poderia ser colocado nessa câmara. Aliás um esquife bem trabalhado. O sarcófago da pirâmide da esfinge dava a impressão de não ter sido acabado.

De início foram determinados os quatro cantos da nova pirâmide. Foi marcada também a entrada, situada ao norte. Tudo deveria andar depressa, pois Neferkere queria a "sua pirâmide" concluída, ainda em vida. Os construtores orientaram-se na determinação dos pontos básicos exatamente de acordo com a Grande Pirâmide. Mal estavam terminados os trabalhos de marcação, quando as dificuldades começaram...

A primeira questão era como transportar os blocos de pedra até o local da obra.

Inicialmente tentaram transportá-los com pesados e baixos trenós. Mais tarde fizeram de grossos troncos de árvore uma espécie de rolos, reforçados com fitas de ferro. O ferro fora empregado pela primeira vez na construção da Grande Pirâmide. Desde então os ferreiros o utilizavam constantemente, uma vez que ainda se encontravam muitos meteoritos naquelas regiões.

No começo atrelaram camelos nos trenós e nos carros de rolos. Mais tarde verificaram que os robustos e grandes jumentos eram mais apropriados para isso. Oito jumentos puxavam um bloco de pedra. A madeira, dura como ferro, utilizada nesses veículos, provinha de velhos troncos de árvores lisas e muito altas. Naquela época havia florestas inteiras dessa gigantesca espécie de árvore, cujas copas superavam todas as demais árvores.

A confecção dos veículos era um trabalho penoso e demorado, uma vez que a madeira tinha de ser preparada antes de sua aplicação. Pois deveria permanecer resistente por muitos anos.

Aconselhado pelo "deus do Sol", Neferkere mandou mensageiros ao Sudão, a fim de convidar as tribos de negros de lá para colaborarem na segunda pirâmide, ordenada por "deus". Os negros de lá eram famosos por sua força extraordinária. Neferkere conhecia alguns deles, pois haviam trabalhado na construção do palácio real iniciado pelo seu antecessor.

Os negros, denominados naquele tempo "caras queimadas", atenderam imediatamente o chamado do rei Neferkere. Não apenas por ser ele um poderoso rei, que estava em ligação com um "deus", mas porque havia prometido vacas em troca da cooperação deles. Vieram com suas mulheres, crianças, cabras, vacas e cachorros, trazendo também tubérculos de uma espécie de batata, os quais, logo depois de sua chegada, plantaram nas margens do rio. Com esses tubérculos alimentavam principalmente suas crianças e os cachorros.

A alimentação principal dessas pessoas era constituída de leite misturado com sangue e de carne de cachorro. As vacas forneciam o leite e também o sangue. Eles cortavam uma veia do pescoço delas, extraindo do animal tanto sangue quanto necessitassem para sua mistura.

Esse tipo de alimentação era muito apreciado entre todas as tribos de negros da África. O povo somali, do Quênia, ainda hoje toma seu leite misturado com sangue extraído de suas vacas.

Os negros colaboraram inicialmente na confecção dos veículos, e torciam também as cordas necessárias para içar os blocos de pedra. Para a fabricação das cordas da grossura de um braço utilizavam as fibras especialmente resistentes de um cacto gigante, que hoje não mais existe, reforçadas com couro e fitas de ferro e cobre.

Difícil foi também a construção de guindastes capazes de içar os pesados blocos de pedra das paredes externas. Os construtores egípcios fabricavam suas talhas e guindastes, bem como alavancas, necessárias às suas construções, ainda sempre conforme os modelos que Pyramon havia construído outrora para os trabalhos internos da Grande Pirâmide. Com estes, porém, apenas podiam ser levantados pesos menores. Para os blocos de pedra das paredes externas deviam ser construídos outros tipos de guindastes. E esses guindastes constituíram o problema mais difícil de todos os construtores que trabalharam nessa pirâmide no decorrer do tempo.

Acontecia, frequentemente, de as cordas arrebentarem ou de os guindastes quebrarem. Quando isso ocorria, muitos trabalhadores eram sempre arremessados para o fundo e esmagados. O piso da assim chamada Pirâmide de Quéfren, tanto por dentro como por fora, ficou impregnado de sangue, de tantos operários que morreram nessa obra.

Um problema que apesar dos maiores esforços nunca pôde ser resolvido nessa construção foi o ajuste perfeito dos blocos de pedra. Sempre ficavam largas fendas entre eles.

Cada bloco era levantado por meio de duas cordas amarradas nos lados e de tal forma, que elas, que tinham geralmente a grossura de dois braços, pudessem ser puxadas lateralmente. De início, os construtores haviam colocado grossos calços sob as pedras, a fim de puxar as cordas por baixo. Podiam assim puxar as cordas, contudo não lhes era possível retirar os calços. Desse modo, não lhes restava outra coisa a não ser puxar as cordas lateralmente, deixando então largas fendas...

Os pesquisadores e arqueólogos, ao examinarem a Pirâmide de Quéfren, disseram que ela, comparada com a Grande Pirâmide, era uma construção ordinária, pois nem os blocos de pedra tinham sido ajustados exatamente...

Na Grande Pirâmide os blocos de pedra são tão bem ajustados um ao outro, que mesmo hoje, após milhares de anos, não se consegue enfiar a ponta de uma faca em suas fendas.

Além disso, cada um dos blocos de mármore que constituíam o revestimento externo fora talhado e polido em obediência às regras mais rigorosas da moderna indústria óptica, sendo, por si só, uma obra de porte equivalente à do espelho do telescópio de Monte Palomar. Esse fato levou os pesquisadores a denominarem esses blocos de "os 25.000 prismas ópticos de 16 toneladas".

É impossível descrever aqui as inúmeras dificuldades que sempre de novo se apresentavam na construção da "Pirâmide de Quéfren".

O desejo de Neferkere de se tornar famoso pela "sua pirâmide" não se realizou. Ele reinou sessenta anos. Quando morreu estava pronta a base, aliás muito bem-feita, e uma parte da câmara real. Os trabalhos preparatórios tomaram muito tempo. Somente a fabricação dos veículos e o trançar das cordas duraram mais de dez anos.

O sucessor de Neferkere, de nome Nebre, continuou a construção da pirâmide, pois também ele nada mais desejava do que ser glorificado pela posteridade como grande arquiteto...

Contudo, também Nebre não conquistou a glória da posteridade. Ele governou durante cinquenta anos, sendo então deposto por um sacerdote de nome Snofru. Esse sacerdote, uma vez que era descendente de família real, tornou-se o sucessor de Nebre.

Quando Nebre foi deposto, haviam sido colocadas três fileiras de blocos de pedra das paredes da pirâmide. A câmara do rei estava pronta, e o sarcófago, naturalmente vazio, estava em seu interior. Além disso, muitos blocos de pedra estavam amontoados dentro da pirâmide...

Com Snofru começaram as dificuldades com os operários. Atendendo sua conclamação, vieram, sim, muitos homens das mais variadas regiões, contudo estes eram muito menos responsáveis do que os primeiros, que haviam iniciado a obra. A maioria era constituída de preguiçosos que não tinham vontade nenhuma de fazer esforço.

A situação com os trabalhadores somente melhorou quando Snofru mandou comunicar a todos que cada um que trabalhasse eficientemente no santuário teria o direito de visitar duas vezes por mês as "deusas do amor" no Templo de Astarte. Além disso, cada um receberia um amuleto mágico, de ouro, que protegia de doenças e de outros males...

Desde essa época o rei Snofru não teve mais falta de auxiliares eficientes. Os quinhentos homens geralmente necessários estavam sempre à disposição.

O tempo passava. Contudo, também Snofru não pôde reclamar para si a glória de ter construído uma pirâmide. Ele governou quase sessenta anos. Quando morreu, nem a terça parte da pirâmide estava pronta.

Agora chegara a vez de Quéops. Ele tornou-se rei. Imediatamente mandou continuar o trabalho. Talvez conseguisse o que seus antecessores haviam almejado em vão. Ser glorificado pela posteridade como construtor da pirâmide...

Quanto mais a construção subia, tanto mais perigos ela oferecia aos trabalhadores. Eles ficavam com medo, e frequentemente acontecia de todos os operários desaparecerem da noite para o dia, deixando os mestres e capatazes egípcios sozinhos.

Quéops, como seus antecessores, mandou vir trabalhadores de fora. Fez-lhes grandes promessas, as quais inicialmente também cumpriu. Mas, quando mais tarde, antes da conclusão da pirâmide, não teve vontade de compensar os operários, introduziu, a conselho dos sacerdotes, a escravidão. Os trabalhadores foram degradados a escravos, antes de compreenderem o que se passava. Os guardas egípcios de escravos – eram centenas – estavam atentos, dia e noite, para que ninguém escapasse...

Dessa época em diante todos os palácios e templos, inclusive as mais de cem pirâmides pequenas encontradas no Egito, foram levantados com o trabalho de escravos.

O reinado de Quéops aproximava-se de seu fim. Ele governou por mais de cinquenta anos, não obstante, com ele não foi diferente do que com os seus antecessores. Também ele não colheria as glórias dessa construção. Quando não pôde mais fechar-se ao fato de que seu nome não seria relacionado com essa grandiosa construção, começou a olhar a pirâmide com ódio. Perante os sacerdotes queixou-se da injustiça dos deuses, que cumulavam uns de glórias enquanto sobrecarregavam outros com pesados fardos de trabalho...

Quéops, já idoso naquele tempo, teve de sua última e jovem mulher um filho – Quéfren – que ainda estava em idade infantil.

Certo dia, quando de novo Quéops irritadamente se queixou dos deuses diante de Wedinu, o sacerdote superior, este, de repente, teve uma ideia. Wedinu era sacerdote superior de um templo de ídolos. Ele também era ávido pelo poder, contudo era-lhe indiferente a glória perante a posteridade.

A ideia de Wedinu era muito simples. Deu a Quéops o conselho de mandar abrir a Grande Pirâmide e colocar nela placas com o seu nome... Não haveria glória maior no mundo do que ser considerado o construtor dessa pirâmide, tão perfeitamente executada. Wedinu, que já havia muito estava sob as influências de espíritos das trevas, tinha resposta para todas as objeções de Quéops, as quais, aliás, eram apenas fracas.

Os gigantes? Hoje ninguém mais conhecia os gigantes. E o nome de Pyramon? Já começava a se tornar uma lenda... O sacerdote afastou a última objeção de Quéops, com a afirmação de que o rei que tinha cuidado durante decênios da construção da segunda pirâmide possuía bem o direito de ser chamado construtor de pirâmides até os tempos longínquos.

Agora Quéops não tinha mais nenhum escrúpulo. Sem hesitar mais tempo ainda, mandou abrir a pirâmide e fixar nela inscrições e placas com o seu nome... Pouco tempo depois ele faleceu com a consciência de que seu nome seria glorificado por toda a eternidade.

Não seria considerado apenas como o maior arquiteto de todos os tempos, mas também como um super-homem, pois todas as gerações posteriores verificariam que essa pirâmide não poderia ser imitada por seres humanos comuns... O que Quéops, naturalmente, não previu foi que um dia haveria exploradores de pirâmides que supusessem ter ele mandado levantar essa obra gigantesca para servir-lhe de mausoléu...

Pouco antes de sua morte, Quéops transmitiu a Wedinu a tutela de seu pequeno filho, Quéfren. Para recompensá-lo pela "sábia condução". Dessa maneira Wedinu conseguira o seu alvo. Como tutor do doentio menino ele reinaria por muito tempo sobre o Egito, sem ser coroado.

Wedinu aproveitou a oportunidade, mandando retirar da pirâmide aberta todas as placas nela colocadas outrora por Pyramon. Os textos dessas placas foram misturados, mais tarde, com as inscrições que tratavam do culto macabro da morte. Sobre esse culto existe uma publicação, na qual são descritas fórmulas mágicas, sentenças de magia, orações, invocações de ídolos, etc., que, juntamente com os processos lúgubres, deviam ser recitadas quando transformavam um cadáver em múmia.

Wedinu reinou como tutor do doentio Quéfren por mais de cinquenta anos. Isso convinha a Quéfren. Ele era e continuava sendo um fracalhão que, como ele mesmo dizia, havia consagrado sua vida ao amor.

Quéfren nunca chegou a reinar no Egito. Depois da morte de Wedinu, Huni, um irmão de Quéfren, subiu ao trono.

Wedinu muito se empenhara na conclusão da pirâmide. Ele mandou vir construtores sumerianos, os quais, ainda pouco antes de sua morte, completaram a obra.

Ambos, Huni e Quéfren, faleceram em consequência de uma intoxicação misteriosa. No entanto, não foi um envenenamento em sentido comum, mas sim, uma espécie de peste que surgiu naquela época sob a forma de epidemia em diversas regiões.

Depois da morte de Huni, o filho mais moço de Quéfren subiu ao trono. Chamava-se Dedefren. E deve-se a esse Dedefren o fato de Quéfren ter entrado para a história como construtor de pirâmides.

Dedefren, que alcançou uma idade muito avançada, tendo reinado por quase oitenta anos, começou a construção da menor das três pirâmides de Gizé. Para essa obra também ainda foram utilizados blocos de pedra preparados outrora pelos gigantes. Miquerinos, que o sucedeu no trono, não pôde completar a pirâmide que porta seu nome. Contudo, ele mandou, pouco antes de sua morte, colocar algumas estátuas dentro da obra ainda incompleta. Somente o rei seguinte do Egito concluiu essa pirâmide.

Foi no tempo de Wedinu que foram arrancados os primeiros blocos de mármore do revestimento externo da Grande Pirâmide. Isso foi o início. A destruição das maravilhosas paredes tinha começado. Cada um que fazia uma construção julgava ter direito sobre as pedras de mármore, ainda belas e reluzentes. Era de pasmar com que prazer os seres humanos se dedicavam à tarefa de destruição. Tinha-se quase a impressão de que os que disso participavam quisessem vingar-se de algo que eles mesmos não se davam conta.

Também a esfinge não escapou da sanha destruidora humana. Algumas sacerdotisas queriam ter os olhos da esfinge para um templo. Eram duas obras de arte, de cristal e lápis-lazúli, com manchas douradas. Timagens e um artífice de pedras preciosas, que havia feito os olhos, tinham-nos incrustado penosamente nas órbitas de pedra da esfinge. Dois aprendizes de sacerdote arrancaram esses olhos com alavancas e compridas e finas talhadeiras, entregando-os às sacerdotisas... Da mesma forma o bem-modelado nariz não escapou da destruição. Mamelucos que viveram no Cairo há cerca de quinhentos anos experimentaram no rosto da esfinge um novo tipo de arma. Eram fuzis. Com esses fuzis um deles quebrou o nariz da esfinge.

Em sua fúria cega de destruição, o mameluco que deu o tiro pisou numa aranha venenosa, sendo ainda picado por ela. O homem ficou quase louco de dor. Três dias depois estava morto. Desde esse dia se evitava a esfinge. Todos estavam convictos de que a aranha era um pavoroso demônio vingativo, mandado pela esfinge... Por esse motivo ainda hoje a esfinge é denominada "pai do medo" por muitos árabes.

A assim chamada Pirâmide de Quéfren cumpriu plena e integralmente a sua finalidade. Os visitantes, de perto e de longe, pouco a pouco deixavam de vir. O significado da Grande Pirâmide e as profecias a ela ligadas foram esquecidos.

Mas não foi a Pirâmide de Quéfren em si que afugentou os peregrinos. Essa construção, que não encerra nem profecias nem ensinamentos astronômicos, nunca teria tido condições de desviar a atenção das pessoas da Grande Pirâmide.

O que afinal de contas afastou os peregrinos foi a escória humana que devido à construção da assim chamada Pirâmide de Quéfren entrou no país.

Constantemente acampavam tribos de nômades degenerados ao redor da Grande Pirâmide e da esfinge. Às centenas, vadiavam por ali homens, mulheres e crianças totalmente maltrapilhos, que conspurcavam a límpida água das nascentes. Com suas mendicâncias, molestavam de toda a maneira imaginável os visitantes. Além disso, roubavam tudo o que podiam apanhar. Esses nômades, contudo, não constituíam o único mal. Muitos caçadores e passarinheiros tinham chegado de Assur com suas mulheres e filhos, fixando-se no local e morando em tendas... Quando tiravam as tripas dos animais caçados, aglomeravam-se ali em volta grandes bandos de cachorros dos negros do Sudão... Só o mau cheiro e o uivar dos cachorros teriam sido suficientes para afugentar qualquer visitante.

Essa região, outrora paradisíaca, transformou-se num lugar de pavor e de morte.

Onde outrora florestas aromáticas, prados, riachos e lagos haviam alegrado os seres humanos, somente se via um solo nu, ressecado cada vez mais pelo sol e pelo vento. Em alguns lugares, onde ainda crescia um capim duro, pastavam jumentos e carneiros... Os tantos arbustos de flores e de frutinhas, sempre carregadíssimos, foram totalmente exterminados pelas cabras, numa grande área.

Quando começou a época da escravatura, o Egito impregnou-se de formas de ódio, de amargura, de hostilidade e de sede sanguinária. As sombras desses maus acompanhantes humanos circundam as pirâmides até hoje. Quem hoje vê essas construções pensa, sem querer, em reis megalomaníacos, que não receavam escravizar seres humanos a fim de colher glórias pessoais...

Hoje, ser humano algum pode sequer imaginar que na Grande Pirâmide, a assim chamada "Pirâmide de Quéops", nunca trabalhou um escravo. Naquela época ainda não existiam escravos.

A pirâmide sobreviveu através dos milênios. Suas paredes externas, das quais ávidas mãos humanas arrancaram outrora os lisos blocos de mármore do revestimento, mostram os sinais do tempo. O interior, aliás, sofreu bastante com os terremotos. Foram três os abalos sísmicos que fizeram ruir muitas pedras, alterando assim as dimensões dos salões. Com o terceiro terremoto racharam todos os blocos de pedra, de cinquenta toneladas, do teto da sala do Juízo. O primeiro sismo que danificou a pirâmide ocorreu aproximadamente na época da queda de Troia. O segundo abalo foi constituído de maremoto e terremoto. Esse maremoto dividiu o Mar Vermelho por um curto lapso de tempo, de modo que Moisés pôde conduzir os israelitas através dele, a pé, em seco. O terceiro movimento sísmico, através do qual todos os blocos do teto da sala do Juízo racharam, realizou-se quando Jesus pendia na cruz.

A Pirâmide de Quéfren, situada a menos de um quilômetro da Grande Pirâmide, sofreu muito menos com esses sismos, mesmo sendo uma construção bem inferior.

Os pesquisadores de pirâmides que procuram uma explicação para isso são de opinião que a Pirâmide de Quéfren sofreu menos, em razão de ser uma estrutura praticamente maciça, ao passo que a "Pirâmide de Quéops" é oca.

E a esfinge? Ela igualmente é única em suas dimensões gigantescas, continuando a produzir um efeito sublime e misterioso, apesar de estarem as órbitas vazias e o nariz mutilado...

Terminamos agora essas explanações, aliás com as palavras de um pesquisador de pirâmides, que expressou assim suas impressões ao deparar com a Grande Pirâmide e a esfinge pela primeira vez:

> "Fiquei abalado ao me deparar com esses gigantescos monumentos de tempos longínquos. Embora meu intelecto soubesse que foram levantados por mãos humanas, não pude desfazer-me do sentimento de que forças tectônicas deviam ter colaborado...
>
> Sentei-me na areia e contemplei as pedras que, apesar de seu aspecto de decomposição, ainda continuavam a falar uma linguagem poderosa. Enquanto imaginava o rei que mandara levantar uma obra tão gigantesca, com dois milhões e meio de blocos de pedra, apenas para colocar no interior o seu sarcófago, sobreveio-me uma tristeza inexprimível. Ao mesmo tempo também um anseio até então desconhecido por saber e por conhecimentos mais profundos.

Pensamentos e lembranças angustiantes, considerados já extintos, surgiram em meu íntimo, e como sempre procurei fugir dos meus próprios pensamentos... Já há muito procuro o significado da vida, e pergunto a mim mesmo se no Egito chegarei mais perto da verdade.

Quais são as forças misteriosas que me obrigam a pensar mais profundamente, justamente aqui? Falam talvez as almas dos já há muito falecidos, através das pedras? Será que a vida deles também era uma corrente ininterrupta de decepções e sofrimentos?...

Procuro com todas as forças afastar de mim os sentimentos opressivos, a fim de que meu cérebro finalmente encontre sossego.

Olho para cima, para a esfinge, e perscruto o enigma que ela encerra... De repente sinto um pavor de todo o mistério que me envolve e que flui para mim. Levanto-me e caminho até o cavalo que me espera. Sopra um vento gelado, proveniente do deserto, e o silêncio da noite já está baixando. Ouço o latir rouco de um chacal do deserto e vejo os morcegos passarem voando como sombras.

Nuvens de perfume me envolvem, ao aproximar-me da ponte sobre o Nilo. As acácias e as laranjeiras dos maravilhosos jardins de Gizé estão em plena floração. Olho para as canoas do Nilo, balançando levemente junto à beira do rio, e lembro-me da minha vinda. Eu estava seguro de mim mesmo. Eu queria cavoucar, explorar e achar os restos de reis mortos...

E agora? Ouço o murmúrio do sagrado Nilo, sentindo as vibrações doloridas de minha alma... Por que estremeceu meu coração ao contemplar a esfinge?... De onde vem o halo de eternidade que envolve essas obras grandiosas? Quem conhece a resposta?"

AO LEITOR

A Ordem do Graal na Terra é uma entidade criada com a finalidade de difusão, estudo e prática dos elevados princípios da Mensagem do Graal de Abdruschin "NA LUZ DA VERDADE", e congrega as pessoas que se interessam pelo conteúdo das obras que edita. Não se trata, portanto, de uma simples editora de livros.

Se o leitor desejar uma maior aproximação com as pessoas que já pertencem à Ordem do Graal na Terra, em vários pontos do Brasil, poderá dirigir-se aos seguintes endereços:

Por carta

ORDEM DO GRAAL NA TERRA
Rua Sete de Setembro, 29.200 – CEP 06845-000
Embu das Artes – SP – BRASIL
Tel/Fax: (11) 4781-0006

Por e-mail
graal@graal.org.br

Internet
www.graal.org.br

NA LUZ DA VERDADE
Mensagem do Graal
de Abdruschin

Obra editada em três volumes, contém esclarecimentos a respeito da existência do ser humano, mostrando qual o caminho que deve percorrer a fim de encontrar a razão de ser de sua existência e desenvolver todas as suas capacitações.

Seguem-se alguns assuntos contidos nesta obra: O reconhecimento de Deus • O mistério do nascimento • Intuição • A criança • Sexo • Natal • A imaculada concepção e o nascimento do Filho de Deus • Bens terrenos • Espiritismo • O matrimônio • Astrologia • A morte • Aprendizado do ocultismo, alimentação de carne ou alimentação vegetal • Deuses, Olimpo, Valhala • Milagres • O Santo Graal.

ALICERCES DE VIDA
de Abdruschin

"Alicerces de Vida" reúne pensamentos de Abdruschin extraídos da obra "Na Luz da Verdade". O significado da existência é tema que permeia a obra. Esta edição traz a seleção de diversos trechos significativos, reflexões filosóficas apresentando fundamentos interessantes sobre as buscas do ser humano.

Edição de bolso • ISBN 978-85-7279-086-4 • 192 p.

OS DEZ MANDAMENTOS E O PAI NOSSO
Explicados por Abdruschin

Amplo e revelador! Este livro apresenta uma análise profunda dos Mandamentos recebidos por Moisés, mostrando sua verdadeira essência e esclarecendo seus valores perenes.

Ainda neste livro compreende-se toda a grandeza de "O Pai Nosso", legado de Jesus à humanidade. Com os esclarecimentos de Abdruschin, esta oração tão conhecida pode de novo ser sentida plenamente pelos seres humanos.

ISBN 978-85-7279-058-1 • 80 p.
Também em edição de bolso

RESPOSTAS A PERGUNTAS
de Abdruschin

Coletânea de perguntas respondidas por Abdruschin no período de 1924-1937, que esclarecem questões enigmáticas da atualidade: Doações por vaidade • Responsabilidade dos juízes • Frequência às igrejas • Existe uma "providência"? • Que é Verdade? • Morte natural e morte violenta • Milagres de Jesus • Pesquisa do câncer • Ressurreição em carne é possível? • Complexos de inferioridade • Olhos de raios X.

ISBN 85-7279-024-1 • 174 p.

Obras de Roselis von Sass

A DESCONHECIDA BABILÔNIA

A desconhecida Babilônia, de um lado tão encantadora, do outro ameaçada pelo culto de Baal.

Entre nesse cenário e aprecie uma das cidades mais significativas da Antiguidade, conhecida por seus Jardins Suspensos, pela Torre de Babel e por um povo ímpar – os sumerianos – fortes no espírito, grandes na cultura.

ISBN 85-7279-063-2 • 304 p.

A GRANDE PIRÂMIDE REVELA SEU SEGREDO

Revelações surpreendentes sobre o significado dessa Pirâmide, única no gênero. O sarcófago aberto, o construtor da Pirâmide, os sábios da Caldeia, os 40 anos levados na construção, os papiros perdidos, a Esfinge e muito mais... são encontrados em "A Grande Pirâmide Revela seu Segredo".

Uma narrativa cativante que transporta o leitor para uma época longínqua em que predominavam o amor puro, a sabedoria e a alegria.

ISBN 978-85-7279-044-4 • 352 p.

A VERDADE SOBRE OS INCAS

O povo do Sol, do ouro e de surpreendentes obras de arte e arquitetura. Como puderam construir incríveis estradas e mesmo cidades em regiões tão inacessíveis?

Um maravilhoso reino que se estendia da Colômbia ao Chile.

Roselis von Sass revela os detalhes da invasão espanhola e da construção de Machu Picchu, os amplos conhecimentos médicos, os mandamentos de vida dos Incas e muito mais.

ISBN 978-85-7279-053-6 • 288 p.

ÁFRICA E SEUS MISTÉRIOS

"África para os africanos!" é o que um grupo de pessoas de diversas cores e origens buscava pouco tempo após o Congo Belga deixar de ser colônia. Queriam promover a paz e auxiliar seu próximo.

Um romance emocionante e cheio de ação. Deixe os costumes e tradições africanas invadirem o seu imaginário! Surpreenda-se com a sensibilidade da autora ao retratar a alma africana!

ISBN 85-7279-057-8 • 336 p.

ATLÂNTIDA. Princípio e Fim da Grande Tragédia

Atlântida, a enorme ilha de incrível beleza e natureza rica, desapareceu da face da Terra em um dia e uma noite...

Roselis von Sass descreve os últimos 50 anos da história desse maravilhoso país, citado por Platão, e as advertências ao povo para que mudassem para outras regiões.

ISBN 978-85-7279-036-9 • 176 p.

FIOS DO DESTINO DETERMINAM A VIDA HUMANA

Amor, felicidade, inimizades, sofrimentos!... Que mistério fascinante cerca os relacionamentos humanos! Em narrativas surpreendentes a autora mostra como as escolhas presentes são capazes de determinar o futuro. O leitor descobrirá também como novos caminhos podem corrigir falhas do passado, forjando um futuro melhor.

Edição de bolso • ISBN 978-85-7279-092-5 • 304 p.

LEOPOLDINA, uma vida pela Independência

Pouco se fala nos registros históricos sobre a brilhante atuação da primeira imperatriz brasileira na política do país. Roselis von Sass mostra os fatos que antecederam a Independência e culminaram com a emancipação política do Brasil, sob o olhar abrangente de Leopoldina. – Extraído do livro "Revelações Inéditas da História do Brasil".

Edição de bolso • ISBN 978-85-7279-111-3 • 144 p.

O LIVRO DO JUÍZO FINAL

Uma verdadeira enciclopédia do espírito, onde o leitor encontrará um mundo repleto de novos conhecimentos. Profecias, o enigma das doenças e dos sofrimentos, a morte terrena e a vida no Além, a 3ª Mensagem de Fátima, os chamados "deuses" da Antiguidade, o Filho do Homem e muito mais...

ISBN 978-85-7279-049-9 • 384 p.

O NASCIMENTO DA TERRA

Qual a origem da Terra e como se formou?

Roselis von Sass descreve com sensibilidade e riqueza de detalhes o trabalho minucioso e incansável dos seres da natureza na preparação do planeta para a chegada dos seres humanos.

ISBN 85-7279-047-0 • 176 p.

OS PRIMEIROS SERES HUMANOS

Conheça relatos inéditos sobre os primeiros seres humanos que habitaram a Terra e descubra sua origem.

Uma abordagem interessante sobre como surgiram e como eram os berços da humanidade e a condução das diferentes raças.

Roselis von Sass esclarece enigmas... o homem de Neanderthal, o porquê das Eras Glaciais e muito mais...

ISBN 978-85-7279-055-0 • 160 p.

PROFECIAS E OUTRAS REVELAÇÕES

As pressões do mundo atual, aliadas ao desejo de desvendar os mistérios da vida, trazem à tona o interesse pelas profecias. O livro traz revelações sobre a ainda intrigante Terceira Mensagem de Fátima, as transformações do Sol e o Grande Cometa, e mostra que na vida tudo é regido pela lei de causa e efeito e que dentro da matéria nada é eterno! – Extraído de "O Livro do Juízo Final".

Edição de bolso • ISBN 85-7279-088-8 • 176 p.

REVELAÇÕES INÉDITAS DA HISTÓRIA DO BRASIL

Através de um olhar retrospectivo e sensível a autora narra os acontecimentos da época da Independência do Brasil, relatando traços de personalidade e fatos inéditos sobre os principais personagens da nossa História, como a Imperatriz Leopoldina, os irmãos Andrada, Dom Pedro I, Carlota Joaquina, a Marquesa de Santos, Metternich da Áustria e outros...

Descubra ainda a origem dos guaranis e dos tupanos, e os motivos que levaram à escolha de Brasília como capital, ainda antes do Descobrimento do Brasil.

ISBN 978-85-7279-112-0 • 256 p.

SABÁ, o País das Mil Fragrâncias

Feliz Arábia! Feliz Sabá! Sabá de Biltis, a famosa rainha que desperta o interesse de pesquisadores da atualidade. Sabá dos valiosos papiros com os ensinamentos dos antigos "sábios da Caldeia". Da famosa viagem da rainha de Sabá, em visita ao célebre rei judeu, Salomão.

Em uma narrativa atraente e romanceada, a autora traz de volta os perfumes de Sabá, a terra da mirra, do bálsamo e do incenso, o "país do aroma dourado"!

ISBN 85-7279-066-7 • 416 p.

TEMPO DE APRENDIZADO

"Tempo de Aprendizado" traz frases e pequenas narrativas sobre a vida, o cotidiano e o poder do ser humano em determinar seu futuro. Fala sobre a relação do ser humano com o mundo que está ao redor, com seus semelhantes e com a natureza. Não há receitas para o bem-viver, mas algumas narrativas interessantes e pinceladas de reflexão que convidam a entrar em um novo tempo. Tempo de Aprendizado.

Livro ilustrado • *Capa dura* • ISBN 85-7279-085-3 • 112 p.

Obras de Diversos Autores

A VIDA DE ABDRUSCHIN
Por volta do século XIII a.c., o soberano dos árabes parte em direção aos homens do deserto. Rústicos guerreiros tornam-se pacíficos sob o comando daquele a quem denominam "Príncipe". Na corte do faraó ocorre o previsto encontro entre Abdruschin e Moisés, o libertador do povo israelita.
"A Vida de Abdruschin" é a narrativa da passagem desse "Soberano dos soberanos" pela Terra.
ISBN 85-7279-011-X • 264 p.

A VIDA DE MOISÉS
A narrativa envolvente traz de volta o caminho percorrido por Moisés desde seu nascimento até o cumprimento de sua missão: libertar o povo israelita da escravidão egípcia e transmitir os Mandamentos de Deus.
Com um novo olhar, acompanhe os passos de Moisés em sua busca pela Verdade e liberdade. – Extraído do livro "Aspectos do Antigo Egito".
Edição de bolso • ISBN 978-85-7279-074-1 • 160 p.

ASPECTOS DO ANTIGO EGITO
O Egito ressurge diante dos olhos do leitor trazendo de volta nomes que o mundo não esqueceu – Tutancâmon, Ramsés, Moisés, Akhenaton e Nefertiti.
Reviva a história desses grandes personagens, conhecendo suas conquistas, seus sofrimentos e alegrias, na evolução de seus espíritos.
ISBN 85-7279-076-4 • 288 p.

BUDDHA
Os grandes ensinamentos de Buddha que ficaram perdidos no tempo...
O livro traz à tona questões fundamentais sobre a existência do ser humano, o porquê dos sofrimentos, e também esclarece o Nirvana e a reencarnação.
ISBN 85-7279-072-1 • 352 p.

CASSANDRA, a princesa de Troia
Pouco explorada pela história, a atuação de Cassandra, filha de Príamo e Hécuba, reis de Troia, ganha destaque nesta narrativa. Com suas profecias, a jovem alertava constantemente sobre o trágico destino que se aproximava de Troia.
Edição de bolso • ISBN 978-85-7279-113-7 • 240 p.

ÉFESO

A vida na Terra há milhares de anos. A evolução dos seres humanos que, sintonizados com as leis da natureza, eram donos de uma rara sensibilidade, hoje chamada "sexto sentido".

ISBN 85-7279-006-3 • 232 p.

ESPIANDO PELA FRESTA

de Sibélia Zanon, com ilustrações de Fátima Seehagen

"Espiando pela fresta" tem o cotidiano como palco. As 22 frestas do livro têm o olhar curioso para questões que apaixonam ou incomodam. A prosa de Sibélia Zanon busca o poético e, com frequência, mergulha na infância: espaço propício para as descobertas da existência e também território despretensioso, capaz de revelar as verdades complexas da vida adulta.

ISBN 978-85-7279-114-4 • 112 p.

JESUS ENSINA AS LEIS DA CRIAÇÃO

de Roberto C. P. Junior

Em "Jesus Ensina as Leis da Criação", Roberto C. P. Junior discorre sobre a abrangência das parábolas e das leis da Criação de forma independente e lógica. Com isso, leva o leitor a uma análise desvinculada de dogmas. O livro destaca passagens históricas, sendo ainda enriquecido por citações de teólogos, cientistas e filósofos.

ISBN 85-7279-087-X • 224 p.

JESUS, Fatos Desconhecidos

Independentemente de religião ou misticismo, o legado de Jesus chama a atenção de leigos e estudiosos.

"Jesus, Fatos Desconhecidos" traz dois relatos reais de sua vida que resgatam a verdadeira personalidade e atuação do Mestre, desmistificando dogmas e incompreensões nas interpretações criadas por mãos humanas ao longo da História. – Extraído do livro "Jesus, o Amor de Deus".

Edição de bolso • ISBN 978-85-7279-089-5 • 194 p.

JESUS, o Amor de Deus

Um novo Jesus, desconhecido da humanidade, é desvendado. Sua infância... sua vida marcada por ensinamentos, vivências, sofrimentos... Os caminhos de João Batista também são focados.

"Jesus, o Amor de Deus" – um livro fascinante sobre aquele que veio como Portador da Verdade na Terra!

ISBN 85-7279-064-0 • 400 p.

LAO-TSE
Conheça a trajetória do grande sábio que marcou uma época toda especial na China.
Acompanhe a sua peregrinação pelo país na busca de constante aprendizado, a vida nos antigos mosteiros do Tibete, e sua consagração como superior dos lamas e guia espiritual de toda a China.

ISBN 85-7279-065-9 • 304 p.

MARIA MADALENA
Maria Madalena é personagem que provoca curiosidade, admiração e polêmica!
Símbolo de liderança feminina, essa mulher de rara beleza foi especialmente tocada pelas palavras de João Batista e partiu, então, em busca de uma vida mais profunda.
Maria Madalena foi testemunha da ressurreição de Cristo, sendo a escolhida para dar a notícia aos apóstolos. – Extraído do livro "Os Apóstolos de Jesus".

Edição de bolso • ISBN 978-85-7279-084-0 • 160 p.

NINA E O DEDO ESPETADO - DOMPI
de Sibélia Zanon, com ilustrações de Tátia Tainá
Num dia ensolarado, Nina decide dar uma voltinha pelo jardim.
No caminho, ela sente uma espetada. Aaaai!!
Mas Nina não está sozinha. Seu amigo Cabelinho está por perto e a joaninha Julinha vai fazer com que ela se lembre de alguém muito especial.

Literatura Infantojuvenil • ISBN 978-85-7279-136-6 • 36 p.

O DIA SEM AMANHÃ
de Roberto C. P. Junior
Uma viagem pela história, desde a França do século XVII até os nossos dias. Vivências e decisões do passado encontram sua efetivação no presente, dentro da indesviável lei da reciprocidade. A cada parada da viagem, o leitor se depara com novos conhecimentos e informações que lhe permitem compreender, de modo natural, a razão e o processo do aceleramento dos acontecimentos na época atual. – *Edição em eBook – nos formatos e-pub e pdf.*

eBook • ISBN 978-85-7279-116-8 • 510 p.

O FILHO DO HOMEM NA TERRA. Profecias sobre sua vinda e missão
de Roberto C. P. Junior
Profecias relacionadas à época do Juízo Final descrevem, com coerência e clareza, a vinda de um emissário de Deus, imbuído da missão de desencadear o Juízo e esclarecer à humanidade, perdida em seus erros, as Leis que governam a Criação.
Por meio de uma pesquisa detalhada, que abrange profecias bíblicas e extrabíblicas, Roberto C. P. Junior aborda fatos relevantes das antigas tradições sobre o Juízo Final e a vinda do Filho do Homem.

Edição de bolso • ISBN 978-85-7279-094-9 • 288 p.

OS APÓSTOLOS DE JESUS

Conheça a grandeza da atuação de Maria Madalena, Paulo, Pedro, João e diversos outros personagens. "Os Apóstolos de Jesus" desvenda a atuação daqueles seres humanos que tiveram o privilégio de conviver com Cristo, dando ao leitor uma imagem inédita e real!

ISBN 85-7279-071-3 • 256 p.

QUEM PROTEGE AS CRIANÇAS?
de Antonio Ricardo Cardoso, com ilustrações de Fátima Seehagen e Edson J. Gonçalez

Qual o encanto e o mistério que envolve o mundo infantil? Entre versos e ilustrações, o mundo invisível dos guardiões das crianças é revelado, resgatando o conhecimento das antigas tradições que ficaram perdidas no tempo.

Literatura Infantojuvenil • *Capa dura* • ISBN 85-7279-081-0 • 24 p.

REFLEXÕES SOBRE TEMAS BÍBLICOS
de Fernando José Marques

Neste livro, trechos como a missão de Jesus, a virgindade de Maria de Nazaré, Apocalipse, a missão dos Reis Magos, pecados e resgate de culpas são interpretados sob nova dimensão.

Obra singular para os que buscam as conexões perdidas no tempo!

Edição de bolso • ISBN 978-85-7279-078-9 • 176 p.

ZOROASTER

A vida empolgante do profeta iraniano, Zoroaster, o preparador do caminho Daquele que viria, e posteriormente Zorotushtra, o conservador do caminho. Neste livro são narrados de maneira especial suas viagens e os meios empregados para tornar seu saber acessível ao povo.

ISBN 85-7279-083-7 • 288 p.

Correspondência e pedidos

ORDEM DO GRAAL NA TERRA

Rua Sete de Setembro, 29.200 – CEP 06845-000
Embu das Artes – SP – BRASIL
Tel./Fax: (11) 4781-0006
www.graal.org.br
graal@graal.org.br

Impressão e acabamento:
MUNDIAL GRÁFICA LTDA.